KB156192

〔증보판〕
자치통감7

〔증보판〕

자치통감7(권037~권042)

2019년 2월 11일 개정증보판 1쇄 찍음
2019년 2월 18일 개정증보판 1쇄 펴냄

지은이　　사마광
옮긴이　　권중달
펴낸이　　정철재

펴낸곳　　도서출판 삼화
등　록　　제320-2006-50호
주　소　　서울 관악구 남현1길 10, 2층
전　화　　02)874-8830
팩　스　　02)888-8899
홈페이지　www.samhwabook.com

도서출판 삼화, 2019, Printed in Seoul Korea

ISBN 979-11-5826-357-7 (94910)
　　　979-11-5826-498-7 (세트)

〔증보판〕

자치통감7

권037~권042

도서
출판 삼화

들어가면서

증보판《자치통감》 출판에 붙여

　《자치통감》을 완역해서 세상에 내놓은 다음부터 많은 독자로부터 원문도 함께 읽고 싶다는 요구가 있었다. 그러나 원문 작업이 그리 만만한 일은 아니었을 뿐만 아니라 그보다도《자치통감》에 대한 이해를 돕기 위한 책들을 정리하는 것이 먼저라고 생각하였다.

　그래서 탄생한 책이《자치통감》에 실린 사론을 정리하여 해설한《자치통감사론강의》이고, 중국 역사의 전체적인 흐름을 보려는 새로운 시도가《중국분열》이며, 복잡하여 이해하기 힘들다는 위진시대를 쉽게 이해하도록 사상사적 측면에서 접근해 본 것이《위진남북조 시대를 위한 변명》이고, 황제제도의 구조적인 모습을 보기 위한 작업이《황제뽑기》였다. 그 외에도《자치통감》을 좀 더 깊이 이해하고자 하는 독자를 위하여《평설자치통감》을 집필해야 했고, 대중들을 위하여 명언을 모아 설명한《촌철활인》, 입문서《자치통감 3번 태어나다》,《생존》,《3권으로 읽는 자치통감 294》 같은 일반인들의 교양물도 출간하였다.

물론 이러한 작업을 하면서도 눈에 띄는 대로 이미 출간한 원고의 보정 작업을 계속하면서 번역문에도 조금씩 수정을 가한 부분이 있게 되었다. 이러는 동안에도 많은 독자가 원문을 볼 수 없는 아쉬움을 표하는 경우를 접하면서 이왕 이 작업을 하는 바에야 독자들에게 원문을 제공하는 것이 옳을 것 같다는 생각을 하였다.

그러나 원문을 교정 보는 작업은 그리 간단하지가 않았고 많은 시간이 필요하였다. 그러나 '자치통감 행간읽기'를 마친 독자라면 좀 더 깊이 알고자 할 것이고, 따라서 번역문과 원문이 동시에 필요할 것이라는 데까지 생각이 미쳤다. 그리하여 작업이 끝나는 대로 번역과 원문을 붙여 증보판이라는 이름으로 출간하기로 하였다.

증보판을 내는 또 다른 이유는 우리가 그동안 익숙하게 아시아의 역사를 '중국사 프레임'으로 보는 것을 깨 보고자 하는 생각도 있다. 즉 중국 문화는 아시아 문화의 중심이며 중국 문화의 동심원적 확산이 바로 아시아 문화인 것처럼 이해하였다. 그뿐만 아니라 중원 대륙의 주인은 한족(漢族)이고, 언필칭 정사라고 하는 25사가 마치 한족 왕조의 면면히 이어졌다는 오해를 풀어야 하기 때문이다.

《자치통감》은 사마광이 역사 사실을 객관적으로 정리한 역사책이다. 이 책의 집필 의도가 황제나 집정자에게 교육시키려는 것이었으므로 '있는 사실 그대로'를 전하려고 하였던 것이었다. 편견 없는 역사 사실만이 진정으로 자신을 돌아보고, 새로운 방향을 설정할 수 있기 때문이었다. 역사적 진실만이 가치가 있는 것으로 생각한 사마광은 한족(漢族)임에도 한족의 단점과 실패의 사실도 집어낼 수 있었고, 이른바 이적의 장점도 은연중에 드러나게 하였다. 그러한 점에서 《자치통감》은 '중국사'가 아니라 '아시아사'이다.

그런데 숙황(叔皇) 금(金) 왕조에 쫓기어 남쪽으로 내려온 남송의 질황(侄皇) 치하에 살았던 주희는 몰락해 가는 한족을 목도하면서 한족에게 애국심을 고취하여야 했던 당시 시대적 상황에 맞추어 역사를 혈통 중심의 정통론이라는 허구적 이념을 세워 《자치통감》을 《자치통감강목》으로 만들어 중국 중심으로 역사를 보려고 하였다. 물론 이것은 시대적 상황에서 필요하였던 것이고 이념을 주장하기 위하여 역사를 이용한 것일 뿐이다.

그런데 우리나라에서는 주자학을 정치이데올로기로 받아들이고 이념서인 《자치통감강목》을 역사라고 오도함으로써 부지불식간에 아시아 역사를 중국 중심으로 보는 왜곡된 시각이 형성되었다. 그리하여 우리도 모르는 사이에 '혈통'이라는 편견을 가지고 역사를 본 《자치통감강목》의 영향으로 500여 년간 '중국사 프레임'에 갇히게 되었고, 그 영향은 오늘에까지도 미치고 있다.

'중국사 프레임'으로 보는 아시아 역사는 중원에 있는 나라는 한족(漢族)이 중심이고, 중원의 우수한 문화가 동심원적으로 사방으로 퍼져 나가 교화시킨 것이 아시아 문화이고, 화이(華夷)는 당연히 구별되고 이적은 배척되어야 하며, 중원에 세워진 왕조가 면면히 이어져 왔다는 것을 실재하였던 현실로 받아들였던 것이다.

　《자치통감》은 주희가 이념으로 가공하기 전의 원본으로 '역사를 사실 그대로 이해할 수 있는' 것이 가능하지만 아직도 《자치통감》을 '중국사'로 생각하고 있는 사람이 대부분이다. 이제부터라도 《자치통감》을 1,362년간의 '아시아 역사'로 인식하기를 바란다.

대방재(待訪齋)에서
권중달 적음

목차

권037
한기29 : 신 왕조의 무리한 개혁

권038
한기30 : 통제력을 잃은 신 왕조

권039
한기31 : 왕망의 죽음과 군웅의 활약

권040
한기32 : 후한 제국의 성립

권041
한기33 : 왕조 기틀의 성립

권042
한기34 : 전국 통일의 기도

❖ 황제계보도

부록

《자치통감》 구성 : 총 294권 1,362년간

권차	기년 왕조	기록 기간	중 요 사 건
001~005	전국 주	기원전 403 ~256년 (148년간)	■ 주나라의 권위가 무너지고 제후국들이 통일을 위해 각축전을 벌인 전국시대.
006~008	진(秦)	기원전 255 ~207년 (49년간)	■ 전국시대에 진나라가 통일을 준비하고, 통일을 완성하였다가 망하는 과정.
009~068	한	기원전 206 ~서기 219년 (425년간)	■ 진의 해체와 유방의 한 왕조가 중국을 재통일한 과정. ■ 황제체제의 성립과 왕망의 찬탈과정. ■ 왕망의 몰락하는 전한시대와 왕망의 멸망과 유수의 후한이 재통일한 과정. ■ 호족들의 등장과 후한의 몰락과정.
069~078	위	220~264년 (45년간)	■ 후한의 멸망과 위·오·촉한의 삼국시대와 위의 촉한 정벌과정.
079~118	진(晉)	265~419년 (155년간)	■ 위의 몰락과 진의 등장과 삼국 통일과정. ■ 북방 오호의 남하 북방의 분열과 진의 남천과 남북 대결과정.
119~134	남북조 송	420~478년 (59년간)	■ 남조의 송 왕조와 북방민족이 중국 유입하여 이룩한 남북조시대.
135~144	남북조 제	479~501년 (23년간)	■ 남조 송의 멸망과 제의 건국, 북조와의 대결과정.

권차	기년 왕조	기록 기간	중 요 사 건
145~166	남북조 양	502~556년 (55년간)	■ 남조 제의 멸망과 양의 건국, 북조와의 대결과정.
167~176	남북조 진(陳)	557~588년 (32년간)	■ 남조 양의 멸망과 진의 건국, 북조와의 대결과정.
177~184	수	589~617년 (29년간)	■ 수 왕조의 중국 재통일과 멸망과정.
185~265	당	618~907년 (290년간)	■ 당 왕조의 성립과 중국 고대문화의 완성 과정과 당말 절도사의 발호와 당의 멸망 과정.
266~271	오대 후량	908~922년 (15년간)	■ 당의 멸망과 후량의 건설 및 오대십국의 진행과정.
272~279	오대 후당	923~935년 (13년간)	■ 후량의 멸망과 후당의 건설 및 오대십국 의 진행과정.
280~285	오대 후진	936~946년 (11년간)	■ 후당의 멸망과 후진의 건설 및 오대십국 의 진행과정.
286~289	오대 후한	947~950년 (4년간)	■ 후진의 멸망과 후한의 건설 및 오대십국 의 진행과정.
290~294	오대 후주	951~959년 (9년간)	■ 후한의 멸망과 송 태조 조광윤의 등장 및 오대십국의 진행과정.

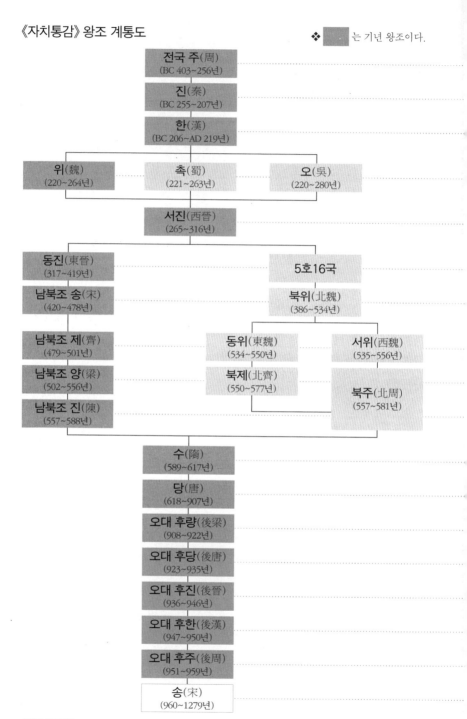

《자치통감》 왕조 계통도

❖ ▨▨▨는 기년 왕조이다.

전국 주(周)
(BC 403~256년)

진(秦)
(BC 255~207년)

한(漢)
(BC 206~AD 219년)

위(魏)
(220~264년)

촉(蜀)
(221~263년)

오(吳)
(220~280년)

서진(西晉)
(265~316년)

동진(東晉)
(317~419년)

5호16국

남북조 송(宋)
(420~478년)

북위(北魏)
(386~534년)

남북조 제(齊)
(479~501년)

동위(東魏)
(534~550년)

서위(西魏)
(535~556년)

남북조 양(梁)
(502~556년)

북제(北齊)
(550~577년)

북주(北周)
(557~581년)

남북조 진(陳)
(557~588년)

수(隋)
(589~617년)

당(唐)
(618~907년)

오대 후량(後梁)
(908~922년)

오대 후당(後唐)
(923~935년)

오대 후진(後晉)
(936~946년)

오대 후한(後漢)
(947~950년)

오대 후주(後周)
(951~959년)

송(宋)
(960~1279년)

❖ 전국·진시대(★은 기년 왕조임)

★주(周, ~BC 256년)　노(魯, ~BC 249년)　★진(秦, ~BC 207년)
정(鄭, ~BC 375년)　송(宋, ~BC 287년)　초(楚, ~BC 223년)
제(齊, ~BC 221년)　진(晉, ~BC 376년)　위(魏, ~BC 225년)
한(韓, ~BC 230년)　조(趙, ~BC 222년)　연(燕, ~BC 223년)
위(衛, ~BC 209년)

❖ 5호16국시대(★은 16국에 포함하지 않음)

■ 흉노(匈奴)
전조(前趙·漢, 304~329년)　북량(北涼, 397~439년)　하(夏, 407~431년)

■ 갈(羯)
후조(後趙, 319~350년)

■ 선비(鮮卑)
전연(前燕, 384~409년)　후연(後燕, 337~370년)　남연(南燕, 398~410년)
서진(西秦, 385~431년)　남량(南涼, 397~414년)　★서연(西燕, 384~394년)
★요서(遼西, 303~338년)　★대(代·魏, 315~376년)

■ 저(氐)
성한(成漢, 302~347년)　전진(前秦, 351~394년)　후량(後涼, 386~403년)
★구지(仇池, 296~371년)

■ 강(羌)
후진(後秦, 384~417년)

■ 한(漢)
전량(前涼, 301~376년)　서량(西涼, 400~420년)　북연(北燕, 409~436년)
★위(魏, 350~352년)　★후촉(後蜀, 405~413년)

❖ 오대의 십국

■ 십국
전촉(前蜀, 891~925년)　후촉(後蜀, 925~965년)　오(吳, 892~937년)
남당(南唐, 937~975년)　오월(吳越, 893~978년)　민(閩, 893~945년)
초(楚, 896~951년)　남한(南漢, 905~971년)　형남(荊南, 907~963년)
북한(北漢, 951~979년)

《자치통감》 왕조 계통도　15

〔일러두기〕

· 이 책은 사마광의 《자치통감》의 고힐강(顧頡剛) 외의 표점본을 저본으로 하여 전국
시대부터 오대후주시대까지의 전권(294권)을 완역한 것이다.

· 번역의 기본 원칙은 원전이 갖고 있는 통감필법의 정신을 최대한 살린다는 의미에
서 직역하되 의미가 불분명한 경우는 역자의 역주로 설명했다.

· 역자가 내용과 분량을 감안하여 문단을 나누고 각 문단마다 제목을 달았다.

· 필요한 한자어는 괄호 속에 병기했다.

· 인명, 지명, 관직명 등 고유명사는 외래어 표기법을 따르지 않고 한글 발음대로 표
기했다. 인명 가운데 원문에 성이 기록돼 있지 않은 것도 이해를 돕기 위해 성을 추가
하였다. 지명은 괄호 속에 현재의 지명을 넣었고, 주(州)·군(郡)·현(縣) 등 행정 단
위가 생략되었지만 필요한 경우 이를 추가하였다. 관직명은 길고 그 업무가 생소하고
길게 느껴질 경우 관직명 자체를 우리말로 풀어주고 원 관직명은 각주로 설명을 보충
했다.

· 간지로 된 날짜는 괄호 속에 숫자로 표시했다.

· 본문의 '帝'는 '황제'로, '上'은 '황상'으로 번역했다.

· 책이름이나 출전은 《 》, 편명은 〈 〉로 했다.

· 본문에서 전후관계를 알아야 할 사건이나 내용, 용어, 고사 등 설명이 필요한 경우
각주로 설명을 보충했다.

· 독자들의 이해를 돕기 위해 각주의 설명이 다소 중복 되게 하였다.

· 주어가 생략된 경우는 해당 연도의 기준을 삼은 황제가 주어이다.

· 음은 호삼성의 음주를 따랐다.

· 사마광의 평론은 사마광이 황제에게 아뢰는 것이므로 경어체로, 사마광 이외의 평
론은 사마광이 인용한 것이므로 원전의 표현의 살려 평상체로 번역했다.

· 한글로 번역하여 말뜻이 분명하지 않을 경우 〔 〕 안에 한자를 넣었다.

권037

한기29

신 왕조의 무리한 개혁

> 탁고개제한 신 왕조

왕망 시건국 원년(己巳, 9년)

1　봄, 정월 초하루에 왕망[1]이 공후(公侯)와 경사(卿士) 등을 거느리고 태황태후의 새불(璽紱)을 받들어 태황태후에게 올리고 부명을 좇아 한(漢)의 명칭을 제거하였다.[2]

애초에, 왕망은 예전의 승상(丞相) 왕흔(王訢)의 손자이자 의춘후(宜

1　기년에서 왕망의 기년을 사용하지만 진 황제에 오른 왕망을 상(上, 황상) 또는 제(帝, 황제)라는 용어로 기록하지 않고 계속하여 왕망이라고 그 이름으로 기록하고 있다. 이는 사마광이 왕망을 정통으로 인정하지 않은 것을 의미한다. 실제로 왕망은 지난 12월 1일을 세수(歲首)로 하고 연호를 바꾸었으나, 《자치통감》에서는 이를 따르지 않고 한의 정삭(正朔)을 그대로 사용하면서 기록하고 있다.

2　이로써 전한은 15명의 황제가 기원전 206년부터 서기 8년까지 215년을 통치하다가 멸망하였다. 《자치통감》에서는 왕망의 기년을 그대로 사용하였지만 한기(漢紀)를 바꾸어 신기(新紀)를 두지는 아니하였다. 그리고 후한까지를 한기로 쓰고 있다. 이는 왕망의 신왕조를 정통으로 보지 않은 것이며, 그 기년을 사용한 것은 한(漢)의 근거가 남아 있지 않아서 다른 방법이 없어서일 것이다.

春侯) 왕함(王咸)[3]의 딸을 맞아 처(妻)로 삼았었는데 세워서 황후로 삼았으며, 네 명의 아들을 낳았는데, 왕우(王宇)와 왕획(王獲)은 이전에 주살되어 죽었고, 왕안(王安)은 자못 거칠고 소홀하여 마침내 왕림(王臨)을 황태자로 삼고, 왕안을 신가벽(新嘉辟)[4]으로 하였다. 왕우의 아들 여섯 명을 책봉하여 모두 공(公)으로 하였다.[5] 천하를 크게 사면하였다.

왕망은 마침내 유자(孺子)에게 책명(策命)을 내려서 안정공(安定公)으로 삼고, 1만 호(戶)로 책봉하고 땅은 사방 100리(里)로 하였고, 그 나라[6]에다 한(漢) 조종(祖宗)의 사당을 세우고, 주(周)의 후손들과 더불어 나란히 그 정삭과 복색으로 시행하게 하였고,[7] 효평황후(孝平皇后)를 안정태후(安定太后)로 삼았다.

책서(策書) 읽기를 마치고 왕망은 직접 유자(孺子)의 손을 잡고서 눈물을 흘리고 흐느끼며 말하였다.

"옛날에 주공이 섭위(攝位)를 하다가 끝내 아들[성왕]에게로 회복시켜 군주임을 밝혔는데, 지금 나는 다만 황천의 위엄 있는 명령의 압박

---

3 왕흔(王訢)이 승상(丞相)이 되어 처음으로 의춘후(宜春侯)로 책봉되어 손자인 왕함(王咸)에게까지 전해졌다.

4 벽(辟)은 국군(國君)의 의미가 있다.

5 왕우의 여섯 아들, 즉 왕천(王千)은 공융공(功隆公), 왕수(王壽)는 공명공(功明公), 왕길(王吉)은 공성공(功成公), 왕종(王宗)은 공숭공(功崇公), 왕세(王世)는 공소공(功昭公), 왕리(王利)는 공저공(功著公)으로 삼았다.

6 안정공으로 책봉 되었으므로 안정국이다. 안정국의 위치는 평원(平原, 산동성 平原縣), 안덕(安德, 산동성 陵縣), 탑음(漯陰, 산동성 臨邑縣), 격현(鬲縣, 산동성 德平縣), 중구(重丘, 산동성 德平縣의 동쪽) 일대를 가리킨다.

7 제사 지낼 때에는 주(周) 또는 한(漢)의 정삭과 복장을 사용하게 한 것이다.

을 받아 마음과 같이 할 수 없다!"

슬퍼하고 탄식하기를 한참 하였다.

중부(中傅)[8]가 유자를 이끌고 대전에서 내려와 북면하고 칭신(稱臣)하였다. 백관들이 배석하였지만 마음의 동요를 느끼지 않는 사람이 없었다.

또 금궤(金櫃)에 의거하여 보필하는 신하들을 책봉하고 벼슬을 주었는데, 태부·좌보(左輔)인 왕순(王舜)을 태사로 삼고 안신공(安新公)에 책봉하고, 대사도 평안(平晏)을 태부·취신공(就新公)으로 하였고, 소아(少阿)·희화(羲和)인 유수(劉秀)를 국사(國師)·가신공(嘉新公)으로 하였고, 광한(廣漢) 재동(梓潼, 사천성 梓潼縣)의 애장(哀章)을 국장(國將)·미신공(美新公)으로 하였으니, 이들이 사보(四輔)였고, 지위는 상공(上公)이었다.

태보(太保)·후승(後承)인 진한(甄邯)을 대사마·승신공(承新公)으로 하고, 비진후(丕進侯) 왕심(王尋)을 대사도·장신공(章新公)으로 하며, 보병(步兵)장군 왕읍(王邑)을 대사공·융신공(隆新公)으로 하였으니, 이들이 삼공(三公)이다. 태아(太阿)·우불(右拂)·대사공(大司空) 진풍(甄豊)을 경시(更始)장군·광신공(廣新公)으로 하고, 경조(京兆)의 왕흥(王興)을 위(衛)장군·봉신공(奉新公)으로 하고, 경거(輕車)장군 손건(孫建)을 입국(立國)장군·성신공(成新公)으로 하고, 경조의 왕성(王盛)을 전(前)장군·숭신공(崇新公)으로 하니, 이들이 4장(四將)이다. 무릇 11명의 공(公)이었다.

---

8 한(漢) 때 제후의 봉국에는 태부(太傅)와 중부(中傅)가 있었는데, 태부의 봉록은 1년에 2천 석이고, 중부는 궁중에서 왕의 시중을 드는 사람이었다.

왕홍이란 사람은 옛날 성문영사(城門令史)[9]이었고, 왕성이라는 사람은 떡장수였는데, 왕망이 부명(符命)에 의거하여 이런 이름을 가진 사람 수십 명을 찾았고, 두 사람의 용모가 점괘에 나온 형상에 상응하여 포의(布衣)[10]에서 등용시켜 신(神)의 뜻을 드러냈다.

이날 경대부(卿大夫)·시중(侍中)·상서성(尚書省)의 관리 무릇 수백 명에게 책봉하여 벼슬을 주었는데, 여러 유씨(劉氏)들 중에서 군수(郡守)인 사람은 모두 옮겨 간대부(諫大夫)로 하였다. 명광궁(明光宮)을 고쳐서 안정관(安定館)이라 하고 안정태후(安定太后)가 여기에 거처하게 하였고, 대홍려부(大鴻臚府)를 안정공(安定公)의 저택으로 하고, 모두 문위사자(門衛使者)[11]를 두어서 감시하고 관장하게 하였다.

아유모(阿乳母)에게 유영(劉嬰)과 더불어 말할 수 없게 하고, 항상 사방이 벽인 속에 있게 하여서 자라서도 육축(六畜)을 이름 부를 수 없게 하고, 후에는 왕망의 손녀이며 왕우(王宇)의 딸로 처를 삼게 하였다.[12]

왕망은 여러 관청에 책명(策命)을 내려서 각기 그의 직무를 〈전고(典

9 성문영사는 성문교위의 밑에서 문서를 담당하는 관리이다.

10 벼슬 없는 사람을 말한다. 벼슬 없는 사람은 무명으로 된 옷을 입기 때문에 이렇게 불렀다.

11 단어대로라면 문을 지키는 사자라는 말이지만 이는 전 왕조의 황제와 태후였던 사람들을 감시하기 위하여 조치한 것이다.

12 아유모에서 아(阿)는 애칭이므로 유모를 말하는 것이며, 육축이란 여섯 종류의 가축을 말하는데, 소·말·양·개·돼지·닭이다. 왕망이 유자라고 이름 붙인 유영을 바보로 만들기 위하여 사방이 벽으로 된 곳에서 생활하게 하여 육축의 이름도 모르게 한 것이고, 그래도 믿을 수 없어서 자기의 맏아들인 왕우의 딸, 즉 자기의 손녀를 처로 삼게 하였다.

誥)〉에 나오는 글과 같게 하였다. 대사마사윤(大司馬司允)·대사도사직
(大司徒司直)·대사공사약(大司空司若)¹³을 두고, 지위는 모두 고경(孤
卿)¹⁴이었다. 대사농(大司農)의 이름을 바꾸어 희화(義和)라고 하였고
후에는 다시 납언(納言)이라 하고, 대리(大理)는 작사(作士)라고 하고,
태상(太常)은 질종(秩宗)이라 하고, 대홍려(大鴻臚)는 전악(典樂)이라
하고, 소부(少府)는 공공(共工)이라 하고, 수형(水衡)도위는 여우(予虞)
라고 하고, 삼공(三公)의 사경(司卿)¹⁵과 함께 삼공(三公)에 나누어 예
속시켰다.

　27명의 대부와 81명의 원사(元士)를 두어 나누어 중도관(中都官)의
여러 직책을 주관하게 하였다. 또 광록훈(光祿勳) 등의 이름을 바꾸어
육감(六監)¹⁶으로 하고 모두 상경(上卿)으로 하였다. 군(郡)의 태수(太
守)를 고쳐서 대윤(大尹)으로 하고, 도위(都尉)를 대위(大尉)라 하고,
현령(縣令)과 현장(縣長)을 재(宰)라 하고, 장락궁(長樂宮)은 상락실
(常樂室)로 하고, 장안(長安)은 상안(常安)으로 하며, 그 나머지 백관(百
官)·궁실(宮室)·군현(郡縣)은 모두 그 이름을 바꾸어서 이루다 기록할

---

13 대사마사윤은 군대의 부총사령관에 해당하고, 대사도사직은 부재상에 해당
　하며, 대사공사약은 감찰기구의 부책임자에 해당한다.

14 관직명이다. 왕망은 탁고개제하여 삼고는 삼공의 보좌역이며 이를 세 사람에
　게 나누어 소속시켰으므로 고는 소경(少卿)·소부(少傅)·소보(少保)에 해당
　하는 것이다.

15 즉 사윤·사직·사약이다.

16 광록훈(光祿勳)은 사중(司中)으로 하고, 태복(太僕)은 태어(太御)로 하고, 위
　위(衛尉)는 태위(太衛)로 하고, 집금오(執金吾)는 분무(奮武)로 하고, 중위(中
　尉)는 군정(軍正)으로 바꾸고 새로 대췌관(大贅官)을 두어 수레와 복식을 담
　당하다가 후에는 병사를 담당하게 하였다.

수 없다.

왕씨의 자최(齊衰)의 복(服)을 입을 친속들을 책봉하여 후(侯)로 삼고, 대공(大功)은 백(伯)으로 하고, 소공(小功)은 자(子)로 하고, 시마(緦麻)[17]는 남(男)으로 하였는데, 그 딸들은 임(任)으로 하였다. 남자에게는 '목(睦)'자를 넣고 여자는 '융(隆)'자를 넣어서 호(號)로 하였다.

또 말하였다.

"한씨(漢氏)의 제후 혹은 칭왕(稱王)을 한 사람들에서 사이(四夷)에 이르기까지도 이와 같이 하는데, 고전(古典)에 위배되고 일통하는데 어긋난다. 그러니, 제후왕의 칭호를 정하여 모두 공(公)이라고 하고, 사이(四夷) 중에서 명호를 참칭(僭稱)하여 왕이라고 칭(稱)한 자들은 모두 바꾸어 후(侯)로 하라."[18]

이에 한(漢)의 제후왕 32명은 모두 공(公)으로 강등되어 공(公)이 되고, 왕(王)의 아들로서 후(侯)인 사람 181명은 모두 강등되어 자(子, 子爵)으로 되었으며, 그 후손들은 모두 작위를 박탈당하였다.

2   왕망은 또 황제(黃帝)·소호(少昊)·전욱(顓頊)·제곡(帝嚳)·요(堯)·

---

17 사람이 죽었을 때에 상복을 입는 종류가 있는데, 망자(亡者)와 친소(親疎) 관계에 의하여 결정되며, 여기서는 왕망과의 친소 관계를 보이기 위하여 왕망이 죽었을 때에 입는 상복의 종류에 따라서 작위를 준 것인데, 자최의 복은 자신과 조부가 같은 사촌까지이고, 대공은 증조부가 같은 6촌까지이며, 소공은 고조가 같은 8촌까지이고, 시마는 5대조가 같은 10촌이다. 그리고 후·백·자·남은 각기 작위의 종류이고, 임은 남자로 보면 남작에 해당하는 여자의 작위이다.

18 고대에 왕이라는 칭호는 천하를 소유한다는 의미인데, 왕망은 제후와 사이(四夷)가 이를 사용한다는 것은 고대의 법도에 어긋난다고 생각하였다.

순(舜)·하(夏)·상(商)·주(周) 및 고요(皋陶)·이윤(伊尹)의 후예들을 모두 공(公)과 후(侯)로 삼아 각각 그들의 제사를 받들도록 하였다.[19]

3   왕망은 한(漢)의 태평성세의 왕업과 부고(府庫)와 문무백관의 부유함을 통하여 백만(百萬)이 빈복(賓服)하고 천하가 태평하였는데, 왕망이 하루아침에 이를 소유하게 되었지만, 그 마음속으로 아직도 만족하지 아니하여 한(漢)의 제도를 협소하다고 바꾸어 넓게 하고자 하였다.

마침내 스스로 황제와 우순(虞舜)의 후예라고 생각하고 계속하여서 제(齊)의 전건(田建)[20]의 손자인 제북왕(齊北王) 전안(田安)에 이르러서 나라를 잃었는데[21] 제인(齊人)들이 이를 왕가(王家)라고 생각하자, 이어서 씨(氏)로 생각하였으니, 그러므로 황제를 초조(初祖)로 하고 우

---

19 요순(姚恂)을 초목후(初睦侯)로 삼아서 황제의 후예를 받들게 하고, 양호(梁護)를 수원백(修遠伯)으로 삼아서 소호(少昊)의 후예를 받들게 하며, 왕망의 손자 왕천(王千)을 공륭공(功隆公)으로 삼아 제곡(帝嚳)의 후예를 받들게 하였다. 유흠(劉歆)을 초열백(初烈伯)으로 삼아 전욱(顓頊)의 후예를 받들게 하고, 국사(國師) 유흠의 아들인 유첩(劉疊)을 이휴후(伊休侯)로 삼아 요임금의 후예를 받들게 하며, 규창(嬀昌)을 시륙후(始睦侯)로 삼아 순임금의 후예를 받들게 하였다. 또 산준(山遵)을 포모후(襃謀侯)로 삼아 고요(皋陶)의 후예을 받들게 하고, 이현(伊玄)을 포형자(襃衡子)로 삼아서 이윤(伊尹)의 후예를 받들게 하였다. 또 주의 후예인 위공(衛公) 희당(姬黨)을 장평공(章平公)으로 바꾸고, 은의 후예인 송공(宋公) 공홍(孔弘)을 장소후(章昭侯)로 바꾸어 책봉하고, 하(夏)의 후예인 요서군(遼西郡)에 사는 여풍(如豊)을 장공후(章功侯)로 책봉하였다.

20 제의 5대 왕이다.

21 이 일은 한 고조 원년(기원전 206년)에 있었다.

제(虞帝, 舜)를 시조로 하였다. 진호공(陳胡公)을 추존(追尊)하여 진호왕(陳胡王)이라 하고, 전경중(田敬仲)을 전경왕(田敬王)이라 하고, 제북왕(齊北王) 전안을 제북민왕(齊北愍王)이라고 하였다. 조상의 사당 다섯과 친족의 사당 네 개를 세웠다.

천하의 요(姚)·규(嬀)·진(陳)·전(田)·왕(王) 다섯 성(姓)을 모두 종실[22]로 하여 대대로 요역과 세금을 면제시키고, 간여하는 바를 없앴다. 진숭(陳崇)과 전풍(田豊)을 책봉하여 후(侯)[23]로 삼고 진호왕(陳胡王)과 전경왕(田敬王)의 후사를 받들게 하였다.

천하의 주목(州牧)과 군수(郡守)들이 모두 이전에 적의(翟義)와 조붕(趙朋) 등의 반란이 있자,[24] 주군(州郡)을 거느리면서 충성과 효도의 마음을 품고 있어서 주목(州牧)들을 책봉하여 남작(男爵)으로 하고, 군수들은 모두 부성(附城, 부용)이라 하였다.

한(漢)의 고묘(高廟, 劉邦의 사당)를 문조묘(文祖廟)로 하였다. 한씨(漢氏)들의 원침(園寢)과 사당으로 경사(京師)에 있는 것은 철폐하지 말고 제사를 지내는 것도 예전과 같이 하도록 하였다. 여러 유(劉)씨들에게는 그들의 세금을 면제하여 주는 것을 풀지 말게 하여 각기 그 몸이 죽기까지 하였고, 주목(州牧)들은 자주 문안하고 침탈되어 억울한 일이 있지 않게 하였다.

---

22 일설에 황제에게는 25명의 아들이 있었고, 12개의 성이 있었는데, 순임금이 요(姚)씨로 성을 고쳤다가 후에 규(嬀)씨가 되었고, 주(周) 때에 진(陳)에 봉해졌다. 그러다가 전경중(田敬仲)이 진(陳)에서 제(齊)로 도망하여 전(田)씨가 되었고, 후에 제남군(濟南郡)의 한 일파가 왕씨로 성을 바꾸었다고 한다.

23 진숭(陳崇)을 통목후(統睦侯)로, 전풍(田豊)을 세류후(世睦侯)로 책봉하였다.

24 이 일은 거섭 원년(6년)에 있었고, 그 내용은 《자치통감》 권36에 실려 있다.

4   왕망은 유(劉)라는 글자가 '묘(卯)·금(金)·도(刀)'로 이루어져서 조서를 내려 정월강묘(正月剛卯)와 금도(金刀)²⁵의 날카로움은 통용할 수 없게 하고, 마침내 착도(錯刀)와 계도(契刀)²⁶를 철폐하고 오수전(五銖錢)에 이르러서는 다시 소전(小錢)을 만들었는데, 지름은 6푼이고, 무게는 1수(銖)이며, 글은 '소전직일(小錢直一)'이라 하여서 전의 '대전오십(大錢五十)'²⁷이라는 것과 더불어 두 종류로 하고, 나란히 통용되게 하였다. 민간에서 도주(盜鑄)를 막으려고 동(銅)과 석탄을 보유하는 것을 금지하였다.²⁸

5   여름, 4월에 서향후(徐鄕侯, 서향은 산동성 黃縣) 유쾌(劉快, 한의 교동왕 劉授의 아들)가 무리 수천 명을 결집하여, 그 나라에서 군사를 일으켰다. 유쾌의 형인 유은(劉殷)은 옛날 한의 교동왕(膠東王)이었고, 이때에는 부숭공(扶崇公)이 되었다. 유쾌가 군사를 들어 즉묵(卽墨, 산동성 平度縣, 교동의 치소)을 공격하자 유은은 성문을 닫고 스스로 감옥에 갇

_____

25 한대에 사악한 기운을 물리치기 위하여 패용하던 장식품으로써 금이나 옥으로 만들고 혹은 복숭아나무로 만들기도 하였다. 길이는 3촌에 넓이는 1촌으로 매년 정월 묘일에 몸에 차는데 그 위에 '정월강묘(正月剛卯)'라고 썼다. 금도는 쇠로 만든 칼인데 날카롭다. 이 두 물건은 유(劉)의 파자(破字)인 묘(卯)와 도(刀)가 들어가 있으므로 이를 금지시킨 것이다.

26 왕망 거섭 2년(7년)은 정묘년(丁卯年)이며, 이 해에 화폐를 고쳐서 착도(錯刀)를 만들었다. 그런데 묘(卯)와 도(刀)는 유(劉)의 파자(破字)에 들어있는 글자여서 싫어한 것이다.

27 직(直)은 치(値)와 같은 말로 '1전의 가치가 있는 것이다.'라는 뜻이다. 따라서 '대전오십'은 이 대전 하나의 가치가 50전이라는 뜻이다.

28 동전을 주조하는데 필요한 구리와 이를 녹이는데 사용하는 석탄의 보유를 금한 것이다.

혔다.[29] 이민(吏民)들이 유쾌에게 항거하니, 유쾌는 패하여 달아나다가 장광(長廣, 산동성 萊陽縣)에 이르러 죽었다. 왕망은 유은을 사면하고, 오히려 그의 나라에 덧붙여 주어 1만 호(戶)를 채워주고, 땅은 사방 100리(里)였다.

6   왕망이 말하였다.

"옛날에 한 장정[夫]이 전지(田地) 100무(畝)[30]에서 10분에 1의 세금을 내면 국가는 넉넉하고 백성들도 부유하여 칭송하는 소리를 만들었다. 진(秦)이 성인(聖人)의 제도를 무너뜨려 정전(井田)를 폐지하니,[31] 이로써 겸병이 시작되고, 탐욕스런 천박한 마음이 생겨나서 힘 있는 사람이 전지를 관장하는 것이 천을 헤아리고, 약한 사람들은 일찍이 송곳을 꽂을 곳도 없었다.

또 노비 시장을 설치하여 소와 말과 더불어 같이 울타리 안에 넣고 민신(民臣)에게 통제되고 그의 목숨을 오로지 단죄하여 '천지의 성(性) 중에서 사람이 가장 중요하다.'[32]는 뜻에 어긋나게 하였다.

전조(田租)를 경감하여 30분에 1의 세금으로 하였지만, 항상 경부(更賦)[33]가 있어서 늙거나 병든 자도 모두 내야하고, 호민(豪民)들이

---

29 동생이 반역하였으므로 그에 대한 처벌을 기다린 것이다.

30 1무는 대략 현재의 600㎡에 해당하니 100무는 6만㎡에 해당하는 면적이다.

31 이 사건은 주 현왕 19년(기원전 350년)에 있었고, 이 내용은《자치통감》권2에 실려 있다.

32 《효경(孝經)》에 나오는 말로 공자가 한 말이다.

33 한대 요역의 한 가지로 변방에 수(戍) 자리를 가는 대신에 납부하는 세금이다.

침범하고 업신여겨서 토지를 나눠주고 가(假)를 겁탈하였다.³⁴ 그 명
목은 30분의 1세이지만 실제로는 10분의 5의 세금이다. 그러므로 부
자들의 개나 말도 콩이나 벼가 남아돌고 교만하여 사악하게 되었지만,
가난한 사람들은 술지거미도 싫어하지 않다가 가난하여지면 간악하게
되고, 모두 죄에 빠지니 형벌로 조치할 수 없다.

지금에 천하 토지의 이름을 바꾸어서 '왕전(王田)'이라 하고, 노비는
'사속(私屬)'이라고 하며, 모두 매매를 할 수 없다. 그 집에 남자가 8명
이 차지 않으면서 전(田)이 1정(井)³⁵을 넘는 사람은 나머지의 전지를
구족(九族)과 이웃 마을, 향당(鄕黨)에게 나누어 주라. 옛날에 땅이 없
었지만 지금 토지를 마땅히 받을 사람도 이 제도처럼 한다. 감히 정전
(井田)이라는 성인(聖人)의 제도를 비방하거나, 불법적으로 무리를 현
혹시키는 사람이 있으면 사방에 있는 변방으로 쫓아내서 도깨비들을
막도록 하며, 황시조고(皇始祖考)인 우제(虞帝)의 고사³⁶처럼 하라."

7   가을에, 오위장(五威將)³⁷ 왕기(王奇) 등 12명을 파견하여 천하에

---

34 가난한 사람들이 토지가 없기 때문에 부자들의 토지에 농사를 짓고 그 수확
   량을 분배하는데 대개는 대분제(對分制)라고 하여 수확량을 5대 5로 나누는
   것이 일반적이다. 가(假)란 가난한 사람이 부자의 전지를 임대하는 것이며, 겁
   탈이란 부자가 그 세금을 빼앗는 것이다.

35 900무의 토지를 말한다.

36 순임금이 사흉(四凶)을 사방의 변방으로 쫓아내서 도깨비들을 막게 하였다
   는 기록이 있는데, 《좌전(左傳)》의 기원전 609년의 기사를 보면 순임금이 공
   공(共工)·삼묘(三苗)·환두(驩兜)는 쫓아내고 곤(鯤)을 죽였다고 하였다.

37 오위장은 좌(左)·우(右)·전(前)·후(後)·중수(中帥)로 나누어, 그 의관과 복
   식과 마차는 모두 그 방면의 색깔과 숫자가 상징하는 만큼을 사용한다.

42편(篇)의 부명(符命)[38]을 나누어주게 하였는데, 덕스럽고 상서로운 일 5가지, 부명(符命) 25가지, 복이 감응한 것 12가지였다. 오위장은 부명을 받들고 인수(印綬)를 가지고 가서 왕후(王侯) 이하로는 관리의 관직명(官職名)을 고친 사람들에게 미치게 하였으며, 밖으로는 흉노·서역(西域)·이외에 만이(蠻夷)들에게까지 이르렀으며, 모두 바로 신실(新室)의 인수(印綬)를 주고, 이어서 옛날 한(漢)의 인수를 거두었다. 천하를 크게 사면하였다.

오위장들은 건문거(乾文車)를 타고 곤육마(坤六馬)가 끌게 하였는데, 등에는 꿩의 깃을 꽂아서[39] 복식이 대단히 웅장하였다. 매 한 명의 장(將, 오위장)은 각기 5명의 수(帥, 장수)를 두었고, 지절(持節)을 거느리고, 지당(持幢, 깃발을 들고 있는 사람)을 인솔하였다.

그 가운데, 동쪽으로 나간 자는 현토(玄菟, 端川)·낙랑(樂浪, 平壤)·고구려(高句驪, 요녕성 新賓縣)[40]·부여(夫餘, 길림성 昌圖縣)에 이르렀고, 남쪽으로 나간 자는 변경을 넘어 익주(益州, 운남성 晉寧縣)을 거쳐서 구정왕(句町王)[41]을 고쳐서 후(侯)로 삼고, 서쪽으로는 서역(西域,

---

38 왕망의 등장을 미리 알린 여러 가지 징조 즉, 비밀문서를 말한다.

39 건문도는 하늘의 별자리를 그린 천문도를 말하고, 곤육마는 여섯 마리의 암말을 말하는데, 6은 지수(地數)이므로 이것들은 건곤(乾坤)을 상징하는 것이었다. 또 새의 깃을 사람·마차·말 가운데 어디에 꽂았는지가 분명치 않다.

40 범엽(范曄)은 무제가 조선을 멸망시키고 고구려를 현으로 삼아서 현토에 속하게 하였다고 하였는데, 그 사람들은 다섯 개의 부가 있고, 요동의 동쪽으로 천리에 이른다고 하였다. 고구려는 주몽의 후예로서 고씨를 성으로 한다고 하였다.

41 소제(昭帝) 때에 고증이(姑繒夷)와 엽유이(葉楡夷)가 반란을 일으키자 구정후(句町侯) 망파(亡波)가 반란군을 격퇴하는데 공을 세워 왕으로 책봉되었다.

新疆과 중앙아시아의 동부)에 이르러서 그들의 왕들을 고쳐서 모두 후(侯)로 하고, 북쪽으로 나가서는 흉노의 조정에 이르러서 선우의 인새(印璽)를 주고, 한(漢)의 인문(印文)을 고쳤는데, '새(璽)'라는 글자를 지우고 새로 '장(章)'이라 하였다.[42]

8   겨울에 번개가 치고 오동나무에 꽃이 피었다.

9   통목후(統睦侯) 진숭(陳崇)을 사명(司命)으로 삼아 상공(上公) 이하를 감찰하는 것을 주관하게 하였다. 또 설부후(說符侯) 최발(崔發) 등을 중성(中城)과 사관(四關)장군으로 하여 경사의 12개의 성문과 요류(繞雷, 섬서성 商縣 변경)·양두(羊頭, 산서성 長子縣 羊頭關)·효면(肴黽, 肴山과 澠池, 하남성 陝縣의 동쪽)·견농(汧隴, 汧水와 隴山, 즉 섬서성 隴縣 변경)의 요새를 주관하게 하였는데, 모두 오위(五威)라는 말을 그 호칭 앞에 두었다.

10   또 간대부(諫大夫) 50명을 파견하여 나누어 군국(郡國)에서 화폐를 주조하게 하였다.

11   이 해에 진정(眞定, 하북성 正定縣)과 상산(常山, 하북성 元氏縣)에 우박이 내렸다.

---

42 왕망은 '사이들까지도 왕을 칭하여 고대의 전장제도에 위배되고 통일이라는 의미에 어긋난다고 하여 왕을 모두 후로 고치도록 하라.'고 하여 모두 후로 고친 것이고, '새(璽)'는 왕공의 도장에 새기는 말이고, '장(章)'은 후의 도장에 새기는 글자이다.

아부하는 한의 유신들과 흉노의 반발

왕망 시건국 2년(庚午, 10년)

1　봄, 2월에 천하를 사면하였다.

2　오위장(五威將)과 수(帥) 72명이 돌아와서 한 일을 상주하였는데, '한의 제후왕 가운데 공(公)으로 한 사람들은 모두 새수(璽綬)를 올려 보내고 민(民)으로 하였으며, 명령을 어긴 사람은 없었다. 오직 옛날 광양왕(廣陽王) 유가(劉嘉)가 부명(符命)을 헌납하고, 노왕(魯王) 유민(劉閔)이 신서(神書) 바쳤고, 중산왕(中山王) 유성도(劉成都)가 편지를 바쳐서 왕망의 덕을 말하여서[43] 모두 열후(列侯)에 봉하였다.'고 하였다.

❖ 반고(班固)가 평론하였습니다.

---

43 이들은 이미 왕망이 갖고 있는 부명이나 신서 이외의 자기들이 얻었다는 것을 헌납한 것이다.

"옛날에 주(周)의 봉국(封國)은 800이었지만, 동성(同姓)은 50여 명이었으니, 그러므로 친한 사람을 가까이 하고 현명한 사람을 현명하다 하여 여러 가지 흥성과 쇠망에 관련지어서 그 뿌리를 깊게 박고 근본을 굳게 하여 뽑을 수가 없게 되었다.

그러므로 흥성하면 주공(周公)과 소공(召公)이 서로 다스리는데 형벌이 엇갈리기에 이르렀고, 쇠퇴하면 오백(五伯)[44]이 그 약함을 도와서 더불어 지켰으니, 천하에서는 이를 공주(共主)라고 하여 강대하여도 감히 기울어지게 하지 아니하였다. 800여 년을 지내고서 운수가 극에 달하고 덕이 다하자 강등하여 평민으로 삼았는데, 천수(天壽)는 누리게 하였다.[45]

진(秦)이 삼대(三代)를 헐뜯고 비웃고 가만히 스스로는 황제라고 호칭하였으나 아들과 동생들은 필부(匹夫)로 삼아서, 안으로는 골육이 뿌리로서의 보좌함이 없었고, 밖으로는 한 자의 땅으로 번익(藩翼)의 보위함이 없어져서 진승(陳勝)과 오광(吳廣)이 그 흰 몽둥이를 떨치고, 유방(劉邦)과 항우(項羽)가 따라서 그를 죽였다. 그러므로 말하였다. '주(周)는 그 역운(曆運)을 지냈고, 진(秦)은 기한을 채우지 못하였는데, 나라의 형세가 그러한 것이다.[46]

---

44 다섯 명의 패자(霸者)를 말하는 것으로 제나라의 환공, 송나라의 양공, 진나라의 목공, 진나라의 문공, 오나라의 부차를 가리킨다.

45 주의 난왕(赧王)을 말하는 것이다.

46 무왕이 상을 멸망시키고 점쳐 보니 30세, 700년을 지탱할 것이라고 하였는데, 실제로는 36세, 867년간을 이어갔으니 이는 그 역운을 지낸 것이고, 진이 시호를 정하는 법이 적은 것은 후세에 서로 이어받을까 두려워 한 것이며, 자칭 시황제라고 하고 그 아들을 2세로 하여 만세까지 이어지게 하려고 하였으나, 결국 아들 대에 망하니, 이는 그 기한을 못 채운 것이다.

한(漢)이 일어난 초기에는 멸망한 진(秦)이 고립되어서 패배한 것을 경계로 하여서 이에 왕의 자제들을 높여서 크게 아홉 개의 봉국(封國)을 열었다. 안문(鴈門, 산서성 右玉縣)에서부터 동쪽으로 요양(遼陽, 요녕성 遼陽縣)에 이르는데, 연(燕)과 대(代)이고, 상산(常山, 하북성 元氏縣)의 남쪽은 태행(太行, 태행산)을 왼쪽으로 돌아 하(河, 黃河)·제(濟, 濟水)를 건너서 바다로 들어가는데, 제(齊)와 조(趙)를 만들고, 곡(穀, 穀水)과 사(泗, 泗水)로 가면 갑자기 귀(龜, 龜山)와 몽(蒙, 蒙山)이 있어서 양(梁)과 초(楚)을 만들었고, 동쪽으로 강(江, 長江)과 호(湖, 太湖)를 두르고 회계(會稽)의 가까이에 형(荊)과 오(吳)를 만들고, 북쪽으로는 회(淮, 淮水)의 물가를 경계를 하고 여(廬, 廬山)와 형(衡, 衡山)을 범하면서 회남(淮南, 회남국)을 만들고, 한(漢, 漢水)의 북쪽을 따라서 가다가 구의(九嶷, 구익산)에 걸쳐서 장사(長沙, 장사국)를 만들었다.[47] 제후들은 변경에 인접하여 삼수(三垂, 동방과 남방과 북방)를 둘러싸고 있으며, 밖으로는 호(胡, 匈奴)와 월(越, 南越)에 접해 있다.

천자는 스스로 삼하(三河 : 河東郡, 河南郡, 河內郡)·동군(東郡, 하남성 濮陽縣)·영천(潁川, 하남성 禹縣)·남양(南陽, 하남성 南陽市)을 소유하였고, 강릉(江陵, 호북성 江陵縣)에서부터 서쪽으로 파(巴, 사천성 重慶市)와 촉(蜀, 사천성 成都市)까지 이르고, 북쪽으로는 운중

---

47 앞에서 아홉 개의 봉국을 만들었다고 하였는데 그 아홉 개의 봉국이란 연(燕)·대(代)·제(齊)·조(趙)·양(梁)·초(楚)·형(荊)·오(吳)·회남·장사이다. 이를 합하면 열이지만 한(漢) 고조(高祖) 6년에 형(荊)을 세우고 16년에 이름을 바꾸어 오(吳)로 하였으니 두 나라는 동일한 국가이므로 형과 오를 하나로 보면 아홉인 것이다.

(雲中, 내몽고 託克託縣)에서부터 농서(隴西, 감숙성 臨洮縣)에 이르니, 경사(京師), 내사(內史)와 더불어 무릇 15개 군(郡)⁴⁸인데, 공주와 열후의 읍(邑)도 자못 그 안에 있다.

그러나 번국 가운데 큰 것은 주(州)를 넘고 군(郡)을 겸하고 성 수십 개를 이었고, 궁실과 백관이 경사(京師)와 같았으니, 잘못된 것을 바로잡으려 하다가 그 정도(正道)를 지나쳤다고 말할 수 있을 것이다.⁴⁹ 비록 그렇다고 하더라도 고조(高祖)가 창업하고 날짜로는 쉬는 날을 주지 아니하고, 효혜제(孝惠帝)가 나라를 향유한 것이 짧았는데, 고후(高后)가 여자 주군으로 섭위(攝位)하였으나 천하가 태평하여 난폭하거나 간교한 일에 대한 근심은 없었고 끝내 여러 여(呂)씨의 어려움을 겪고, 태종(太宗, 文帝)의 대업(大業)을 이루었는데, 역시 제후들에게 이것을 의뢰한 것이다.

그러나 제후의 원본은 대종(大宗)의 말류(末流)로써 함부로 흘러서 넘치게 되면, 작은 것은 음란하고 거칠어 법을 뛰어넘고, 큰 것은 어그러지고 가로질러 거슬러서 자신의 몸을 해치고 자신의 나라를 없애니, 그러므로 문제(文帝)는 제(齊)와 조(趙)를 나누고,⁵⁰ 경제(景帝)는 오(吳)와 초(楚)를 삭감하였으며,⁵¹ 무제(武帝)

---

48 반고가 거론한 군을 보면 하동군·하남군·하내군·동군·영천·남양·강릉·파·촉·운중·농서·경사·내사이고 이를 합치면 15개가 안되며, 다시 한 초기에 설립한 군의 수를 계산해 보면 15개가 넘는다.

49 진은 봉건을 폐하였기 때문에 망하였으므로 이를 바로잡기 위하여 한은 봉건국을 세웠는데, 그 봉건국의 형세가 지나치게 커졌기 때문에 지나쳐 버렸다는 것이다.

50 이 일은 문제 2년(기원전 178년)과 16년(기원전 164년)에 있었고, 그 내용은《자치통감》16권에 실려 있다.

는 추은령(推恩令)[52]을 내려 번국들이 저절로 갈라지게 하였다.

이로부터 이후로 제(齊)는 나뉘어 일곱이 되고, 조(趙)는 나뉘어 여섯이 되었으며, 양(梁)은 나뉘어 다섯이 되고, 회남(淮南)은 나뉘어 셋이 되었다.[53] 황제의 아들이 처음으로 세워진 것은 큰 나라도 10여 개의 성에 지나지 않았다. 장사(長沙)·연(燕)·대(代)는 비록 옛날의 명성이 있어도 모두 없어진 남북의 변방이었다.[54]

경제(景帝)는 7국의 난을 만나자 제후를 누르고 덜어내어 그 관리를 줄이고 쫓아냈다.[55] 무제(武帝)는 형산(衡山, 형산왕)과 회남(淮南, 회남왕)이 모의를 하게 되자,[56] 좌관률(左官律)을 만들고 부

---

51 이 일은 경제 3년(기원전 154년)에 있었고, 그 내용은 《자치통감》 권16에 실려 있다.

52 이 일은 무제 원삭 2년(기원전 127년)에 있었고, 그 내용은 《자치통감》 권18에 실려 있다.

53 제가 나뉜 7국은 제(齊)·성양(城陽)·제북(濟北)·제남(濟南)·치천(淄川)·교서(膠西)·교동(膠東)이고, 조가 나뉜 6국은 조(趙)·평원(平原)·진정(眞定)·중산(中山)·광천(廣川)·하간(河間)이고, 양이 나뉜 5국은 양(梁)·제천(濟川)·제동(濟東)·산양(山陽)·제음(濟陰)이고, 회남이 나뉜 3국은 회남(淮南)·형산(衡山)·여강(廬江)이다.

54 한은 남월 등의 나라를 멸망시키고 장사국의 남쪽에 군을 설치하자 장사국은 이미 내지에 속하게 되었고, 흉노가 계속 북쪽으로 패퇴한 후로는 연국과 대국의 북쪽에 군을 설치하여 흉노의 침략에 대비하였으므로, 이 삼국은 군사상의 중요한 지위를 잃게 되었다.

55 제후국의 승상을 상(相)이라고 고치고, 제후국의 어사대부·정위·소부·종정·박사 등의 관직을 없애고, 대부·알자·제관장·승원 등의 관원 수를 줄였다.

56 이 사건은 무제 원삭 5년(기원전 124년)과 원수 원년(기원전 122년)에 있었고, 그 내용은 《자치통감》 권19권에 실려 있다.

익법(附益法)[57]을 제정하여 제후들은 오직 조세(租稅)로 입고 먹을 수 있었고, 정치에는 참여하지 아니하였다.

애제(哀帝)와 평제(平帝) 때에 이르러서는 모두 몸을 이어받은 후예들이지만 친족들은 소원해지고, 유장(帷帳) 속에서 태어나 사민(士民)의 존중을 받지 못하여 형세가 마치 보통의 부잣집이나 다름이 없게 되었다. 그리고 본 왕조가 단명하니 나라의 적통(嫡統)이 세 번이나 끊어졌다.[58]

이러한 연고로 왕망은 한(漢)의 안팎이 다하고 미약하며, 본말(本末, 황실과 제후)이 함께 약해진 것을 깊이 알아서 꺼릴 바가 없어져서 그의 간사한 마음을 낳았고, 모후(母后)의 권세를 이용하고, 이윤(伊尹)과 주공(周公)의 칭호를 빌려서, 묘당(廟堂) 위에서 마음대로 위엄과 복록을 만들고, 섬돌을 내려가지도 않고 천하를 운영하였다.

속이는 음모가 이미 이루어지자, 드디어 남면하는 지존(至尊)을 점거하고, 오위(五威, 오위장)라는 관리들을 나누어 파견하여 말을 달려 천하에 전하고 부명(符命)을 반포하여 시행하였고, 한(漢)의 제후왕들은 머리를 땅에 조아리며, 새불(璽韍)을 받들어 올리면서 오직 뒤떨어질까 두려워하였고, 혹은 미덕을 칭송하면서 아첨만 하였으니, 어찌 슬프지 아니하랴!"

---

57 좌관률은 한대에 조정의 반열에서 오른쪽을 존중하였는데, 그래서 벼슬이 낮아지는 것을 좌천이라 하고 제후에게 벼슬하는 사람을 좌관이라고 하여 중앙의 정부에서 벼슬할 수 없게 한 제도이고, 부익법은 봉국의 군주와 교제를 하거나 또는 아부하는 것을 다스리는 법률이다.

58 성제, 애제, 평제가 모두 일찍 죽은 탓에 후사가 없었다.

3　　국사공(國師公) 유수(劉秀)가 말하였다.

"주(周)에는 천부(泉府)[59]라는 관직이 있었는데, 팔리지 않는 것을 거두었다가 얻고자 하는 사람에게 주었으니, 바로 《주역》에서 말하는 '재물을 관리하고 말을 바르게 하여 백성들이 그릇되는 것을 금한다.'[60]라고 하는 것입니다."

왕망은 이에 조서를 내려서 말하였다.

"《주례(周禮)》에는 사대(賒貸)[61]가 있고, 《악어(樂語)》에는 오균(五均)[62]이 있으며, 전하는 기록에는 각기 관(筦, 관리자)이 있었다. 지금부터 사대를 열고, 오균을 펴는데, 모두 여러 관(管)을 두는 것은 많은 서민들을 고르게 하고 겸병을 억제하기 위한 것이다."

드디어 장안(長安, 西安市)과 낙양(洛陽, 하남성 洛陽市)·한단(邯鄲, 하북성 邯鄲市)·임치(臨菑, 산동성 臨淄市)·완(宛, 하남성 南陽市)·성도(成都, 사천성 成都市)에 오균사시(五均司市)와 전부관(錢府官)을 세웠다.

사시는 항상 사계절의 중간 달[63]에 물건의 상중하(上中下) 값을 정하여 각각 그 시장을 고르게 하도록 하였다. 백성들이 오곡·포(布)·비단·실·솜의 물건을 파는데 팔리지 않는 것은 균관(均官)이 그 실제 가격을 검토하여 본래의 값으로 이를 사들이며, 물건 값이 올라서 평균에

---

59 《주례》에 나오는 지관에 속한 관리인데, 국가의 세수(稅收)와 시장에서 많이 남아도는 물건을 구매하는 일을 맡았다.

60 《주역》〈계사〉 하에 있는 말이다.

61 재물을 빌려주거나 빌려준 것의 상환을 연기하여 주는 것이다.

62 시장의 물건 값을 관리하는 관서이다.

63 즉 음력 2·5·8·11월을 말한다.

서 1전을 넘으면 곧 평균값으로 백성들에게 팔고, 값이 떨어져서 평균보다 싼 것은 백성들끼리 서로 매매하도록 들어 주었다. 또 백성들 중에서 부족하고 끊겨서 사대하려는 사람이 있으면 전부(錢府)[64]에서 이를 주고, 매 달에 100전(錢)마다 이자를 3전(錢) 받았다.

또 《주관(周官)》으로 백성들에게 세금을 부과하는데, 무릇 전지(田地)에 경작하지 않으면 '불식(不殖)'이라 하여 세 사람 몫의 세금을 내게 하고, 성곽에서 예(藝)를 심지[65] 않은 사람은 '불모(不毛)'라 하여 세 사람 분량의 포(布)를 납부하게 하고, 백성들 가운데 유랑하며 일을 하지 않으면 한 사람에 포(布) 한 필(匹)을 내게 하며, 그들 중에 포(布)를 낼 수 없는 사람은 '용작(冗作)'이라 하여 현관(縣官)에서 그에게 입히고 먹여 주었다.[66]

산림(山林)과 수택(水澤)에서 금·은·연(連, 구리와 비슷한 것)·주석·새·짐승·물고기·자라를 잡는 사람들과 목축을 하는 사람, 부인들 중에 양잠·길쌈·방직·바느질을 하는 사람·공장(工匠)과 의사·무당(巫)·점복인·축인(祝人, 제사)과 기타 방기(方技)·상판(商販)·고인(賈人)은 모두가 각자 있는 곳에서 하는 것을 등록하며, 현관에서는 그 본전(本錢)을 제외하고 그 이익을 계산하여 10등분하고 그 중의 1을 공(貢)으로 하며, 감히 스스로 등록하지 않거나 스스로 등록하였지만 실제대로 등록하지 않는 사람은 소득을 모두 몰수하고 1년간 현관에서 일을 한다.

희화(羲和)인 노광(魯匡)이 다시 상주하여 술을 전매하자고 청하니,

---

64 균관은 물자조절을 맡은 관리이며, 전부는 경제를 담당한 부서이다.

65 과목(果木)이나 채소를 심는 것을 말한다.

66 정부에서 노동을 시키고 그 노동의 대가로 의식을 얻게 하는 것이다.

왕망(王莽)이 이를 좇았다. 또 백성들이 활과 갑옷을 보유하는 것을 금지하고, 범한 사람은 서해군(西海郡, 청해성 海晏縣)으로 귀양 보냈다.

4   애초에, 왕망이 이미 흉노에게 네 가지 조목을 벌려 놓고,[67] 뒤에 호오환사자(護烏桓使者)[68]가 오환(烏桓)의 백성들에게 통고하여 다시는 흉노에게 피포세(皮布稅)를 주지 말게 하였다.[69] 흉노가 사자를 보내서 세를 독촉하며 오환의 추호(酋豪, 추장이나 세력가)를 잡아서 포박하고 이를 거꾸로 매달아 놓았다. 추호의 형제들이 분노하여 함께 흉노의 사자를 죽였다.

선우(單于)가 이를 듣고 좌현왕(左賢王)의 군대를 발동하여 오환으로 들어가서 이를 공격하고, 자못 인민을 죽이고 부녀자와 약하고 어린 사람과 또 1천여 명을 몰아서 가고, 좌지(左地)를 두고 오환에게 고하였다.

"말과 가축의 피포(皮布)을 가지고 와서 이들을 속(贖)하여 가라!"

오환이 실제로 재물과 가축을 가지고 가서 대속(代贖)하였는데, 흉노에서는 받기만 하고 억류하여 보내지 않았다.

---

67 네 가지 조항을 만든 것은 평제 원시 2년(기원전 2년)에 있었던 일이고, 그 내용은《자치통감》권35에 기록되어 있다.

68 호오환사자는 호오환교위를 말하는데, 무제가 곽거병을 파견하여 흉노를 격파하고 나서, 상곡·어양·우북평·요서·요동 등의 5군의 변방 밖으로 오환 사람들을 이주시키고 호오환교위를 두었다. 녹질은 2천 석이고, 절(節)과 감(監)을 두고 통솔하게 하였다. 피포세란 가죽이나 포로 바치는 세금을 말한다.

69 한 고조 6년(기원전 201년)에 오환은 흉노에게 패배하고 신하로 복종하면서 매년 소나 말, 양 등 짐승의 가죽을 바쳤는데 기한이 지나도 가죽을 보내지 않으면 번번이 오환의 부녀자들을 잡아갔다.

오위장(五威將) 왕준(王駿) 등 여섯 사람이 흉노에 이르게 되었는데, 선우에게 금과 비단을 많이 남기면서 천명(天命)을 받아서 한(漢)을 대신하였다는 상황을 알아듣게 말하고, 이어서 선우의 옛날 도장을 바꾸었다. 옛날 도장의 글에는 '흉노선우새(匈奴單于璽)'라고 하였는데, 왕망은 바꾸어 '신흉노선우장(新匈奴單于章)'이라고 하였다.[70]

장(將, 오위장)이 인솔하고 이미 도착하여 선우(單于)의 인불(印紱)[71]을 주고 조령으로 옛날의 인수(印綬)를 올리라고 하였다. 선우가 두 번 절하고 조서를 받았다. 통역이 앞으로 가서 옛날의 인불을 풀어서 가지려고 하니 선우는 그것을 주려고 팔을 들었다.

좌고석후(左姑夕侯) 소(蘇)가 옆에 있다가 선우에게 말하였다.

"아직 새로운 인문(印文)[72]을 보지 아니하였으니, 마땅히 또 주지 말아야 합니다."

선우는 멈추며 도장을 주려하지 않았다. 사자를 청하여 궁려(穹廬)[73]에 앉도록 하고, 선우가 앞으로 가서 오위장이 축수(祝壽)하려 하였다.

오위장이 말하였다.

---

70 흉노선우새(匈奴單于璽)라는 것은 흉노 선우의 인새(印璽)라는 말로 흉노가 한의 속국이 아니며, 그 지위도 인새를 쓰는 높은 것이었는데, 신흉노선우장(新匈奴單于章)이란 것은 신(新)에 속한 흉노 선우의 인장(印章)이라는 말로 흉노가 마치 신의 속국과 같이 되었고, 그 도장의 격(格)도 인새보다 한 단계 떨어진 장(章)을 사용하고 있다.

71 인불은 인수(印綬)와 같은 말이다.

72 인장에 새겨진 글씨를 말한다.

73 흉노가 치고 사는 천막이다.

"예전의 인불을 마땅히 때맞추어 올리시오."

선우가 말하였다.

"좋습니다."

다시 통역에게 팔을 들어주자 소(蘇)가 다시 말하였다.

"아직 인문을 보지 않았으니 또 주지 마십시오."

선우가 말하였다.

"도장의 글을 어떤 연유로 변경하겠는가?

마침내 예전의 인불을 풀어서 올렸고, 곧 인솔하여 새로운 인불을 받아 차고 풀어서 인장을 보지 않았다. 마시고 먹다가 밤에 이르러서 마침내 끝났다.

우수(右帥) 진요(陳饒)가 여러 장수들에게 말하였다.

"방금 전에 고석후(姑夕侯)가 인문을 의심하여 몇 번 선우에게 다른 사람에게 주지 말라고 하였소. 만일 새로운 인수를 보게 하고 그 내용이 바뀐 것을 알면 반드시 예전 인수를 요구할 것인데, 이는 말로는 그들을 막을 수가 없을 것입니다. 이미 얻었다가 이를 다시 잃는다면 명령을 욕되게 하는 것이 막대합니다. 망치로 예전 인수를 깨뜨려서 화근을 끊어버리는 것만 같지 못합니다."

장수들은 미적거리면서 호응하는 사람이 없었다.

진요는 연(燕)의 무사로 과감하고 용감하여 즉시 도끼를 꺼내서 그것을 쳐서 깨뜨렸다. 다음날 선우는 과연 우골도후(右骨都侯) 당(當)을 보내서 장수들에게 말하였다.

"한(漢)의 선우인에는 '새(璽)'라고 하고 '장(章)'을 사용하지 않았고, 또 '한(漢)'이라는 글자도 없었으며, 제왕(諸王) 이하에서만 마침내 '한(漢)'이 있고, '장(章)'이라 하였소. 지금은 '새(璽)'를 없애고 '신(新)'을 덧붙여서, 다른 신하와 구별이 없습니다. 바라건대 예전의 도장을 가지고자 하오."[74]

장수가 예전의 도장을 보여주면서 말하였다.

"신실(新室)은 하늘의 뜻에 따라서 만들었고, 예전의 도장은 장수들이 가지고 와서 스스로 파괴하였다. 선우는 마땅히 천명을 잇고 신실(新室)의 제도를 받드시오!"

당(當)이 돌아가서 말하자, 선우는 이미 어찌할 수 없음을 알고 또 이미 많은 재물을 얻었기 때문에 즉시 동생인 우현왕(右賢王) 여(輿)를 보내서 말과 소를 받들고 장수들을 따라서 들어와서 감사하게 하고 이어서 편지를 올려서 예전의 인장을 요구하게 하였다.

장수들이 돌아오면서 좌리오왕(左犁汙王) 함(咸)이 거주지에 도착하였는데, 오환(烏桓)의 백성들이 많은 것을 보고 함(咸)에게 물으니, 함이 상황들을 모두 말하였다. 장수가 말하였다.

"예전에 네 조항을 봉함(封函)하였으니, 오환(烏桓)의 항복한 자들을 받아들일 수 없소. 빨리 이들을 돌려보내시오!"

함(咸)이 말하였다.

"청컨대 은밀히 선우와 더불어 서로 들어 보고, 말씀을 들으면 그들을 돌려보내지요."

선우는 함(咸)을 시켜서 회보하였다.

"마땅히 요새 지역의 안에서부터 그들을 돌려보냅니까? 요새 지역의 밖에서부터 그들을 돌려보냅니까?"

---

74 선우의 인수만 바꾸었고, 선우의 신하들의 인수는 바뀌지 않았기 때문에 흉노국 안에서 인수의 사용에서 혼란이 생긴다는 뜻이다.

장수들은 감히 멋대로 결정하지 못하고 보고하니, 조서로 회보하였다. "요새 지역의 밖에서부터 이들을 돌려보내라."

왕망은 모든 오위장들을 책봉하여 자작(子爵)으로 하고, 수(帥)는 남작(男爵)으로 하였는데, 오직 진요(陳饒)[75]에게는 인새를 깬 공으로 특별히 위덕자(威德子)로 책봉하였다.

선우는 처음에 하후번(夏侯藩)이 땅을 요구한 것을 이용하여 한(漢)에게 거절하는 말을 한 일이 있었고,[76] 후에는 오환에게 세금을 요구하였으나 얻지 못하게 되자 이어서 그 인민들을 노략질해 왔는데, 틈이 이로부터 생겼고 다시 선우의 인문(印文)을 고쳤으니, 그러므로 원망하고 한스러워 하여 마침내 우대차거(右大且渠) 포호노자(浦呼盧眥) 등 10여 명을 파견하여, 군사 1만의 기병(騎兵)을 거느리고 오환을 호송한다는 것을 명분으로 삭방(朔方, 내몽고 오이라트전기)의 요새 아래에서 군사를 챙기니, 삭방(朔方) 태수(太守)가 보고하였다.

왕망은 광신공(廣新公) 진풍(甄豊)을 우백(右伯)[77]으로 삼아서 서역(西域)으로 나가는 것을 담당하게 하였다. 차사후(車師後, 신강성 奇台縣)의 왕인 수치리(須置離)는 이 소식을 듣고 공급하는 것에서 번거롭게 소비되는 것을 꺼려서 흉노로 도망하여 들어갈 것을 도모하였는데, 도호(都護) 단흠(但欽)이 수치리를 불러서 목을 베었다.

수치리의 형인 보국후(輔國侯)[78] 호란지(狐蘭支)가 수치리의 무리

---

75 오위장의 휘하에 있는 우수였다.

76 이 일은 성제 수화 원년(기원전 8년)에 일어난 일로,《자치통감》권32에 기록되어 있다.

77 왕망은 부명으로 나누어 섬서 지역을 둘로 나누고 두 명의 백(伯)을 세웠는데, 진풍을 우백으로 삼고 평안을 좌백으로 삼았다.

2천여 명을 거느리고 흉노로 도망하였는데, 선우는 이를 받고, 군대를 보내 호란지와 더불어 공동으로 입구(入寇)하여 차사(車師)를 공격하여, 후성(後城. 차사후국의 도성)의 우두머리[城長]을 살해하고 도호(都護)사마에게 부상을 입고 호란지의 군대가 이르게 되자 다시 흉노로 돌아갔다.

이때에 무기(戊己)교위 조호(刁護)는 병에 들어서 사(史, 교위의 사)인 진량(陳良)·종대(終帶)·사마승(司馬丞) 한현(韓玄)과 우곡후(右曲侯)[79] 임상(任商)이 서로 의논하여 말하였다.

"서역의 여러 나라들이 자못 배반하고 흉노가 크게 침범하니, 죽어야 할 것인데 교위를 죽이고 사람들을 거느리고 흉노에 항복할 수 있다."

드디어 조호와 그의 아들과 형제들을 죽이고, 모든 무기(戊己)교위의 이사(吏士)와 남녀 2천여 명을 위협하여 흉노로 들어갔다. 선우는 진량과 종대에게 명호를 주어 오분(烏賁)도위라 하였다.

5 겨울, 11월에 입국(立國)장군 손건(孫建)이 상주하였다.

"9월 신사일[80]에 진량과 종대가 스스로 폐한(廢漢)대장군[81]이라 칭하고 도망하여 흉노로 들어갔습니다. 또 이달 계유일(12일)에는 누군지 모르는 한 남자가 신(臣) 손건(孫建)의 수레를 가로막고 스스로 '한

---

78 차사후국에서 보국후(輔國侯)는 재상에 해당하고, 격호후(擊胡侯)는 장군에 해당한다.

79 당시 신의 군대는 좌부와 우부로 나누어져 있었고, 부(部) 밑에는 곡(曲)이 있었고, 곡 밑에는 후(侯)가 있었다.

80 9월 1일은 계사이므로 9월 중에는 신사일이 없다.

81 이미 없어진 한의 대장군이라는 뜻으로 붙인 명칭이다.

씨(漢氏) 유자여(劉子興)인데, 성제 하처(下妻, 小妻)의 아들이다. 유씨는 마땅히 회복되어야 하니, 재촉하여 궁궐을 비우라!'라고 말하였습니다. 남자를 붙잡아 가두었는데, 상안(常安, 장안의 개칭한 이름) 사람으로 성은 무(武)씨이고 자(字)는 중(仲)이었습니다. 모두가 하늘을 거스르고 명령을 위반하였으니 대역무도합니다.

한씨(漢氏)의 종묘가 상안성 안에 있는 것은 마땅하지 아니하며, 여러 유(劉)씨들은 마땅히 한과 더불어 모두 폐치(廢置)되어야 합니다. 폐하께서 지극히 인자하시어 오래 되어도 아직 결정을 못하셨는데, 전에 옛날 안중후(安衆侯)인 유숭(劉崇) 등이 다시 무리를 모아서 모반하니[82] 광폭하고 교활한 무리들로 하여금 이미 망한 한(漢)에 의탁하여 이멸되는 죄를 범하기에 이르고 연이어 아직까지 그치지 아니하니, 이는 성스러우신 은혜로 그 싹을 일찍 끊어버리지 못한 연고입니다. 신이 청컨대 한(漢)씨들의 여러 사당 가운데 경사(京師)에 있는 것은 모두 혁파하고, 여러 유(劉)씨들 중에 관리가 된 사람은 모두 집에서 제수(除授)받기를 기다리게 하십시오."

왕망이 말하였다.

"옳다. 가신공(嘉新公)과 국사(國師, 劉秀)는 부명(符命)으로 사보(四輔)를 주게 되었고, 명덕후(明德侯) 유공(劉龔)·솔예후(率禮侯) 유가(劉嘉) 등 무릇 32인은 모두 천명을 알거나, 혹은 천부(天符)를 바치거나, 혹은 옳은 말을 올리거나, 또 반란한 야만인들을 잡아서 고하였으니, 그 공이 크다. 여러 유씨 가운데 32명과 같은 종족이거나 할아버지가 같

---

82 유숭(劉崇)이 패배한 후에 유신(劉信)과 유쾌(劉快)가 다시 반란을 일으킨 일을 말한다.

은 사람[사촌]은 파직시키지 말고 성을 하사하여 '왕(王)'이라고 하라."

다만 국사공(國師公)은 딸을 왕망의 아들의 배필로 하였으니, 그러므로 성을 하사하지 않았다.[83]

6   정안공태후(定安公太后, 평제의 정처, 왕망의 딸)는 유씨가 철폐되면서부터 항상 병을 핑계로 조회에 나오지 않았다. 이때에 나이는 스무 살이 되지 않았는데[84] 왕망은 공경하면서도 꺼리고 마음 상하고 가련하여 그를 시집보내려고 하여 마침내 호칭을 바꾸어 황황실주(黃皇室主)[85]라고 하고, 한(漢)에게서 그를 끊으려고 하면서 손건(孫建)의 세자로 하여금 성대하게 장식하고 의사를 거느리고 가서 문병하게 하였다.

후(后, 定安公太后)는 크게 화를 내고 그 좌우에 있는 시종들에게 채찍질하고 태장(笞杖)을 치고, 이어서 병이 나서 다시는 일어나려고 하지 않았다. 왕망은 드디어 다시 억지로 하지 않았다.

7   12월에 벼락이 떨어졌다.[86]

---

83 국사공 유수의 딸은 이름이 유음(劉愔)인데, 왕망의 아들인 왕림(王臨)과 결혼하였다.

84 이때의 나이는 열아홉 살이었다.

85 왕망은 자신이 토덕이라고 스스로 생각하고 토덕의 색깔이 황색이므로 황황실주라고 하였는데 한나라에서 말하는 공주와 같이 아직 결혼하지 않은 사람이라는 뜻이다.

86 장안이 있는 북방에서 겨울에 벼락이 떨어졌다는 것은 대단히 특이한 현상이다. 신 왕조는 이미 12월을 한 해의 첫 번째 달로 하였기 때문에 원래 이 기

8　왕망이 부고가 부유하다는 것을 믿고 흉노에게 위엄을 세우고자 하여, 마침내 흉노 선우의 이름을 바꾸어 '항노복우(降奴服于)'[87]라고 하고, 입국(立國)장군 손건(孫建) 등에게 조서를 내려서 12명의 장수를 거느리고 길을 나누어 나란히 나아가게 하였는데, 오위(五威)장군 묘흔(苗訢)과 호분(虎賁)장군 왕황(王況)은 오원(五原, 내몽고 包頭市 서쪽)에서 출발하고, 염난(厭難)장군 진흠(陳欽)과 진적(震狄)장군 왕순(王巡)은 운중(雲中, 내몽고 託克託縣)에서 출발하며, 진무(振武)장군 왕가(王嘉)와 평적(平狄)장군 왕맹(王萌)은 대군(代郡, 하북성 蔚縣)에서 출발하고, 상위(相威)장군 이림(李棽)과 진원(鎭遠)장군 이옹(李翁)은 서하(西河, 내몽고 準格爾旗)에서 출발하고, 주맥(誅貉)장군 양준(楊俊)과 토예(討濊)장군 엄우(嚴尤)는 어양(魚陽, 북경시 密雲縣)에서 출발하고, 분무(奮武)장군 왕준(王駿)과 정호(定胡)장군 왕안(王晏)은 장액(張掖, 감숙성 張掖縣)에서 출발하게 하였고, 편장(偏將)과 비장(裨將) 이하 180명에 이르러서는 천하의 수도(囚徒)·정남(丁男)·갑졸(甲卒) 30만 명을 모집하고, 의복과 갑옷이나 병기와 양식을 운송하는데, 배를 띄워 강(江, 양자강)과 회(淮, 회하)에서부터 북쪽의 변방까지 이르게 하니, 사자(使者)들이 말을 달려 전하며 감독하거나 독촉하는 것이 군사를 일으킨 법에 따라서 행하여졌다.

먼저 도착한 자는 변방의 군에 주둔하면서 다 끝나기를 기다렸다가

록은 다음 해에 기록되어야 할 것이다. 그러나 사마광은 왕망의 신실 정삭을 무시하고 한의 정삭을 그대로 사용하여 시건국 2년 기사로 취급하였다.

87 흉노의 흉(凶)을 항복한다는 의미의 항(降) 자로 바꾸고, 선우(單于)의 선(單)을 복종한다는 의미의 복(服)으로 바꾸어 지은 것이다. 항복한 흉노의 복종하는 선우라는 의미를 갖고 있다.

동시에 나아가서 흉노를 끝까지 쫓아가 정령(丁令, 바이칼호 부근)을 받
아들이게 하였다. 그 국토와 백성들을 15개로 나누어 호한야(呼韓邪)
선우[88]의 자손 15명을 세워서 모두 선우로 삼았다.

---

[88] 이 시기의 선우는 18대 오주유약제(烏珠曆若鞮)이고, 호한야 선우는 14대 선
　　우였다.

경제개혁의 부작용과 흉노 대책의 실패

9 　왕망은 전폐(錢幣)가 유통되지 아니하기에 이르자, 다시 글을 내려 말하였다.

"보화(寶貨)가 모두 무거우면, 작게 쓰는 데는 공급되지 않고, 모두가 가벼우면 보내거나 싣는데 번거롭게 소비되니, 경중(輕重)과 대소(大小)에 각각 품급의 차이가 있게 하면 사용하기에 편리하고 백성들은 즐거워할 것이다."

이에 다시 금(金)·은(銀)·구(龜)·패(貝)·전(錢)·포(布)의 품급(品級)을 만들고, 이름을 '보화(寶貨)'라고 하였다. 전화(錢貨)는 여섯 품급이고,[89] 금화(金貨)는 한 품급이고,[90] 은화(銀貨)는 두 품급[91]이고, 구화

---

89 소전(小錢)은 지름이 6푼이고 무게는 1수(銖)이며 가치는 1전이고, 요전(幺錢)은 지름이 7푼이고 무게는 3수이며 가치는 10전이다. 유전(幼錢)은 지름이 8푼에 무게는 5수이고 가치는 20전이고, 중전(中錢)은 지름이 9푼이고 무게는 7수이며 가치는 30전이고, 장전(壯錢)은 지름이 1촌에 무게는 9수이고 가치는 40전이며, 대전(大錢)의 가치는 50전이다.

90 황금 1근으로 가치는 1만 전이다.

91 주제은(朱提銀)은 무게가 8량이고 가치는 1천580전이고, 타은(他銀) 역시 무

(龜貨)는 네 품급이고,[92] 패화(貝貨)는 다섯 품급이고,[93] 포화(布貨)는 열 품급인데,[94] 무릇 보화에는 5물(物)·6명칭·28품급이 있었다. 주조하여 전포(錢布)를 만들면서 모두 동(銅)을 사용하고 납과 주석을 섞었다. 백성들이 혼란스러워서 그 화폐가 통용되지 않았다.

왕망은 백성들의 근심을 알고, 마침내 다만 1전짜리 소전(小錢)과 50전짜리 대전의 두 품급을 나란히 통용하게 하고, 구폐(龜幣)·패폐(貝幣)·포폐(布幣)에 속한 것들은 또한 보류하였다. 몰래 주전(鑄錢)하는 것을 금할 수 없어서 그 법을 무겁게 하여 한 집에서 주전(鑄錢)하면 다섯 집이 이에 연좌되어 몰입되어 노비로 삼았다. 이민(吏民)들이 출입하면서 전(錢)을 휴대하면 부전(符傳)을 따르게 하고, 소지하지 않으면

게는 8량이고 가치는 1천 전이다. 주제는 사천성 의빈시 서남쪽에 있는 지명으로 질이 좋은 은광이 있는 곳인데, 왕망이 정식으로 사용한 것이다.

92 첫째는 원구(元龜)로 거북이 등의 넓이가 1척 2촌에 이르고 가치는 2천610전이고, 둘째는 공구(公龜)로 넓이가 9촌에 가치는 500전이며, 셋째는 후구(侯龜)로 넓이가 7촌 이상이고 가치는 300전이며, 마지막으로 자구(子龜)는 넓이가 5촌 이상에 가치는 100전이다.

93 첫째는 대패(大貝)로 4촌8푼 이상의 것 두 개를 1봉(朋)으로 하여 가치가 216전이고, 둘째는 장패(壯貝)로 3촌6푼 이상의 1봉에 가치는 50전이다. 셋째는 요패(幺貝)로 2촌4분의 것 1봉에 가치는 30전이고, 넷째는 소패(小貝)로 1촌2분 이상의 1봉에 가치는 10전이고, 1촌2푼 이하의 조개껍데기는 봉(朋)을 단위로 하지 않고 한 개의 가치는 3전이다.

94 포폐의 종류로는 그 크기에 따라서 대포(大布)·차포(次布)·제포(弟布)·장포(壯布)·중포(中布)·차포(差布)·후포(厚布)·유포(幼布)·요포(幺布)·소포(小布)가 있는데, 소포는 길이가 1촌5푼이고 무게는 15수이고 가치는 100전이다. 소포에서부터 한 단계마다 길이가 1푼씩 늘어나고 무게는 1수씩 무거워지고, 그 가치는 100전씩 늘어나서 대포(大布)에 이르면 길이는 2촌4푼에 무게는 1량이고 가치는 1천 전이 되게 된다.

주전(廚傳)에서 머무를 수 없고,[95] 관문(關門)이나 나루터에서 심하게 억류하였다.

공경(公卿)들도 모두 이것을 가지고 대궐문을 들어오게 하여 이것을 중시함을 보여주면서 시행하고자 하였다. 이때에 백성들은 한(漢)의 오수전(五銖錢)을 편안하다고 생각하였는데, 왕망이 동전을 크고 작게 하여 두 개가 통용되어 알기가 어렵고, 또 자주 바꾸니 믿지 않았고, 모두가 사사로이 오수전으로 매매하면서, 말이 와전되어 대전(大錢)은 파기될 것이라 하니 가지고 있으려고 하지 아니하였다.

왕망이 이를 근심하여 다시 글을 내렸다.

"여러 오수전을 가지고서 대전(大錢)이 마땅히 파기될 것이라고 말하는 자는 정전제(井田制)를 비난하는 것과 비슷하니 사방의 변방으로 던져버리라!"

전택과 노비를 매매하거나 주전하다가 걸려들기에 이르니, 제후와 경대부(卿大夫)에서 서민에 이르기까지 이루 헤아릴 수가 없었다. 이에 농민과 상인은 직업을 잃고 식화(食貨, 경제)가 모두 철폐되어 백성들이 저자와 길에서 눈물을 흘리기에 이르렀다.

10   왕망이 찬탈을 도모하면서, 이민(吏民)들이 앞을 다투어 부명(符命)을 만들었고 모두 후(侯)로 책봉될 수 있었다. 그렇게 되지 못한 사람들은 서로 놀리며 말하였다.

---

95 부전(符傳)은 부절과 전사(傳舍)에 묵을 수 있는 증명인데, 전에는 부전을 가지면 계류(稽留)하지 않았는데, 지금에는 명령을 고쳐서 전(錢)을 가지고 이것이 부전과 상응하여야 마침내 통과할 수 있게 된 것이고, 주전(廚傳)에서 주(廚)란 식사할 수 있는 곳이고, 전(傳)은 전사(傳舍) 즉 묵을 곳을 말한다.

"홀로 천제(天帝)가 제수한 글이 없었는가?"

사명(司命) 진숭(陳崇)이 왕망에게 아뢰었다.

"이것은 간신들이 복을 만드는 길을 열어서 천명을 어지럽히니, 의당 그 근원을 근절해야 합니다."

왕망도 역시 이를 싫어하여 드디어 상서대부(尚書大夫)[96] 조병(趙並)으로 하여금 이를 조사하여 다스리게 하고, 오위(五威)장수가 천하에 나누어 주었던 것이 아닌 것이면 모두 하옥하였다.

애초에, 진풍(甄豊)·유수(劉秀)·왕순(王舜)은 왕망의 심복이 되어 자리에서 부르짖어 이끌고, 공덕을 널리 포양(襃揚)하였는데, 안한(安漢)과 재형(宰衡)의 칭호와 왕망의 어머니, 두 아들, 형의 아들을 책봉하는 일도 모두 진풍 등이 함께 모의하였던 것이니, 진풍·왕순·유수도 역시 그 하사를 받아서 나란히 부귀하게 되었지만 다시 왕망으로 하여금 거섭(居攝)에 오르게 하려고 하였던 것은 아니었다. 거섭하게 된 싹은 황릉후(皇陵侯) 유경(劉慶)·전휘광(前輝光) 사효(謝囂)[97]·장안령(長安令) 전종술(田終術) 등에서 나온 것이다.

왕망은 도와주는 사람이 이미 이루어지자 섭(攝)을 칭하고자 하였는데, 진풍 등은 그저 그 뜻을 따랐고, 왕망은 번번이 다시 왕순·유수·진풍 등의 자손들을 책봉하여 이에 보답하였다. 진풍 등은 작위가 이미 높아지자 마음속으로 만족하였지만 또 사실은 한(漢)의 종실과 천하의 호걸들을 두려워하니, 올리고자 하는 사람이나 나란히 부명을 만드는

---

96 왕망은 구경으로 나누었고, 매 1경마다 3명의 대부를 두었다. 상서대부는 왕망이 제도를 고치기 이전에는 소부였던 공공에 속하였다.

97 이에 관한 일은 원시 5년(5년)에 있었고, 그 내용은 《자치통감》 권36에 실려 있다.

사람들을 멀리하였는데 왕망이 마침내 부명에 근거하여서 진짜로 즉위하자 왕순과 유수는 그저 마음속으로 두려워할 뿐이었다.

진풍이 평소에 단단하고 강하여서, 왕망은 그가 별로 좋아하지 않은 것을 깨달았으니 그러므로 나란히 부명의 글을 핑계로 진풍을 옮겨서 경시(更始)장군으로 삼아 떡장수 출신인 왕성(王盛)과 같은 반열에 있도록 하였지만 진풍(甄豊)의 부자(父子)는 묵묵히 있었다.

이때 아들인 진심(甄尋)은 시중(侍中)·경조대윤(京兆大尹)·무덕후(茂德侯)였는데, 즉시 부명을 만들었다.

"신실(新室)은 마땅히 섬(陝, 陝州)을 나누어 두 명의 백(伯)을 세우는데, 진풍을 우백(右伯)으로 삼고, 태부 평안(平晏)을 좌백(左伯)으로 삼아 주공(周公)과 소공(召公)의 고사와 같게 하여야 한다."[98]

왕망은 즉시 이를 좇아서 진풍에게 벼슬을 주어 우백으로 하였다.

술직(述職)하고 서쪽으로 가게 되었지만 아직은 나가지 않았는데, 진심(甄尋)이 다시 부명을 지어 말하였다.

"옛날 한씨의 평제(平帝)의 황후인 황황실주(黃皇室主)를 진심의 처로 삼아야 한다."

왕망은 속임수로 섰기 때문에 마음속으로 대신들이 원망하고 비방한다고 의심하고, 놀라는 위엄으로 아랫사람에게 겁을 주어 억누르려 하였는데, 이로 인하여 크게 화를 내면서 말하였다.

"황황실주는 천하의 어머니인데, 이 무슨 말인가?"

진심을 체포하게 하였다.

---

98 주가 건국되고 나서 하남성 섬현인 섬성을 중심으로 하여 동쪽은 주공이 주관하고, 서쪽은 소공이 주관하였다.

진심은 도망하고, 진풍(甄豊)은 자살하였다. 진심은 방사(方士)를 따라서 화산(華山, 섬서성 華陰縣의 남쪽)으로 들어갔는데 1년여를 지나서 체포되었고, 공사(供辭)[99]에서 국사공(國師公) 유수의 아들인 융위후(隆威侯) 유분(劉棻)·유분의 동생인 우조(右曹)·장수(長水)교위인 벌로후(伐虜侯) 유영(劉泳)·대사공 왕읍(王邑)의 동생이자 좌관(左關)장군[100]인 장위후(掌威侯) 왕기(王奇) 그리고 유수의 문인이자 시중(侍中)인 기도위(騎都尉) 정융(丁隆) 등이 연루되었다고 하고, 공경(公卿)의 무리·친척·열후(列侯) 이하 여러 사람들을 끌어들이니, 죽은 자가 수백 명이었다.

마침내 유분은 유주(幽州, 北京市)로 유배 보내고, 진심은 삼위(三危, 감숙성 敦煌縣)로 쫓아내고 정융(丁隆)은 우산(羽山, 산동성 蓬萊縣 경계)에서 처형하였는데,[101] 모두 역참(驛站)의 마차를 사용하여 그 시체를 운송하라고 하였다.

11   이 해에 왕망은 비로소 신선에 관한 일을 일으켰는데, 방사(方士)인 소락(蘇樂)의 말에 따라서 팔풍대(八風臺)를 짓고 대(臺)는 황금 만 근(斤)으로 완성되었고, 또 대궐 안에 오량화(五粱禾)를 심었는데, 먼저 보옥(寶玉)으로 즙을 짜서 종자를 담가서 파종하니,[102] 계산하면

---

99 죄인을 신문하며 받아낸 말이다.

100 왕망이 좌관을 두어 함곡관을 방비하게 하였다.

101 순임금의 고사를 보면, 공공을 유주로 귀양 보내고 삼묘를 삼위로 쫓아내고 환두는 숭산으로 쫓아내고 곤은 우산에서 참수하였다고 하는데, 복고적인 사상을 가지고 있던 왕망은 형벌의 사용에 있어서도 예외는 아니었다.

102 호삼성의 주에는 학(鶴)의 뼈·대모(瑇瑁)·서(犀)·옥(玉) 20여 개의 물건을

곡식 한 곡(斛)은 황금 한 근으로 이루어진 셈이었다.

왕망 시건국 3년(辛未, 11년)

1   전화(田禾)장군 조병(趙並)을 파견하여 수졸(戍卒)을 징발하여 오원(五原, 내몽고 包頭市 서북)과 북가(北假, 河套)에서 둔전을 실시하여서 군량미를 조달하게 하였다.

2   왕망은 중랑장 인포(藺苞)와 부(副)교위 대급(戴級)을 파견하여 군사 1만의 기병을 거느리고, 많은 진귀한 보물들을 싸 가지고 운중(雲中, 내몽고 託克託縣)의 요새 아래로 가서 호한야(呼韓邪, 흉노의 선우)의 여러 아들들을 불러 유혹하며 차례대로 벼슬을 주어 15명의 선우로 삼게 하였다.

인포와 대급은 통역을 시켜서 요새를 나가 좌리오왕(左犁汙王) 난제함(欒提咸, 호한야 선우의 막내 아들)과 난제함의 두 아들인 난제등(欒提登)과 난제조(欒提助) 등 세 사람을 유혹하여 도착하게 하였다. 이르자 위협하여 벼슬을 주어 난제함을 효(孝) 선우로 삼고, 난제조를 순(順) 선우로 삼고서 모두 후하게 상을 내려 주었고 난제조와 난제등을 장안으로 전송하였다.

왕망은 인포를 책봉하여 선위공(宣威公)으로 하고 벼슬을 주어 호아(虎牙)장군으로 하였고, 대급을 책봉하여 양위공(揚威公)으로 삼고 벼

삶아서 즙을 짰다고 하였다.

슬을 주어 호분(虎賁)장군으로 하였다.

선우는 이 소식을 듣고 노하여 말하였다.

"먼저 돌아가신 선우[호한야 선우]는 한(漢) 선제(宣帝)의 은혜를 받았으니 저버릴 수 없다. 오늘의 천자는 선제(宣帝)의 자손도 아닌데, 어찌하여 설 수 있는가?"

좌골도후(左骨都侯)인 우이질자왕(右伊秩訾王) 난제호노자(呼盧訾)와 좌현왕(左賢王) 난제락(蘭堤樂)을 파견하여 병사를 거느리고 운중(雲中)의 익수새(益壽塞)에 들어가 이민(吏民)들을 대량으로 죽였다. 이후로도 선우는 좌우대도위(左右大都尉)와 여러 변방의 왕들에게 거치면서 알려서 요새로 들어와서 침구하여 도적질하게 하였는데, 큰 무리이면 1만여 명이고, 중간 무리이면 수천 명이고, 적은 무리는 수백 명이었으니, 안문(雁門, 산서성 右玉縣)과 삭방(朔方, 내몽고 烏拉特前旗)의 태수(太守)와 도위(都尉)를 죽이고, 이민(吏民)들의 가축과 재산을 노략질한 것이 이루 헤아릴 수가 없고, 변방에서는 텅 비고 소모되었다.

이때에 제장들이 변방에 있었지만 많은 무리가 아직 모이지 않아서 아직 감히 나아가 흉노를 치지 아니하였다. 토예(討濊)장군 엄우(嚴尤)가 간하였다.

"신(臣)이 듣건대 흉노가 해롭다는 것은 내력이 오래되었지만, 상고시대에는 반드시 그들을 정벌해야 한다는 사람이 있다는 말을 아직 들어보지 못하였습니다. 후세(後世)의 3가(家)인 주(周)·진(秦)·한(漢)이 이를 정벌하였는데, 그러나 모두가 아직 상책을 얻은 것은 아니었습니다.

주는 중책(中策)을 이용하였고, 한은 하책(下策)을 갖고 있었고, 진은 대책이 없었습니다. 주 선왕(宣王) 때에 험윤(獫狁, 흉노의 전신)이 안으로 침입하여 경양(涇陽, 감숙성 平凉縣)에 이르자, 장수들에게 그들을 정벌하라고 명령하여 경계선 끝에까지 갔다가 돌아왔습니다. 그들은 융적(戎狄)들의 침입을 보고 비유컨대 파리나 모기같이 여겨서 그들을 몰아냈을 뿐이니, 그러므로 천하에서는 현명하다고 칭찬하였는데, 이는 중책입니다.

한(漢) 무제(武帝)는 장수를 뽑고 병사를 훈련시켜 가볍게 양식을 조금 싸 가지고 깊이 들어가서 멀리 지키니, 비록 승리하고 획득한 공로는 있지만 호(胡, 흉노)가 번번이 이에 보복하였습니다. 전쟁이 이어지고 화(禍)가 만들어지기 30여 년에 중국은 피폐하여 소모되고, 흉노 역시 다쳐서 천하에서는 강[武, 강함]하였다고 칭찬하였지만[103] 이는 하책입니다.

진의 시황제는 조그만 수치도 참지 못하고 백성들의 힘을 가볍게 생각하여 장성을 견고하게 쌓아 연장하니 만 리인데, 전운(轉運)하여 가면서 바다를 등지고 시작하여서 강토의 변경이 이미 완성되었지만 내부는 고갈되고 사직을 잃었으니, 이것은 곧 대책이 없는 것입니다.

오늘날 천하는 양구(陽九)[104]라는 액운을 만나서 근자에 기근이 발생하였는데, 서북의 변방은 더욱 심합니다. 30만의 무리를 징발하고, 300일분의 양식을 갖추는데, 동쪽에서는 바닷가와 대산(岱山)에서 끌어 오고 남쪽에서는 강(江, 양자강)과 회(淮, 淮水)를 모으고 그런 다음에야 마침내 갖추어집니다.

---

103 무제를 시호로 붙인 것을 칭찬한 것으로 말한 것이다.

104 재화(災禍)를 말하는 것으로, 음양가(陰陽家)가 오행(五行)의 수리(數理)를 풀어낸 말인데, 양액(陽厄) 다섯과 음액(陰厄) 넷을 합하여 아홉이 액의 수이다.

그 도로의 길이를 계산해 보면 1년이 되어도 오히려 아직 모아지지 않고, 병사들 가운데 먼저 도착한 자들은 모여서 이슬에 드러내놓고 살게 되니, 군사들은 늙고 무기는 녹슬어 형세로는 쓸 수가 없으니 이것이 그 첫 번째 어려움입니다.

변방이 이미 비어있어서, 군량을 받들 수 없는데, 안에서는 군국(郡國)에서 조달하더라도 서로 이어질 수가 없으니, 이것이 그 두 번째 어려움입니다.

한 사람이 300일 먹는 것을 계산해 보면 비(糒, 마른 음식) 18곡(斛)을 사용하는데, 소의 힘이 아니면 감당할 수 없고, 소 또한 스스로 먹을 것을 마땅히 싸 가지고 가야 하니, 20곡(斛)을 더하면 무겁고, 호(胡, 흉노)의 땅은 모래와 염분이어서 물과 풀이 많이 부족한데 이전의 일로 이를 헤아려보면, 군대가 출격하여 아직 백일을 채우지 않아서 소는 반드시 물고(物故)가 나서 또 없어지고, 나머지 양식은 아직도 많지만 사람이 짊어질 수가 없으니 이것이 세 번째 어려움입니다.

호지(胡地, 흉노의 땅)는 가을과 겨울이 대단히 춥고, 봄과 여름에는 심한 바람이 불어서 솥들과 땔감을 많이 싸 가지고 가야 하는데 무게를 이길 수 없고, 비(糒, 마른 음식)를 먹으면서 물을 마시는데, 사계절을 지내면 군사들은 질병에 걸릴 걱정을 가지게 됩니다. 이러한 연고로 전대(前代)에는 호(胡)를 토벌하는데, 100일에 지나지 않았는데 오래하고 싶지 않아서가 아니라 형세와 힘이 할 수 없었으니, 이것이 네 번째 어려움입니다.

치중(輜重)[105]을 스스로 가지고 가게 한다면 경무장한 정예한 사람

---

105 전쟁에 필요한 무거운 물건을 말한다.

들이 적어서 빨리 갈 수가 없고, 야만인들이 천천히 숨어 도망한다고
해도 형세는 쫓아갈 수가 없습니다. 다행히 야만인들을 만나도 또 치
중이 겹쳐서, 만일 험준한 곳을 만날 것 같으면 함미(銜尾)가 이어져서
106 야만인들이 앞뒤를 차단하려 하면 그 위태함은 예측할 수 없으니,
이것이 다섯 번째 어려움입니다.

백성들의 힘을 많이 이용하고도 공로는 반드시 세울 수가 없으니,
신은 엎드려 이를 걱정합니다! 지금 이미 병사를 발동하였으니, 마땅
히 먼저 도착한 병사들을 풀어 놓고 신(臣) 엄우(嚴尤) 등으로 하여금
깊이 들어가서 번개처럼 공격하게 하여 또 호로(胡虜, 야만인 흉노)에게
상처를 입히게 하십시오.”

왕망은 엄우의 말을 듣지 않고 병력과 양식의 운반을 예전처럼 하
니, 천하는 시끄럽게 움직였다.

난제함은 이미 왕망에게서 효(孝) 선우의 칭호를 받고, 말을 달려 요
새를 나가서 왕정(王庭)으로 돌아가 위협을 당하였던 상황을 보여서
갖추어 선우에게 아뢰자 선우는 다시 그를 어율치지후(於栗置支侯)로
삼았는데, 흉노에서 매우 낮은 관직이다. 후에 난제조가 병으로 죽자,
왕망은 난제등으로 난제조를 대신하여 순(順) 선우로 삼았다.

이사(吏士)들 가운데 변방에서 주둔하는 사람들이 있는 곳에서 방종
하고, 내지(內地)에 있는 군에서는 징발로 걱정하니 백성들이 성곽을
버리고 비로소 유랑하여 도적이 되었는데, 병주(幷州·太原·上黨·上郡·
西河·朔方·五原·雲中·定襄·雁門 등의 郡)와 평주(平州)[107]가 더욱 심하

---

106 함은 말의 입에 재갈을 씌워서 소리가 나지 않게 하는 것이므로 말의 머리를
    말하고, 미는 꼬리를 말한다. 말의 머리와 꼬리가 이어지는 것은 말이 한 줄로
    가는 것이고, 결국 가늘고 길게 행군하게 되는 것을 말한다.

였다. 왕망은 7공(公)과 6경(卿)[108]의 칭호에 모두 장군의 칭호를 겸하도록 하였다.

또 저무(著武)장군 녹병(逯並) 등을 파견하여 저명한 도성(都城)을 진수하게 하고, 중랑장과 수의집법(繡衣執法) 각기 55명은 변방의 큰 군(郡)을 나누어 진수하게 하였다. 크게 간사하거나 교활한 행동을 하거나 제멋대로 병사를 부리는 사람들을 감독하게 하였는데 모두 편한 것을 타고서 밖에서 간사하게 되어 주군(州郡)을 꺾고 어지럽히며 뇌물로 장사를 하여 백성들을 침탈하였다.

왕망은 글을 내려서 이들을 심하게 질책하여 말하였다.

"지금부터 감히 다시 이를 범하는 사람은 번번이 체포하여 가두고 이름을 보고하라!"

그러나 오히려 방종함은 여전하였다.

북쪽의 변방은 선제(宣帝) 이래로 몇 세대에 걸쳐서 연기로 알리는 경보가 보이지 않아서, 인민들이 크게 번성하고 소와 말이 들판에 가득하였는데, 왕망이 흉노를 건드려 어지럽혀서 그들과 더불어 곤란을 엮어내니, 변방의 백성들은 사망하거나 체포되어 몇 년 사이에 북쪽의 변방은 텅 비고 들판에는 뼈가 드러나 있었다.

---

107 이때에는 평주라는 지명이 없다. 한 말기에 공손도가 스스로 평주목이라고 호칭하기도 하였으나 위(魏)가 처음으로 유주를 나누어 평주를 설치하였으니 이때의 평주는 아마 잘못일 것이다.

108 7공은 사보와 삼공을 말하고, 6경은 희화·작사·질종·전악·공공·여우를 말한다.

3 태사(太師) 왕순(王舜)은 왕망이 찬위(簒位)한 후에 가슴이 두근 거리는 병에 걸렸고, 점차 심해져서 죽었다.

4 왕망이 태자(太子)를 위하여 스승과 친구를 각기 4명씩 두었는데, 녹질은 대부(大夫)로 하였다. 옛 대사도 마궁(馬宮) 등을 '사의(師疑)'·'부승(傅丞)'·'아보(阿補)'·'보불(保拂)'로 삼았는데, 이들이 네 명의 스승[109]이고, 옛 상서령 당림(唐林) 등으로 '서부(胥附)'·'분주(奔走)'·'선후(先後)'·'어모(禦侮)'로 삼으니 이들이 네 명의 친구[110]이다. 또 '사우(師友)'·'시중(侍中)'·'간의(諫議)'·육경(六經)[111]의 좨주(祭酒)를 각각 한 사람씩 두니, 모두 9명[112]의 좨주인데 녹질은 모두 상경(上

---

109 마궁(馬宮)을 사의(師疑)로 삼고, 종백봉(宗伯鳳)을 부승(傅丞)으로 삼고, 원성(袁聖)을 아보(阿補)로 삼고, 왕가(王嘉)를 보불(保拂)로 삼았다.

110 당림(唐林)을 서부(胥附)로 삼고, 이충(李充)을 분주(奔走)로 삼고, 조양(趙襄)을 선후(先後)로 삼고, 염단(廉丹)을 어모(禦侮)로 삼았다.

111 육경(六經)은 《시경(詩經)》, 《서경(書經)》, 《예기(禮記)》, 《역경(易經)》, 《악경(樂經)》, 《춘추(春秋)》를 말한다.

卿)으로 하였다.

사자(使者)를 파견하여 황제의 새서(璽書)·인수(印綬)·안거(安車)·사마(駟馬)를 받들어 가지고 가서 공승(龔勝)[113]을 영접해오고 바로 벼슬을 주어 사우좨주(師友祭酒)로 삼았다. 사자는 군(郡)의 태수 현(縣)의 장리(長吏)[114]·삼로(三老)·관속(官屬)·의로운 행적이 있는 사람·학생 천 명 이상과 함께 공승의 마을로 들어가서 조서를 전달하였다.

사자는 공승으로 하여금 일어나서 영접하게 하려고 오래도록 문밖에 서 있었다. 공승은 병이 위독하다고 하면서 침대를 침실의 서쪽이자 남쪽 창문의 아래에 놓고, 동쪽으로 머리를 두고 조복(朝服)에 큰 띠를 두르고 있었다.[115]

사자는 새서를 주고, 인수를 받들고, 안거와 사마를 넣고서 나아가서 공승에게 말하였다.

"성스러운 조정에서는 아직 그대를 잊지 않았으며 제도가 아직 정해지지 않아서 그대가 정치하기를 기다리고 있는데, 마땅히 시행하고 싶은 바를 듣고 해내를 편안히 하고자 생각합니다."

공승이 대답하였다.

---

112 사우·시중·간의가 세 명의 좨주이며, 여기에 6경의 각 경정마다 한 명의 좨주를 두었으므로 9명이 된 것이다.

113 공승은 평제 원년(2년)에 왕망의 전제에 반발하여 사직하였는데, 이 사건은 《자치통감》 권35에 실려 있다.

114 장급(長級) 관리를 말한데, 여기서는 현령이다. 〈백관표〉에는 현령·현승·현위를 말한다고 하였다.

115 옛날에 공자가 병이 들어 누워 있을 때 어떤 사람이 찾아오자 이러한 복장을 하고 있었다.

"본래 어리석은데다가 더욱이 나이가 많고 병이 들어서 목숨이 조석 간에 달려있는데, 사군(使君, 사자를 높인 말)을 따라서 길에 오르더라 도 반드시 도로에서 죽을 것이니, 만에 하나라도 이로움이 없을 것입니 다."

사자는 유세하려고 인수를 공승의 몸에다 걸어 주기에 이르렀으나 공승은 번번이 밀어내고 받지를 않았다.

사자가 말씀을 올렸다.

"바야흐로 한창 여름으로 매우 더운데 공승은 병이 들고 기운이 적어 서 가을이 되기를 기다려서 서늘해지면 마침내 출발할 수 있습니다."

조서를 내려서 이를 허락하였다.

사자는 닷새에 한 번씩 태수와 함께 가서 안부를 묻고, 공승의 두 아 들과 문인 고휘(高暉) 등에게 말하였다.

"조정에서 마음을 비우고 모토(茅土)의 책봉[116]을 하면서 그대를 기 다리고 있으니, 비록 병이 들었지만 마땅히 이동하여 전사(傳舍)[117]에 이르러서 갈 뜻이 있다는 것을 보여준다면 반드시 자손들에게도 대업 이 내려질 것이오."

고휘 등이 사자의 말을 아뢰자, 공승은 들어주지 않을 것을 스스로 알고, 바로 고휘 등에게 말하였다.

"나는 한(漢)의 두터운 은혜를 입었지만 보답한 것이 없고, 지금은 늙어서 아침저녁 사이라도 땅에 들어갈 것인데 의리상 어찌 한 몸으로 두 성(姓)을 섬기다가 내려가서 예전의 주군을 본단 말인가?"

---

116 제후로 책봉하거나 작위를 줄 때에 모(茅, 띠풀)을 가지고 의식을 거행한다.
117 역에 만들어둔 집을 말한다. 관직을 가진 사람들이 이용하는 제도이다.

공승은 이어서 관(棺)·염(斂)·상중(喪中)의 일을 타일렀다.

"의(衣, 수의)는 몸을 두르고, 관은 옷을 두르라. 풍속에 따라서 나의 무덤을 움직이거나, 측백나무를 심거나, 사당을 만들지 마라!"

말을 마치고, 마침내 다시는 입을 열어 마시거나 먹지 않았는데, 열나흘이 지나자 죽었다. 죽을 때의 나이가 일흔아홉 살이었다.

이때에 깨끗한 명성이 있는 선비로는 또 낭야(琅琊, 산동성 諸城縣)의 기준(紀逡)·제(齊, 산동성 臨淄縣)의 설방(薛方)·태원(太原, 산서성 太原市)의 순월(郇越)과 순상(郇相)·패(沛, 안휘성 宿縣)의 당림(唐林)과 당존(唐尊)이 있었는데, 모두 경전에 밝고 도타운 행실로 세상에 이름을 드러냈다.

기준과 양당(兩唐, 唐林과 唐尊)은 모두 왕망에게서 벼슬하여 후작(侯爵)에 책봉되었고 귀해지기를 거듭하여 공경(公卿)의 지위를 거쳤다. 당림(唐林)은 자주 상소하여 바르게 간(諫)하였는데, 충직하고 절개가 있었다. 당존(唐尊)은 낡은 옷을 입고 구멍 뚫린 신발을 신고 다녀서 허위(虛僞)라는 이름을 받았다.

순상(郇相)은 왕망의 태자사우(太子師友)였는데 병으로 죽었고, 왕망의 태자가 사자를 보내서 옷과 이불로 수의(壽衣)를 하게 하였으나 그 아들이 관을 끌어 잡고 거절하며 말하였다.

"돌아가신 아버지께서 유언하시기를, '선생이나 친구로써 보내온 물건은 받지 마라'라고 하셨는데, 지금 황태자에게서 사우(師友)라는 관직에 의탁하여서 얻었으니, 그러므로 받을 수 없습니다."

경사에서 이를 칭찬하였다.

왕망은 안거로 설방(薛方)을 영접하는데, 설방이 사자를 통하여 사양하며 말하였다.

"요(堯)와 순(舜)은 위에 있고, 아래에는 소부(巢父)와 허유(許由)[118]가 있었습니다. 지금 현명한 군주가 바야흐로 당·우(唐·虞)의 덕을 융성하게 하고 있으니 소신(小臣)은 기산(箕山, 하남성 등봉현 동남쪽, 허유의 사당)의 절개를 지키려고 합니다."

사자가 이를 보고하자 왕망은 그의 말을 기뻐하며 억지로 오게 하지 않았다.

애초에, 유미(隃麋, 섬서성 汧陽縣) 사람 곽흠(郭欽)이 남군(南郡, 호북성 江陵縣) 태수가 되고, 두릉(杜陵, 섬서성 長安縣) 사람 장후(蔣詡)가 연주(兗州, 산동성의 서부 지역) 자사가 되었는데, 역시 청렴하고 정직하기로 이름이 났다.

왕망이 거섭(居攝)하게 되자 곽흠과 장후는 모두 병으로 관직에서 면직되고 고향으로 돌아가서 누워서 문을 나오지 않다가 집에서 죽었다. 애제(哀帝)와 평제(平帝) 때에 패국(沛國, 안휘성 宿縣) 사람 진함(陳咸)[119]이 율령으로 상서(尙書)가 되었다.

왕망이 정치를 보필하면서 한(漢)의 제도를 많이 고치자 진함은 마음으로 이를 그르다고 하였는데, 하무(何武)와 포선(鮑宣)이 죽게 되

---

118 두 사람 모두 요임금 때의 사람으로 요임금이 왕위를 소부에게 물려주려고 하자 소부가 거절하였고, 또 허유에게 선양하려고 하자 허유는 기산으로 도망하였고, 또 한 번은 요임금이 허유를 불러 재상으로 삼으려고 하자 허유는 이를 자신에 대한 모욕이라고 여기고 영수로 가서 자신의 귀를 씻었다.

119 진함이라는 사람이 다른 곳에서 나오는데, 하나는 성제 수화 원년(기원전 8년)에 순우장의 사건으로 폐직되어 고향으로 돌아가서 걱정하다 죽었으며, 이는 《자치통감》 권32에 실려 있다. 여기서의 진함은 본래 《후한서》 〈진총전(陳寵傳)〉에 실린 것인데, 광무제 때에 패군을 고쳐서 패국으로 하였으니, 이 두 진함은 비록 같이 패(沛)에 살았지만 각기 다른 사람이다.

자,[120] 진함이 한탄하면서 말하였다.

"《역경(易經)》에서 말하길, '기미가 보이면 행동하지, 해가 끝나기를 기다리지 마라.'[121]라고 하였는데, 나도 갈 수 있겠구나!"

바로 해골하고 직책을 버리기를 빌었다. 왕망이 찬위하게 되자, 진함을 불러서 장구대부(掌寇大夫)로 삼았는데, 진함은 병으로 사양하고 응하려하지 않았다.

당시에 그의 세 아들인 진참(陳參)·진흠(陳欽)·진풍(陳豐)이 모두 자리[관직]에 있었는데, 진함은 모두 관직을 풀어놓고 고향으로 돌아오게 하고 문을 굳게 닫고 출입하지 않았으며, 오히려 한가(漢家)의 조랍(祖臘)[122]을 사용하였다.

어떤 사람이 그 까닭을 물으니, 진함이 말하였다.

"나의 조상님들이 어떻게 왕씨의 납일(臘日)을 알겠는가?"

그의 집안에 있는 율령과 서적은 모두 거두어서 벽에다 감추어 놓았다. 제(齊, 산동성 壽光縣)의 율융(栗融)·북해(北海, 산동성 濰坊市)의 금경(禽慶)과 소장(蘇章)·산양(山陽, 산동성 金鄕縣)의 조경(曹竟) 등은 모두 유생으로 관직을 버리고 왕망에게서 벼슬하지 않았다.

❖ 반고(班固)가 찬(贊)하였습니다.

"춘추시대 열국(列國)의 경대부(卿大夫)와 한(漢)이 흥성하여 장

---

120 이 일은 평제 원시 3년(3년)에 있었고, 그 내용은 《자치통감》 권36에 실려 있다.

121 《주역(周易)》 계사하에 나오는 말이다.

122 납(臘)은 섣달 또는 제삿날을 말하므로 조랍은 조상의 제삿날이다.

군과 재상·명신(名臣)에 이르기까지 총애를 탐하다가 그 세상을 잃은 사람이 많았는데, 이러한 연고로 청렴하고 절개 있는 선비는 이들보다 귀하지만, 그러나 대체적으로 대부분 자기 스스로 다스릴 수 있었지만 다른 사람을 다스릴 수는 없었다.

왕상(王商)과 공우(貢禹)의 재주는 공승(龔勝)과 포선(鮑宣)보다 뛰어났다. 죽음으로 선(善)한 길을 지킨 것은 공승이 실제로 밝아갔다. 곧으면서 불량(不諒)한 사람으로는 설방(薛方)이 이에 가깝다.[123] 곽흠(郭欽)과 장후(蔣詡)는 달아나기를 좋아하여 더럽혀지지 않았으니, 기(紀, 紀逡)와 당(唐, 唐林과 唐尊)을 끊었다."

5   이 해에 하(河, 黃河)에 인접한 군(郡)에 황충(蝗蟲)이 발생하였다.

6   하(河, 황하)가 위군(魏郡, 하남성 臨漳縣)에서 터져서 청하(淸河, 하북성 淸河縣)의 동쪽의 몇 개 군으로 범람하였다. 이보다 먼저 왕망은 하(河, 황하)가 터져서 원성(元城, 하북성 大名縣)의 무덤이 해를 받을 것을 두려워하였는데,[124] 터져서 동쪽으로 가자 원성은 홍수를 걱정하지 않아도 되니, 그러므로 마침내 제방을 메우지 않았다.

---

123 《논어(論語)》에 있는 말이다. 공자가 이르기를, '군자(君子)는 곧으며 불량(不諒)하다.'라고 하였다. 군자가 된 사람은 그 도를 바로할 뿐이지 말을 반드시 믿을 것이 아니다. 즉 도를 바로하기 위하여 거짓말을 좀 하기도 한다는 말이다. 설방은 어지러운 조정을 피하기 위하여 거짓으로 소부(巢父)와 허유(許由)의 고사를 이용하였다.

124 왕망의 증조부인 왕하(王賀) 이후의 조상들의 무덤이 위군의 원성에 있었다.

왕망 시건국 4년(壬申, 12년)

1 　봄, 2월에 천하를 사면하였다.

2 　염난(厭難)장군 진흠(陳欽)과 진적(震狄)장군 왕순(王巡)이 말씀
을 올렸다.

"야만인들을 산 채로 잡아서 심문하니 야만인들 가운데 변방을 침
범하는 자들은 모두 효(孝) 선우 난제함(欒提咸)의 아들인 난제각(蘭堤
角)이 한 짓이라고 말하였습니다."

왕망은 여러 이인(夷人)을 모아 놓고 난제함의 아들인 난제등(欒提
登)을 장안의 저자에서 참수하였다.

3 　대사마 진한(甄邯)이 죽었다.

4 　왕망이 명당(明堂)에 이르러, 글을 내렸다.

"낙양을 동도(東都)로 하고, 상안을 서도(西都)로 한다. 지방과 경기
를 연합하여서 하나로 하고, 각각 채(采)와 임(任)[125]을 가질 것이다.
주(州)는 《우공(禹貢)》을 따라서 9개[126]로 하고, 작위는 주씨(周氏)를
따라서 다섯[127]으로 한다. 제후의 인원은 1천800으로 하고 부성(附城,

---

125 경기 내에 있는 남자의 식읍을 채(采)라 하고, 여자의 식읍은 임(任)이라 한다.

126 《우공(禹貢)》에서는 기주(冀州)·연주(兗州)·청주(靑州)·서주(徐州)·양주(揚
州)·예주(豫州)·형주(荊州)·옹주(雍州)·양주(梁州) 등 9개의 주로 하였다.

127 주의 작위는 공작(公爵)·후작(侯爵)·백작(伯爵)·자작(子爵)·남작(男爵)의
5등급이었다.

부용)의 수도 이와 같이 하여 공을 세우기를 기다린다.

여러 공(公)은 1동(同)[128]이고 무리를 1만 호(萬戶) 가지고, 이로써 그 나머지는 차등을 둔다. 지금 이미 봉작을 받은 사람이 공후(公侯) 이하 무릇 796명이고, 부성(附城)은 1천551명인데, 아직 판도와 장부가 정해지지 않았으니 국읍(國邑)은 아직 주지 않고, 또 도내(都內)[129]에서 봉록을 받게 하는데 한 달에 수천 전(錢)으로 한다."

제후들은 모두 궁핍해지고 심지어 용작(傭作, 다른 사람에게 고용되어 일하는 것)을 하는 사람도 있기에 이르렀다.

5   왕망은 성격이 조급하고 소란스러워서 무위(無爲) 할 수 없었는데, 매번 일으켜서 만들어 움직이면 옛것을 사모하여 하고자 하며 때가 적당한 지를 헤아리지도 않고, 만드는 것은 또 확정하지 않으니, 이연(吏緣, 속관)들이 간사한지라 천하에는 비애와 수심이 가득하고 형벌에 빠지는 자가 많았다.

왕망은 백성들이 근심하고 원망하는 것을 알고서 마침내 조서를 내렸다.

"왕전(王田)을 가지고 사는 여러 사람은 모두 이를 팔 수 있고, 법으로 구속하지 마라. 또 사사로이 서민을 매매하는 것을 범(犯)한 사람도 또 일체 다스리지 마라."

그러나 다른 정령(政令)들은 어지럽고, 형벌은 깊고 각박하고, 부세는 중복하여 자주 거두니, 오히려 예전과 마찬가지였다.

---

128 사방 100리의 땅을 동(同)이라 한다.

129 도내(都內)는 돈을 쌓아놓은 창고로 대사농에 속해 있었다.

6   애초에, 오위(五威)장수들이 서남이(西南夷, 사천성의 서부와 남부 및 운남성 거주)에게로 나가서 구정(句町, 운남성 廣南縣)왕을 후(侯)로 바꾸자, 왕[구정왕]인 한(邯)은 원망하고 노하여 붙지 않았다.

왕망은 장가(牂柯, 귀주성 黃平縣 서쪽)의 대윤(大尹)인 주흠(周歆)에게 넌지시 일러서 한(邯)을 속여서 죽이게 하였다. 한(邯)의 동생인 승(承)이 군사를 일으켜 주흠을 살해하여서 주군(州郡)은 이를 공격하였으나 항복시킬 수 없었다.

왕망은 또 고구려(高句驪) 병사를 발동하여 흉노를 공격하려는데, 고구려에서 가려고 하지 아니하니 군(郡, 요서군)에서 억지로 압박하자 모두 도망하여 요새를 나가고 이어서 법을 범하면서 침구(侵寇)하였다. 요서(遼西, 요녕성 錦州市 서북쪽)의 대윤(大尹)인 전담(田譚)이 이들을 추격하다가 살해되었다.

주군(州郡)에서는 그 허물을 고구려후(高句驪侯) 추(騶)[130]에게 돌렸는데, 엄우(嚴尤)가 상주하였다.

"맥인(貊人)[131]이 범법하는 것은 추(騶)를 좇은 것이 아니어서 바로 다른 마음을 가지고 있으니 마땅히 주군(州郡)으로 하여금 또 그들을 안위하게 하여야 합니다.[132]

지금 그들에게 큰 죄를 두텁게 덮어씌운다면 아마 그들은 끝내 배반할까 걱정이고, 부여(夫餘)[133] 족속들에는 반드시 화합함이 있을 것입

---

130 여기에 나오는 고구려후 추를 추모 즉 주몽으로 보는 견해도 있으나, 이 시기는 고구려 2대 유리왕대이므로 맞지 않는다.

131 《후한서(後漢書)》에서는 구려를 일명 맥(貊)이라고도 하였다.

132 이에 대해 안사고는 설령 추(騶)에게 나쁜 마음이 있었다고 하더라도 고구려 사람들을 안무하여야 한다고 하였다.

니다. 흉노를 아직 이기지 못하였는데, 부여(夫餘)와 예맥(濊貊)이 다시 일어난다면 이는 큰 우환입니다."

왕망이 안위하지 아니하자 예맥(濊貊)은 마침내 반란을 일으켰는데, 엄우(嚴尤)에게 조서를 내려 이들을 공격하게 하였다. 엄우가 고구려 후 추(騶)를 유인하고, 오자 머리를 베어서 장안으로 보냈다. 왕망은 크게 기뻐하며 고구려를 하구려(下句驪)라고 이름을 고쳤다.

이에 예맥 사람들이 더욱 변방을 범하니 동북쪽과 서남이(西南夷)가 모두 어지러웠다. 왕망은 속으로 바야흐로 왕성하여서 사이(四夷)는 병탄하여 멸망시킨다고 할 정도도 못된다고 여기고, 오직 옛날 일만을 생각하여 다시 편지를 내렸다.

"올해 2월에 동쪽으로 순수(巡狩)할 것이니, 예의와 조도(調度)를 갖추어라."

이미 그리하였는데 문모태후(文母太后)의 몸이 편안하지가 않아서 또 중지하고 훗날을 기대하였다.

7   애초에, 왕망이 안한공(安漢公)이었을 때에 태황태후에게 아첨하기 위하여 질지(郅支)를 참(斬)한 공로를 가지고서 상주하여 원제(元帝)의 묘호(廟號)를 높여서 고종(高宗)으로 하자고 하였고,[134] 태후가 안

---

133 부여는 예맥족이 건립한 왕국으로 도읍은 요녕성 창도현에 있는 부여성이다. 기원전 37년에 부여인인 주몽이 졸본에서 기병하여 고구려 왕국을 세웠다. 《자치통감》에 기록된 '고구려후'는 확실히 고구려 왕국과는 무관하며, 아마 고구려 왕국의 부족장 중에 한 사람이거나 중국의 관할구역 안에 있던 예맥족의 지도자로서 중국에서 후작으로 책봉하였던 사람일 것이다. 아니면 부여 왕국의 어떤 사람일 수도 있다. 당시에 중국의 관원들은 고구려와 부여의 복잡한 상황에 대해서는 아직 분명하게 알지 못하고 있었던 듯하다.

가(晏駕)한 후에는 마땅히 예로써 배향(配享)하여야 한다고 말하였다.

왕망이 태후의 칭호를 고쳐서 신실문모(新室文母)라고 하고 한(漢)에서 그를 끊어내기에 이르자, 원제(元帝)와 일체(一體)로 할 수 없게 되었으며, 효원제(孝元帝)의 사당을 헐어버리고, 다시 문모태후(文母太后)를 위하여 사당을 세우는데, 오직 효원제 사당의 옛 전각(殿閣)을 남겨두어서 문모(文母)의 식당을 갖추었고, 이미 완성되자 이름을 장수궁(長壽宮)이라고 하였는데, 태후가 아직 살아있으니, 그러므로 아직 사당이라고는 하지 않았으며 왕망은 장수궁(長壽宮)에 술자리를 마련하고 태후를 초청하였다.

이미 도착하여서 효원제의 사당이 헐려 땅에 널려 있는 것을 보고, 태후가 놀라서 울며 말하였다.

"이것은 한가(漢家)의 종묘여서 모두 신령이 있는데, 어떻게 하였다고 이를 허물었는가?[135] 또 귀신으로 하여금 모르게 한 것이라면 사당을 또 만들어 무엇에 쓰겠는가? 만일 알게 한다면 나는 곧 그 사람의 비첩(妃妾)인데, 어찌 황제의 당(堂)을 욕보이면서 제사음식을 내어 늘 어놓을 수가 있겠는가?"

사사로이 좌우의 사람들에게 말하였다.

"이 사람이 신(神)을 모멸한 것이 많으니, 오랫동안 보우(保佑)함을 얻을 수 있겠는가?"

술 마시고 먹는 것이 즐겁지 아니하여 끝냈다.

---

134 이 일은 원시 4년(4년)에 있었고, 그 내용은《자치통감》권36에 실려 있다.

135 안사고는 '이것이 너에게 무슨 죄를 졌으며, 간여한 바가 없는데, 어찌하여 이를 훼손하고 파괴하였는가?'라는 뜻이라고 해석하였다.

왕망이 자리를 찬탈한 다음부터 태후가 원망하고 한스러워 하는 것을 알고 태후에게 아첨하기 위한 것을 찾아서 하지 않은 것이 없었는데, 그러나 더욱 즐거워하지 않았다. 왕망은 한가(漢家)의 흑초(黑貂)를 바꾸어 황초(黃貂)[136]로 하였고, 또 한(漢)의 정삭(正朔)과 복납일(伏臘日)[137]을 고쳤다. 태후는 그의 관속들에게는 흑초를 입게 하고, 한가(漢家)의 정삭(正朔)과 납일(臘日)에 이르러서 다만 그의 좌우에 있는 사람들과 마주하며 마시고 먹었다.

왕망 시건국 5년(癸酉, 13년)

1   봄, 2월에 문모황태후(文母皇太后)가 붕어(崩御)하였는데 나이는 여든네 살이며 위릉(渭陵)에 장사를 지내고 원제(元帝)와 더불어 합장하였지만 도랑을 파서 이를 끊어 놓았다. 신실(新室)에서는 대대로 그 사당에 제사를 지냈는데, 원제(元帝)는 배향(配享)하였지만 제상(祭床) 아래에 안치하였다. 왕망은 태후를 위하여 삼년간 복상(服喪)하였다.

---

136 초(貂)는 담비로 시종들이 입는 옷에 담비털을 붙이는데 한(漢)은 검은색 담비를 붙여 입었으나, 왕망이 이를 황색으로 바꾼 것이다.

137 정삭(正朔)은 해가 바뀌는 날짜를 말한다. 한(漢)은 정월 1일을 정삭으로 정하였는데, 왕망은 이를 12월 1일을 정삭으로 하였으며, 납일은 천지신령에게 제사를 지내는 날인데, 한(漢)에서는 12월에 이를 시행하였으나, 왕망은 이를 9월에 시행하였다.

일관성을 잃은 정책

2　오손(烏孫)의 대·소곤미(大小昆彌)가 사신을 파견하여 공물을 바쳤다. 왕망은 오손(烏孫)의 국인(國人) 가운데 대부분이 소곤미(小昆彌)에게 가까이 붙었으므로 흉노가 여러 변방에서 나란히 침략하는 것으로 보고, 속으로 오손의 환심을 얻어야겠다고 하여서 마침내 사자를 보내서 소곤미의 사자를 이끌어서 대곤미(大昆彌) 사자의 윗자리에 앉게 하였다.

사우좨주(師友祭酒) 만창(滿昌)이 사자를 탄핵하는 주문으로 말하였다.

"이적(夷狄)들이 중국은 예의를 갖고 있다고 하니, 그러므로 굽히고 복종합니다. 대곤미(大昆彌)는 군주입니다. 지금의 순서는 신하의 사자가 군주의 사자의 위에 있으니, 이적(夷狄)을 가지려는 것이 아닙니다. 사자를 받드는데 크게 불경하였습니다."

왕망은 노하여 만창의 관직[138]을 면직시켰다.

---

138 이전에 공승(龔勝)이 이 관직을 끝까지 거절하였기 때문에 왕망은 다시 만창을 후한 예우로 맞아들여 관직을 제수하였던 것이다.

3   서역의 여러 나라는 왕망이 은혜와 신뢰를 계속 저버리자 언기(焉耆, 도읍은 신강성 耆縣에 있는 員渠城)가 먼저 배반하여 도호(都護) 단흠 (但欽)을 죽였는데, 서역은 드디어 와해되었다.

4   11월에 혜성(彗星)이 나타나서 20여 일 있다가 보이지 않았다.

5   이 해에 동(銅)과 석탄을 보유한 사람이 너무 많아서 그 법[139]을 없앴다.

6   흉노의 오주류 선우(烏珠留 單于, 18대 선우 난제지)가 죽으니, 용사 (用事)하는 대신은 우골도후(右骨都侯) 수복당(須卜當)이었는데, 바로 그는 왕소군(王昭君)의 딸인 이묵거차(伊墨居次) 난제운(欒提云)의 남 편이다. 난제운은 항상 중국과 화친하고자 하였고, 또 본래 이율치지후 (伊栗置支侯) 난제함(欒提咸)과 사이가 좋았는데,[140] 난제함이 앞뒤로 왕망이 벼슬을 주었던 것을 보니, 그러므로 드디어 난제함을 세워서 오 루약제 선우(烏累若鞮 單于, 19대 선우)로 하였다.

오루(烏累) 선우 난제함이 서서 그의 동생인 난제여(欒提輿)를 우곡 려왕(右谷蠡王)으로 삼았다. 오주류 선우의 아들인 난제소도호(欒提 蘇屠胡)는 본래 좌현왕(左賢王)이었는데, 후에 바꾸어서 이를 호우(護 于)[141]라고 하였으며, 나라를 전하려고 하였다. 난제함은 오주류 선우

---

139 도주전(盜鑄錢)을 막으려고 주전의 원료인 구리와 이를 녹이는데 필요한 석 탄을 민간인이 갖지 못하도록 왕망이 만든 법을 말한다.

140 난제운은 난제함의 숙부이다.

가 자기의 칭호를 낮춘 것을 원망하여 마침내 호우(護于)의 칭호를 낮추어 좌도기왕(左屠耆王)으로 하였다.

왕망 천봉 원년(甲戌, 14년)

1　봄, 정월에 천하를 사면하였다.

2　왕망이 조서를 내려서 말하였다.

"장차 이 해의 사계절 중간 달[142]에 순수(巡狩)의 예(禮)[143]를 두루 행할 것이니, 태관(太官)은 건량(乾糧)과 건육(乾肉)을 싸고, 내자(內者)[144]는 장막에서 앉을 것과 누울 것을 준비하며, 지나는 곳에서 공급하는 것을 받지 마라. 북쪽으로 순수하는 예(禮)를 마치기를 기다려서 바로 땅의 중앙에 있는 낙양(洛陽)의 도성에서 머무르겠다."

여러 공(公) 등이 상주하였다.

"황제께서는 지극히 효성스러운데, 새로이 문모(文母)의 상(喪)을 당하여 안색이 아직 회복되지 않았고, 먹고 마시는 것이 덜어내어 적은데, 지금 1년 동안 사방을 순수(巡狩)하면 노정(路程)이 만 리에 이르

---

141 오주류 선우 때 좌현왕이 된 사람들이 자주 죽게 되자, 그 이름이 상서롭지 못하다고 하여 호우로 이름을 바꿨다.

142 2월, 5월, 8월, 11월이다.

143 천자가 도성을 떠나 시찰하는 것을 '순수(巡狩)'라고 한다.

144 내자령을 말하며, 이때에 공공에 속해 있었다.

며, 춘추도 이미 높아서 건량과 건육으로는 능히 견뎌낼 수 있는 것이 아닙니다. 또 순수를 하지 말고 대복(大服, 삼년상)이 끝나기를 기다리며 성체(聖體)를 편안히 하십시오."

왕망은 이를 따르고, 천봉(天鳳) 7년에 순수를 하기로 기약하였으며, 그 다음 해에 바로 그 땅으로 가는 도중에 태부 평안(平晏)과 대사공 왕읍(王邑)을 파견하여 낙양에 가서 거주할 곳과 조역(兆域, 祭壇)을 건설하는데, 종묘·사직·교외(郊外)의 제단을 세우도록 도모하라고 말하였다.

3   3월 그믐 임신일에 일식이 있었다. 천하를 크게 사면하였다. 재난과 이변이 있자 책서(策書)로 대사마 녹병(逯並)에게 후작(侯爵)으로서 조회에 자리하게 하고,[145] 태부 평안은 상서성의 업무를 관장하지 말하도록 하였다. 이묘남(利苗男)[146] 왕흔(王訢)을 대사마로 삼았다.

왕망이 진짜로 즉위하고서 더욱 대신들을 대비하여 아랫사람의 권력을 억누르고 빼앗았는데, 조신(朝臣)들 중에 그들의 과실을 말하는 사람이 있으면 번번이 발탁하였다. 공인(孔仁)·조박(趙博)·비흥(費興) 등이 과감하게 대신들을 공격하였으니 그러므로 신임을 얻고 이름난 관직을 골라서 거기에 있게 하였다.

국장(國將) 애장(哀章)이 자못 청렴하지 못하자, 왕망은 선발하여 '화숙(和叔)'[147]에 두고 경계하였다.

---

145 관직을 면직시킨 것이며, 후작을 가지고 집에 가 있다가 조회에만 참석하는 지위를 준 것이다.

146 이묘는 읍의 명칭이고, 이묘를 식읍으로 한 남작(男爵)을 말한다.

"비단 국장의 규문(閨門, 집안)을 보호하는 것일 뿐만 아니라 마땅히 서주(西州, 사천성 梓潼縣)에 있는 친족들까지도 보호하여야 한다."[148]

여러 공(公)들이 가볍고 천박하게 되었는데, 애장이 특히 심하였다.

4   여름, 4월에 서리가 내려 초목(草木)을 죽였는데, 바다 근처가 더욱 심하였다. 6월에는 노란 안개가 사방을 꽉 메웠다. 가을, 7월에 태풍이 나무를 뽑았고, 북궐(北闕, 未央宮)의 직성문(直城門, 북문) 지붕의 기와가 날렸다. 우박이 소와 양을 죽였다.

5   왕망이 《주관(周官)》·《왕제(王制)》의 기록으로 '졸정(卒正)'·'연솔(連率)'·'대윤(大尹)'을 두었는데, 직위는 태수(太守)와 같았고,[149] 또 '주목(州牧)'·'부감(部監)' 25명을 두었다. 장안성 부근을 6개의 향(鄕)으로 나누어 수(帥)를 각기 한 명씩 두었다.

삼보(三輔)[150]를 나누어 6개의 위군(尉郡)[151]으로 하였고, 하내(河內)·하동(河東)·홍농(弘農)·하남(河南)[152]·영천(潁川)·남양(南陽)을

---

147 관직의 이름으로 표면적으로는 국장의 조수이지만 실제로는 국장인 애장을 감시하는 것이 주된 임무이다.

148 애장은 재동 사람으로 그 친족이 모두 서주에 있었다.

149 《왕제》에는 30국을 졸로 하고 졸에는 졸정(卒正)이 있었고, 10국(國)은 연(連)으로 하고 연에는 연솔(連率)이 있었다.

150 삼보는 수도 상안인 경조로 상안의 북쪽인 좌풍익, 상안의 남쪽인 우부풍과 상안을 가리킨다.

151 위군의 장은 대부(大夫)라고 칭하는데, 즉 경위대부(京尉大夫)·사위대부(師尉大夫)·익위대부(翊尉大夫)·광위대부(光尉大夫)·부위대부(扶尉大夫)·열위대부(烈尉大夫) 등이다.

6개의 수군(隊郡)[153]으로 하였다. 하남대윤(河南大尹)의 이름을 바꾸어 보충신경(保忠信卿)이라고 하였다. 하남(河南, 하남성 남양시)의 속현을 덧붙여서 30개를 채우고 6개의 교주(郊州)의 장(長)을 각각 한 명씩 두고 사람마다 5개의 현을 주관하도록 하였다.

다른 관직명에 이르러서도 모두 고쳤다. 큰 군은 나누어 5개로 만들기도 하였는데, 도합 125개의 군(郡)이 있었다. 9주(州)의 안에는 현(縣)이 2천203개 있었다. 또 고대의 육복(六服)[154]을 모방하여 유성(惟城)·유녕(惟寧)·유한(惟翰)·유병(惟屛)·유원(惟垣)·유번(惟藩)을 만들고 각각 그 방향으로 호칭하였는데, 모두 1만 개의 봉국(封國)으로 하였다. 그 후에 해마다 다시 변경하여 한 개의 군(郡)이 이름을 다섯 번 바꾸기에 이르렀다가 그 옛것으로 돌려 회복시켰다. 이민(吏民)들이 기억할 수가 없었고, 매번 조서를 내릴 때마다 번번이 예전의 이름을 붙였다고 말하였다.

6   흉노의 우골도후(右骨都侯) 수복당(須卜當)과 이묵거차(伊墨居次) 난제운(欒提云)이 선우에게 화친할 것을 권유하니, 사람을 파견하

---

152 안사고의 고증에 의하면 하남은 마땅히 형양(滎陽)으로 고쳐야 한다고 하였다.

153 호삼성은 隊의 음을 遂라고 하였다. 하내조수(河內兆隊)·하내후수(河內後隊)·홍농우수(弘農右隊)·형양기수(滎陽祈隊)·영천좌수(潁川左隊)·남양전수(南陽前隊) 등이다.

154 《서경(書經)》〈주관(周官)〉에서는 수도를 중심으로 하여 밖으로 뻗어 나간 길이를 계산하여 후복(侯服)·전복(甸服)·남복(男服)·채복(采服)·위복(衛服)·만복(蠻服)으로 하였는데, 개념상으로만 있고 실제로 사용하지는 않았다.

여 서(西) 호맹(虎猛)의 제로새(制虜塞) 아래로[155] 보내서 요새의 관리
에게 말하였다.

"화친후(和親侯)를 만나고자 한다."

화친후라는 것은 왕소군(王昭君)의 조카인 왕흡(王歙)이다.

중부(中部)도위[156]가 보고하였는데, 왕망은 왕흡과 왕흡의 동생이
자 기(騎)도위인 전덕후(展德侯) 왕삽(王颯)을 파견하여 흉노에 사신으
로 가게 하여 선우가 처음 선 것을 축하하고, 황금·의복과 이불·비단
등을 하사하고, 거짓으로 시자(侍子) 난제등(欒提登, 선우의 아들)이 살
아있다고 하면서 이어서 진량(陳良)과 종대(終帶) 등을 구매하겠다고
하였다.[157]

선우는 진량 등 27명을 모두 잡아서 형틀을 채우고 함거(檻車)에 가
두어서 사자(使者)에게 건네주고, 주유고석왕(廚唯姑夕王)인 난제부
(欒提富) 등 40명을 파견하여 왕흡과 왕삽을 전송하였다. 왕망은 분여
(焚如)의 형(刑)[158]을 시행하여 진량 등을 불태워 죽였다.

7   변방 근처에 기근이 크게 들어 사람들이 서로 잡아먹었다. 간대부

---

155 《한서(漢書)》에서는 서하호맹제로새하(西河虎猛制虜塞下)라고 하였는데, 서
   하는 군의 명칭이고, 호맹은 현의 명칭이며, 제로새는 그 경계에 있는 요새이
   다. 서하군은 내몽고 준격이기이고, 호맹현은 섬서성 유림현 북쪽이다.

156 한에서는 변방에 오부도위를 설치하고 각각 그 속현을 다스렸다.

157 왕망 시건국 2년(10년)에 이들이 흉노로 도망하였으며 사람을 구매한다는 것
   은 돈을 주고 데려 가겠다는 말이다.

158 《역경(易經)》에 분여(焚如), 사여(死如), 기여(棄如) 등의 말이 있는데, 이는 부
   모에게 불효한 사람을 말하는 것으로 왕망은 이를 형벌의 이름으로 사용하
   였다.

(諫大夫) 여보(如普)가 변방의 군대에 갔다가 돌아와서 말하였다.

"군사들이 오랫동안 주둔하여 춥고 고통스러운데, 변방의 군(郡)에는 부담해 줄 것이 없습니다. 지금 선우가 새로이 화친하자고 하니, 마땅히 이를 이용하여 군사를 철수시켜야 합니다."

교위 한위(韓威)가 나아가며 말하였다.

"신실(新室)의 위엄으로 호로(胡虜, 종놈 같은 흉노)를 병탄하는 것은 입안에 있는 벼룩이나 이[蝨]와 다름이 없습니다. 신은 바라건대 용감한 병사 5천 명을 얻는다면, 한 말의 식량도 싸지 아니하고 주리면 야만인들의 고기를 먹고 목마르면 그 피를 마시면서 횡행할 수 있기를 바랍니다!"

왕망은 이 말을 듣고 장하다고 하고 한위를 장군으로 삼았다.

여보의 말을 받아들여 변방에서 제장들을 불러들이고 진흠(陳欽) 등 18명은 면직시키고, 또 4관(關)에 진(鎮)도위[159]의 여러 주둔하는 부대를 철수시켰다.

선우는 왕망이 뇌물 주는 것을 탐내니, 그러므로 밖으로는 한(漢)의 옛일[160]을 잊지 않았으나, 안으로는 노략질하는 것을 이롭게 생각하였는데, 또 사자가 돌아와서 아들 난제등(欒提登)이 전에 죽은 것을 알고서, 원망하고 한스러워하며 좌지(左地)에서부터 노략질해서 들어오기를 끊이지 아니하였다.

사자가 선우에게 그 이유를 묻자, 번번이 말하였다.

"오환(烏桓)과 흉노(匈奴)는 꼴이 아니고, 교활한 백성들이 함께 침

---

159 왕망은 네 개의 관을 설치하고 각각 진도위를 두어 군사를 통솔하게 하였다.
160 화친하는 일을 말한다.

구(侵寇)하여 요새로 들어가니 비교하자면 중국에도 도적이 있는 것과
마찬가지일 뿐입니다! 저 난제함(欒提咸)이 처음으로 즉위하여 나라를
가지고 있기는 하지만 위신은 아직 낮은데, 있는 힘을 다하여 금지하고
있으며 감히 두 마음을 가지고 있지 않습니다!"

왕망은 다시 군사를 징발하여 주둔시켰다.

8   익주(益州, 운남성 晉寧縣)의 만이(蠻夷)들이 근심하고 시끄러웠
는데, 모두 배반하여 다시 익주 대윤 정항(程降)을 죽였다. 왕망은 평만
(平蠻)장군 풍무(馮茂)를 파견하여 파(巴, 사천성 重慶市), 촉(蜀, 사천성
成都市), 건위(犍爲, 사천성 宜賓市)의 이사(吏士)들을 징발하고, 백성들
에게 부렴(賦斂)을 넉넉히 거두어 이들을 공격하였다.

9   왕망이 다시 금(金)·은(銀)·구(龜)·패(貝) 등의 화폐를 내려 보냈
는데, 자못 그 가치를 늘리거나 줄였고, 대전(大錢)과 소전(小錢)을 폐
기하고, 화포(貨布)와 화천(貨泉)[161] 두 품급을 나란히 사용하게 하였
다.

또 대전(大錢)이 이미 오랫동안 사용되어서 이를 파기하면 백성들이
끼고서 중지하지 못할까 두려워서 마침내 백성들로 하여금 단지 또 대

---

161 화포(貨布)는 길이가 3촌 5푼에 너비가 1촌이다. 머리 부분은 8푼이고 너비
   는 8푼으로 가운데에 동그란 구멍이 있는데 직경이 2푼 반이다. 다리는 길이
   가 8푼이고 너비는 2푼으로서, 오른쪽에는 '화(貨)', 왼쪽에는 '포(布)'라고 쓰
   여 있다. 무게는 25수이고 가치는 25전이다. 화천(貨泉)은 직경이 1촌에 무게
   는 5수로, 오른쪽에는 '화(貨)', 왼쪽에는 '천(泉)'이라고 쓰여 있으며, 가치는
   1전이다.

전(大錢)만을 사용하게 하였고 6년이 지나면 다시는 대전을 갖지 못하게 하였다. 매번 화폐를 바꿀 때마다 백성들은 직업을 깨뜨려야 하였고, 크게 형벌에 빠졌다.＊

권038

한기30

통제력을 잃은 신 왕조

봉록을 못 주는 조정과 도적의 봉기

왕망 천봉 2년(乙亥, 15년)

1   봄, 2월에 천하를 크게 사면하였다.

2   민간에서는 말이 와전(訛傳)되었는데, 황룡(黃龍)이 황산궁(黃山宮, 섬서성 興平縣 서쪽) 안에 떨어져서 죽었다고 하니, 백성들 가운데 달려가서 본 사람이 1만 명을 헤아렸다. 왕망이 이를 싫어하여[1] 체포하여 가두며 일어난 곳을 탐문하였으나, 찾아낼 수가 없었다.

3   선우 난제함이 이미 화친하고 나자 그의 아들인 난제등의 시체를 요구하였다. 왕망은 사자를 파견하여 보내려고 하였으나 난제함이 원망하고 한(恨)을 가지고 사자를 해칠까 두려워하여 마침내 이전에 시자(侍子, 인질로 온 선우의 아들)를 죽여야 마땅하다고 말하였던 사람인

---

1   왕망의 신은 토(土)를 숭상하고 그 색깔은 황색인데, 황룡이 죽었다는 것은 왕망의 입장에서는 기분 나쁜 일이다.

예전의 장군인 진흠(陳欽)[2]을 체포하여 다른 죄로 그를 죽였다. 왕망은 변사(辯士)로 제남(濟南, 산동성 歷城縣) 사람 왕함(王咸)을 뽑아서 대사로 삼았다.

여름, 5월에 왕망이 다시 화친후(和親侯) 왕흡(王歙)과 왕함 등을 파견하여 우주유고석왕(右廚唯姑夕王)을 호송하게 하고 이어서 이전에 참수하였던 시자 난제등과 여러 귀인(貴人) 시종들의 영구(靈柩)를 받들어 돌려보냈는데, 선우는 난제운(欒提云)과 수복당(須卜當)의 아들인 대차거(大且渠)[3] 수복사(須卜奢) 등을 파견하여서 요새에 이르러 이를 영접하였다.

왕함은 선우의 궁정에 이르러 왕망의 위엄과 덕을 진술하고, 왕망 역시 선우에게 보낸 많은 금은(金銀)과 진귀한 물건들을 늘어놓으며, 이어서 그들의 칭호를 바꾸라고 유세하고, 흉노를 '공노(恭奴)'라고 하고 선우(單于)를 '선우(善于)'라고 부르면서 인수(印綬)를 하사하고, 골도후(骨都侯) 수복당을 책봉하여 후안공(後安公)으로 삼고, 수복당의 아들인 수복사를 후안후(後安侯)로 삼았다. 선우가 왕망의 금폐(金幣)에 욕심을 내니, 그러므로 굽혀서 이를 들어 주었지만 그러나 침구하고 도적질하는 것은 예전과 같았다.

4   왕망은 속으로 제도가 정해지면 천하는 스스로 태평해질 것이라고 생각하여서, 그러므로 지리를 깊이 생각하며, 예의를 제정하고, 음

---

2   이에 관한 일은 왕망 시건국 3년(11년)에 있었고, 그 내용은 《자치통감》 권 37에 실려 있다.

3   난제운(欒提云)은 왕소군의 큰딸이며, 수복당(須卜當)은 난제운의 남편이고, 대차거는 흉노의 관직으로 군사 감독관에 해당하는 직위이다.

악을 만들며, 《육경(六經)》에 합당한 이론들을 강구하였다. 공경들은 아침에 들어갔다가 저녁에 나오는데, 논의하며 몇 해를 이어가도 결정되지 아니하고, 옥송(獄訟)이나 원결(寃結), 백성들의 급한 업무를 살펴볼 겨를이 없었다.

현재(縣宰, 현령)가 결원이 되어 몇 년이 되어도 수겸(守兼)[4]하고 있으니 모든 탐욕스럽고 잔학한 짓이 날로 심해졌다. 중랑장(中郎將)과 수의집법(繡衣執法) 가운데 군국(郡國)에 있는 사람들은 나란히 권세를 타고서 서로가 천거하여 상주하였다.

또 11명의 공(公)[5]과 사(士, 屬官, 掾史)들이 분포되어 농업과 잠상을 권장하고, 시령(時令)을 반포하고 여러 가지 문서를 살피는데, 관개(冠蓋)가 서로 보이고, 도로에서 교차되는데,[6] 이민(吏民)을 불러 모아 체포하고 증좌(證左)를 찾으니 군현(郡縣)은 부렴(賦斂)으로 번갈아 서로 뇌물을 주니 흑백이 뒤섞여서 대궐을 지키며 고소하는 사람이 많았다.

왕망은 스스로 이전에 권력을 오로지하였다가 한의 정권을 빼앗았다는 것을 보았으니, 그러므로 업무는 스스로 여러 가지 일을 관장하였고, 유사(有司)는 이미 거의 완성된 것을 받아서 억지로 면책되었다. 여

---

4 수겸은 수직(守職)과 겸직(兼職)을 말한다. 수직은 임시로 맡은 직책을 말하고, 겸직은 본직을 가지고 있으면서 다른 직책을 겸하여 맡는 것이다. 모두 대리 또는 임시적 성격을 가진 관리 임용법이다.

5 수의집법에 관한 일은 왕망 시건국 3년(11년)에 있었고, 11명의 공(公)에 관한 일은 왕망 시건국 원년(9년)에 있었던 일이다.

6 관(冠)은 관리가 쓰는 관모를 말하고, 개(蓋)는 그들이 타는 수레의 포장을 말하는 것으로 이들의 행렬을 말하는 것인데, 이들이 길에서 서로 바라볼 수 있거나, 교차된다는 것은 그만큼 많다는 것을 말하는 것이다.

러 보물의 이름·탕장(帑藏)·전곡(錢穀)을 담당하는 관리들은 모두가 환관들이 관장하였는데, 이민(吏民)들이 봉사(封事)를 올리지만, 환관이나 좌우에서 펼쳐 보니 상서(尙書)는 알 수 없었고,[7] 그가 신하들을 무서워하고 대비하는 것이 이와 같았다.

또 제도를 바꾸는 것을 좋아하여 정령(政令)은 번잡한 것이 많은데, 받들어 시행하여야 하는 사람은 번번이 물어서 일을 처리하니, 앞뒤로 상승작용으로 분명하지 않고, 투철하지 않았다. 왕망은 항상 등불을 가까이하여 날이 밝기까지 이르지만 오히려 이겨낼 수 없었다.

상서는 이를 이용하여 간사하게 되어 일을 잠재워 놓고, 편지를 올리고 회보를 기다리는 사람은 해를 이어가도 떠날 수 없고, 군현에 갇혀있는 사람은 사면을 만난 다음에 나왔고, 위졸(衛卒)들은 교대하지 못한 것이 3년에 이르렀다.

곡식을 사는데 항상 비싸서 변방의 군사 20여만 명이 의복과 식량을 현관(縣官)을 바라보는데, 오원(五原, 내몽고 包頭市 서북)과 대군(代郡, 하북성 蔚縣)이 더욱 많은 해독을 입어서 일어나서 도적이 된 것이 수천 명이 무리를 이루고, 이웃 군(郡)으로 굴러 들어갔다. 왕망은 포도(捕盜)장군 공인(孔仁)을 파견하여 군사를 거느리고 군현과 합하여 공격하게 하여 1년여가 지나서야 마침내 평정되었다.

5   한단(邯鄲) 이북에서 큰비가 내리고 물이 솟아 나와서 깊은 곳은 몇 장(丈)이나 되었는데, 흘러가면서 수천 명을 죽였다.

---

7   전에는 봉사(封事)가 올라오면, 먼저 상서가 보고 이를 황제에게 올렸는데, 왕망은 상서가 모든 언로를 막을까 걱정하여 환관과 좌우에 있는 사람들로 하여금 그 봉사를 뜯게 하고 스스로 이를 살펴보았다.

왕망 천봉 3년(丙子, 16년)

1 봄, 2월 을유일[8]에 지진이 있었고 큰 눈비가 내렸는데, 관동(關東, 함곡관 동쪽)에서 더욱 심해서 깊은 것은 1장(丈)이었고, 대나무와 측백나무가 혹 말랐다. 대사공 왕읍(王邑)이 상서하여 지진으로 해골하기를 빌었다.

왕망은 이를 허락하지 않고 말하였다.

"무릇 땅에는 움직이는 일[動]이 있고 크게 흔들리는 일[震]이 있는데 흔들리는 것은 해로움이 있지만 움직이는 것은 해롭지 아니하다. 《춘추(春秋)》에는 지진을 기록하였고, 《역경(易經)》〈계사(繫辭)〉에는 곤동(坤動)이라 하였는데, 동정(動靜)이 열리고 화합하면 만물이 생겨난다[9] 하였소."

그가 스스로를 속이면서 수식하는 것이 모두 이러한 식이었다.

2 이보다 먼저, 왕망이 제도를 만드는 것이 아직 확정되지 않아서 위로는 공후(公侯)로부터 아래로는 소리(小吏)까지 모두 봉록을 받을 수가 없었다.

여름, 5월에 왕망이 글을 내려서 말하였다.

"내가 양구(陽九)의 액(阨)과 백육회(百六會)[10]를 만나게 되어 국용

8　2월 1일은 임진일이므로 2월에 을유일은 없다. 다만 을(乙)과 기(己)는 필사 과정에서 혼동되는 일이 많으므로 을유가 기유(己酉)의 잘못이라면 이날은 18일이다.

9　《주역》〈계사〉에 '무릇 곤(坤)은 그것이 동(動)하면 열리고, 그것이 정(靜)하면 화합하니 이로써 널리 생산된다.'고 하였다.

(國用)이 부족하고 백성들은 소동(騷動)하고 있는데, 공경(公卿) 이하로 한 달의 봉록으로 무게가 10종(緵)[11]인 포(布) 두 필(匹) 혹은 비단한 필이다. 내가 매번 이를 생각하며 일찍이 걱정하지 아니한 적이 없다. 오늘날 이런 액(厄)의 만남은 이미 넘겼고 부탕(府帑, 府庫)이 비록아직 다 채워질 수는 없지만 대략 자못 점차 넉넉해진다. 그러니 6월초하루 경인일부터 시작하여 이록(吏祿)을 주는데, 모두 제도대로 하겠다."

사보(四輔)·공경(公卿)·대부(大夫)·사(士)에서 아래로는 여(輿)와요(僚)까지 무릇 15등급[12]이었다. 요(僚)의 봉록은 1년에 66곡(斛)인데, 차등 있게 조금씩 늘려 주었다. 위로 사보(四輔)에 이르면 1년에1만 곡(斛)이 된다고 말하였다.

---

10 양구(陽九)와 백육(百六)은 현학적인 용어이다. 《한서》〈율력지〉에 긴 설명이
되어 있는데, 운수가 아주 좋지 않은 경우를 말하는 것이다. 이 말은 《한서》
〈흉노전〉에도 나오는 말인데, 음양가가 풀어낸 말로 양(陽)의 재앙 다섯 개
와 음의 재앙 네 개를 합하여 9로 한 것이고, 백육회란 액운을 말하는 것인데,
《한서》 곡영전에 나와 있는 것을 보면 무망의 괘의 운이며, 바로 백육의 재앙
운이다. 4,500년을 1원(元)으로 하며, 1원 가운데는 아홉 번의 액운이 있는데,
양(陽)의 액운이 다섯 개, 음(陰)의 액운이 네 개이고, 양의 액운은 한재(旱災)
이고, 음의 액운은 수재(水災)이며, 106년에는 양의 액운이 닥치는데, 그러므
로 106년의 액운을 만난다는 의미로 백육회라고 한 것이다.

11 고대의 포백을 짜는데, 2척 2촌의 폭에 80가닥의 실을 늘어뜨려서 짠 것을
1종(緵)이라고 한다.

12 《좌전(左傳)》에서는 사람의 계급을 10등급으로 하였으니 왕(王)은 공(公)을
신하로 하고, 공은 대부(大夫)를 신하로 하고, 대부는 사(士)를 신하로 하고,
사는 조(皁)를 신하로 하고, 조는 여(輿)를 신하로 하고, 여는 예(隷)를 신하로
하고, 예는 요(僚)를 신하로 하고, 요는 복(僕)을 신하로 하고, 복은 대(臺)를
신하로 한다고 하였는데, 왕망은 사보에서부터 15등급으로 나누었다.

왕망은 또 말하였다.

"옛날에 풍년이 들면 그들의 예(禮)를 가득 채우고, 재해(災害)가 있으면 덜어내는 바가 있어서 백성들과 함께 걱정하고 기뻐하였다. 그러니 상계(上計, 풍년의 계산)를 이용하여 통틀어 계상하여 만약 천하에 다행히 재해가 없다면 태관(太官)의 선수(膳羞, 제사 음식)는 그 물품을 완비하는데, 바로 재해가 있다면 10을 비율로 하여 다소간에 선(膳, 음식)을 줄이도록 하라.[13]

11공(公)·6사(司)·6경(卿) 이하는 각기 주군(州郡)과 국읍(國邑)으로 가서 그 재해를 보호하고, 역시 10분 비율의 얼마로 하여 그 봉록을 줄이라. 낭(郎)·종관(從官)·중도(中都, 京師)의 관리는 봉록을 도내(都內)에 쌓인 것을 받는 사람이니, 태관(太官)의 선수(膳羞, 제사 음식)의 수를 갖추고 덜어내는 것으로 표준을 삼으라. 상하가 같은 마음으로 농업을 진흥시키도록 권장하고 백성들을 안정시키기를 바라노라."

왕망의 제도가 번잡하고 자질구레한 것이 이와 같아서 세금을 부과하고 계산하는 것은 정리할 수가 없어서 관리들은 끝내 봉록을 받을 수가 없었고, 각각 관직을 통하여 간사하게 되고 뇌물을 받아서 스스로 공급하였다.

3   무진일(9일)에 장평관(長平館)의 서쪽 언덕이 붕괴되어 흙이 경수(涇水)를 막아 흐르지 않게 되고 훼손되어 북쪽으로 흘렀다.[14] 군신들

---

13 황제의 식단을 1등급에서 10등급까지를 정해 놓고 재해를 당한 정도를 보아서 얼마를 줄인다고 숫자를 정한 것인데, 이 줄인 것을 기준으로 중도에 있는 관리의 녹봉도 줄이게 하고 있다.

14 장평관(長平館)은 곧 장평관(長平觀)으로 경수(涇水)의 남쪽에 있었는데 경수

은 왕망에게 축수(祝壽)하면서 《하도(河圖)》에 이른바 흙으로 물을 막는다고 하였는데, 흉노가 망할 상서로운 조짐이다.'라고 생각하였다.

왕망은 마침내 병주목(幷州牧) 송홍(宋弘)과 유격(遊擊)도위 임맹(任萌) 등을 파견하여 병사들을 거느리고 흉노를 공격하게 하였고, 변방에 이르러서 중지하고 주둔하였다.

4   가을, 7월 신유일(1일)에 패성문(霸城門, 장안성 동남쪽의 첫 번째 문, 靑門)에 화재가 발생하였다.

5   그믐 무자일에 일식이 있었다. 천하를 크게 사면하였다.

6   평만(平蠻)장군 풍무(馮茂)가 구정(句町, 운남성 廣南縣)을 공격하였는데, 사졸 가운데서 역질(疫疾)에 걸려 죽은 사람이 열에 예닐곱이고, 부렴(賦斂)은 백성들의 재물의 열 가운데 다섯을 거뒀으며, 익주(益州, 운남성 晉寧縣)에서는 텅 비게 써버렸으나 이길 수가 없었으니, 불러들여 하옥시켰더니 죽었다.

겨울에 다시 영시(寧始)장군 염단(廉丹)과 용부(庸部)목(牧) 사웅(史熊)[15]을 파견하여 천수(天水, 감숙성 通渭縣)·농서(隴西, 감숙성 臨洮縣)

───────

가 장평관을 지나 동남쪽으로 흘러서 위수(渭水)로 들어간다. 그런데 강안이 무너져서 막히게 되자 북쪽으로 흘러 들어간 것이다.

15 왕망이 익주를 개명하여서 용부라고 하였고, 또 왕망은 '주목(州牧)'과 '부감(部監)'을 설립하였는데, '주(州)'와 '부(部)'의 구별이 있기 때문에 '목(牧)'과 '감(監)'도 다르다. 그런데 사웅의 관명은 용부이면서 주에 해당하는 목을 사용하였으니 양자는 마치 하나인 것처럼 보인다.

의 기병과 광한(廣漢, 사천성 遂寧縣)·파(巴, 사천성 重慶市), 촉(蜀, 사천성 成都市)·건위(犍爲, 사천성 宜賓市)의 이민 10만 명, 전운하는 사람까지 합하여 20만 명을 징발하여 이들을 공격하게 하였다.

처음 이르러서는 자못 참수한 것이 수천이었는데, 그 후에 군량이 앞뒤로 서로 이어주지 않아서 사졸들이 굶주리고 역질(疫疾)에 걸렸다. 왕망은 염단과 사웅을 소환하였는데 염단과 사웅이 다시 조달 받는 것을 덧붙여 반드시 이기고 마침내 돌아오기를 원하자, 다시 부렴(賦斂)을 크게 하였다.

취도(就都, 사천성 廣都縣) 대윤(大尹)인 풍영(馮英)이 공급하기를 거절하며 말씀을 올렸다.

"서남이(西南夷)가 반란한 이후로 쌓여서도 10여 년이 되었는데, 군현에서는 막고 공격하기를 끊이지 않고 계속해서 풍무(馮茂)를 기용하여서 진실로 모든 정치를 시행하였지만, 북도(僰道 사천성 宜賓市) 이남은 산이 험하고 높고 깊고 무성한데, 대부분 무리를 몰아서 먼 곳에 거주하게 하니, 소비한 것이 억(億)을 헤아리게 되었고, 이사(吏士)들이 독기(毒氣)에 걸려서 죽은 사람이 열에 일곱입니다.

지금 염단과 사웅이 스스로 속인 것을 두려워하여 여러 군의 병사와 양식을 징발하여 조달하려고 기대하니 다시 백성들의 재물을 열 가운데 넷을 빼앗는다면 양주(梁州, 전의 益州)는 텅 비어 깨질 것이고, 공로는 끝내 이루어지지 않을 것입니다. 의당 군대를 철수하고 둔전을 실시하면서 분명하게 상으로 사들이는 것을 세워야 합니다."

왕망은 크게 노하여 풍영(馮英)의 관직을 면직시켰는데, 후에는 자못 깨닫고 말하였다.

"풍영도 아직 많이 잘못하지는 않았다."

다시 풍영을 장사(長沙)의 연솔(連率, 태수)로 삼았다. 월수(越嶲, 사천성 西昌縣)의 만이(蠻夷)인 임귀(任貴)가 역시 태수[16]인 매근(枚根)을 살해하였다.

7   적의(翟義)의 일당인 왕손경(王孫慶)이 체포되었는데,[17] 왕망은 태의(太醫)·상방(尙方, 궁실의 주방담당자)과 기교 있는 도살자로 하여금 함께 그를 가르고 껍질을 벗겨서 오장(五臟)을 재게 하고 대나무를 가늘게 만들어 그의 혈맥을 따라가면서 끝나고 시작하는 곳을 알아보고 병을 치료할 수 있다고 말하였다.[18]

8   이 해에 대사(大使)인 오위장 왕준(王駿)·서역도호 이숭(李崇)·무기(戊己)교위 곽흠(郭欽) 등을 파견하여 서역으로 나가게 하였는데, 여러 나라에서 모두 교외에서 영접하고 병사[19]와 양식을 보내주었다.

왕준이 이를 습격하고자 하니 언기(焉耆, 신강성 焉耆縣)에서는 거짓으로 항복하고는 군사를 모아서 스스로 대비하였는데, 왕준 등은 사차(莎車)와 구자(龜玆)의 병사 7천여 명을 거느리어 몇 개의 부대로 나누고, 곽흠과 좌수(佐帥) 하봉(何封)에게 명령하여 별도로 거느리고 뒤에

---

16 왕망은 태수를 대윤 또는 연솔 등으로 관명을 바꾸었는데, 여기서 바뀌기 전의 관직인 태수를 사용한 것은 편찬자가 주의하지 못한 것 같다.

17 적의에 관한 일은 거섭 2년(7년)에 있었다.

18 내용으로 보아 대단히 잔혹한 것으로 보이고, 그것도 사실이지만, 의학상으로 보면 최초의 '인체 해부'라고 할 것이다. 의학사에서는 주목하여야 할 사건이라 하겠다.

19 전투병이 아니고 군량미를 운반하는 사람을 말한다.

있게 하였다. 왕준 등이 언기(焉耆)로 들어갔는데, 언기는 병사를 숨겨
놓고 왕준을 차단하려고 하며 고묵(姑墨)·봉리(封犁)·위수국(危須國)
의 군사들에게 이르러서 반간(反間)으로 만들어 돌려서 함께 왕준을
습격하여 모두 이를 살해하였다.

곽흠이 뒤에 언기에 도착하니, 언기의 군사들이 아직 돌아오지 않아
서 곽흠은 습격하여 그들의 노약자를 죽이고 차사(車師, 신강성 吐魯番
縣)로부터 요새로 돌아왔다. 왕망은 곽흠에게 벼슬을 주어 전외(塡外)
장군으로 삼고 초호자(剿胡子)로 책봉하고, 하봉은 집호남(集胡男)이
되었다.[20] 이숭(李崇)은 나머지 병사를 거두어 구자로 돌아와서 지켰
다. 왕망이 패망하고 이숭이 죽기에 이르자 서역은 마침내 단절되었다.

왕망 천봉 4년(丁丑, 17년)

1 여름, 6월에 왕망이 다시 제후왕(諸侯王)에게 명당(明堂)에서 모
토(茅土)[21]를 주었는데, 친히 무늬 있는 돌로 평탄하게 만들고 띠 풀과
네 색깔의 흙을 벌려 놓고 대종(岱宗, 泰山)·태사(泰社, 皇家의 사당)·후
토(后土, 토지신)·선조(先祖)·선비(先妣, 돌아가신 어머니)에게 고하고 이

---

20 초호자(剿胡子)와 집호남(集胡男)은 작위의 이름이다. 왕망은 작위를 공·후·
　백·자·남으로 만들었는데, 여기서 자작과 남작을 준 것이다.

21 옛날에 천자가 제후를 봉할 때, 그 방향의 빛깔의 흙을 띠 풀로 싸서 주는 것
　으로 천자가 주는 채읍을 받는다는 표시이다. 동쪽에 책봉되는 제후는 청색,
　남쪽에 책봉되는 제후는 적색, 서쪽에 책봉되는 제후는 백색, 북쪽에 책봉되
　는 제후는 검은색의 흙을 준다.

를 나누어주었다.

왕망은 빈 말을 좋아하고 옛 법도를 사모하고 사람에게 작위를 책봉하는 일을 많이 하였지만 성격은 실제로 인색해서 지리가 아직 정해지지 않았다는 것에 의거하니, 그러므로 먼저 모토(茅土)를 주는 것으로서 책봉 받은 사람들을 위로하고 기쁘게 하였다.

2   가을, 8월에 왕망은 친히 남교(南郊)로 가서 제사를 지내고, 위두(威斗)를 주조하여 만들었는데, 오색의 돌과 동(銅)으로 이를 만들었고, 마치 북두칠성과 같으며, 길이는 2척 5촌으로 무리의 병사들에게 엽승(厭勝)[22]하려고 하였다. 이미 완성하자 사명(司命)으로 하여금 이를 지게 하고, 왕망이 나가면 앞에 있고, 들어오면 옆에 있게 하였다.

3   왕망이 희화명사(羲和命士)를 설치하여, 오균(五均)[23]과 육관(六筦)[24]의 업무를 감독하게 하였다. 군(郡)에 몇 명씩 두었는데, 모두들 부유한 상인을 채용하여 이것으로 삼았으며, 전거(傳車)를 타고 이익을 구하며 천하를 왕래하였는데, 이어서 군현과 간사하게 왕래하니 대부분 빈 장부를 늘어놓고 부장(府藏)을 채우지 못하여 백성들은 더욱 병들었다.

이 해에 왕망은 다시 조서를 내려 육관(六筦)을 펼쳐 밝히고 매 한

---

22 비방의 방법으로 액운을 제압하려는 것이다.

23 일종의 물자조절기관으로 상안·낙양·임치·완성·성도·한단 등 당시에 가장 번성한 6대 도시에 설치하였다.

24 오균관이 관장하는 여섯 가지의 업무는 술의 전매, 소금의 전매, 철의 전매, 주철의 독점, 임산업의 독점, 어업의 독점 등에 관한 업무를 주관하였다.

관(筦)마다 조항을 설치하여 방지하고 금지하며, 범하는 자는 죄가 사형에까지 이르렀다.

간사한 백성과 교활한 관리들이 나란히 침해하니 많은 서민들은 각기 편안하게 살지 못하고, 또 상공(上公) 이하로 모든 노비를 가진 사람들은 일률적으로 한 사람에 3천600을 납부하게 하니 천하가 더욱 근심하였다. 납언(納言) 풍상(馮常)이 육관을 가지고 간언하였는데 왕망이 크게 화를 내며 풍상의 관직을 면직시켰다.

법령은 번잡하고 가혹하며, 백성들은 손을 움직여도 금령을 저촉되니 농상(農桑)을 할 수가 없고, 요역은 번거롭고 심하며, 말라버리는 가뭄과 황충이 서로 번갈아 발생하고, 송사(訟事)는 해결되지가 않았다. 이(吏, 관리)들은 가혹하고 포악함을 사용하여 위엄을 세우고, 왕망의 금령에 의거하여 힘없는 백성들을 각박하게 침탈하니 부자는 스스로 보호할 수 없고, 가난한 사람들은 스스로 생존할 수가 없으니, 이에 나란히 일어나 도적이 되어 산택(山澤)에 의지하여 막아서 이(吏, 관리)들은 이들을 잡지 못하며 이를 덮어서 가리자 점점 스며드는 것이 날로 넓어졌다.

임회(臨淮, 안휘성 盱眙縣) 사람 과전의(瓜田儀)는 회계군(會稽, 강소성 蘇州市)의 장주(長州, 長州苑, 강소성 吳縣 서남쪽)에 의지하고 막았고, 낭야(琅邪, 산동성 諸城縣)의 여모(呂母)는 무리 수천 명을 모아 해곡(海曲, 산동성 日照縣)의 현재(縣宰)를 살해하고 바다로 들어가 도적이 되었는데, 그 무리가 점점 많아져서 1만을 헤아리기에까지 이르렀다.

형주(荊州)[25]에는 기근이 드니, 백성들의 무리가 들판이나 소택으

---

25 형주부(荊州部)는 하남성의 남부로 호북성의 중부를 관통하여 하남성의 서

로 들어가 부자(鳧茈)[26]를 캐어 이것을 먹었는데, 다시 서로 침범하여 빼앗았다. 신시(新市, 호북성 京山縣) 사람 왕광(王匡)과 왕봉(王鳳)은 쟁송문제를 공평하게 다스려서 마침내 추대되어 거수(渠帥, 두목)가 되었는데, 무리가 수백 명이었다.

이에 여러 망명한 사람들인 남양(南陽, 하남성 南陽市)의 마무(馬武)·영천(潁川, 하남성 禹縣)의 왕상(王常)·성단(成丹) 등이 모두 그에게 가서 좇았는데, 함께 이향취(離鄕聚)[27]를 공격하고 녹림산(綠林山, 호북성 當陽縣 경계) 속으로 숨으니 몇 달 동안에 7천~8천 명에 이르렀다. 또 남군(南軍)의 장패(張覇)와 강하(江夏)의 양목(羊牧) 등이 왕광과 함께 일어났는데, 무리는 모두 1만 명이었다.

왕망은 사자를 보내서 즉각 도적들을 사면하였는데, 돌아와서 말하였다.

"도적들이 해산하였다가 번번이 다시 합칩니다. 그 연고를 물으니 모두 말하기를, '법령과 금령이 번잡하고 가혹한 것을 걱정하는데, 손을 들어 힘써 할 수 없고, 소득은 공세(貢稅)를 하기에도 부족하니, 문을 닫고 스스로 지켜도 또 인오(鄰伍, 이웃)가 주전(鑄錢)하고 동(銅)을 보유한 것에 연좌되고, 간악한 이(吏, 관리)들은 이어서 백성들을 근심스럽게 합니다.'라고 하는데, 백성들은 곤궁하니, 모두들 일어나서 도

부에 이르는 지역으로 남양군(南陽郡)·남군(南郡)·계양군(桂陽郡)·무릉군(武陵郡)·영릉군(零陵郡)·강하군(江夏郡) 등이 예속되어 있었다.

26 척박한 땅에서 자라며, 싹은 수염처럼 생겨서 가늘고, 뿌리는 손가락처럼 생겼다. 뿌리는 검은색으로 먹을 수가 있다.

27 여러 향취(鄕聚)가 이산되었다는 말이다. 성곽을 떠나 멀리 간 사람인데, 큰 것은 향이라 하고, 작은 것은 취라고 한다고 해석하였다.

적이 되는 것입니다."

　왕망은 대단히 화가 나서 그를 면직시켰다.

　그런데 어떤 사람이 가리키는 것을 따라서 말하였다.

　"백성들이 교만하고 교활하면 죽여야 마땅합니다."

　말하기에 이르렀다.

　"시절의 운세가 그렇게 되게 되어 있으나, 또 멸망하는 것도 멀지 않았습니다."

　왕망은 기뻐하며 번번이 관직을 올려 주었다.

왕망 천봉 5년(戊寅, 18년)

1   봄, 정월 초하루에 북군(北軍)의 남쪽 문에서 화재가 있었다.

2   대사마 사윤(司允)인 비흥(費興)을 형주(荊州)의 주목으로 삼았는
데, 알현하는데 부(部, 荊州部)의 방략을 묻기에 이르렀더니, 비흥이 대
답하였다.

"형·양(荊·揚, 강소성의 남부에서 강서성에 이르는 지역)의 백성들은 대
개 산택(山澤)에 의지하여 막으면서 물고기를 잡고, 소채를 채취하는
것을 업(業)으로 삼고 있습니다. 근래에 나라에서 육관(六筦)을 펼치면
서 산택에도 세금을 부과하여, 백성들의 이익을 방해하여 빼앗고, 연이
어 몇 년 동안 오래 가뭄이 들어서 백성들은 굶주리고 궁색하니, 그러
므로 도적이 되었습니다.

저 비흥이 부(部, 荊州部)에 도착하여 도적들에게 전리(田里)로 돌아
가도록 분명하게 밝히고 쟁기와 소·종자와 식량을 대여해 주고 세금을
너그럽게 하여주어 흩어져서 편안하게 살 수 있기를 바랍니다."

왕망이 화를 내며 비흥의 관직을 면직시켰다.

3   천하의 관리들이 봉록을 받을 수 없어서 나란히 간사한 이익을 만드니, 군윤(郡尹)과 현재(縣宰)들의 집에는 천금(千金)이 쌓여 있었다. 왕망은 이에 시건국(始建國) 2년[10년]에 호로(胡虜, 야만인 흉노)가 하(夏, 중원)를 어지럽힌 이래로 여러 군리(軍吏)와 연변(緣邊)의 이대부(吏大夫) 이상 가운데서 간사한 이익으로 재산을 증식하여 치부한 사람들을 조사하여 그 집에 있는 재산의 5분의 4를 징수하여 변방의 급한 곳을 돕도록 하였다.

공부(公府)의 인사가 전거(傳車)로 천하를 달려서 탐욕스런 사람을 조사하며, 이(吏)가 그 장수를 고발하고, 노복이 그 주인을 고발하도록 열어 두어서 간사한 짓을 금하게 하기를 바랐는데, 간사함은 더욱 심해졌다.

4   왕망의 손자인 공숭공(功崇公) 왕종(王宗)이 스스로 천자의 의관(衣冠)을 입은 용모의 그림을 그리고, 세 개의 도장을 새겼다가 발각되어 자살하였다.[28] 왕종의 누나인 왕방(王妨)은 위(衛)장군 왕흥(王興)의 부인인데, 시어머니를 저주하고 노비를 죽여서 입을 막으려고 하였던데 연루되니 왕흥과 더불어 모두 자살하였다.

5   이 해에 양웅(揚雄)이 죽었다.

---

28 왕종의 봉국은 산동성 곡성현에 있었고, 그가 새긴 세 개의 도장에는 각각 '유지관 존이하 처남산 장박빙(維祉冠 存已夏 處南山 臧薄冰)', '숙성보계(肅聖寶繼)', '덕봉창도(德封昌圖)'라고 새겨져 있었다.

애초에, 성제의 시대에는 양웅이 낭관(郎官)이 되어 급사황문(給事黃門)을 지내면서 왕망(王莽)·유수(劉秀)와 같은 반열에 있었고, 애제 초기에는 또 동현(董賢)과 같은 관직에 있었다. 왕망과 동현이 삼공(三公)이 되어서 권력이 인주(人主)를 기울게 하니 추천한 사람 가운데 발탁되지 않은 사람이 없었으나 양웅은 삼세(三世, 성제, 애제, 평제)에 관직을 옮기지 않았다.

왕망이 자리를 찬탈하게 되니, 양웅은 기로(耆老)로 오랫동안 있어서 바꾸어 대부(大夫)가 되었다. 권세와 이익에는 편안하였고 옛것을 좋아하고 도(道)를 즐겼으며, 문장으로 후세에 명성을 이루어 마침내 《태현(太玄)》을 지어서 하늘과 땅과 사람의 도에 관하여서 종합하였다.[29]

또 제자(諸子)가 각각 그 지혜를 가지고 잘못 달려가서 대체로 성인(聖人, 주공과 공자)을 낮추어서 비방하였으며, 이상하게 빙빙 돌고 궤변(詭辯)을 해석하여서 세상일을 어지럽혔다고 보니, 비록 짧은 말이지만 끝내 대도(大道)를 파괴하고 무리를 미혹시켜 들은 것에 빠지게 하여서 스스로 그 잘못을 알지 못하게 하였으니, 그러므로 사람이 때로 양웅에게 질문하는 사람이 있었는데 양웅은 항상 법을 가지고 응답하였기 때문에 《법언(法言)》이라고 불렀다.

안에서 마음을 쓰고 밖에서 구하지 말라고 하였으나 당시 사람들 모두는 이를 소홀히 하였는데, 오직 유수(劉秀)와 범준(范逡)만은 공경하였고, 환담(桓譚)은 비교할 수 없는 사람으로 생각하고, 거록(鉅鹿, 하북

---

29 현(玄)이란 천(天)이자 도(道)이며, 성현이 법을 제정하고 일을 하는데 모두가 천도(天道)를 본래의 정통으로 하여 모든 것을 왕정(王政)과 인사(人事)와 법도(法度)에 부속시켰다. 그러므로 복희씨는 역(易)을 말하고, 노자는 도를 말하고, 공자는 원을 말하고, 양웅은 현을 말하였다.

성 平鄕縣) 사람 후파(侯芭)는 스승으로 섬겼다.

대사공 왕읍(王邑)과 납언 엄우(嚴尤)가 양웅이 죽었다는 소식을 듣고서 환담에게 말하였다.

"그대는 항상 양웅의 책을 칭송하였는데, 어떻게 후세에 전할 수 있겠는가?"

환담이 대답하였다.

"반드시 전해질 것이오. 생각건대 그대와 나 환담은 보는데 이르지 못할 것 같소. 무릇 사람은 가까운 것을 천하게 여기고 멀리 있는 것을 귀하게 여기는 것인데, 친히 양자운(揚子雲, 子雲은 양웅의 字)의 녹질과 용모를 보면 사람의 마음을 움직일 수 없었으니, 그러므로 그 책을 가벼이 한다오.

옛날에 노담(老聃)이 허무의 사상을 가지고 두 편의 책[30]을 저술하였는데, 인의(仁義)를 엷게 보고, 예학(禮學)을 비난하였지만, 그런 다음에 그를 좋아하는 사람들은 오히려 《오경(五經)》보다 지나친다고 생각하였고, 한(漢) 문제(文帝)와 경제(景帝) 같은 황제와 사마천(司馬遷)에 이르러서는 모두 이러한 말을 하였소.

지금 양자의 책은 문장의 뜻이 대단히 심오하고, 논의한 것이 성인(聖人)의 말에 위배되지 않았으니 반드시 제자백가를 초월할 것으로 헤아려지오."

6   낭야(琅邪, 산동성 諸城縣)의 번숭(樊崇)이 거(莒, 산동성 莒縣)에서 군사를 일으켜 무리는 100여 명인데, 돌아다니다가 태산으로 들어갔

---

30 노자의 《도덕경》이다.

다. 도적떼들은 번숭이 용맹하여서 모두 그에게 붙으니, 1년 사이에 만여 명에 이르렀다. 번숭과 같은 군(郡, 낭야군) 사람인 방안(逄安)과 동해(東海, 산동성 郯城縣) 사람인 서선(徐宣)·사록(謝祿)·양음(楊音)이 각기 군사를 일으키니, 합해 수만 명인데, 다시 이끌고서 번숭을 따랐으며, 함께 돌아와 거(莒)를 공격하였으나 떨어뜨리지 못하고 청주(靑州)와 서주(徐州) 사이에서 전전하며 약탈하였다.

또 동해의 도자도(刀子都)[31]가 있었는데, 역시 군사를 일으켜서 서(徐, 徐州, 강소성 북부)와 연(兗, 兗州, 산동성 서부)을 노략질하며 쳤다. 왕망은 사자(使者)를 보내서 군국(郡國)의 병사를 징발하여서 이를 공격하게 하였으나 이길 수 없었다.

7 오루(烏累) 선우가 죽고, 동생인 좌현왕(左賢王) 난제여(欒提輿)가 섰는데 '호도이시도고약제 선우(呼都而尸道皐若鞮 單于, 20대 선우)'가 되었다. 난제여가 이미 서고 나서 상으로 하사받는 것을 이롭다고 탐내서 대차거(大且渠) 수복사(須卜奢)와 이묵거차(伊墨居次) 난제운(欒提云)의 여동생의 아들인 혜독왕(醢犢王)을 파견하여서 함께 봉헌(奉獻)하며 장안에 이르렀다.

왕망은 화친후(和親侯) 왕흡(王歙)을 파견하여 수복사 등과 함께 제로새(制虜塞, 내몽골 伊金霍洛旗의 서남쪽) 아래에 가서, 난제운과 더불어 수복당을 만났는데, 이어서 병사들을 가지고 난제운과 수복당을 위협하여 곧 장안에 이르게 되었다. 난제운과 수복당의 작은아들이 요새

---

31 도(刀)는 조(刁)의 잘못이라고 하였으며, 또 다른 판본에는 조(刁)를 역(力)으로 쓴 것도 있는데, 황제(黃帝)를 보좌한 사람 가운데 역목(力牧)이 있었고, 한(漢)대에는 역자도(力子都)가 있었다는 예를 들고 있다.

아래에서 탈출하여 흉노로 돌아갔다.

수복당이 장안에 이르자 왕망은 벼슬을 주어 수복(須卜) 선우로 삼고, 대군을 내어 그를 도와서 세우려고 하였으나 병사를 움직이는 것이 역시 합당하지 않았다. 흉노는 더욱 화가 나서 나란히 북쪽 변방으로 들어와서 노략질을 하였다.

왕망 천봉 6년(己卯, 19년)

1   봄에, 왕망은 도적이 많은 것을 보고 마침내 태사(太史)로 하여금 3만6천 년의 역기(曆紀)를 추산하게 하고, 6년에 한 번씩 연호를 바꾸어 천하에 두루 알리도록 하고, 글을 내려 스스로 말하였다.

"몸은 마땅히 황제(黃帝) 신선처럼 되어 하늘로 승천한다."[32]

백성들을 속여서 도적들을 해산시키려고 한 것이다. 무리들은 모두 이를 비웃었다.

2   처음으로 명당(明堂)과 종묘(宗廟)에 《신악(新樂)》[33]을 바쳤다.

3   경시(更始)장군 염단(廉丹)[34]이 익주(益州, 운남성 일대)를 공격하였으나 이길 수 없었다. 익주의 이족(夷族)인 동잠(棟蠶)과 약두(若豆)

---

32 한 무제는 일찍이 헌원씨처럼 신선이 되어 승천(昇天)할 것이라고 생각하였는데, 왕망도 이런 생각을 가지고 있었다.

33 왕망이 스스로 지은 것이다.

34 염단은 애초에 녕시(寧始)장군이었는데 경시장군으로 승진한 것이다.

등이 병사를 일으켜서 군수(郡守)를 살해하고, 월수(越巂, 사천성 西昌縣)의 이족인 대모(大牟)[35]도 역시 반란하여 이인(吏人)을 죽이고 노략질하였다.

왕망은 염단을 소환하고, 다시 대사마 도호(都護)인 곽흥(郭興)과 용부목(庸部牧, 용부는 익주) 이엽(李曅)을 파견하여 만이(蠻夷)의 약두(若豆) 등을 공격하고, 태부 희숙(羲叔)인 사손희(士孫喜)는 강호(江湖, 양자강과 동정호)의 도적을 깨끗이 하게 하였다. 흉노가 변방을 노략질하는 것이 심해지자 왕망은 마침내 천하의 정남(丁男)과 사형수(死刑囚), 이민노(吏民奴) 등을 대대적으로 모집하여 '저돌(猪突)'·'희용(豨勇)'이라고 이름을 붙여서 정예의 병사로 생각하였다.[36]

천하의 이민들에게 모두 세금을 붙이는데 재산은 30분의 1을 받아서, 겸백(縑帛)은 모두 장안으로 보내게 하였다. 공경(公卿) 이하 군현(郡縣)의 황수(黃綬)[37]에 이르기까지 모두 군마(軍馬)를 보호하고 기르게 하였는데, 많고 적음은 각기 녹질로써 차이를 두었지만 이(吏, 관리)들은 모두 다시 백성들에게 주었다.[38]

또 특이한 기술을 갖고 있어서 흉노를 공격할 수 있는 사람을 널리

---

35 동잠(棟蠶)·약두(若豆)·대모(大牟)는 모두 이족(夷族)의 부락 명칭이다.

36 용부(庸部)는 전에 익주를 고친 것이며, 희숙(羲叔)은 장사(長史)에 해당하는 직위이고, 이민노(吏民奴)는 이민 소유의 노비를 말하고, 저돌(猪突)과 희용(豨勇)에서 저(猪)는 멧돼지이고 희(豨)도 역시 멧돼지로 대체적으로 저돌적인 성격을 가진 동물로 이것에서 이름을 따다가 용감함을 상징하는 부대의 이름을 붙인 것이다.

37 1년의 봉록이 400석·300석·200석인 관원들을 황수(黃綬)라고 한다.

38 관리들이 기를 것을 백성들에게 기르게 한 것이다.

모집하여 장차 순서에 따르지 않는 지위를 가지고 대우하겠다고 하니, 편의(便宜)한 것을 말하는 사람이 만(萬)을 헤아렸으며, 어떤 사람은 '물을 건널 수 있는데 배를 사용하지 않고, 말을 잇고 기병을 붙여 가지고[39] 백만 명의 군사를 건너게 할 수 있다.'고 말하였고, 어떤 사람은 '한 말의 양식을 휴대하지 않아도 약물만 먹는데 삼군(三軍)은 주리지 않는다.'고 말하였고, 어떤 사람은 '날 수가 있는데 하루에 천 리를 가서 흉노를 살펴볼 수 있다.'고도 말하니, 왕망은 번번이 이를 시험하게 하였는데 큰 새의 깃털을 가져다 두 개의 날개를 만들어서 머리와 몸에 모두 털을 붙이고 고리와 끈을 가지고 조종하였는데, 수백 보(步)를 날아가다가 떨어졌다.[40]

왕망은 그것은 쓸 수 없다는 것을 알았지만 진실로 그 명성을 얻으려고 모두 벼슬을 주어 이군(理軍)이라 하고 마차와 말을 주어서 출발을 기다리게 하였다.

애초에, 왕망이 수복당을 유인하여 영접하려고 하였는데, 대사마 엄우(嚴尤)가 간(諫)하였다.

"수복당은 흉노의 우부(右部, 서부)에 있고 군사는 변방을 침입하지 않으며,[41] 선우의 동정(動靜)을 번번이 중국에 말하니, 이 방면에서 큰 도움이 됩니다. 오늘에 수복당을 맞이하여 장안(長安)의 고가(槀街)[42]에 있게 한다면, 한 사람의 호인(胡人)일 뿐이니, 흉노에 있으면서 이익

---

39 말의 머리와 꼬리를 잇는다는 말이다.

40 황당한 이야기 같지만 하늘을 날려고 시도한 최초의 실험으로 보인다.

41 침략하여 노략질하는 일은 모두 좌부(左部)에서 발생하였다.

42 장안에 있는 외국인의 집중 지역을 말한다.

이 있게 하는 것만 못합니다."

왕망은 듣지 않았다.

이미 수복당을 얻고 나서 엄우(嚴尤)와 염단(廉丹)을 파견하여 흉노를 공격하려고 모두 성을 하사하여 징씨(徵氏)라 하고, 호칭하여 이징(二徵)장군이라 하며, 선우 난제여를 주살하고 수복당을 세워서 그를 대신하게 하였다. 수레를 성(城, 장안성)의 서쪽으로 내 보내어 마구간에 빗겨 있으면서 아직 출발하지 않았다.

엄우는 본래 지략을 갖고 있어서 왕망이 사이(四夷)를 공격하는 것이 옳지 않다고 자주 간하고 좋지 않았는데, 수복당이 출발을 하게 되어 조정에서 논의하면서 엄우가 굳게 말하였다.

"흉노는 또 뒤에 할 수도 있으니 우선 산동(山東)의 도적을 걱정하십시오."

왕망은 크게 노하여 책서로 엄우(嚴尤)를 면직시켰다.

4   대사공의 의조사(議曹史)[43]인 대군(代郡, 하북성 울현) 사람 범승(范升)이 왕읍(王邑)에게 주기(奏記)를 주어 말하였다.

"저 범승이 듣건대 아들은 다른 사람을 가지고 그 부모에게 끼어들지 않는 것을 효(孝)라고 하고, 신하는 아랫사람으로서 그의 군상(君上)을 비방하지 않는 것을 충(忠)이라[44]고 합니다. 지금 여러 사람들이 모두 조정의 성스러움을 칭찬하면서 모두 공(公)은 밝다고 말하는데,

---

43 대사공부에 소속된 의조(議曹)의 사(史)라는 말이다. 한(漢)의 공부(公府)는 몇 개의 조(曹)로 구성되어 있으며, 그 조(曹)에 속관을 두는데, 그 직급에 따라서 연(掾)·사(史)·속(屬)이 있는데, 모두 공(公)이 스스로 뽑는다.

44 《논어(論語)》에 나오는 말이다.

대개 밝은 사람은 보지 않는 것이 없으며, 성(聖)스러운 사람은 듣지 않는 것이 없습니다.

지금 천하의 일은 해와 달보다도 밝고, 천둥소리보다 더 떨리지만 조정에서는 보이지 않는다고 말하고 공(公)은 또 들리지 않는다고 말하니, 백성들은 어느 곳에서 하늘에 호소하겠습니까? 공은 옳다고 여기고도 말하지 않으면 허물이 적은데, 알고도 명령에 복종하는 것은 허물이 크니, 두 가지는 공(公)에게서 벗어날 수 없는 것이어서, 의당 천하에서는 원망이 모두 공(公)에게 돌아갑니다. 조정은 멀리 있는 자[45]들이 복종하지 않는 것을 지극히 유념(留念)하고 있으나, 저 범승은 가까이 있는 자들이 즐겁게 살아가지 못한 것이 더욱 걱정입니다.

지금 움직이는 것은 시기와 서로 맞지 않고, 일과 도리도 반대이니, 뒤집어진 수레의 바퀴 자국으로 계속 질주하는데, 일이 실패한 뒤를 이어서 계속 따라가니, 후에 출발한 것일수록 더욱 괴상하고 늦게 나타난 것일수록 더욱 두려울 뿐입니다. 바야흐로 봄은 1년의 머리인데, 움직여 징발하여 전역(戰役)으로 멀리 가니, 명아주[46]도 충분하지 못하고 전지는 황폐하여 경작하지 않고, 곡식 값은 뛰어 올라 1곡(斛)이 수천에 이르니, 이민(吏民)들이 끓는 물과 불 속에 빠져서 국가의 백성이 아닙니다.

이와 같다면 호(胡)와 맥(貊)이 궁궐(宮闕)을 지킬 것이고 청서(靑徐; 청주, 산동성 중부, 徐州, 강소성 북부)의 도적들이 유장(帷帳, 황제의 거처)

---

45 흉노(匈奴)·서역(西域)·서남이(西南夷)처럼 중원에서 멀리 떨어진 나라들을 말한다.

46 들판에서 자라는 일년초로 잎은 먹을 수 있는데 주로 포의의 가난한 사람들이 국을 끓여 먹었으며 이것이 많아도 농사에 해를 끼친다.

에 있을 것입니다. 저 범승이 한 마디 드릴 말씀이 있는데, 천하의 거꾸로 매달린 것을 해결할 수 있고, 백성들의 급한 문제도 해결할 수 있지만, 글로 전하기가 어려우니, 바라건대 불러 주심을 입는다면 품은 생각을 지극하게 펼쳐놓고 싶습니다."

왕읍은 듣지 않았다.

5   익평(翼平, 산동성 壽光縣) 연솔(連率, 태수)인 전황(田況)이 주문으로 군현(郡縣)의 재산과 백성이 실제가 아니라고 하니 왕망은 다시 30분의 1 제도를 회복시켰는데, 전황이 충성스럽게 나라를 걱정하여 말한다 하여서 작위를 높여서 백(伯, 백작)으로 삼고 전(錢) 200만을 하사하니 많은 사람들이 모두 그를 욕하였다. 청서(青徐, 청주와 서주)의 백성들은 대부분 향리를 버리고 떠돌아 다녔는데, 노약자들은 길에서 죽고, 건장한 사람들은 도적들 속으로 들어갔다.

6   숙야(夙夜, 산동성 不夜縣) 연솔인 한박(韓博)이 말씀을 올렸다.
"어떤 기이한 인사가 있었습니다. 키는 한 장(丈)이고 크기는 10위(圍)인데, 신(臣)의 관부(官府)로 와서 호로(胡虜)를 분격(奮擊)하고자 하면서 스스로 거무패(巨毋霸)라고 하였습니다. 봉래(蓬萊, 산동성 蓬萊縣)의 동남쪽 오성(五城)의 서북에 있는 소여해(昭如海)의 바닷가에서 출생하였는데, 소거(紹車)[47]에는 실을 수 없고, 세 필의 말로 감당할 수가 없었습니다.

---

47 신선가들은 봉래(蓬萊)에는 5성(五城), 12루(樓)가 있다고 하였다. 소여는 바다의 이름이고, 소거는 작은 수레를 말한다.

그날로 네 마리의 말이 끄는 큰 마차로 호랑이의 깃발을 세우고 거무패를 태워서 대궐에 가게 하였습니다. 거무패는 누우면서 북을 베고, 철로 만든 수저로 먹으니, 이는 황천(皇天)이 신실(新室)을 돕기 위한 것입니다. 바라건대 폐하께서는 큰 갑옷·높은 마차·맹분(猛賁)·하육(夏育)의 의복을 만드시고, 대장 한 사람과 호분(虎賁)[48] 100명을 파견하시어 길에서 그를 영접하고, 만일 경사(京師)의 대문이 용납하지 아니하면 이를 크고 높게 만들어 백만(百蠻)에게 보여서 천하를 눌러 안정시키십시오."

한박은 원래 마음속으로 왕망을 풍자[49]하고자 하였는데, 왕망은 듣고서 이를 싫어하면서 거무패를 있는 곳인 신풍(新豊, 섬서성 臨潼縣 동쪽)에 머물게 하고 왕망은 다시 그의 성을 바꾸어 거모씨(巨母氏)라고 하였는데, 문모태후(文母太后)를 통하여 보낸 패왕이 될 부신(符信)이라고 생각하였다. 한박을 불러서 하옥(下獄)시켰는데, 마땅히 말할 바가 아니었다는 것으로 기시(棄市)하였다.

7   관동(關東)에서 기근과 가뭄이 해마다 들어 조자도(刁子都)[50] 등의 무리들이 점차로 많아져 6만~7만에 이르렀다.

---

48 맹분(猛賁)과 하육(夏育)은 고대에 대단히 용감하였던 사람이고, 호분(虎賁)은 호위무사를 말한다.

49 거무패(巨毋覇)의 의미를 풀어 보면, 거(巨)란 왕망의 자(字)인 '거군(巨君)'을 상징하는 것이어서 전체를 풀면 왕망은 패자(覇者)가 될 수 없다는 뜻이다.

50 지난해(18년)에 동해[산동성 염성현]에서 기병(起兵)한 사람으로, 앞에서는 도자도(刀子都)라고 하였는데, 여기서는 조자도(刁子都)라고 하였다. 물론 다른 판본에서는 역자도(力子都)라고 한 곳도 있다.

조서만 내리며 아들을 죽인 왕망

왕망 지황 원년(庚辰, 20년)

1   봄, 정월 을미일[51]에 천하를 사면하고, 연호를 고쳐서 지황(地皇)
이라 하였는데, 3만6천 세력(歲曆)에서 붙인 호칭이다.[52]

2   왕망이 글을 내려서 말하였다.
"바야흐로 군대를 출동시켜서 군사가 가는데 감히 길에서 달리거나
시끄럽게 하여 범법하는 자는 번번이 모두 사형에 처하는데, 때[53]를

---

51 정월 1일이 기해일이므로 정월에는 을미일이 없다. 다만 필사과정에서 기(己)
    와 을(乙)이 혼동되는 것을 감안하여 이를 기미(己未)의 잘못으로 본다면 이
    날은 21일이다.

52 지난해(19년)에 태사(太史)에게 명령하여 3만6천 년간의 역기(曆紀)를 추산
    하게 하고, 6년에 한 번씩 연호를 바꾸게 하였었다.

53 한은 고대 법령의 관례에 따라서 봄과 여름에는 사람에게 형벌을 가하지 않
    았을 뿐만 아니라 체포도 하지 않았다. 그러나 왕망은 고대의 것들을 숭상하
    면서도 자기의 의지에 어긋나면 따르지 않았음을 알 수 있다.

기다리지 마라."

이에 봄과 여름에 큰 저자에서 사람을 베니, 백성들이 놀라고 두려워서 길 가면서 눈으로 표시하였다.[54]

3　왕망이 사방에 도적이 매우 많은 것을 보고, 다시 이를 엽승(厭勝)하려고 하여 또 글을 내려 말하였다.

"나의 황초조고(皇初祖考)인 황제(黃帝)가 천하를 평정하는데, 병사를 거느려 대장군이 되고, 안으로는 대장(大將)을 두고 밖으로는 대사마(大司馬) 5명을 두며, 대장군에서 사이(士吏)에 이르기까지에는 무릇 73만8천900명이고, 병사는 1천350만 명이다. 내가 부명(符命)의 글을 받아 전인(前人)들을 생각해 보고 장차 이를 조목조목 갖추도록 하겠다."

이에 전(前)·후(後)·좌(左)·우(右)·중(中)의 대사마의 자리를 두고, 여러 주목(州牧)에서부터 현재(縣宰)에 이르기까지 모두 대(大)장군·편(偏)장군·비장(裨將)·교위의 호칭[55]을 갖게 하사하였다. 전거(傳車)를 탄 사자(使者)들이 군국(郡國)을 지나다니는데 하루에도 또 십여 무리가 되니, 창고에는 공급할 곡식이 보이지 않았고, 전거에는 말이 충분할 수 없어서 길에 있는 수레와 말을 세금으로 빼앗고 백성들에게 빼앗아 처리하였다.

---

54 감히 말을 하지 못하고 눈짓으로만 의사를 표시하였다는 말이다.

55 주목(州牧)을 대장군으로 하고, 졸정(卒正)과 연솔(連率)과 대윤(大尹)을 편장군(偏)으로 하고, 현령(縣令)과 현장(縣長)을 비장(裨將)으로 하고, 현(縣)의 승상을 교위로 삼았다.

4   가을, 7월에 큰바람이 불어서 왕로당(王路堂)⁵⁶을 부수었다. 왕망은 글을 내려 말하였다.

"마침내 임오일⁵⁷ 포시(脯時)에, 매운바람과 천둥과 비로 집이 부서지고 나무가 꺾이는 변고가 있어서 나는 이때 굉장히 두려워하였는데, 엎드려 열흘을 생각해 보고서야 미혹(迷惑)이 마침내 풀렸다. 옛날 부명에 왕안(王安)을 세워서 신천왕(新遷王)으로 삼으라⁵⁸고 하였고, 왕림(王臨)은 낙양(洛陽)을 봉국으로 하여 통의양왕(統義陽王)으로 삼으라고 하였는데, 의논한 사람들이 모두 말하였다. '왕림(王臨)이 낙양을 봉국으로 하여 통치하라고 한 것은 땅의 중앙을 점거하여 신실(新室)을 만들어 통치하라는 것이니, 마땅히 황태자로 삼아야 합니다.' 이후부터 왕림은 오랫동안 병이 들어 비록 나아지기는 하였지만 완치되지는 않았다.

왕림에게 형이 있는데도 태자를 칭하는 것은 명분상 바르지 못하다. 생각하건대 즉위한 이래로 음양이 아직 화합하지 못하여 곡식 농사는 적어지고 감소하고, 만이(蠻夷)들이 하(夏, 중원)를 어지럽히고, 구적(寇賊)들이 간악한 짓을 하고, 백성들은 불안하여 손발을 둘 곳이 없게 되었다. 그 허물을 깊이 생각해 보면 그 이름이 바르지 않은데 있다. 그래서 왕안을 신천왕으로 삼고 왕림을 통의양왕으로 삼는다."

---

56 왕망이 미앙궁의 전전의 이름을 왕로당으로 바꿨다.

57 7월 1일은 병신일이므로 7월에는 임오일이 없다. 만약에 필사과정에서 임자(壬子)가 임오(壬午)로 잘못 되었다면 임자일은 17일이고 포시는 신(申)시로 오후 4시를 말한다.

58 왕안은 왕망의 셋째아들이고, 왕망은 여남군 신채를 신천으로 고쳤다.

5 　왕망이 또 글을 내려 말하였다.

"황색은 보배롭고 적색은 비천하다. 그러니 낭관(郎官)과 종관(從官)은 모두 붉은색을 입으라."[59]

6 　기(氣)를 보고 운수(運數)를 헤아리는 사람들이 대부분 토목공사를 할 증상이 있다고 말하였는데, 9월 갑신일[60]에 왕망은 장안성의 남쪽에 아홉 개의 사당을 축조하면서 황제(黃帝)의 사당은 사방 40장(丈), 높이가 17장(丈)이고, 나머지의 사당들은 그것의 절반으로 하였으나, 만든 것이 아주 성대하였다.

천하의 공장(工匠, 기술자)을 널리 부르고, 이민(吏民)에 이르러서는 의(義)로써 돈이나 곡식을 들여 놓아 공사를 돕는 사람들이 도로에 가득하였으며, 백공(百工)의 기교를 끝까지 발휘하였고 공사비는 수백여만이었고, 졸도(卒徒)로 죽은 사람도 만으로 헤아려졌다.

7 　이달에 큰비가 60여 일 내렸다.

8 　거록(鉅鹿, 하북성 平鄕縣)의 남자인 마적구(馬適求) 등이 연·조(燕·趙, 하북성 일대)의 병사들을 들어서 왕망을 살해할 것을 모의하였다. 대사공 사(士)[61]인 왕단(王丹)이 발각하여 보고하였다. 왕망은 삼

59 　한 왕조는 적색을 존귀하다고 여겼으나, 왕망은 황색을 귀하다고 여겨 스스로는 노란 기를 사용하고, 천한 일을 하는 사람은 붉은 옷을 입게 하였다.

60 　9월 1일이 을미일이므로 9월에는 갑신일이 없다.

61 　대사공(大司公)의 관부(官府)에 소속된 사(士)를 말한다.

공대부(三公大夫)를 파견하여 무리를 체포하고 다스리게 하였는데, 연루된 것이 군국(郡國)의 호걸 수천 명에 이르렀지만 모두 주살되었다. 왕단을 책봉하여 보국후(輔國侯)로 하였다.

9   왕망은 사적(私的)으로 주전(鑄錢)하는 사람은 사형하고, 보화(寶貨)를 비난하거나 저지(沮止)하는 사람은 사예(四裔)로 쫓아낸다는 것 [62] 때문에 범법자가 많아서 시행할 수 없자 마침내 다시 그 법을 가볍게 하였는데, 사적으로 천포(泉布)를 주조하여 만든 사람은 처자와 함께 몰입(沒入)하여 관노비로 삼고, 관리와 비오(比伍)[63]로 알고서도 드러내어 고발하지 않으면 더불어 죄를 같이 주며, 보화를 비난하고 저지하면 백성은 1년간 노역을 시키고, 관리는 파면한다고 하였다.

10   태부(太傅) 평안(平晏)이 죽으니, 여우(予虞)[64] 당존(唐尊)을 태부로 삼았다. 당존이 말하였다.

"나라가 텅 비고 백성들이 가난한데, 허물은 지나치게 사치한데 있다."

이에 몸에는 짧은 옷과 반소매의 옷을 입고, 암말을 타고, 시거(柴車)에 볏짚을 깔고,[65] 질그릇으로 먹고 마시며 공경(公卿)들에게 두루 보

---

62 이 일은 왕망 시건국 2년(10년)에 조치한 것으로, 그 내용은 《자치통감》권 37에 실려 있다.

63 이웃하는 가구를 다섯씩 묶어서 서로 책임을 지도록 만든 조직이다.

64 관직명으로 수리책임자이다.

65 한이 성할 때에는 사람들이 모두 수말을 탔고 암말을 탄 사람들은 비웃음을 샀고, 시거(柴車)는 잔거(棧車) 즉 판자로 만든 수레이다.

냈다. 나가서 남녀가 다른 길로 가지 않는 것을 보면[66] 당존은 스스로 수레에서 내려 형벌을 주는 상징으로써 붉은 흙물을 들인 헝겊으로 그들의 옷을 더럽혔다.

왕망은 이 말을 듣고 기뻐하며 조서를 내려 공경들에게 펼쳐서 타일러 말하였다.

"더불어 그 같이 하도록 생각하라."

당존을 책봉하여 평화후(平化侯)로 삼았다.

11　여남(汝南, 하남성 汝南縣) 사람 질운(郅惲)은 천문과 역수(曆數)에 밝았는데, 한(漢)이 반드시 다시 천명을 받을 것이라고 생각하고, 글을 올려서 왕망에게 유세하였다.

"하늘이 경계하는 말씀을 내렸으니, 폐하를 깨닫게 하고 신하의 자리로 나가게 하고자 합니다. 하늘에서 이를 받았으니 하늘에게 이를 돌려준다면 천명을 안다고 말할 수 있을 것입니다!"

왕망은 크게 노하여 질운을 조옥에 가두었는데, 겨울을 넘기고 나니, 사면을 만나서 나올 수 있었다.

왕망 지황 2년(辛巳, 21년)

1　봄, 정월에 왕망의 처가 죽어서 시호를 효목(孝睦)황후라고 하였

---

66 당시에는 남자와 여자가 길을 걸을 때 어깨를 나란히 하고 다녀서는 안 되며 반드시 떨어져서 다녀야 하였다.

다. 애초에, 왕망의 처는 왕망이 자주 그의 아들을 죽이자[67] 눈물을 흘리다가 눈이 멀었는데, 왕망은 태자 왕림으로 하여금 금중에 거처하며 봉양하게 하였다. 왕망의 처 곁에는 시자(侍者)인 원벽(原碧)이 있었는데 왕망(王莽)이 이를 총애하였고, 왕림도 역시 통하였는데, 일이 누설될까 두려워 함께 왕망을 죽일 것을 모의하였다.

왕림의 처 유음(劉愔)은 국사공(國師公)의 딸인데 별자리를 볼 수 있어서 왕림에게 궁 안에서 또 백의(白衣)의 회(會)[68]가 있을 것이라고 말하니, 왕림이 기뻐하면서 모의한 것이 또 이루어질 것이라고 여겼는데, 후에 깎여져서 통의양왕(統義陽王)으로 되었고, 나가서 밖의 집에 있게 되자 더욱 걱정하고 두려워하였다.

마침 왕망의 처가 병들어 곤란해지자, 왕림이 편지를 보내어 말하였다.

"황상께서는 자손들에게 지극히 엄격해서 전에 장손(長孫)과 중손(中孫)[69]이 모두 나이 서른이 되어 죽였습니다. 지금 신(臣) 왕림도 다시 서른이 되었으니 진실로 하루아침에 중실(中室, 왕림의 어머니)을 지키지 못할까 두려우니, 죽을 목숨이 있을 곳을 모르겠습니다!"

왕망이 처의 병세를 보다가 그 편지를 보고 크게 노하며, 왕림은 악

---

67 왕망이 그의 아들을 죽인 것을 보면, 왕획(王獲)을 애제 건평 2년(기원전 5년)에 죽였고, 왕우(王宇)를 평제 원시 3년(3년)에 죽였는데, 그 내용은 각각 《자치통감》 권35, 36에 실려 있다.

68 중국에서 전통적으로 백의는 일종의 상복으로 궁중에서 상이 일어난다는 의미이다. 《진서(晉書)》 〈천문지〉에는 목(木)과 금(金)이 합해지면 백의의 회가 되고, 토(土)와 금(金)이 합쳐져도 백의의 회가 된다.

69 장손은 왕우(王宇)의 자이고, 중손은 왕획(王獲)의 자이다.

의를 가지고 있을 것이라고 의심하고, 상(喪)에 모일 수 없게 하였다.

　이미 장례를 마치고 원벽 등을 잡아들여서 신문하니 간통하고 살해하기를 모의하였던 상황을 모두 자복하였다. 왕망은 이를 비밀로 하고자 하여 살인사건을 담당하는 사자인 사명종사(司命從事)[70]로 하여금 옥 안에 매장하게 하여서 집안에서도 그들이 있는 곳을 모르게 하였다. 왕림에게 약을 내렸으나 왕림은 마시려 하지 않고 스스로 칼로 찔러서 죽었다.

　또 국사공(國師公)에게 조서를 내려서 말하였다.

　"왕림은 본래 별자리를 모르는데, 일은 유음(劉愔)에서부터 시작되었을 것이오."

　유음도 역시 자살하였다.

---

70 사명의 속관이다.

2   이달에 신천왕 왕안(王安)이 병으로 죽었다.

애초에, 왕망이 후작이 되어 봉국에 갈 때[71]에 시녀인 증질(增秩)과 회능(懷能)을 총애하여 아들 왕흥(王興)과 왕광(王匡)을 낳았는데, 모두 신도국(新都國)에 머물러 있게 하니, 그들이 분명하지 아니하였기 때문이다.[72] 왕안이 죽게 되자, 왕망은 마침내 왕의 수레를 가지고 사자를 파견하여 왕흥과 왕광을 영접하고, 왕흥을 책봉하여 공수공(功脩公)으로 삼고, 왕광을 공건공(功建公)으로 삼았다.

3   복자(卜者, 점쟁이) 왕황(王況)이 위성(魏成, 하남성 臨漳縣) 대윤 이언(李焉)에게 말하였다.

"한가(漢家)는 마땅히 부흥될 것인데, 이(李)씨가 보필하게 됩니다."

이어서 이언을 위하여 참서(讖書, 예언서)를 썼는데, 합하여 10여만

---

71 애제 초에 왕망은 그의 봉국으로 갔으며, 원수 원년(기원전 2년)에 경사로 소환되었다.

72 이 시녀들이 혹은 다른 남자와 사통하여 낳은 아들인지 분명하지 않기 때문이었다.

글자였다. 일이 발각되자 왕망은 그들을 모두 죽였다.

4   왕망은 태사의 희중(義仲)인 [73] 경상(景尙)과 경시(更始)장군의 호군(護軍) 왕당(王黨)을 파견하여 병사들을 거느리고 청·서(靑·徐, 청주와 서주)의 도적들을 치게 하였고, 국사 화중(和仲)[74]인 조방(曹放)에게 곽흥(郭興)을 도와서 구정(句町)을 공격하게 하였으나 모두 이길 수 없었다. 군사를 풀어 놓으니 백성들은 거듭 어려웠다.

5   왕망은 또 천하의 곡식과 비단을 서하(西河, 내몽고 준가르치)·오원(五原, 내몽고 包頭 서북)·삭방(朔方, 내몽고 伊盟 서북부)·어양(魚陽, 북경시 密雲縣)으로 옮기게 하였는데, 매 군마다 백만을 헤아리며 흉노를 공격하고자 하였다.

이때에 수복당이 병으로 죽으니, 왕망은 서녀(庶女)로 그의 아들인 후안공(後安公) 수복사(須卜奢)에게 처로 삼게 하여서 존중하고 총애하는 것이 대단히 두터웠고,[75] 끝내 군대를 출동하여서 그를 세우려고 한 것이다. 마침 왕망이 패하니, 난제운과 수복사도 역시 죽었다.

6   가을에 서리가 내려 콩을 죽이니, 관동에서 크게 기근이 발생하고 메뚜기의 피해가 있었다.

---

73 왕망은 태사에게 봄을 주관하게 하고, 그 속관으로 희중을 두었다.

74 왕망은 국사에게 가을을 주관하게 하고, 그 속관으로 화중을 두었다.

75 서녀란 처첩 소생의 딸을 말하며, 이는 왕첩(王捷)이며, 시자(侍者)인 개명(開明)의 소생이라고 하며, 수복사는 원래 후였는데, 왕망이 딸을 처로 삼게 하여서 작위를 올려서 공(公)으로 한 것이다.

7 왕망은 이미 사주전(私鑄錢) 법령을 가볍게 하였는데, 범법자가 더욱 많아지고, 오인(伍人)이 서로 연좌되기에[76] 이르러 몰입되어 관노비가 되었는데, 남자는 함거(檻車, 죄인 수송용 수레)에 실리고, 여자는 걸리며, 쇠사슬을 목에다 두르고 전하여 종관(鍾官)[77]에 이르는 사람이 10만을 헤아렸다. 도착한 사람들은 그 부부가 바뀌었다. 걱정하고 고민하여 죽은 사람이 열에 예닐곱 명이었다.

8 상곡(上谷, 호북성 懷來縣)의 저하(儲夏)가 스스로 과전의(瓜田儀)[78]에게 유세하여 항복시키게 해달라고 요청하였지만, 과전의가 아직 나오지 않았는데 죽었다. 왕망이 그의 시체를 찾아서 장사를 지내고 무덤과 사당을 만들고 시호를 과녕상남(瓜寧殤男)이라고 하였다.

9 윤월(윤8월) 병진일(27일)에 크게 사면하였다.

10 낭관(郎官)인 양성수(陽成脩)가 부명(符命)을 헌납하였는데, 백성들의 어머니를 이어서 세워야 한다고 말하고, 또 쓰여 있었다.
  "황제(黃帝)는 120명의 여자를 가지고 신선에 이르렀다."[79]

---

76 사주전법은 사사롭게 주전을 금지하는 법령을 말한다. 이웃하는 다섯 가구를 조직하여 그 가운데 하나가 범법하면 이에 연좌시키는 것을 말한다.

77 동전의 주조를 맡은 관청으로 장안에 있다.

78 회계에서 반란을 일으킨 수령으로 이에 관한 일은 왕망 천봉 4년(17년)에 일어났다.

79 한(漢)의 유자(儒者)들은 말하였다. 천자는 3명의 부인(夫人), 9명의 빈(嬪), 27명의 세부(世婦), 81명의 어처(御妻)가 있으니 모두 120명이었다.

왕망은 이에 중산대부(中散大夫)와 알자(謁者)를 각각 45명씩을 파견하면서, 나누어 천하를 다니면서 널리 향리(鄕里)에 수준 높은 곳의 숙녀를 갖고 있는 사람은 채집하여 이름을 올리게 하였다.

11   왕망은 한 고조 사당의 신령을 싫어하여 호분(虎賁)무사들을 파견하여 고조의 사당에 들어가 사방으로 던지거나 치고 도끼로 호유(戶牖)를 부수고, 복숭아나무의 즙[80]을 뿌리고 붉은 칠을 한 채찍을 벽에다 마구 휘두르고, 경거(輕車)교위로 하여금 그 안에서 살게 하였다.

12   이 해에 남군(南郡, 호북성 江陵縣)의 진풍(秦豊)이 무리를 모았는데 또 1만여 명이었고, 평원(平原, 산동성 平原縣)의 여자 지소평(遲昭平)이 역시 수천 명을 하(河, 황하)가 막혀있는 곳에 모았다.

왕망은 군신들을 불러서 도적을 사로잡을 방략을 물으니, 모두 말하였다.

"이는 하늘에 죄를 지은 죄수들이고 걸어 다니는 시체들이니, 목숨은 경각에 달려있습니다."

옛날의 좌(左)장군 공손록(公孫祿)이 부름을 받고 와서 논의에 참여하였는데, 공손록이 말하였다.

"태사령(太史令) 종선(宗宣)은 천문과 역법과 기후의 변화를 관장하면서 흉한 것을 길하다고 하며 천문을 어지럽히고 조정을 그릇되게 하

---

80 다른 판본에는 사면의 앞에 '발검(拔劍)'이 더 들어가 있는 것도 있는데, 이것을 해석하면 칼을 빼어 사면으로 던지거나 친다고 해석해야 하며, 호유(戶牖)는 문인데, 호는 사람이 드나드는 문이고, 유는 창문이고, 복숭아나무의 즙은 중국의 민간신앙에서 귀신을 쫓는 기능이 있다고 믿는다.

였고, 태부(太傅)인 평화후(平化侯) 당존(唐尊)은 허위를 장식하여 이름과 지위를 훔치고 다른 사람들의 자식을 부축하여 도적으로 만들었으며, 국사(國師)인 가신공(嘉信公) 유수(劉秀)는《오경(五經)》을 뒤집어서 스승의 법을 훼손시켜 학자들로 하여금 의혹에 빠지게 하였으며, 명학남(明學男) 장한(張邯)과 지리후(地理侯) 손양(孫陽)은 정전법을 만들어서 백성들로 하여금 흙을 사용하는 직업[농업]을 버리게 하였고, 희화관(羲和官) 노광(魯匡)은 육관(六筦)을 만들어서 상공인을 곤궁하게 하였고, 열부후(說符侯) 최발(崔發)은 아첨하는 얼굴을 하고 아랫사람의 생각을 위로 통하지 않게 하였으니, 마땅히 이 몇 사람을 주살하여 천하를 위로하십시오."

또 말하였다.

"흉노는 공격할 수 없고, 마땅히 더불어 화친하여야 합니다. 신(臣)은 신실(新室)의 근심은 흉노에 있지 않고 봉역(封域) 안에 있을까 걱정입니다."

왕망은 화가 나서 호분무사로 하여금 공손록을 부축하여 나가게 하였지만 그러나 자못 그의 말을 채택하였으니, 노광(魯匡)을 오원(五原, 내몽고 포두시 서북쪽)의 졸정(卒正)으로 좌천시켰는데, 백성들이 원망하고 비방하였던 연고였고, 육관(六筦)은 노광이 혼자 만든 것은 아니었으나 왕망은 여러 사람들의 뜻을 만족시키려고 그를 내보냈다.

애초에, 사방에서 모두 굶주림과 추위, 곤궁함과 근심 때문에 일어나서 도적이 되었고, 점차 무리들이 모여서 항상 풍년이 들면 향리로 돌아갈 수 있기를 생각하여서 비록 무리가 만을 헤아리지만, 감히 노략질을 하지 않고 성읍(城邑)을 그대로 두면서 하루하루를 소진할 뿐이었는데, 여러 장리(長吏)와 목수(牧守)들은 모두 스스로 어지럽게 싸우다

가 무기에 맞아서 죽었지만, 도적들이 감히 이들을 죽이고자 하지는 않
았으며,[81] 왕망은 끝까지 그 연고를 알지 못하였다.

이 해에 형주목(荊州牧)이 2만 명에게 분명(奔命, 긴급 명령)을 발동
하여 녹림(綠林, 녹림산, 호북성 當陽縣)의 도적들을 토벌하였는데, 도적
의 두목인 왕광(王匡) 등은 군사를 거느리고 운사(雲社, 호북성 沔陽市)
에서 마주하여 쳐서 목(牧, 형주목)의 군사를 대파하여 수천 명을 죽이
고 치중(輜重)을 모두 획득하였다. 목(牧, 형주목)은 북쪽으로 돌아가고
자 하였으나 마무(馬武, 도적의 장수) 등이 다시 차단하고 이들을 공격
하여 목(牧, 형주목)의 수레의 병니(屛泥)를 걸어서 그 참승(驂乘)[82]을
찔러 죽였지만 그러나 끝내 감히 목(牧, 형주목)은 죽이지 않았다.

도적들은 마침내 경릉(竟陵, 호북성 天門縣)을 공격하여 뽑고, 돌아서
운사(雲社)와 안륙(安陸, 호북성 安陸縣)을 공격하면서 많은 부녀자들을
약탈하여 돌아서 녹림 속으로 들어갔는데, 5만여 명을 갖기에 이르니,
주군에서는 통제할 수 없었다.

또 대사마 사(士)가 예주(豫州)에서 장문(章文)을 살피다가,[83] 도적
들이 붙잡혔는데, 도적들이 현(縣)으로 보내왔다. 사(士)가 돌아와서

---

81 장리는 장급(長級) 관리를 말하는데, 한 관부의 책임자이다. 목수는 주목(州
 牧)과 군수(郡守)를 말하는데, 이들은 스스로 서로 싸우다 죽었지, 도적들에
 게 죽은 일은 거의 없었다는 뜻이다.

82 병니(屛泥)란 수레가 달릴 때 진흙이 튀는 것을 막기 위하여 가려놓은 것으
 로 붉은 비단에 기름을 발라서 장식한 것이며, 참승(驂乘)은 주인을 모시고
 함께 수레를 타는 사람을 말한다.

83 대사마의 사란 대사마부에 소속된 속관이다. 사는 대체로 참모(參謀)에 해당
 하는 직급이다. 대사마부에서 근무하다가 장문(章文, 보고서)이 올라와서 이
 를 사실인지 확인하려고 예주에 간 것이다.

편지를 올려서 상황을 모두 보고하였다.

　왕망은 크게 화를 내며 거짓이라고 여기고, 이어서 편지를 내려서 칠공(七公)[84]을 책망하여 말하였다.

　"무릇 이(吏, 관리)라는 사람은 다스리는 것이다. 덕을 베풀고 은혜를 밝게 하여 백성들을 먹여 양육하는 것은 인(仁)의 도(道)이다. 강한 것을 억제하고 간사한 것을 감독하며 도적들을 잡아서 죽이는 것이 의로운 절개이다. 지금은 그렇지가 않다. 도적들이 발생해도 번번이 잡지 못하니, 무리를 이루어 승전(乘傳)하는 재사(宰士)[85]를 막고 노략질을 한다.

　사(士)로서 탈출할 수 있었던 사람은 또 망령스럽게 스스로 말하였다. '제가 자주 도적들을 책망하면서 어찌하여 이렇게 도적이 되었느냐?'고 물으면 도적이 대답하기를 '빈궁하였던 연고일 뿐입니다'라고 하면서 도적이 저를 보호하면서 내보내 주었습니다.' 지금의 속인(俗人) 가운데 의논하는 사람들은 대다수가 이와 같다.

　생각하건대 가난하고 곤란하며 춥고 배고파서 범법하는 것은 잘못인데, 큰 것은 도적떼이고 작은 것은 좀도둑이니, 이 두 조항에 지나지 않는다. 지금 마침내 연결하여 모의하며 연결된 무리는 천이나 백을 헤아리니 이것은 반역이나 반란 가운데서도 큰 것인데 어찌 추위나 굶주림이라고 말하겠는가?

　칠공(七公)들은 그러니 경대부(卿大夫)·졸정(卒正)·연솔(連率)·서

---

84 칠공은 사보(四輔)와 삼공(三公)을 말한다.

85 승전(乘傳)은 관리가 공무로 여행하면서 전거(傳車)를 타는 것을 말하고, 재사(宰士)는 관직에 있는 인사를 말한다.

윤(庶尹)을 엄격하게 독촉하여 선량한 백성들을 삼가는 마음으로 양육하고, 급히 도적들을 모두 잡아 섬멸(殲滅)하라! 만약 마음을 같이하고 힘을 합쳐서 교활한 도적들을 미워하지 않고 망령되게 추위와 굶주림으로 그렇게 되었다는 말을 하는 사람들이 있다면 번번이 모두 잡아서 가두고 그 죄를 청구하도록 하라!"

이에 많은 아랫사람들이 더욱 무서워하면서 감히 도적들의 사정을 말할 사람이 없었고, 주군(州郡)에서도 또 멋대로 병사들을 발동할 수가 없으니, 적들은 이로부터 드디어 통제하지 아니하였다.

오직 익평(翼平, 산동성 諸城縣) 연솔(連率, 태수) 전황(田況)은 평소에 과감하여 백성으로 나이 열여덟 살 이상 4만여 명을 징발하여 창고의 무기를 주고 함께 돌에다 새기며 약속하였는데, 번숭(樊崇) 등은 이를 듣고서 감히 그 군(郡)의 경계로 들어가지 아니하였다.

전황이 스스로 탄핵하는 주문을 올리니, 왕망은 전황을 꾸짖었다.

"아직 호부(虎符)를 하사하지 않았는데 멋대로 군사를 징발하였으니, 이는 군사를 장난질 한 것으로 그 죄는 군흥(軍興)을 결핍[86]시킨 것이다. 전황이 스스로 책망하며 반드시 도적을 사로잡아 없앴으니, 그러므로 처리하지 마라."

뒤에 전황은 스스로 경계를 나가서 적을 치게 해달라고 청하여 향하는 곳에서 모두 격파하였다.

왕망은 새서(璽書)로써 전황으로 하여금 청서이주목(靑徐二州牧)의 일을 관장[87]하게 하였는데, 전황이 말씀을 올렸다.

---

86 멋대로 군사를 일으킨 죄는 군사를 일으키지 못하게 한 죄와 같은 죄라는 말이다.

"도적들이 처음 나타나면 그것은 원래 아주 미미하여 부리(部吏)나 오인(伍人)[88]도 모두 사로잡을 수가 있는데, 그 허물은 장리(長吏)들이 그리할 뜻을 갖지 않은데 있으니, 현(縣)에서는 그 군(郡)을 속이고, 군에서는 조정을 속여서, 실제로 백이면 열이라고 말하고, 실제로 천이면 백이라고 말합니다. 조정에서도 소홀히 하고 생략하여 번번이 감독하며 책임지우지 않으니, 마침내 만연되어 주를 연결하기에 이르자 이에 장수를 파견하고, 사자들을 많이 보내서 전하여 서로 감독하고 독촉합니다.

군현(郡縣)에서는 힘써 상관(上官)을 섬기면서 힐난하는 말을 대응하여 막아 대답하고, 함께 술과 음식을 먹고 많은 물자를 갖추어 쓰게 하며 잘리고 목 베이는 것에서 구제되려고 하니, 다시는 도적을 걱정하거나 관청의 일을 처리할 여가가 없습니다. 장수들은 또 몸소 이사(吏士)들을 통솔할 수가 없어서 싸우면 도적들에게 격파되고, 이(吏)들의 사기는 저하되어 헛되이 백성만을 소비할 뿐입니다.

다행히 전에 사면령을 받아 도적들은 해산하려고 하였으나 간혹 도리어 차단되어 공격을 받게 되니, 두려워하면서 산골짜기로 들어가서 돌아가면서 서로 알리고 있었습니다. 그러므로 군현의 항복한 도적들은 모두 다시 놀라며 속아서 멸망할까 두려워하다가, 기근으로 인하여

---

87 영직(領職)이다. 영직은 본직을 가지고 있으면서 다른 업무를 관장하게 하는 관리 임용방법으로, 여기에서는 청주와 서주 두 주의 주목이 할 일을 관장하게 한 것이고, 영직의 명칭은 '영청서이주목사(領靑徐二州牧事)'이다.

88 부리(部吏)란 도적을 담당한 부서의 관리로 군(郡)의 적조(賊曹), 현(縣)의 유요(游徼), 향(鄕)의 정장(亭長) 같은 사람을 말하며, 오인이란 다섯 가(家)가 함께 범죄에 대해서 연대 책임을 지도록 하는 제도이다.

쉽게 동요되어 열흘 사이에 다시 10여만 명이 되니, 이것이 도적들이 많아지는 연고입니다.

지금 낙양(洛陽)의 동쪽은 쌀이 한 석(石)에 2천인데 폐하의 조서를 가만히 보면 태사와 경시장군을 파견하려고 하니, 이 두 사람은 조아 (爪牙)인 중신인데 따르는 사람들의 무리를 많게 하면 길에서는 텅 비어 없어지고,[89] 적다면 위엄을 먼 곳에 보일 수가 없습니다. 의당 목윤 (牧尹, 주목과 대윤) 이하를 급히 선발하여 그 상벌을 명확히 하며, 고향을 떠난 사람들을 거두어 모아야 하는데, 소국(小國, 작은 제후의 열국)으로 성곽이 없는 곳은 그 노약자들을 이주시켜 큰 성 안에 머무르게 하면서 곡식을 쌓아서 저장하고 힘을 합쳐 굳게 지키게 하십시오.

도적이 와서 성을 공격하면 떨어트릴 수 없고, 지나가도 먹을 것이 없을 것이니, 형세는 무리를 모을 수가 없을 것이며, 이와 같이 하면 이들을 부르면 반드시 투항하고, 공격하면 소멸됩니다. 지금 헛되이 다시 장수들을 많이 내보낸다면 군현에서 이를 고통스러워하며, 도리어 도적보다 심할 것입니다. 마땅히 승전(乘傳)하는 여러 사자들을 다 불러 돌아오게 하고 군현을 휴식하게 하는데, 신 전황에게 두 주[청주와 서주]의 도적을 맡겨주신다면 반드시 이를 평정하겠습니다."

왕망은 전황이 두렵고 싫어서 몰래 대신할 사람을 출발시키고, 사자를 파견해서 전황에게 새서(璽書)를 하사하였다.

사자가 이르러서 전황을 보고, 이어서 대신할 사람으로 하여금 그 군사를 감독하게 하고, 전황을 파견하여 서쪽으로 가서 장안에 이르

---

89 많은 군사를 먹이기 위하여 가는 길에 있는 지역은 먹을 것이 없어진다는 것이다.

게 하고, 벼슬을 주어 사위(師尉)대부[90]로 삼았다. 전황이 떠나가자 제 (齊) 지역은 드디어 패배하였다.

---

90 장안을 상안으로 고쳤으나 그대로 장안이라고 한 것은 착오이며, 사위대부란 사위군의 대부라는 관직인데, 사위군은 섬서성 고릉현이다.

적미의 활동과 유수의 등장

왕망 지황 3년(壬午, 22년)

1   봄, 정월에 아홉 개의 사당이 완성되어 신주(神主)를 넣었다. 왕망이 알현하는데, 대가(大駕)는 여섯 필의 말을 타고 다섯 가지 색깔의 털로 용무늬의 옷을 만들고 착각(着角)[91]은 길이가 3척(尺)이었다. 또 화개산(華蓋傘)[92]를 아홉 겹으로 만들었는데, 높이가 8장(丈)1척(尺)으로 사륜의 마차에 실었고 수레를 끄는 사람이 모두 "신선이 승천한다."고 외치면서 왕망이 나아가서 앞에 있게 하였다.

　　백관들이 몰래 말하였다.

　　"이것은 이거(輀車, 상여)와 비슷하지 신선의 물건이 아니다."

2   2월에 번숭(樊崇) 등이 경상(景尙)[93]을 살해하였다.

---

91 말 위에 입히는 옷을 말한다.

92 일종의 우산 모습으로 황제(黃帝)가 만들었다. 황제가 치우(蚩尤)와 탁록(涿鹿)의 벌판에서 싸울 때 항상 구름이 끼어 있었기에 금으로 된 가지와 옥으로 된 잎으로 화개를 만들었다.

3 　관동 사람들이 서로 잡아먹었다.

4 　여름, 4月에 태사 왕광(王匡)과 경시(更始)장군 염단(廉丹)을 파견하여 동쪽으로 가서 여러 도적들을 토벌하게 하였다.

애초에, 번숭 등의 무리들은 이미 점차 강성해지자 서로 약속하였다.

"사람을 죽인 자는 죽이고 사람을 상하게 한 자는 상처를 내어 배상한다."

그 가운데서 가장 높은 칭호를 삼로(三老)로 하고, 다음은 종사(從事)로 하고, 다음은 졸사(卒史)[94]로 하였다.

태수와 경시가 장차 그들을 토벌한다는 소식을 듣게 되자 그 무리는 왕망의 군사들이 섞일까 두려워하여 마침내 모두 그들의 눈썹을 붉게 하여서 서로 식별(識別)하게 하였는데, 이로부터 호칭하여 '적미(赤眉)'라고 하였다.

왕광과 염단은 합해서 정예병사 10여만 명을 거느렸는데 지나는 곳에서 제멋대로 행동하였다. 동쪽 지방에서는 이 때문에 말하였다.

"차라리 적미(赤眉)를 만날지언정 태사를 만나지 않아야겠다! 태사는 그래도 좋지만 경시는 나를 죽일 것이다!"

끝내 전황의 말처럼 되었다.

---

93 번숭은 청주와 서주에서 반란을 일으킨 수령이고, 경상은 태사 희중으로 지난해에 파견하였다.

94 삼로·종사·졸사는 모두 현의 하급 관리로 번숭 등이 보고들은 바가 이런 현급의 관원밖에 없었기 때문에 황제이나 왕, 후 등의 명칭을 사용하지 않았다. 그 후에 무리들이 증가하고 세력이 날로 확장되어 장안을 공격할 때에는 유분자(劉盆子)를 세웠는데 이는 그 칭호에 있어서 초기와 매우 다른 양상이다.

5   왕망은 또 대부(大夫)와 알자(謁者)를 많이 파견하여 백성들에게
초목(草木)을 삶아서 낙(酪, 과즙)을 만드는 방법을 가르쳐 주었지만 낙
은 먹을 수가 없어서 거듭해서 번거롭고 비용이 들었다.

6   녹림의 도적들은 전염병을 만나서 죽은 사람이 또 반이나 되어 각
각 나누어 흩어져서 이끌고 떠났다. 왕상(王常)과 성단(成丹)은 서쪽으
로 가서 남군(南軍, 호북성 江陵縣)으로 들어가 '하강병(下江兵)'이라고
부르고, 왕봉(王鳳)·왕광(王匡)·마무(馬武) 그리고 그 지파인 주유(朱
鮪)·장앙(張卬) 등은 북쪽으로 가서 남양(南陽, 하남성 南陽市)으로 들
어가 '신시병(新市兵)'이라고 부르고, 모두 장군을 자칭하였다.
    왕망은 사명(司命)대장군 공인(孔仁)을 파견하여서 예주(豫州)를 거
느리게 하고, 납언(納言)대장군 엄우(嚴尤)와 질종(秩宗)대장군 진무(陳
茂)가 형주(荊州)를 공격하게 하였는데, 각기 이사(吏士) 100여 명을
따르게 하고, 승전(乘傳)하여 부(部)에 도착하여 병사를 모집하였다.
    엄우가 진무에게 말하였다.
    "장수를 보내면서 병부(兵符)를 주지 않고, 반드시 먼저 요청한 후에
야 움직이게 하였으니, 이는 한로(韓盧)[95]를 묶어놓고 짐승을 잡으라
고 재촉하는 것과 마찬가지다."

7   메뚜기 떼가 동쪽에서부터 왔는데, 날아다니어 하늘을 덮었다.

8   유랑하는 백성들 가운데 관중(關中, 섬서성 중부)으로 들어온 사람

---

95 전국시대에 한에 있었던 유명한 사냥개를 말한다.

이 수십만 명이니, 이에 양섬관(養贍官)을 두어 이들을 먹이고 사자가 감독하고 관장하게 하였는데 소리(小吏, 하급 관리)들과 더불어 그 공급한 것을 훔치니, 굶어죽는 사람이 열에 예닐곱이었다.

이보다 먼저 왕망은 중황문(中黃門) 왕업(王業)으로 하여금 장안에서 물건을 사들이는 일을 관장하게 하였는데, 백성들에게서 싼값으로 가져가니 백성들이 이를 매우 걱정하였다. 왕업은 비용을 절감한 공으로 작위로 부성(附城, 附庸)을 받았다.[96] 왕망이 성 안에 기근이 발생하였다는 소식을 듣고서 왕업에게 물었다.

왕업이 말하였다.

"모두가 유랑민입니다."

이에 판매하는 쌀밥과 고깃국을 사 가지고 들어와 왕망에게 보여주면서 말하였다.

"거주하는 백성들이 먹는 것은 모두 이와 같은 것입니다."

왕망이 이를 믿었다.

9   가을, 7월에 신시(新市)의 도적인 왕광(王匡)이 나아가서 수(隨, 호북성 수주현)를 공격하였고, 평림(平林, 호북성 隨縣의 동북쪽 平林關) 사람인 진목(陳牧)과 요담(廖湛)이 다시 무리 1천여 명을 모아서 '평림병(平林兵)'이라고 부르며 이에 호응하였다.

10   왕망이 조서를 내려서 염단(廉丹)을 책망하여 말하였다.

"창름(倉廩, 창고에 있는 물건)이 이미 다하였고, 부고(府庫, 관부의 창

---

96 공·후·백·자·남의 5등작에 들지 못하는 작위로 남작보다 하급인 작위이다.

고)는 텅 비었으니, 분노할 수 있고, 싸울 수 있다! 장군은 국가의 무거운 임무를 맡고서, 중원의 들에 몸을 내놓지 않고서는 은혜에 보답하고 책임을 메울 길이 없을 것이다!"

염단은 두려워서 밤에 그의 연리(掾吏)인 풍연(馮衍)을 불러서 조서를 그에게 보여주었다.

풍연이 이어서 염단에게 말하였다.

"장량(張良)은 5세(五世) 동안 한(韓)에서 재상이었기에 박랑(博浪) 가운데서 진 시황을 쳤습니다.[97] 장군의 선친[98]도 한(漢)의 믿을 만한 신하였는데, 신실(新室)이 일어났으나 뛰어난 인물들이 붙지 않습니다. 지금 해내(海內)는 궤멸되고 혼란스러워서 사람들이 한(漢)의 덕을 마음에 품고 있는 것이 주인(周人)이 소공(召公)을 그리워하는 마음보다 심하며, 사람들이 노래하고 춤을 출 만한 일은 하늘도 반드시 이를 따릅니다.

지금 바야흐로 장군을 위하여 계책을 내면, 커다란 군(郡)을 주둔하여 점거하고 이사(吏士)들을 진무하고, 그 절개를 힘써 갈고 닦으며, 영웅호걸의 인사들을 받아들이고, 충성스럽고 지혜로운 계책을 물어서 사직에 이로운 일은 일으키고 만인에게 해가 되는 것을 제거해 버리면, 행복과 봉록이 무궁하게 흐르고 공로는 없어지지 않게 빛날 것인데, 어찌하여 군사들과 더불어 중원에서 엎어져서 몸이 초야에서 기름이 되고 공로 세우는 일은 실패하고 이름도 잃어버리고 부끄러움이 조상에

---

97 이 사건은 진 시황 29년(기원전 218년)의 일이고, 그 내용은 《자치통감》 권7에 실려 있다.

98 한나라 선제 때의 후장군을 지낸 염포(廉褒)를 말한다.

게까지 미치게 하십니까?"

염단은 듣지 아니하였다. 풍연은 군(左)좌장 풍봉세(馮奉世)[99]의 증손자이다.

겨울에 무염(無鹽, 산동성 東平縣) 사람 색로회(索盧恢) 등이 군사를 일으켜 성(城)으로 돌아가서 도적[적미]에게 붙었는데, 염단과 왕광이 이들을 공격하여 뽑고, 참수한 것이 1만여 급(級)이었다. 왕망은 중랑장을 파견하여 새서(璽書)를 받들고 가서 염단과 왕광을 위로하고, 작위를 올려서 공(公)으로 하였으며, 이사(吏士) 가운데 공을 세운 사람 10여 명을 책봉하였다.

적미의 별교(別校)인 동헌(董憲) 등의 무리 수만 명이 양군(梁郡, 하남성 商丘市)에 있었는데, 왕광이 나아가서 이들을 치고자 하였지만 염단은 새로 성을 뽑느라고 피로하니, 마땅히 또 군사들을 쉬게 하며 위엄을 길러야 한다고 생각하였다. 왕광이 듣지 않고서 병사를 이끌고 홀로 나아가니 염단은 이를 따랐다.

성창(成昌, 산동성 東平縣 경계)에서 만나서 싸웠으나 군사들은 패하고 왕광은 도망치니, 염단은 이(吏)로 하여금 그의 인·불절(印·紱節)을 가져다 왕광에게 주면서 말하였다.

"어린아이는 도망갈 수 있겠지만 나는 그리 할 수 없다!"

드디어 멈추어서 싸우다 죽었다.

교위인 여운(汝雲)과 왕융(王隆) 등 20여 명도 따로 전투하다가 소식을 듣고 모두 말하였다.

"염공이 이미 죽었으니 나는 누구를 위하여 살 것인가!"

---

99 풍봉세는 좌장군이었고, 이에 관한 일은 원제 영광 3년(기원전 41년)에 있었다.

적에게 달려가 싸우다가 모두 전사하였다.

국장(國將)인 애장(哀章)이 스스로 산동을 평정하게 해달라고 청하였는데, 왕망은 애장을 파견하여 동쪽으로 가서 태사 왕광과 힘을 합치도록 하였다. 또 대장군 양준(陽浚)을 파견하여 오창(敖倉, 하남성 榮陽縣의 북쪽)을 수비하고, 사도 왕심(王尋)은 10여만을 거느리고 낙양에 주둔하면서 남궁(南宮)을 진수하게 하였고, 대사마 동충(董忠)은 중군북루(中軍北壘)[100]에서 군사를 양성하고 활쏘기를 익히게 하고, 대사공 왕읍(王邑)은 삼공(三公)의 직무를 겸하게 하였다.

11   애초에, 장사왕(長沙王) 왕발(王發)[101]이 용릉절후(舂陵節侯)[102] 유매(劉買)를 낳고, 유매는 대후(戴侯) 유웅거(劉熊渠)를 낳았으며, 유웅거는 고후(考侯) 유인(劉仁)을 낳았다. 유인은 남방이 지대가 낮고 습하다 하여 남양(南陽)의 백수향(白水鄕, 호북성 襄陽縣)으로 옮겨서 책봉하니 종족들과 더불어 집을 마련하였다. 유인이 죽고, 아들 유창(劉敞)이 계승하였는데, 왕망이 황제의 자리를 찬탈하게 되어 봉국(封國)이 없어졌다.

---

100 장안에는 남군과 북군이 있었으므로 이는 북군의 중루의 잘못이 아닌가 생각된다.

101 한(漢)의 경제(景帝)인 유계(啓劉)의 아들이다. 다른 판본에는 애초에 다음에 '경제자(景帝子)'라는 세 글자가 있는 것도 있다. 이를 해석하면 '애초에 경제의 아들인 장사왕 유발이…'가 된다.

102 용릉(舂陵)은 호남성(湖南省)에 있는 향(鄕)의 이름으로 지금은 호남성 녕원현(寧遠縣)에 있다. 본래는 그 채읍이 영릉(零陵)의 냉도현(冷道縣)에 있었다가 원제(元帝)때 남양(南陽)으로 옮겼으나 여전히 그 칭호는 용릉(舂陵)이 되었다.

절후[유매]의 작은아들인 유외(劉外)는 울림(鬱林, 광서성 貴縣) 태수가 되었는데, 유외는 거록(鉅鹿, 하북성 平鄉縣)도위 유회(劉回)를 낳고, 유회는 남돈(南頓, 하남성 項城縣) 현령 유흠(劉欽)을 낳았다. 유흠은 호양(湖陽, 하남성 唐河縣) 사람 번중(樊重)의 딸을 취(娶)하여 세 아들을 낳았는데, 유연(劉縯)·유중(劉仲)·유수(劉秀)이었고, 형제는 일찍이 부친을 잃게 되어 숙부 유량(劉良)에게서 자랐다.

유연은 성품이 강직하여 굳고 강개(慷慨)하며 큰 절개를 가졌는데, 왕망이 한을 찬탈하면서부터 항상 분개하며 사직을 회복할 생각을 품고 집안사람으로서의 생업은 하지 않고 몸을 기울이고 재산을 깨뜨려서 천하의 영웅호걸들과 왕래하며 교분을 맺었다.

유수는 융준일각(隆準日角)[103]이면서 성품이 부지런하여 농사를 지었는데 유연이 항상 그를 비방하고 비웃으며 고조(高祖, 劉邦)의 형 유중(劉仲)[104]과 비교하였다. 유수의 누나 유원(劉元)은 신야(新野, 하남성 新野縣) 사람 등신(鄧晨)의 처가 되었는데, 유수가 일찍이 등신과 함께 양(穰, 하남성 鄧縣) 사람 채소공(蔡少公)의 집을 지나게 되었고, 채

---

103 융준(隆準)에서 융(隆)은 높다는 말이고 준(準)은 코뼈를 말하여 코가 높다는 말인데, 한 고조 유방은 높은 코로 유명하다. 일각(日角)은 이마의 뼈가 해처럼 튀어나온 모양을 형용한 것으로 법술가들은 일각을 제왕의 관상이라고 말한다.

104 유중(劉仲)은 유방(劉邦)의 형인 합양후(郃陽侯) 유희(劉喜)를 말한다. 유방은 놀기를 좋아하였는데 유희는 열심히 농사에 힘써 아버지가 자주 유희를 칭찬하고 유방을 책망하였다. 후에 유방이 황제가 되고 아버지에게 술잔을 올리면서 말하였다. "대인(大人)께서는 자주 제가 생산에 종사하지 않는다고 책망하며 형보다 못하다고 하셨는데 오늘날 성취한 바를 보면 저와 형 가운데서 누가 더 많습니까?"

소공은 자못 도참을 배워서 말하였다.

"유수는 마땅히 천자(天子)가 된다."

어떤 사람이 말하였다.

"국사공(國師公)인 유수입니까?"

유수는 농담으로 말하였다.

"제가 아니라는 것을 어떻게 아셨습니까?"

앉아 있던 사람들이 모두 크게 웃었다. 등신은 마음속으로 홀로 기뻐하였다.

완(宛, 하남성 南陽市) 사람 이수(李守)는 성역(星曆)과 참기(讖記)[105]를 좋아하여 왕망의 종경사(宗卿師)[106]가 되었다. 그가 일찍이 그의 아들인 이통(李通)에게 말하였다.

"유씨(劉氏)가 마땅히 일어날 것이고, 이씨(李氏)가 보필한다."

신시(新市)와 평림(平林)의 군사들이 일어나게 되자 남양군이 소동하였는데, 이통의 사촌동생인 이일(李軼)이 이통에게 말하였다.

"지금 사방이 소란스럽고 한은 부흥되어야 합니다. 남양의 종실은 오직 유백승(劉伯升, 劉縯의 字)의 형제가 널리 무리들을 사랑하고 받아들이니 더불어 대사를 도모할 만합니다."

이통이 웃으면서 말하였다.

"내 뜻이오!"

마침 유수가 완(宛)에서 곡식을 파는데, 이통이 이일을 보내서 유수

---

105 성역(星曆)은 별자리를 보고 달력을 말하는 것인데, 별자리를 보고 점치는 것을 말하며 참기(讖記)는 도참(圖讖)에 관한 기록으로 예언서를 말한다.

106 평제 5년(5년) 왕망의 섭정기간 가운데 군국에 종사를 두어 종실을 주관하게 하였다. 대개 이때에는 이들을 존경하였기 때문에 종경사라 하였다.

를 영접하게 하고, 서로 만나보고 이어서 참문(讖文, 李守가 예언한 말)의 일을 다 이야기하고는 서로 결합하기로 약속하고 계책을 정하려고 의논하였다. 이통은 입추에는 재관(材官)이 기병(騎兵)을 모두 시험보는 날이니, 전대(前隊)대부 진부(甄阜)와 속정(屬正)[107] 양구사(梁丘賜)를 겁탈(劫奪)하고, 이어서 대중을 호령하고 이일과 유수로 하여금 용릉(舂陵)으로 돌아가 군사를 일으켜서 서로 호응하게 하고자 하였다.

이에 유연이 여러 영웅호걸들을 불러놓고 계책을 의논하여 말하였다.

"왕망이 포악하여 백성들은 나뉘고 무너졌고, 지금은 또 마르고 가뭄이 드는 것이 몇 해를 잇는데, 병란이 나란히 일어나니, 이는 역시 하늘이 멸망시키는 때이고, 고조(高祖)의 업적을 회복하여 만세까지 안정할 시기이다."

무리들이 모두 그렇다고 하였다.

이에 가까운 빈객들을 여러 현(縣)에 나누어 파견하여 병사를 일으켰는데, 유연은 스스로 용릉의 자제(子弟)들을 징발하였다. 여러 집안의 자제들은 두려워서 모두 도망하여 숨으면서 말하였다.

"유백승이 나를 죽인다."

유수(劉秀)가 진홍색의 옷과 큰 관(冠)을 쓴 것[108]을 보게 되자 모두들 놀라며 말하였다.

"삼가고 후한 사람도 다시 이렇게 하는구나!"

마침내 점차 스스로 안정되었다.

---

107 왕망이 남양을 전대(前隊)로 고치면서 대부의 직위를 두어 태수의 일을 맡기고, 속정(屬正)을 두어 도위의 일을 담당하게 하였다.

108 장군의 복장이다.

무릇 자제 7천~8천 명을 얻고 빈객들을 부서로 나누고 스스로 '주천 도부(柱天都部)'라고 호칭하였다. 유수의 나이는 이때 스물여덟 살이었다. 이통은 아직 일으키지 아니하였는데 일이 발각되어 도망하여 달아나고, 아버지 이수(李守)와 가족들 가운데 연좌되어 죽은 사람이 64명이었다.

유연은 친척인 유가(劉嘉)를 시켜서 신시(新市)와 평림(平林)의 병사들을 초청하여 유세하며, 그들의 두목인 왕봉(王鳳)과 진목(陳牧)과 함께 서쪽으로 가서 장취(長聚)를 공격하게 하였고, 나아가서 당자향(唐子鄉, 하남성 唐河縣 서남)을 도륙하고, 또 호양(湖陽, 하남성 唐河縣) 현위(縣尉)를 죽이게 하였다.

군대 안에서는 재물을 분배하는 것이 고르지 않아서 무리들이 화를 내고 한스러워 하여 도리어 여러 유씨(劉氏)를 공격하고자 하였는데, 유수는 종인(宗人, 유씨)들이 얻은 재물을 거두어 모두 그들에게 주자 무리들이 마침내 기뻐하였다. 나아가서 극양(棘陽, 하남성 新野縣 북쪽)을 뽑았는데, 이일과 등신(鄧晨)이 빈객들을 거느리고 와서 회합하였다.

12 엄우(嚴尤)와 진무(陳茂)가 하강(下江)의 군사들을 깨뜨리자, 성단(成丹)·왕상(王常)·장앙(張卬)[109] 등이 흩어진 군사를 모아서 누계(蔞谿, 호북성 隨縣의 북쪽)로 들어가 종·룡(鐘·龍 ; 三鍾山, 호북성 隨縣과 石龍山, 호북성 應山縣) 사이를 경략하여 무리들이 다시 떨쳤는데, 군사를 이끌고 형주목(荊州牧)과 상당(上唐, 호북성 襄陽縣 동북)에서 전투하

---

109 하강병의 두목들이다.

여 이를 대파하였다.

13   11월에 패성이 장(張)[110]에 있었다.

14   유연이 나아가서 완(宛)을 치고자 하여 소장안취(小長安聚, 南陽
市 남쪽 18km)에 이르러 진부(甄阜)와 양구사(梁丘賜)와 싸웠는데, 이때
에 날씨는 안개가 자욱하여 한의 군대[劉縯의 군대]가 대패하였다.

유수는 말 한 마리로 도망하다가 여동생 유백희(劉伯姬)를 만나서
함께 말을 타고 도망하는데, 앞으로 나아가다가 다시 누나인 유원(劉
元)을 보고, 재촉하여 말에 오르게 하였지만 유원이 손을 휘저으며 말
하였다.

"가라! 서로 구할 수 없으니, 둘 다 죽게 할 것은 없다!"

마침 추격하는 병사들이 다다랐고, 유원과 세 딸이 모두 죽었는데,
유연의 동생인 유중(劉仲)과 종족 가운데 따르다 죽은 사람이 수십 명
이었다.

유연은 다시 병사의 무리를 거두어 모아서 극양(棘陽, 하남성 新野縣
의 북쪽)으로 돌아가 지켰다. 진부와 양구사는 이긴 기세를 타고 치중
(輜重)[111]을 남향(藍鄉, 하남성 新野縣의 동북)에 남겨두고 정예의 병사
10만을 이끌고 황순(潢淳, 新野縣 경계를 흐르는 강)를 건너서 비수(沘

---

110 장(張)은 남방의 별자리라고 하기도 하고, 주(周) 지역에 해당하는 것이라고
   도 한다. 장(張)에는 여섯 개의 별이 있는데, 천묘(天廟, 하늘의 사당) 북쪽에
   있다고도 하였다.

111 전쟁에 나가면서 필요한 무거운 물건을 실은 수레를 말한다. 예컨대, 양식이
   나, 마초, 중무기 같은 것들을 말한다.

水)[112]에 다다라서 두 강 사이를 막아 군영을 만들고 후방에 있는 교량을 끊어서 돌아갈 마음이 없음을 보였다.

신시(新市)와 평림(平林)은 한(漢)의 군대가 자주 패하고 진부와 양구사의 군대가 대대적으로 도착한 것을 보고, 각각 해산하여서 돌아가고자 하니 유연은 이를 대단히 걱정하였다. 마침 하강(下江)의 군사 5천여 명[113]이 의추(宜秋, 하남성 唐河縣의 동남쪽)에 이르니, 유연은 바로 유수와 이통과 함께 그 성으로 나아가서 말하였다.

"바라건대 하강의 현명한 장수 한 분을 만나서 대사를 의논하고자 합니다."

무리들은 왕상을 추천하였다.

유연이 왕상을 보고 합종의 이로움을 설명하니, 왕상이 크게 깨닫고 말하였다.

"왕망이 잔학하여 백성들이 한(漢)을 생각합니다. 지금 유씨(劉氏)가 부흥한다면 바로 진정한 주군인데, 진실로 몸을 내어 사용하여 큰 공을 이루도록 도우려고 생각합니다."

유연이 말하였다.

"만일 일이 성사된다면 어찌 감히 이를 혼자서 누리겠는가?"

드디어 왕상과 함께 깊이 관계를 맺고 떠났다. 왕상은 돌아와서 다른 장수들인 성단(成丹)과 장앙(張卬)을 위하여 이를 모두 말하였다. 성단과 장앙은 그 무리들에게 부정적으로 말하였다.

---

112 비수(沘水)는 비양현(沘陽縣)의 동북에 있는 대호산(大胡山)에서 발원하여 남쪽으로 흐르다가 예수(灃水)와 합해지는데 이를 파수(派水)라고 한다.

113 왕상(王常)이 이끄는 군대이다.

"대장부가 이미 일어났으면 마땅히 각자가 주인이 되어야지 어떤 연고로 다른 사람의 통제를 받는가?"

왕상은 이에 천천히 그 장수들에게 알아듣게 유세하였다.

"왕망이 가혹하게 정치하여 백성들의 마음을 계속해서 잃고, 백성들이 노래를 부르며 한(漢)을 그리워하는 것이 하루가 아니니, 그러므로 우리들로 하여금 이것 때문에 일으킬 수 있었소. 무릇 백성들이 원망하는 사람은 하늘이 제거할 것이고, 백성들이 생각하는 사람은 하늘이 줄 것이오. 대사(大事)를 일으키면서 반드시 아래로는 백성들의 마음을 따르고, 위로는 하늘의 뜻에 합치되어야 공로는 마침내 이루어질 수 있으며, 만약 강한 것을 짊어지고 용감한 것을 믿고, 마음 가는 대로 방자하다면 비록 천하를 얻더라도 반드시 다시 잃을 것이오.

진(秦)과 항우(項羽)의 세력이 오히려 무너지기에 이르렀는데, 하물며 오늘날 포의(布衣)들이 풀밭이나 물가에서 모여, 이러한 것으로 이를 시행한다면 멸망의 길이오. 지금 남양(南陽)의 여러 유씨들이 거병(擧兵)하였는데, 그들이 와서 의논하는 것을 보니 모두 깊은 계책과 큰 생각을 갖고 있으며 왕공(王公)의 재목이어서 이들과 더불어 합친다면 반드시 큰 공을 이룰 것이며 이는 하늘이 우리들을 도와주시기 때문이오!"

하강(下江)의 제장들은 비록 거칠고 강하며 지식이 낮지만, 그러나 평소에 왕상을 존경하였기에 마침내 모두 사과하며 말하였다.

"왕 장군이 없었다면 우리들은 거의 의롭지 못한 곳에 빠졌을 것입니다!"

즉시 군사를 이끌어서 한의 군사와 신시(新市)와 평림(平林)과 더불어 합쳤다.

이에 여러 부대가 마음을 가지런히 하고, 힘을 같이하니 날카로운 기세가 더욱 커졌다. 유연은 군사들에게 크게 향연을 베풀고 맹약을 만들고, 병졸에게 사흘을 쉬게 하고, 나누어 6부(部)로 만들고, 12월 그믐날에 군사들을 몰래 밤에 깨워 가지고 남향(藍鄕, 하남성 신야현 동북쪽)을 습격하여서 빼앗고, 그 치중을 모두 획득하였다.＊

권039

한기31

왕망의 죽음과 군웅의 활약

황제 자리에 오른 유현

회양왕 경시 원년(癸未, 23년)[1]

1   봄, 정월 초하루 갑자일에 한(漢)나라의 군사와 하강병(下江兵)[2]이 함께 진부(甄阜)와 양구사(梁丘賜)[3]를 공격하여 그들의 목을 베고, 사졸 2만여 명을 죽였다. 왕망(王莽)[4]의 납언(納言)장군 엄우(嚴尤)와 질종(秩宗)장군 진무(陳茂)가 병사를 이끌고 완성(宛城, 하남성 남양시)

---

1   회양왕 유현이 황제 자리에 올랐으므로 당연히 황제 칭호를 사용해야 함에도, 이 책의 저자 사마광이 회양왕으로 쓴 것은 유수를 정통으로 보기 때문이다. 이 해는 신(新) 왕망 지황(地皇) 4년, 한제(漢帝) 유망(劉望) 원년, 한제(漢帝) 왕랑(王郞) 원년, 회남왕 이헌(李憲) 원년, 상장군 외효(隗囂) 한복(漢復) 원년이다.

2   한나라 군사란 유연(劉縯)이 이끄는 군사를 말하며, 하강병은 왕상(王常)의 병사로 왕망 말년에 일어난 녹림군의 한 지파이다. 지황 3년(22년) 녹림군에 대규모 역질이 발생하자 병으로 죽는 사람이 많아져서 녹림군은 해산되고, 왕상과 성단(成丹)이 부대를 인솔, 서쪽으로 가서 남군, 즉 호북성 강릉으로 들어가는데 이들을 하강병이라고 부른다.

3   남양 태수 진부와 그 속정(屬正)인 양구사를 말한다.

4   실제로는 신 왕조의 황제지만 사마광은 이를 인정하지 않고 직접 이름을 썼다.

을 점거하려고 하자, 유연(劉縯)이 이들과 맞서 육양(淯陽, 남양 남쪽 30㎞ 지점에 있는 綠陽村) 아래에서 싸워 그들을 대파하고 드디어 완성을 포위하였다.

이보다 먼저 청주(青州)와 서주(徐州)에 있던 도적의 무리들은 비록 수십만 명이었지만, 끝내 문서나 호령(號令), 정기(旌旗), 부곡(部曲)[5]을 가지지는 않았는데, 한나라의 병사가 일어나자 모두 장군이라고 부르면서 성곽을 공격하여 땅을 빼앗고, 서장(書狀)을 보내서 왕망의 죄를 열거하였다. 왕망이 이 소식을 듣고 두려워하기 시작하였다.

용릉대후(春陵戴侯)[6]의 증손 유현(劉玄)은 평림병(平林兵)[7] 안에 있었는데 경시장군(更始將軍)으로 불렸다. 그때 한나라의 병사가 이미 10여만 명이나 되어 제장[8]들은 논의하여 병사는 많으나 하나로 통합된 바가 없어서 유씨(劉氏)인 사람을 세워서 사람들이 바라는 것[9]을 좇자고 하였다.

남양의 호걸들과 왕상 등은 모두 유연(劉演)을 세우고자 하였지만

---

5   개인에게 소속된 군사의 행정편제이다.

6   용릉후(春陵侯)는 유웅거(劉熊渠)인데, 죽은 후에 대후(戴侯)라는 시호가 내려져 이를 합쳐서 호칭한 것이다.

7   왕망 말년에 활약한 농민군의 한 지파이다. 지황 3년(22년)에 평림 즉, 호북성 수주시의 경계 지역에 사는 사람인 진목(陳牧)과 요담(廖湛) 등이 무리를 이끌고 군사를 일으켰는데 이를 평림병이라고 한다.

8   제장(諸將)은 장군 가운데 특별한 직함이 주어지지 않는 장군이다.

9   당시 사람들은 왕망이 유씨가 세운 한나라를 멸망시키고 신이라고 한 것에 대해 이는 왕망이 찬탈한 것이라고 생각하여 여전히 한나라를 정통왕조로 여기며 부흥시키기를 바랐다. 그러므로 유씨 가운데서 황제를 세우면 한 왕조가 부흥되는 것으로 알고 많은 사람들이 호응할 것으로 생각한 것이다.

신시병(新市兵)[10]과 평림병의 장수들은 멋대로 행동하길 좋아하는 터여서, 유연에게 있는 위엄과 엄명함을 꺼렸고, 유현(劉玄)이 나약하다는 것에 욕심을 내어[11] 먼저 함께 그를 책립(策立)하기로 정하고 그러한 다음 유연을 불러서 그들이 의논한 결과를 알려주었다.

유연이 말하였다.

"여러 장군들이 다행스럽게도 종실(宗室, 유씨종실)을 높여 세우려고 하니 매우 후덕하십니다. 그런데 적미(赤眉)[12]가 청주와 서주에서 일어났고, 그 무리가 수십만 명이니 남양(南陽)에서 종실(宗室) 사람을 세운다는 소문을 들으면, 아마 적미도 다시 황제를 세울까 걱정입니다. 왕망이 아직 멸망되지도 아니하였는데, 종실들끼리 서로 공격하게 된다면 이는 천하 사람들을 의혹하게 하는 것이며, 스스로 권력을 덜어내는 것이니[13] 왕망을 격파하기 위한 방법이 아닙니다.

용릉(舂陵, 호북성 襄陽縣)에서 완성까지는 300리 정도일 뿐[14]인데, 갑자기 스스로를 높여서 황제가 되면 천하 사람들의 표적이 될 것이고, 뒤따르는 사람들에게 우리들의 피폐함을 이어받게 하는 것이니, 계책

---

10 왕망 말년에 활약한 농민군의 한 지파이다. 신시(新市), 즉 호북성 경산(京山)의 동북쪽 출신 왕광(王匡)이 그곳의 무리를 이끌고 군사를 일으켰는데, 이를 신시병이라고 하였다.

11 제왕이 나약하면 그 밑에 있는 장수들이 방종할 수 있다고 생각한 것이다.

12 왕망 말년에 번숭(樊崇)이 영도한 농민군이다.

13 천하 사람들은 유씨가 한 왕조를 부흥시킬 것을 원하지만 유씨 가운데 여러 사람이 황제의 자리에 오르게 되면 누가 올바른 사람인지를 몰라 우왕좌왕하여서 힘을 한 곳으로 모으기 어렵게 된다는 뜻이다.

14 이들의 세력 범위가 매우 적다는 것을 의미한다.

가운데 훌륭한 것은 못 됩니다. 또한 이는 왕이라고 칭하고 호령하는 것만 못한데, 왕의 세력도 충분히 제장의 목을 벨 수 있습니다.

만약 적미가 세운 사람이 현명하여 서로 이끌어주며 가서 그를 따른다고 하여도 반드시 우리들의 작위를 빼앗지는 않을 것입니다. 만약 누군가를 세우지 않고 왕망을 격파하고 적미를 항복시키고 그 다음에 존호(尊號)[15]를 거론하여도 또한 늦지 않을 것입니다."

제장들이 말하였다.

"훌륭한 말입니다."

장앙(張卬)[16]이 칼을 뽑아 땅을 치면서 말하였다.

"일하는 것에 의심을 품으면 공을 세울 수 없소.[17] 오늘 논의했던 것에서는 다른 생각이 있을 수 없소!"

무리들이 모두 그 말을 따랐다.

2월 초하루 신사일에 육수(淯水, 白河를 말함)의 모래사장에 단(壇)을 만들고, 유현(劉玄)이 황제의 자리에 올랐다. 남쪽을 향하고 서서 여러 신하들로부터 조하(朝賀)를 받는데 수치스럽고 부끄러워서 땀을 흘렸고, 또 손을 들기는 했으나 말은 할 수가 없었다. 이에 대대적인 사면을 하고 기원을 고쳤으며[18] 친족 가운데 아버지뻘인 유량(劉良)을 국삼로

---

15 존호란 글자 그대로는 높은 호칭이지만 여기서는 황제를 의미한다.

16 신시병의 장령(將領, 지휘관)이다. 이 사람의 이름에 대해서는 사마표의 《속한서》에는 인(印)으로 되어 있고, 원굉의 《후한기》에서는 근(斤)으로 되어 있다. 《자치통감고이》에서는 이는 모두 잘못이고, 앙(卬)이 맞다고 하였다.

17 비의(肥義)가 조(趙)나라 무령왕(武靈王)에게 한 말로 《전국책(戰國策)》에 나온다.

18 연호를 경시(更始)로 고쳤다.

(國三老)로 삼고, 왕광(王匡)을 정국상공(定國上公)으로 삼고, 왕봉(王鳳)을 성국상공(成國上公)으로 삼고, 주유(朱鮪)를 대사마(大司馬)로 삼고, 유연(劉縯)을 대사도(大司徒)로 삼고, 진목(陳牧)을 대사공(大司空)로 삼고, 나머지는 모두 9경(九卿)장군으로 삼았다.[19] 이 일로 말미암아 호걸들은 실망하여 대부분 복종하지 아니하였다.[20]

2   왕망[21]은 표면적으로 스스로 안정되어 있다는 것을 보이고자 하여서 그의 수염을 물들이고, 두릉(杜陵, 섬서성 서안시 남쪽) 사람 사심(史諶)의 딸을 황후(皇后)로 삼고 후궁을 두었는데, 지위와 칭호를 공(公)·경(卿)·대부(大夫)·원사(元士)에 맞추어서 무릇 120명[22]이었다.

3   왕망은 천하에 사면하고 조서를 내렸다.

---

19 왕광·왕봉·주유는 신시병(新市兵)이고, 진목은 평림병(平林兵)이며, 대체로 신 왕조의 관직명을 사용하였다. 왕광과 왕봉의 직위는 상공이었는데 여기에 정국과 성국이라는 칭호를 덧붙였고, 9경장군은 직책은 9경인데, 그 위에 각기 장군의 칭호를 덧붙였다.

20 호걸이란 뛰어난 인물을 말하지만 여기서는 도적집단에서 출발한 신시병이나 평림병이 아닌 사람들을 말한다. 호걸들은 유연을 세우고자 하였으나 결과는 유현을 세우게 되었기 때문에 실망한 것이다.

21 왕망은 분명히 황제에 오르자 이미 시건이라는 연호를 사용하였고, 이를 기년으로 썼다. 그러나 사마광은 경시제가 등장하는 것과 동시에 황제라는 호칭을 사용하지 않고 왕망이라는 이름을 쓰고 있다. 이는 사마광이 이때부터 왕망을 황제로 인정하지 않는다는 것을 의미한다.

22 왕망은 3명의 부인(夫人), 9명의 빈(嬪), 27명의 세부(世婦), 81명의 어처(御妻)를 두어서 모두 120명이다. 3명의 부인은 3공, 9명의 빈은 9경, 27명의 세부는 27명의 대부, 81명의 어처는 81명의 원사 즉, 자작(子爵)에 각각 맞춘 것이다.

"왕광(王匡)과 애장(哀章) 등은 청주와 서주의 도적들을 토벌하고,[23] 엄우(嚴尤)와 진무(陳茂) 등은 전대(前隊, 한대의 남양군)에 있는 추로(醜虜)[24]를 토벌하는데, 그들에게 살려주겠다는 것과 단청(丹靑)으로 새긴 약속을 분명히 알리도록 하라.[25]

또다시 미혹하여 해산하지 아니하면 장차 대사공과 융신공(隆新公)[26]을 파견하여 백만 군사를 거느리고 그들을 근절하도록 할 것이다."

4   3월에 왕봉(王鳳)[27]과 태상편장군(太常偏將軍) 유수(劉秀) 등이 곤양(昆陽, 하남성 葉縣)과 정릉(定陵, 하남성 舞陽縣), 언(郾, 하남성 郾城縣) 지역을 차례로 돌았는데, 이곳을 모두 떨어뜨렸다.

---

23 왕광은 태사(太師)이고, 도적이란 적미(赤眉)를 말한다.

24 전대군은 한대의 남양군으로, 왕망이 바꾼 군의 이름이다. 더러운 녀석이라는 뜻의 추로는 유현을 가리킨다.

25 항복해온 자를 살려준다는 의미이며, 단청은 붉은색과 푸른색과 같은 분명한 신의를 말한다.

26 왕읍(王邑)을 말한다.

27 유현이 세운 한나라의 성국상공(成國上公)이 된 왕봉은 신시병(新市兵)을 이끌었다.

5   왕망이 엄우와 진무가 패하였다는 소식을 듣고 마침내 사공(司
空) 왕읍(王邑)을 파견하여 전거(傳車)를 타고 달려가서 사도(司徒) 왕
심(王尋)과 더불어 군사를 징발하여 효산(崤山)의 동부 지역을 평정하
게 하였다. 병법 63가(家)에 두루 밝은 사람들을 여러 명 징집하여 군
리(軍吏)로 삼아 대비하게 하였는데, 체격이 큰 사람인 거무패(巨毋霸)
를 누위(壘尉)로 삼았다. 또한 호랑이·물소·코끼리 같은 여러 맹수들
을 몰고 가서 위엄과 무력에 보탬 되게 하였다.

왕읍이 낙양에 도착하여 주군(州郡)에서 각기 정예의 병사를 선발
하여 주목과 군수가 스스로 거느리게 하였는데, 모으기로 정한 사람은
43만 명이었지만 부르기는 백만 명이라고 하였다. 그 나머지 길에 있
는 사람들이 갖고 있는 정기(旌旗)[28]와 치중(輜重)[29]은 끊어지지 않고

28 《주례(周禮)》에 보면 정(旌)은 새의 깃털로 만든 것이고, 기(旗)는 곰과 호랑이
를 그려 넣은 것이라고 되어 있는데, 이는 군사지휘관을 상징하는 깃발과 장
식물을 말한다.
29 치(輜)는 원래 수레의 명칭이다. 이 수레는 군량과 여러 가지 잡동사니를 싣
는데, 거듭 쌓아 실었으므로 이를 치중이라고 하였다.

천리나 이어졌다.

여름, 5월에 왕심과 왕읍이 남쪽의 영천(潁川, 하남성 禹縣)을 나와서 엄우와 진무의 군대와 합쳤다.

제장[30]들은 왕심과 왕읍의 병사가 매우 많은 것을 보고 도리어 모두 달아나서 곤양(昆陽, 하남성 섭현)으로 들어갔고, 두려워서 자신들의 처자식 걱정을 하며 여러 성으로 흩어져 돌아가고자 하였다.

유수가 말하였다.

"지금 우리의 병사와 양곡은 이미 적어졌습니다. 그러나 밖에 있는 도적들은 강하고 큽니다. 힘을 합쳐서 이를 방어한다면 공로를 거의 세울 수 있을 것이지만 만약 나뉘어 흩어지려고 할 것 같으면 형세를 보아 모두 안전할 수 없소. 또 아직 완성(宛城)을 함락시키지 못하였으므로 서로 구원해줄 수도 없소.[31] 곤양이 바로 뽑히는 날이면, 하루 사이에 여러 부대는 모두 멸망할 것이오. 지금 마음과 담력을 같이하여 함께 공명을 떨치지 아니하고, 도리어 처자와 재물을 지키려 한단 말이오?"

제장들이 화가 나서 말하였다.

"유 장군이 감히 어떻게 그런 말을 하십니까?"

유수는 웃으면서 일어났다. 마침 적의 동태를 살피던 기병(騎兵)이 돌아와서 말하였다.

---

30 유현이 세운 한나라의 장수이다. 《자치통감》 권39부터 이미 연호를 경시로 쓰고 있는 것으로 보아 왕망의 신 왕조가 멸망하지 않았지만 새로운 왕조인 한을 중심으로 쓰고 있으므로 여기에서 제장이란 당연히 유현의 장수들을 말한다.

31 같은 세력인 유수의 형 유연이 완성을 공격하고 있는데, 완성을 함락시키지 못하였으므로 그 군사들이 이곳을 도와줄 수 없다는 의미이다.

"대군이 또 성의 북쪽에 이르러 군진을 친 것이 수백 리에 걸쳐 있는데, 그 끝이 보이지 않습니다."

제장들은 평소 유수를 가볍게 생각하였지만 사정이 급박해지자 이에 서로 말하였다.

"다시금 유 장군을 청하여 이 문제를 계획합시다."

유수가 다시 그림을 그려 가면서 성공하는 경우와 실패하는 경우를 설명하자, 제장들이 한 목소리로 말하였다.

"좋소!"

그때 성 안에는 오직 8천~9천 명만 있었으므로, 유수는 왕봉과 정위(廷尉)이며 대장군인 왕상(王常)에게 곤양을 지키게 하고, 밤에 오위(五威)장군 이질(李軼) 등 기병 13명과 함께 성의 남문을 나와 밖에서 군사를 모았다.

이때 왕망의 군사로 성 아래에 도착한 자가 또 10만 명이었으므로 유수 등은 거의 성 밖으로 나올 수 없을 뻔하였다. 왕심과 왕읍이 병사를 풀어 곤양성을 포위하자, 엄우가 왕읍에게 유세하였다.

"곤양성은 작지만 견고합니다. 지금 거짓으로 황제라고 호칭하고 있는 사람[32]은 완성에 있습니다. 빨리 많은 군사를 진격시키면 저들은 반드시 달아날 것입니다. 완성에서 패배하면 곤양에서는 스스로 항복할 것입니다."

왕읍이 말하였다.

"내가 예전에 적의(翟義)를 포위하였던 적이 있었는데, 그를 산 채로

---

32 왕망의 입장에서 하는 말이므로 유현을 일컫는다. 왕심과 왕읍, 엄우는 왕망의 부하장수이므로 유현이 비록 황제를 호칭하지만 가짜라고 말한 것이다.

잡지 못한 죄에 연루되어서 견책을 받았소.[33] 지금 백만 명이나 되는 무리를 거느리고 맞닥뜨린 성을 떨어뜨릴 수 없다면 위엄을 보이지 못함이니, 마땅히 이 성을 먼저 도륙하고서 그 피를 밟고 나아간다면 앞에서는 노래 부르고, 뒤에서는 춤출 것인데, 생각만 해도 즐겁지 않겠소?"

드디어 수십 겹으로 포위하고 군영 수백 개를 벌려놓으니 수십 리 떨어진 곳에서도 정고(鉦鼓)의 소리가 들렸다. 어떤 사람은 땅굴을 파기도 하고, 충차(衝車)와 팽차(軿車)[34]를 가지고 성곽을 쳤다. 노(弩)[35]를 쌓아놓고 화살을 어지럽게 발사하니 화살 떨어지는 것이 마치 비 오듯 하여 성 안에서는 문짝을 지고[36] 물을 길었다.

왕봉 등이 항복을 받아달라고 청하였지만 이를 허락하지 아니하였다. 왕심과 왕읍은 스스로 공로를 세우는 것이 경각에 달렸다고 여기고 군사문제로 걱정하지 아니하였다. 엄우가 말하였다.

"《병법》[37]을 보면 '성을 포위하면서 그들을 위하여 한 군데를 비워놓으라.'라고 하였으니 마땅히 그들로 하여금 편히 도망 나가게 하여

---

33 이 사건은 왕망 거섭 2년(7년)의 일로, 《자치통감》 권36에 실려 있다.

34 충차는 성벽을 쳐서 헐어버리는데 쓰는 수레이고, 팽차는 누차(樓車)를 말한다.

35 어깨에 메고 쏘는 활을 말한다.

36 위에서 떨어지는 화살을 막기 위해 집에 있는 문짝을 방패 삼아 등에 지고 다녔다.

37 《손자병법》을 말한다. 손자(孫子)는 '포위한 군사는 한 곳을 비워놓으라.'라고 하였는데, 이에 조조가 주를 달아 《사마법(司馬法)》에서 이르기를 '그 세 면을 포위하고 한 면을 비워두는 것은 살 길을 보여주기 위함이다.'라고 하였는데 이는 도망갈 길을 열어놓고 공격해야 한다는 말이다.

완성을 공포로 몰아넣어서 떨어뜨려야 합니다."[38]

왕읍이 또 이 말을 듣지 아니하였다.

6   극양(棘陽, 하남성 신야현의 동북쪽) 태수 잠팽(岑彭)은 전대(前隊, 한대의 남양군)의 부책임자인 엄열(嚴說)과 함께 완성을 지키고 있었다. 한나라의 병사가 그곳을 여러 달 동안 공격하니, 성 안에서 사람들이 서로 잡아먹는 일이 벌어지자 이에 성을 들어서 바치고 항복하였다. 경시(更始)는 그곳으로 들어가서 도읍으로 하였다.

제장들이 잠팽을 죽이려고 하자 유연(劉縯)이 말하였다.

"잠팽은 군(郡)의 높은 관리로 마음을 다잡고 굳게 지킨 것은 그의 절개요. 지금 큰일을 행하면서 마땅히 의로운 선비로 표창하여야 하니 그에게 작위를 주어 책봉하는 것만 못하오."

경시는 이에 잠팽을 귀덕후(歸德侯)[39]로 책봉하였다.

7   유수가 언(鄢)과 정릉(定陵)에 도착하여 여러 군영의 병사를 모두 징발하였다. 제장들은 재물이 욕심나고 아까워서 병사를 나누어 이것을 지키고자 하였다. 유수가 말하였다.

"만약 지금 적을 깨뜨리면 진귀한 보배는 만 배나 될 것이고, 큰 공로도 세울 수 있을 것이오. 만약 패배하면 머리와 목도 남아있지 않을 것

---

38 조조가 《사마병법》에 주를 단 곳에 나오는 말로, 성 안에 갇혀 있는 사람 가운데 도망가는 사람이 생길 수 있도록 도망갈 길을 열어놓으라고 했다. 도망가는 사람이 생기면 다른 사람들에게도 공포감을 더하여 주기 때문에 전의를 상실하게 되는 것이다.

39 귀덕은 현의 이름이다.

인데, 어찌 재물을 가질 수 있겠소?"

이에 그들을 모두 징발하였다.

6월 초하루 기묘일에 유수가 여러 군영의 군사들과 함께 나아가면서 스스로 보병과 기병 1천여 명을 거느리고 선봉에 섰는데, 대군(大軍)이 있는 곳에서부터 4~5리쯤 떨어진 곳에 진을 쳤다. 왕심과 왕읍도 역시 군사 수천 명을 보내 전투를 벌였는데, 유수가 그들을 달아나게 하고 수십 여 급(級)[40]의 목을 베었다.

제장들이 기뻐하면서 말하였다.

"유 장군은 평시에 적은 규모의 적을 보고도 겁을 먹었는데, 지금 많은 규모의 적을 보고는 용감하니 대단히 괴상합니다. 또다시 앞장을 서신다면 청컨대 장군을 도울 수 있도록 하여 주십시오."

유수가 다시 앞으로 나아가니 왕심과 왕읍의 병사들이 퇴각하였고, 여러 부대들은 다 같이 이 틈을 타서 참수한 것이 수백, 수천 급이었다.

연달아 승리하고 드디어 앞으로 나아가게 되니 제장들의 담력과 기력이 더욱 장대해져서 한 명이 100명을 감당하지 못하는 자가 없었다. 유수는 이에 결사대 3천 명과 더불어 성의 서쪽 물 있는 곳에서부터 그들의 중견(中堅)[41]을 부딪치며 나아갔다.

왕심과 왕읍은 이들을 쉽게 대적할 수 있을 것으로 생각하고 스스로 1만여 명을 인솔하여 각 진영을 순행하였고, 여러 군영에 칙령을 내려 모두 부대를 장악하되 움직이지 말라고 하였으며, 홀로 한의 병사를 만

---

40 적의 목을 베는데 그 수를 헤아리는 단위를 급(級)이라고 한다. 진(秦)나라 때 적의 목을 하나 베면 작위를 1급 하사하였는데, 여기에서 유래하였다.

41 왕읍 군단의 중심진지를 말한다.

나 싸웠는데 불리하게 되었지만 많은 군사들은 감히 멋대로 서로 구원병을 낼 수가 없었다. 왕심과 왕읍의 진지는 혼란에 빠졌고, 한나라의 병사들은 이 예봉을 타고 그들을 붕괴시키고 드디어 왕심을 죽였다.

성 안에 있던 병사들도 역시 전고를 두드리며 시끄럽게 하면서 나왔고, 안팎에서 세력을 합치니 진동하는 고함이 천지를 흔들었다. 왕망의 병사들은 크게 무너지고 도망치는 사람이 서로 올라서서 밟으니 엎어져 죽은 시체가 100여 리에 걸쳐있었다.

마침 크게 천둥이 치고 바람이 불어 집의 기와가 모두 날아가고, 비가 쏟아 붓듯 내리자 치천(滍川)[42]이 넘쳐흘렀고, 호랑이와 표범조차도 모두 두려워서 벌벌 떨 정도였다. 사졸들로 물에 빠져 죽은 자가 1만 명을 헤아리게 되니 물이 흐르지 못하였다.

왕읍과 엄우, 진무가 경무장만 한 채 말을 타고 죽은 사람을 딛고 강을 건너 도망하자 유수는 그들의 군사들이 가지고 온 물품이 가득 찬 치중을 전부 획득하였는데, 그것을 다 헤아릴 수 없었다. 몇 달이 걸려도 이를 다 실어 나르지를 못하자 간혹 그 나머지를 불태우기도 했다.

사졸들은 도망하여 각기 그들의 출신 군으로 돌아갔고, 왕읍은 홀로 그가 거느렸던 장안에서 온 용감한 병사 수천 명과 함께 낙양으로 돌아갔는데, 관중에서는 이 소식을 듣고 대단히 두려워하였다. 이에 해내(海內)에 있는 호걸들은 화합하고 호응하여 그들의 주목이나 군수를 죽이고 스스로 장군이라 하면서 한나라의 연호를 사용하며 조서나 명령을 내려주기를 기다렸다. 순월(旬月)[43] 사이에 천하에 두루 퍼졌다.

---

42 여수(汝水)의 지류이다.

43 열흘 혹은 한 달이라는 짧은 시간을 말한다.

8   왕망은 한나라의 병사들이 '왕망이 효평황제(孝平皇帝)를 짐살(鴆
殺)[44]하였다.'고 말하는 소리를 듣고서 공경들을 왕로당(王路堂)[45]에
모아놓고 평제(平帝)를 위하여 하늘에 대고 명령을 내려줄 것을 청한
금등(金縢)의 책서(策書)[46]를 공개하며 눈물을 흘리며 여러 신하들에
게 보여 주었다.

9   유수는 다시 영천(潁川, 하남성 우현)을 순행하며 경략하다가 부성
(父城, 하남성 寶豊縣 동쪽 20㎞ 지점)을 공격하였으나 떨어뜨리지 못하
자, 병사를 건거향(巾車鄕, 하남성 풍보현의 경계 지역)에 주둔시켰다. 영

---

44 짐(酖)새의 피에는 독성이 있어서 이를 먹으면 죽는다. 사람을 암살하거나 죽
   이려 할 때 흔히 이를 술에 타서 먹이는데, 이를 짐독이라 하고 이것으로 죽이
   는 것을 짐살이라 한다.

45 미앙궁에 있는 건물이다.

46 한 평제 유기자(劉箕子)가 위독해지자 왕망이 하늘에 대고 그 병을 고쳐주고
   대신 자기가 죽겠다고 쓴 귀중한 문서이므로 금궤에 넣어두었던 것이다. 이
   사건은 평제 원시 5년(5년)에 있었던 일로,《자치통감》권36에 실려 있다.

천군 연리(掾吏) 풍이(馮異)가 그 휘하에 있는 5개 현을 보살피다가 한 나라의 병사들에게 붙잡혔다.

풍이가 말하였다.

"저 풍이의 늙은 어미가 부성에 있으니, 그곳으로 돌아가기를 원합니다. 다섯 개의 성을 들어서 바쳐 공로를 세워 은덕에 보답하겠습니다."

유수가 이를 허락하였다.

풍이가 돌아가서 부성 현장 묘맹(苗萌)에게 말하였다.

"제장들은 대부분 횡포하지만, 오직 유 장군만이 가는 곳에서 노략질을 하지 않습니다. 그가 말하는 것과 행동거지를 보니 보통사람이 아닙니다!"

마침내 묘맹과 함께 다섯 현을 인솔하여 항복하였다.

10   신시병(新市兵)과 평림병(平林兵)[47]에 소속한 제장들은 유연(劉縯) 형제의 위엄과 이름이 날로 왕성해지자 몰래 경시에게 그들을 제거하라고 권고하였다. 유수가 유연에게 말하였다.

"일이 좋지 않게 되려고 합니다."

유연이 웃으면서 말하였다.

"늘 그와 같았을 뿐이다."

경시가 제장들을 모아 큰 회의를 열고, 유연의 보검을 빼앗아서 살펴보았다. 수의어사(綉衣御史) 신도건(申徒建)이 수행하다가 옥결(玉玦)을 바쳤지만[48] 경시는 감히 발동하지 못하였다. 유연의 장인 번굉

---

47 신시병은 왕봉(王鳳)의 군사이고, 평림병은 진목(陳牧)의 병사를 말한다.

48 신도(申徒)는 바로 신도(申屠)로, 성이다. 이 사건은 마치 유방과 항우가 만난

(樊宏)이 유연에게 말하였다.

"신도건은 범증(范增)이 가졌던 뜻을 갖지 않았는가?"[49]

유연이 응답하지 아니하였다.

이질(李軼)은 처음에 유연 형제와 더불어 잘 지냈었지만, 뒤에 가서는 새로이 귀하게 된 사람들[50]을 다시 아첨하며 섬겼다. 유수가 유연에게 경계하여 말하였다.

"이 사람은 다시 믿을 수 없을 것입니다."

유연이 좇지 아니하였다.

유연의 부하 장수 유직(劉稷)이 용감하기로는 삼군(三軍) 가운데서 으뜸이었는데, 경시가 황제로 세워졌다는 소식을 듣고, 화가 나서 말하였다.

"본래 군사를 일으켜서 큰일을 도모한 사람은 백승(伯升)[51] 형제이다. 지금의 경시는 무엇을 한 사람인가?"

경시가 유직을 항위(抗威)장군으로 삼자 유직이 배수(拜受)하려하지 아니하였다.

경시는 이에 제장들과 더불어 병사 수천 명을 늘어놓고 먼저 유직을 잡아들이고 곧 그를 죽이려고 하였다. 유연이 심하게 이 문제를 가지

경우와 같은 상황이었다. 즉 일찍 결단하여 유연을 죽이라는 의미이다.

49 항우와 유방이 홍문(鴻門)에서 만났을 때 범증이 항우에게 옥결을 바치면서 유방을 처리하라고 암시하였었다. 한 고제 원년(기원전 206년)에 있었던 일로, 《자치통감》 권9에 실려 있다. 이러한 고사와 같이 신도건이 유연을 죽이려고 하는 것은 아닌지를 물은 것이다.

50 주유(朱鮪) 등을 말한다.

51 유연을 말한다.

고 다투었다. 이질과 주유(朱鮪)[52]가 이어서 경시에게 유연을 함께 잡아들이라고 권고하였고, 그날로 그들을 죽였다. 친척 형인 광록훈 유사(劉賜)[53]를 대사도(大司徒)로 삼았다.

유수가 이 소식을 듣고 부성에서 말을 달려 완에 이르러 사죄하였다. 사도부[54]의 관속들이 유수를 영접하고 조문하였으나, 유수는 그들과 함께 사사로운 말을 한 마디도 하지 아니하고 오직 깊이 자기의 허물을 끄집어 낼 뿐이었고, 스스로 곤양(昆陽)에서 세웠던 공로를 내세우지 아니하였다. 또한 감히 유연을 위하여 상복을 입지 아니하였고, 음식을 먹는 것과 담소하는 것이 평상시와 같았다. 경시가 이것 때문에 부끄럽게 생각하여 유수를 파로(破虜)대장군으로 삼고 무신후(武信侯)에 책봉하였다.

11 도사(道士)인 서문군혜(西門君惠)[55]가 왕망의 위(衛)장군 왕섭(王涉)에게 말하였다.

"참서(讖書)[56]에는 유씨가 당연히 부흥될 것이라고 하였는데, 국사공(國師公) 성명[57]이 바로 그것입니다."

---

52 신시병에 속한 인물이다.

53 유사와 유연은 창오(蒼梧) 태수였던 유리(劉利)의 후손이었다.

54 유연이 사도였으므로 유연의 부하들인 셈이다.

55 서문은 복성, 도사는 법술가일 것이다. 이때는 도교의 도사가 아직 나타나지 않았다.

56 일종의 비기이며 예언서이다. 도참사상에 의하여 쓰여졌다.

57 국사공은 유수를 말한다. 유수의 원래 이름은 유흠(劉歆)이었는데 후에 고쳤다. 후한 광무제 유수와는 다른 사람이다.

왕섭은 마침내 국사공 유수(劉秀), 대사마 동충(董忠), 사중대훼(司中大贄)[58] 손급(孫伋)과 모의하여 소속 병사로 왕망을 잡아서 한나라에 투항, 자기 종족을 온전하게 하려 하였다.

가을, 7월에 손급이 그들의 모의를 왕망에게 고하여 바치니, 왕망이 동충을 불러서 힐책하고 이어서 그를 쳐 죽이는데, 호분(虎賁)용사들에게 참마검(斬馬劍)으로 동충을 찢어버리게 하였다. 그의 종족들을 모두 잡아들여서 진한 초와 독약, 번득이는 칼과 가시나무를 그들과 함께 한 구덩이에 묻어버렸다. 유수와 왕섭은 모두 자살하였다. 왕망은 그들이 골육이거나 오래된 신하이므로[59] 그의 내부가 궤멸하였다는 말을 듣기 싫어하였다. 그러므로 그가 주살한 것을 은폐하였다.

왕망은 군사들은 밖에서 격파되고 대신들은 안에서 배반하였으므로 주위에 믿을 만한 사람이 없자 다시는 멀리 있는 군과 봉국까지 생각할 수 없게 되었다. 이에 왕읍을 불러들여서 대사마로 삼고, 대장추(大長秋)[60] 장한(張邯)을 대사도로 삼고, 최발(崔發)을 대사공으로 삼고, 사중(司中)[61] 수용(壽容)과 묘흔(苗訢)을 국사(國師)로 삼았다.

왕망은 근심 걱정에 싸여서 먹지를 못하였고 다만 술을 마시고 복어(鰒魚, 전복)만을 먹었다. 군사에 관한 책을 읽다가 피곤해지면 책상에 기대어 잤는데, 다시는 베개를 베지 아니하였다.

---

58 궁정 금위군의 부사령관에 해당하는 직책이다.

59 왕섭은 왕근의 아들이고, 유흠은 왕망이 칭제할 때 주모하였던 사람이다.

60 황후궁을 총관리하는 책임자이다.

61 궁정 금위사령관에 해당하는 직책이다.

12   성기(成紀, 감숙성 泰安縣) 사람 외최(隗崔)와 외의(隗義), 상규(上
邽, 감숙성 天水縣) 사람 양광(楊廣), 기현(冀縣, 감숙성 甘谷縣) 사람 주
종(周宗)이 같이 군사를 일으켜 한나라[62]에 호응하면서 평양(平襄,
감숙성 通渭縣)을 공격하여 왕망의 진융(鎭戎, 감숙성 天水郡) 대윤(大
尹)[63] 이육(李育)을 죽였다.

외최의 조카 외효(隗囂)는 평소에 이미 유명했고, 경서를 좋아하여
서 외최 등이 함께 추대하여 상(上)장군으로 삼았으며, 외최는 백호(白
虎)장군이 되고, 외의는 좌(左)장군이 되었다. 외효는 사신을 보내어서
평릉(平陵, 섬서성 함양현의 서북쪽)의 방망(方望)을 초빙하여 군사(軍師)
로 삼았다.

방망이 외효에게 읍의 동쪽에 고제(高帝)의 사당을 세우라[64]고 유
세하였다. 기사일(20일)에 고조(高祖)·태종(太宗)·세종(世宗)에게 제사
를 지내고 나서 외효 등이 모두 신하가 되어 일을 맡겠다며 말을 죽여
서 함께 맹세하여 일어나서 유씨를 보필하기로 하였다. 여러 군과 제후
국들에게 격문을 보내어 왕망의 죄악을 헤아리며 늘어놓았다.

병사 10만 명을 챙겨 옹주목(雍州牧)[65] 진경(陳慶)과 안정(安定, 감
숙성 固原縣) 대윤(大尹) 왕향(王向)을 공격하여 죽였다. 제장들을 나
눠 파견하여 농서(隴西, 감숙성 臨洮), 무도(武都, 감숙성 成縣), 금성(金

---

62 멀리 완성(宛城)에 있는 유현을 말한다.

63 군수를 말한다.

64 읍은 평양읍이고, 고제는 전한을 세운 유방이다. 왕망에 의하여 멸망된 한 왕
   조의 부흥을 암시하는 조치였다.

65 감숙성의 동부 지역이다.

城, 감숙성 蘭州市), 무위(武威, 감숙성 무위현), 장액(張掖, 감숙성 장액현), 주천(酒泉, 감숙성 주천현), 돈황(敦煌, 감숙성 돈황현)을 차례로 돌아보며 이들을 모두 떨어뜨렸다.

13   처음에 무릉(茂陵, 섬서성 興平縣) 사람 공손술(公孫述)이 청수(清水, 감숙성 청수현) 현장이 되어서 능력이 있다는 이름을 얻었고, 도강(導江, 한대의 蜀郡)의 졸정(卒正)[66]으로 옮기고서 치소(治所)를 임공(臨邛, 사천성 邛徠縣)에 두었다.

한나라의 군사가 일어나자, 남양(南陽, 하남성 남양시) 사람 종성(宗成)과 상현(商縣, 섬서성 상현) 사람 왕잠(王岑)이 군사를 일으켜 한중(漢中, 섬서성 남정현) 지역을 순시하면서 한나라에 호응하게 하고, 왕망의 용부목(庸部牧)[67] 송준(宋遵)을 살해하고 무리 수 만 명을 모았다. 공손술이 사자를 파견하여 종성 등을 영접하니 종성 등이 성도(成都)에 이르러서 노략질하며 횡포한 짓을 하였다.

공손술이 자기 군에 있는 호걸들을 불러서 말하였다.

"천하 사람들이 한가지로 신(新)나라 황실의 고통을 받았으므로 유씨를 생각한 지 오래 되었소. 그러므로 한나라 장군들이 도착한다는 소식을 듣고 달려 나와 길에서 영접하였소. 지금 백성들은 아무 죄가 없는데, 부녀자들이 붙잡혔으니, 이것은 도적떼이지 의로운 병사가 아니오."

이에 사람을 시켜서 한나라의 사자라고 거짓으로 부르게 하여 공손술에게 보한(輔漢)장군, 촉군(蜀郡) 태수와 익주목(益州牧)을 겸하는

---

66 군수에 해당하는 직책이다.

67 용부(庸部)는 신 왕조가 익주를 고친 명칭이다.

인수를 주니 정예의 병사를 선발하여 서쪽으로 가서 종성 등을 공격하여 그들을 죽이고, 그 무리들을 합병하였다.

14 전에 종무후(鍾武侯)였던 유망(劉望)이 여남(汝南, 하남성 여남현)에서 병사를 일으키니 엄우와 진무[68]가 그에게 가서 귀부하였다. 8월에 유망이 황제에 즉위하여[69] 엄우를 대사마로, 진무를 승상으로 삼았다.

15 왕망은 태사(太師) 왕광(王匡)과 국장(國將) 애장(哀章)에게 낙양을 지키게 하였다. 경시는 정국상공(定國上公) 왕광(王匡)[70]을 파견하여 낙양을 공격하게 하고, 서병(西屛)대장군 신도건(申屠建)과 승상부 사직(司直)[71] 이송(李松)은 무관(武關, 섬서성 商縣의 경계 지역)을 공격하게 하니, 삼보(三輔, 경기 지역) 지역이 벌벌 떨며 요동쳤다.

석현(析縣, 하남성 內鄕縣의 서북쪽 65km 지점) 사람 등엽(鄧曄)과 우광(于匡)이 남향(南鄕, 석현의 경계 지역)에서 군사를 일으켜 한나라에 호응하여 무관 도위(都尉) 주맹(朱萌)을 공격하니 주맹이 항복하였다. 진격하여 우대(右隊, 한대의 홍농군)의 대부(大夫)[72] 송강(宋綱)을 공격하여

---

68 유망은 한나라 장사정왕의 손자로 성제 2년에 후로 책봉되었고, 엄우는 왕망의 신 왕조에서 납언 겸 대장군이었고, 진무는 질종 겸 대장군이었다.

69 그의 선조 유발에 관한 내용은 《자치통감》 권15 경제 전원년(기원전 155년) 3월조에 기록되어 있고, 유망이 한의 황제가 된 것이다.

70 앞에 나와 있는 왕광은 왕망의 신하이고, 이 왕광은 왕망의 신하가 아닌 신시병(新市兵)에 속한 사람이다.

71 부재상에 해당하는 직책이다.

72 대부는 군수에 해당하는 직책이다.

죽이고, 서쪽으로 가서 호현(湖縣, 하남성 靈寶縣의 북쪽)을 함락시켰다.

왕망은 더욱 근심이 되어 나아갈 바를 알지 못하였다. 최발(崔發)이 말하였다.

"옛날에는 나라에 커다란 재앙이 있으면 통곡을 하여 이를 액땜하였습니다. 마땅히 하늘에 대고 구원해달라고 요구하여야 할 것입니다."[73]

왕망은 이에 여러 신하를 거느리고 남교[74]에 가서 그가 부명(符命)[75]을 받았던 일을 처음부터 끝까지 진술하고, 하늘을 우러러보고 크게 곡을 하다가 기운이 다하자 엎드려서 머리를 조아렸다. 여러 유생들과 보잘 것 없는 백성들이 아침저녁으로 모여 곡을 하자 그들을 위하여 반찬과 죽을 준비하고 아주 슬프게 우는 사람을 낭관으로 임명하니 낭관이 5천여 명에 이르렀다.

왕망이 장군 9명을 임명하였는데, 모두 '호(虎)'라는 말을 넣어서 부르고,[76] 북군(北軍) 가운데 정예 병사 수만 명을 거느리고 동쪽으로 가게 하면서 그들의 처자들을 궁중으로 받아들여서 인질로 삼았다. 그때

---

73 《주례》에 보면, 국가에 재난이 있을 때 여무(女巫)가 한편으로는 곡을 하고, 한편으로는 노래를 하면서 하늘에 고한다고 되어 있다. 《춘추좌전》에는 '선공(宣公) 12년에 초자(楚子)가 정(鄭)나라를 포위하고 17일이 되자, 지키는 사람들이 모두 곡을 하였다'는 기록이 있다.

74 남쪽 교외에 위치한 하늘에 제사지내는 곳이다.

75 왕망이 황제로 올라가는 과정에서 받았던 여러 가지 예언적인 것들을 말한다.

76 호(虎)는 맹수인 호랑이다. 장군의 호칭을 비호장군, 용호장군 등과 같이 호자를 넣어서 호랑이처럼 사납고 무서운 장군이라는 의미를 갖게 하려는 것이었다.

궁중에는 황금이 아직도 60여만 근이나 있었고, 다른 재물도 이와 비슷하게 있었지만 왕망은 이것들을 더욱 아끼느라 9명의 '호'자가 들어가는 장군의 병사들에게 4천 전씩을 내려주었다.

많은 사람들이 거듭 원망하였고 싸울 생각을 갖지 아니하였다.[77] 9명의 '호'자가 들어간 장군들이 화음(華陰, 섬서성 화음현)의 회계(回谿, 화음의 동쪽)에 이르러 험한 곳에 의지하여 스스로를 수비하였다. 우광(于匡)과 등엽(鄧曄)이 이들을 공격하니, 6명의 '호'자가 들어간 장군은 패하여 달아났는데, 그 중 두 명[78]의 '호'자가 들어간 장군이 대궐로 돌아가서 죽음을 받겠다고 하자, 왕망이 사자에게 '죽은 사람이 어디 있는가?' 하고 책임을 물으니 이들은 모두 자살하였다. 나머지 4명의 '호'자가 들어간 장군들은 도망하였다. 3명[79]의 '호'자가 들어간 장군들은 흩어진 졸병들을 거두어 위수(渭水) 입구의 경사창(京師倉, 섬서성 화음현에 있는 灌水가 위수로 들어가는 곳)을 보위하였다.

등엽(鄧曄)이 무관(武關)을 열고 한나라의 병사들을 영접하였다. 이송(李松)이 3천여 명을 거느리고 호현(湖縣)에 이르러서 등엽 등과 함께 경사창을 공격하였으나 떨어뜨리지 못하였다. 등엽이 홍농(弘農, 하남성 영보현)의 연리 왕헌(王憲)을 교위로 삼아 수백 명을 거느리고 북쪽의 위수를 건너 좌풍익(左馮翊)의 경계 지역으로 들어갔다.

이송은 편(偏)장군 한신(韓臣) 등을 파견하여 지름길로 서쪽으로 가서 신풍(新豊, 섬서성 臨潼縣의 동북쪽)에 이르러 왕망의 파수(波水)장

---

77 기대했던 만큼의 돈을 받지 못한 병사들이 싸우려 하지 않았다는 말이다.

78 사웅(史熊)과 왕황(王況)이다.

79 곽흠(郭欽), 진휘(陳翬), 성중(成重)이다.

군[80]을 쳤는데, 달아나는 것을 추격하여 장문궁(長門宮)에 이르렀다. 왕헌이 북쪽으로 가서 빈양(頻陽, 섬서성 富平縣 동북쪽)에 이르렀는데, 지나는 곳에서는 그를 영접하며 항복하였다. 여러 현에서는 대성(大姓)[81]들이 각기 병사를 일으켜 한의 장군이라고 칭하고 무리를 이끌고 왕헌을 좇았다.

이송과 등엽이 군사를 이끌고 화음에 이르니, 장안의 근처에 있던 병사들이 사방에서 와서 성 아래에 모였다. 또한 천수(天水) 사람 외씨(隗氏)가 바야흐로 도착하였다는 소식을 듣자 모두 다투어 입성하려 하였는데, 큰 공로를 세우거나 노략질하는 이익을 얻으려고 탐낸 것이었다.

왕망은 성 안에 있는 죄수들을 사면하고 모두에게 무기를 주면서 돼지를 잡아 그 피를 마시게 하고 더불어 맹세하며 말하였다.

"만약에 신(新) 왕조를 위하지 않는 사람이 있다면 사직의 귀신이 이것을 기억할 것이다."

경시(更始)장군 사심(史諶)[82]에게 이들을 거느리게 하였는데, 위교(渭橋)를 건너자 모두 흩어져 달아나서 사심은 빈손으로 돌아왔다.

여러 병사들이 왕망의 처(妻)·자(子)·부(父)·조(祖)의 무덤을 파헤치고 그들의 관곽(棺槨)과 구묘(九廟)·명당(明堂)·벽옹(辟雍)에 불 지르니, 그 불빛이 성 안까지 비추었다.

---

80 《후한서》〈두융전〉에 왕망이 두융을 파수장군으로 임명했다는 기사가 있으므로 두융을 말하며, 파수는 장안의 남쪽에 있다.

81 세력이 있는 종족을 말한다.

82 왕망의 장인이다.

9월 초하루 무신일에 병사들이 선평성문(宣平城門)[83]으로 들어갔다. 장한(張邯)이 병사들과 마주쳐 살해되었고, 왕읍[84]과 왕림(王林), 왕순(王巡), 대운(蹛惲) 등은 병사를 나누어 거느리고 북궐(北闕) 아래에서 공격에 저항하였지만 날이 저물자 관부와 관원들의 저택에 있던 사람들이 모두 도망쳤다.

기유일(2일)에 성 안에 있던 젊은 사람인 주제(朱弟)와 장어(張魚) 등이 노략질을 당할까봐 두려워서 달려가며 시끄럽게 하고 아울러 화답하면서 작실문(作室門)[85]에 불을 지르고, 경법전(敬法殿)의 작은 문에 도끼질을 하며 부르짖었다.

"반역자 녀석인 왕망은 왜 나와서 항복하지 않느냐?"

불길이 액정(掖庭)과 승명전(承明殿)에까지 이르렀는데, 이곳은 황황실주(黃皇室主)[86]가 거처하는 곳이었다. 황황실주는 말하였다.

"무슨 면목으로 한나라 집안사람들을 볼 것인가?"

스스로 불 속으로 뛰어들어서 죽었다.

왕망은 불을 피하여 선실(宣室)의 전전(前殿)으로 갔는데, 불이 번번이 그를 쫓아왔다. 왕망은 순수한 감색(紺色)[87]의 의복을 입고, 우제(虞帝)의 비수를 들고 있었는데, 천문랑(天文郞)이 그 앞에서 점괘를

---

83 장안성[왕망은 상안성으로 고침]의 동성(東城) 북쪽 첫 번째에 있는 문이다.

84 이때 장한은 대사도(재상)였고, 왕읍은 대사마[군사 최고지휘관]였다.

85 작실문은 공장(工匠)들이 출입하는 쪽문이다.

86 한 평제 유기(劉箕)의 정처(正妻)로 왕망의 딸이다. 이때 나이가 32세였다.

87 푸르면서도 붉은색을 띤 보라색이다. 공자는 군자는 감색을 입지 않는다고 했다.

뽑았고, 왕망이 자리를 돌려 두병(斗柄)[88]의 방향으로 앉으면서 말하였다.

"하늘이 나에게 은덕을 내려주었는데, 한나라의 병사들이 나에게 어떻게 하겠는가?"

경술일(3일)에 또 날이 밝자 여러 신하들이 왕망의 겨드랑이를 부축하여 선실의 전전에서부터 점대(漸臺)[89]로 가는데, 공경과 수행 관원들 1천여 명이 여전히 그를 따랐다.

왕읍은 밤낮으로 싸워서 극도로 피로하였고, 병사들도 죽고 다쳐서 대부분이 소진되자 말을 달려 궁으로 들어와 여러 곳을 돌다가 점대에 이르렀다. 그의 아들인 시중(侍中) 왕목(王睦)이 의관을 벗어던지고 도망하려는 것을 보자 왕읍이 그를 꾸짖어서 돌아오게 하고 아버지와 아들이 함께 왕망을 지켰다. 군인들이 전중(殿中)으로 들어와서 왕망이 점대에 있다는 소식을 듣고, 여러 사람이 함께 그곳을 수백 겹으로 둘러쌌다. 점대 위에서도 오히려 화살을 쏘았으나 화살이 다 떨어지자 짧은 칼로 접전을 벌였다. 왕읍의 부자와 대운, 왕순은 싸우다 죽었고, 왕망은 방으로 들어갔다.

하포(下哺) 때[90] 많은 병사들이 점대로 올라갔고, 묘흔(苗訢)과 당존(唐尊)[91]·왕성(王盛) 등이 모두 죽었다. 상(商, 섬서성 상현) 사람 두

---

88 천문랑이 점괘를 뽑은 결과에 따라서 움직인 것이며, 두병은 북두칠성의 손잡이로 앉은 방향이 그 방향과 일치하였던 것을 의미한다.

89 미앙궁에 있는 창지(滄池) 가운데 4면이 물로 둘러싸인 건물이다. 건장궁에도 점대가 있는데 이것은 태액지(太液池) 안에 있다.

90 신(申)시를 말하며, 저녁 4시경이다.

91 묘흔은 국사(國師)이고, 당존은 태부(太傅)이다.

오(杜吳)가 왕망을 죽이고, 교위인 동해(東海, 郯城縣) 사람 공빈취(公
賓就)가 왕망의 머리를 잘랐는데,[92] 군인들이 왕망의 몸을 나누는데,
마디마디를 해체하고 살을 저미면서 다투다가 서로 죽인 것이 수십 명
이었다. 공빈취가 왕망의 머리를 가지고 왕헌(王憲)에게 갔다.

왕헌은 스스로 한나라의 대장군이라고 부르면서 성 안에 있는 병사
수십만 명을 모두 자기에게 귀속시키고, 동궁(東宮)[93]에 머물면서 왕
망의 후궁을 처로 삼고, 그의 수레와 복장을 사용하였다.

계축일(6일)에 이송과 등엽[94]이 장안으로 들어오고, 장군 조맹과 신
도건이 또한 도착하였다. 왕헌이 얻은 새수(璽綏)를 위로 바치지 않고,
궁녀들을 많이 끼고서 천자의 북과 기치를 꽂고 있으므로 그를 잡아서
목을 베었다.[95] 왕망의 수급을 전거(傳車)로 완[96]에 보내니 저자에 내
걸었다. 백성들이 함께 그것을 들어서 치고 때렸으며, 어떤 사람은 그
혀를 잘라서 먹었다.

❖ 반고(班固)[97]가 찬양하여 말하였습니다.

---

92 이때 왕망은 68세였고, 그가 세운 신 왕조는 15년간(8년~23년) 지속된 셈이다.

93 동쪽에 있는 궁궐이라는 말로 장락궁을 말한다.

94 이송은 유현의 한 왕조의 사직(司直, 부재상)이고, 등엽은 석현(析縣)에서 기병
한 자이다.

95 왕헌이 3일천하를 한 셈이다.

96 경시제 유현이 있는 곳이다.

97 《한서(漢書)》를 쓴 역사가이다.

"왕망은 처음에 외척으로서 시작하여 일어났는데, 절개를 굽히고 힘써 행동을 하여 명예를 얻었고, 보정하는 자리에까지 이르자 국가를 위하여 열심히 일하였으며, 정직한 길로 갔는데, 어찌하여 이른바 '기색으로는 인(仁)한 태도를 취하고 행동으로는 어긋난' 사람이 되었는가?[98]

왕망은 이미 어질지 아니하고 망령스럽고 사악한 재간을 가졌고 또한 네 명의 아버지[99]가 쌓아온 권력을 올라타고서 한나라가 중간에 미약해지고 나라의 후사가 세 번이나 끊어지는 시기[100]를 만났고, 태후(太后)가 오래 살아있게 되어 그를 위하여 종주(宗主) 노릇을 하였으니 그러므로 그는 간사하고 사특함을 방자하게 하여 찬탈하고 도적질하는 화를 완성한 것이다. 이를 미루어 말하건대 이 역시 천시(天時)이지 사람의 힘으로 된 것이 아니다.

그가 황제의 자리를 절취하여 남쪽을 향하여 앉게 되었지만,[101] 넘어지고 뒤집힐 형세는 걸(桀)임금이나 주(紂)임금 때보다 더 위험하였지만 그러나 왕망은 편안하게 스스로 황제(黃帝)와 우(虞)[102]가 다시 나타났다고 하면서 비로소 방자해져서 성을 내고, 위엄과 속임수를 펼치니, 그 해독은 여러 화하족(華夏族)이 사는

---

98 이 말은《논어》에서 공자가 자장(子張)에게 답한 말을 인용한 것인데, 공자는 '어질지 않은 자가 어진 자의 기색을 빌려서 행동하면 이를 어기게 된다.'이다.

99 왕망의 백부와 숙부로, 왕봉(王鳳), 왕음(王音), 왕상(王商), 왕근(王根)이다.

100 성제(成帝) 유오(劉驁), 애제(哀帝) 유흔(劉欣), 평제(平帝) 유기자(劉箕子)에게는 모두 아들이 없었다.

101 남쪽을 향하여 앉는 것은 제왕만이 할 수 있으며, 신하는 북향으로 앉았다.

102 왕망은 황제와 순임금을 자기의 조상이라고 하였다.

곳으로 흘러 들어갔고, 그 혼란은 만족(蠻族)과 맥족(貊族)에게까지 퍼져 나갔는데도 오히려 그의 욕망을 아직도 충분히 드러내지 못하였다.

이리하여 사해(四海) 안에서는 시끄러워져서 그들이 즐겁게 살려는 마음을 없앴고, 안팎에서 분노하고 원한이 생기게 되었으며, 멀건 가깝건 모두 일어나니 성지(城池)[103]는 지킬 수 없게 되었고, 지체(肢體)는 분열되었다. 마침내 천하의 성읍들을 폐허로 만들었고, 두루 살아있는 백성들에게 해독을 끼쳤으니, 책에 기록되어 전해지는 '난신적자(亂臣賊子)' 가운데 그들이 끼친 화난과 실패를 상고해 보면, 아직까지도 왕망처럼 심한 사람은 없었다!

옛날 진(秦)나라 때《시》와《서》를 불태우고 사사로운 의론을 세워놓았지만 왕망은 6예(藝)[104]를 외우며 자기의 간사한 말을 문식(文飾)하였는데, 같은 결과를 가져왔지만 다른 방법[105]들은 모두 멸망하였으며 사용되었으니 모두가 성왕(聖王)을 위해 몰아내어 제거한 것이라[106]고 말할 수 있으리라."

---

103 금성탕지(金城湯池)의 준말이다. 금성은 쇠로 만든 성이고, 성 주위에 끓는 물을 부어 놓은 해자가 있다는 말이므로 과장되었지만 대단히 견고한 성이라는 뜻이다.

104 《시경》,《서경》,《예기》,《악기》,《역경》,《춘추》를 말한다.

105 한 사람은 시서를 없애고, 한 사람은 육예를 수식하여 서로 정반대되는 방법을 사용하였지만 결과는 똑같이 망하였다는 말이다.

106 여기서 성왕이란 광무제(光武帝)를 말한다. 이 내용은 진나라는 유방의 길을 닦은 것이고, 왕망은 유수를 위하여 길을 닦았다는 뜻이다.

16   정국상공(定國上公) 왕광(王匡)[107]이 낙양을 함락시키고 왕망의
태사 왕광(王匡)과 애장(哀章)을 산 채로 포박하였다가 이들의 목을 모
두 베었다. 겨울, 10월에 분위(奮威)대장군 유신(劉信)이 여남(汝南, 하
남성 여남현)에서 유망(劉望)을 공격하여 죽이고, 아울러 엄우와 진무
[108]를 죽이니, 군과 현이 모두 항복하였다.

17   경시는 장차 낙양에 도읍할 생각에 유수에게 사예교위의 임무를
수행하도록 하여[109] 앞서 가서 궁전과 관부를 수리하도록 하였다. 이
에 유수는 관료를 두고 공문을 작성하여 보내고,[110] 종사(從事)들이 일

107 유현으로부터 정국상공에 임명된 신시병에 소속된 자로 왕망 조정의 태사
    왕광과는 다른 사람이다.

108 유망이 칭제하고서 엄우를 대사마에, 진무를 승상에 임명하였다.

109 사예교위는 삼보(三輔)·삼하(三河)·홍농(弘農) 지역을 살피는 직책이므로
    경기 지역 위수사령관에 해당하지만 여기서는 정식이 아닌 행직(行職)으로
    임명하여 임시로 이 업무를 수행하게 했다.

110 공문을 작성하여 보낸다는 것은 관부를 구성한 정식 기관이라는 의미를 갖

을 살피게 하였는데,[111] 하나같이 옛 법[112]대로 하였다.

이때 삼보(三輔)[113] 지역에 있던 관리와 사병들이 동쪽으로 가서 경시를 영접하였는데, 제장들이 지나가는 것을 보니 모두 머리에 수건을 쓰고 부인의 옷을 입고 있어 이를 비웃지 않을 수 없었다. 사예교위에 소속된 관속들을 보게 되자, 모두 기쁨을 이기지 못하였고, 늙은 관리들 가운데 어떤 이는 눈물을 흘리면서 말하였다.

"생각지 않게 오늘에야 다시금 한나라 관리의 위엄 있는 모습을 보게 되었구나!"

이로부터 식자들은 모두 마음속으로 그에게 의탁하려 하였다.

경시는 북쪽으로 가서 낙양에 도읍하고, 사자를 나누어 파견하여 각 군과 제후국을 순회하도록 하며 말하였다.

"먼저 항복하는 자에게는 작위를 회복시켜 주시오."

사자가 상곡(上谷, 하북성 懷來縣)에 도착하였는데, 상곡 태수인 부풍(扶風, 장안시 서쪽) 사람 경황(耿況)이 영접하고, 인수(印綬)를 바쳤다.[114] 사자는 이것을 받고서 하룻밤을 지내고도 돌려줄 뜻이 없었다.

고 있다. 여기서는 삼보·삼하·홍농 지역의 군현에 공문을 보낸다는 말이다.

111 《속한서》에 보면 사예교위는 종사사(從事史) 12명을 둘 수 있는데, 그 녹질은 100석이고 주로 문서를 감독하고 독촉하며 불법을 들춰내 살피는 직책이다.

112 왕망이 여러 법제를 바꾸었는데, 유수는 왕망이 등장하기 이전의 한나라 법제에 따라 일을 처리하였다는 뜻이다.

113 삼보는 세 곳이란 뜻으로 넓은 의미의 장안 지역인데, 구체적으로 경사를 보필하는 수도 장안시(長安市)와 북장안시(北長安市), 서장안시(西長安市)를 일컫는다.

114 인수는 관직을 가진 사람이 항상 지니고 다니는 인새와 인끈을 말하며 이것을 바친다는 것은 항복의 표시이다.

공조(功曹)[115] 구순(寇恂)이 병사를 정돈하고 들어가 사자를 보고 그것을 돌려 달라고 청하자 사자는 인수를 주지 않고 말하였다.

"나는 천왕의 사자인데 공조가 위협하려고 하는가?"

구순이 말하였다.

"감히 사군(使君)[116]을 위협하는 것이 아니고, 가만히 생각하건대 계책이 주밀하지 못한 것을 가슴 아파하는 것입니다.

지금 천하가 처음으로 평정되고 있어서 사군에게 부절(符節)을 세워 명령을 받들도록 하였으니, 여러 군과 제후국에서 목을 빼고 귀를 기울이지 않는 곳이 없습니다. 지금 처음으로 상곡에 이르렀는데, 먼저 큰 믿음을 떨어뜨린다면 장차 다시 무엇으로 다른 군을 호령하겠습니까?"

사자는 이 말에 응답하지 아니하였다.

구순은 좌우의 사람들을 질책하며 사자의 명령으로 경황을 부르라고 하였다. 경황이 도착하자 구순이 나아가서 인수를 빼앗아 경황에게 채워주었다. 사자는 부득이하여 마침내 승제(承制)하여서[117] 그에게 조서를 내렸고, 경황은 이를 받고서 돌아갔다.

완 사람인 팽총과 오한(吳漢)은 망명하여 어양(漁陽, 북경시 密雲縣)에 있었는데, 같은 고향 사람인 한홍(韓鴻)이 경시의 사자가 되어 북부

---

115 군(郡)의 인사 담당 행정관이다.

116 사자(使者)를 높여 부르는 말이다. 사(使)가 들어가는 관직을 가진 사람을 높여 부를 때에도 사군이라고 호칭한다.

117 제(制)는 황제의 명(命)을 말하므로 승제는 황제의 명을 받아서 조치한다는 뜻이다. 관직을 임명하는 것은 황제의 제서에 의해 이루어지지만 일정한 범위의 권한을 황제가 위임하면 그 위임한 범위에서 관직을 임명할 수 있다.

에 있는 주를 순회하다가 승제하여 팽총에게 편장군을 제수하고 어양 태수의 일[118]을 맡아보게 하였으며, 오한을 안락(安樂, 북경시 순의현) 현령으로 삼았다.

경시가 사신을 파견하여 적미에게 항복하라고 하였다.[119] 번숭(樊崇)[120] 등이 한나라 황실이 부흥하였다는 소식을 듣고, 곧바로 그의 병사들을 남겨두고 거수(渠帥) 20여 명을 거느리고 사자를 따라 낙양에 이르니 경시는 이들을 모두 열후로 책봉하였다. 번숭 등에게는 이미 그렇게 해놓고도 아직 채읍을 주지 않자[121] 머물러 있던 무리들 중 조금씩 이반하는 사람이 생겨서 그들의 진영[122]으로 도망하여 복귀하였다.

18 왕망의 여강(廬江, 안휘성 여강현) 연솔(連率)[123]인 영천(穎川, 하남성 우현) 사람 이헌(李憲)이 자기 군을 점거하여 스스로 지키면서 회남왕(淮南王)이라고 하였다.

19 옛 양왕(梁王) 유립(劉立)[124]의 아들 유영(劉永)이 낙양에 왔다.

---

118 행직, 즉 임시직이며 관직명은 행어양태수사이다.

119 사자를 파견하여 그들에게 유시하여 항복하게 하고 무장해제를 하게 한 것이다. 항복을 받는 일은 황제의 일이지만 뒤에 가서 미루어 처리하겠다는 뜻이다.

120 반란세력인 적미의 우두머리이다.

121 열후로 책봉하면 그에 따른 채읍을 지정해 주는데, 아직 시행되지 않았다.

122 이때 적미는 하남성 복양현(濮陽縣)에 주둔하고 있었으므로 복양으로 간 것이다.

123 왕망의 신 왕조에서는 태수를 연솔이라고 하였다.

경시는 그를 양왕으로 책봉하고 수양(睢陽, 하남성 상구시)에 도읍하게 하였다.

20   경시가 가까이 하는 대장으로 하여금 하북(河北) 지역을 순회하게 하려고 하니, 대사도 유사(劉賜)가 말하였다.

"여러 집 자제 중 오직 문숙(文淑)[125]만이 써먹을 수 있습니다."

주유 등이 안 된다고 하자 경시가 여우처럼 의심하였지만 유사가 적극 권고하였더니, 경시는 이에 유수를 행대사마사(行大司馬事)[126]로 삼아 부절을 가지고 북쪽으로 가서 황하를 건너 여러 주군을 진무하며 위로하게 하였다.[127]

21   대사도(大司徒) 유사(劉賜)를 승상(丞相)으로 삼고, 먼저 함곡관(函谷關)으로 들어가서 종묘와 궁실을 수리하도록 하였다.[128]

---

124 양왕 유립은 평제의 외가인 위(衛)씨와 왕래하다가 왕망에게 발각되어 자살하였다. 이 사건은 평제 원시 4년(4년)의 일로,《자치통감》권36에 실려 있다.

125 여러 집안이라 함은 남양 출신의 유씨 집안사람들을 가리키며, 문숙은 후한 광무제인 유수의 자(字)이다.

126 임시 혹은 대리할 때 임명하는 방식의 하나인 행직의 관직명을 그대로 번역하면 '대사마의 업무를 수행하는 사람'이 되지만 전체를 하나의 관직명으로 본다면 '행대사마사'라고 하여야 한다. 대사마는 전국 최고지휘관에 해당하는 직책이다.

127 후한 광무제 유수가 하북 지역을 근거로 천하를 평정할 수 있는 단초가 된 사건이다.

128 장안에 도읍하려고 한 준비이다.

22 　대사마(大司馬)¹²⁹ 유수가 황하의 북부에 이르렀는데, 지나가는 곳에 있던 군이나 현의 관리들을 살펴보고, 능력의 여부에 따라 승진시키거나 물러나게 하였고, 죄수들을 공평하게 판결하여 왕망시대의 가혹한 정치를 제거하고, 한나라의 관직 명칭을 회복시켰다. 관리와 백성들은 기뻐하였고, 다투어가며 쇠고기와 술을 가지고 와서 그의 수고를 위로하고 환영하였지만 유수는 모두 받지 아니하였다.

　남양(南陽, 하남성 남양시) 사람 등우(鄧禹)가 채찍을 치며 말을 달려 유수를 뒤쫓아서 업(鄴, 하남성 臨漳縣)에 이르렀다. 유수가 말하였다.

　"나는 오직 작위와 관직만을 제수할 수 있을 뿐인데, 그대가 멀리서 온 것은 어떤 벼슬을 하고자 하는 것이오?"

　등우가 말하였다.

　"원치 않습니다."

　유수가 말하였다.

　"바로 그와 같다면 무엇을 하고 싶다는 것이오?"

　등우가 말하였다.

　"다만 밝으신 공의 위덕(威德)이 사해에 더해지는데 저 등우가 그 가운데 한 자[尺]나 한 치[寸] 정도라도 이바지할 수 있고, 그 공로와 명예가 죽백(竹帛)¹³⁰에 남게 되기를 원할 뿐입니다."

　유수는 웃었고, 이어서 머물게 하고 사사로운 이야기를 하였다.

---

129 유현으로부터 분명히 행대사마사의 직책을 받았음에도 황하 북부에 이르자 유수는 임시 또는 대리라는 의미의 행(行) 자를 쓰지 않고 있다. 이는 유현이 그렇게 한 것인지, 아니면 유수 스스로가 그렇게 한 것인지 분명하지가 않다.

130 역사책이란 의미이다. 옛날에는 대나무나 비단에 기록했기 때문에 생겨난 말이다.

등우가 앞으로 나가서 유세하였다.

"지금 효산의 동쪽 지역은 아직 안정되지 아니하였고, 적미와 청독(靑犢)[131]의 수 만 무리가 준동하고 있습니다. 경시는 이미 등극하였지만 보통의 재주만을 갖고 있어서 스스로 허락하거나 단안을 내리지 못합니다. 제장들은 모두 보통사람이 일어났으므로 뜻은 재물과 보물에 있으며 싸우는 것도 위엄과 힘만을 사용합니다. 조석으로 자기에게 유쾌한 일만을 하려고 할 뿐 충성스럽고 훌륭하며 밝은 지혜를 가지고 깊이 생각하고 멀리까지 염려하면서 주상을 높이고 백성들을 편안하게 하려는 사람들은 있지 아니합니다.

과거 옛 성인들이 흥했던 것을 죽 훑어보면 두 가지일 뿐이니, 천시(天時)와 인사(人事)입니다. 천시를 가지고 본다면 경시가 이미 황제로 세워졌지만, 천재지변이 바야흐로 일어나고 있습니다. 인사를 가지고 본다면 제왕(帝王)의 대업은 범부가 맡을 것이 아니어서 나누어지고 무너지며, 흩어지고 갈라지는 형세를 보이고 있습니다.

밝으신 공께서 비록 번보(藩輔)의 공로[132]를 세웠다고 하더라도 오히려 설 자리가 없을까 걱정입니다. 하물며 밝으신 공처럼 평소에 덕을 꽉 채우시고 공로를 크게 세우셨으며, 천하 사람들에게 반향을 일으켜 복종하게 하셨고, 군정(軍政)은 가지런하고 정숙하게 하며, 상주고 벌주는 것을 분명히 하여 신뢰를 준 경우에야!

---

131 적미는 번숭(樊崇)이 이끄는 반란 집단인데, 청독은 무엇을 가리키는지 분명치 않다. 적색을 내세우는 적미처럼 적과 청색을 내세우는 반란 집단으로 추측된다.

132 번보란 왕실의 울타리가 되는 공로라는 말로 여기서는 곤양(昆陽)의 전투를 말한다.

오늘의 계책은 영웅들을 이어서 끌어당기고, 백성들의 마음을 기쁘게 하는데 힘쓰며, 고조(高祖)의 업적을 세우고, 만민들의 생명을 구해주는 것 만한 것이 없으며, 공의 입장에서 생각해 보면 천하를 안정시킨다는 것은 말할 거리도 못됩니다."

유수는 크게 기뻐하면서 이어서 등우로 하여금 장중(帳中)에 머물러 쉬게 하고 그와 더불어 계책을 의논하여 정하였다. 제장을 임명하고 부릴 때마다 등우에게 물어보았는데, 모두 그 재주대로 처리하였다.

유수는 형 유연이 죽으면서부터 혼자 있을 때면 번번이 술과 고기를 들이지 못하게[133] 하였고, 잠자리에서 눈물을 흘린 흔적이 있었는데 주부(主簿) 풍이(馮異)[134]가 홀로 머리를 조아리며 넓게 생각하라고 하면서 슬픔을 풀어주려고 하였다.

유수가 이를 중지시키면서 말하였다.

"경은 망령스럽게 말하지 마시오."

풍이는 이 기회를 이용하여 나아가서 유세하였다.

"경시의 정치가 혼란스러우니 백성들은 의탁하여 받들 곳이 없습니다. 무릇 사람이 오랫동안 배고프고 목마르면 쉽게 배를 채울 수 있습니다.[135] 지금 공께서는 한쪽 방면[136]에 대하여 전적으로 명령을 하고 계신데, 마땅히 관속을 파견하여 군현을 순회하게 하며 혜택을 널리 베

---

133 유수의 형 유연의 죽음을 애도하는 표시이다.

134 풍이는 부성에서 광무제 유수에게 귀부한 이후로 사예주부로 있다가 유수가 대사마가 되어 황하를 건너고 나서부터는 대사마주부가 되었다.

135 배고프고 주린 사람은 음식물을 가리지 않는다는 《맹자》의 말을 인용한 것 같다.

136 황하 북부 지역에 대한 권한을 가졌다는 뜻이다.

푸십시오."

유수가 이 말을 받아들였다.

기도위(騎都尉)인 송자(宋子, 하북성 조현) 사람 경순(耿純)이 유수를 한단(邯鄲, 하북성 한단시)에서 배알하고 물러가다가 관속들과 장병들의 법도가 다른 장수들과 같지 않은 것을 보고 드디어 스스로 교제하며 받아들였다.

무능한 경시 유현

23　옛날 조(趙)나라 목왕(繆王)의 아들 유림(劉林)[137]이 유수에게 유세하기를 '열인(列人, 하북성 肥鄕縣)에서 황하의 물을 적미 집단이 있는 곳으로 쏟아 부어 버리라.'고 하였지만[138] 유수는 이 말을 따르지 아니하고 그곳을 떠나 진정(眞定, 하북성 正定縣)으로 갔다. 유림은 평소 조(趙)·위(魏) 지역에서 임협(任俠) 노릇을 하고 있었다. 왕망(王莽) 시기에 장안(長安)에는 스스로 성제(成帝)의 아들 유자여(劉子輿)라고 하는 자가 있었는데, 왕망이 그를 죽인 일이 있었다.[139]

한단 지역에서 점을 치는 왕랑(王郞)이라는 사람이 이것을 이용하여 자기가 진짜 유자여라고 사칭하면서 말하였다.

"어머니는 옛 성제의 가녀(歌女)였는데 일찍이 노란 기운이 위에서 아래로 내려가 드디어 임신을 하게 되었다. 조후(趙后)[140]가 그녀를 해

---

137 한나라시대의 조나라 무왕은 유원(劉元)으로, 경제(景帝)의 7대손이다.

138 이때 적미 집단은 황하의 동쪽 하안에 있었으므로 열인 지역에서 황하의 둑을 터서 그곳으로 쏟아지게 하면 적미 집단은 전부 물속에 잠기게 된다.

139 왕망의 시건국 2년(10년)에 있었던 일로,《자치통감》권37에 실려 있다.

치려고 하여 거짓으로 다른 사람의 아들로 바꾸었고, 그런 연고로 온전하게 살아남을 수 있었다."

유림 등은 이 말을 믿고 조국(趙國, 하북성 한단시)의 대호족(大豪族)인 이육(李育), 장참(張參) 등과 모의하여 함께 왕랑을 세우기로 모의하였다.

마침 민간에서는 적미가 장차 황하를 건너올 것이라는 소식이 전해지자 유림 등이 이를 이용하여 선언하였다.

"적미는 마땅히 유자여를 세워야 할 것이다."

많은 사람들의 마음을 살펴보니 백성들은 대부분 이 말을 믿었다. 12월에 유림 등이 거기(車騎) 수백 명을 거느리고 새벽에 한단성(邯鄲城)에 들어와서 왕궁에 머물며[141] 왕랑을 천자로 세웠다.

장수들을 나누어 파견하여 유주(幽州, 하북성 북부)와 기주(冀州, 하북성 중부)를 경략하고 각 주와 군으로 격문을 보내니 조국 이북 지역과 요동(遼東, 요령성 요양시) 서쪽 지역에서는 모두 그 풍문을 듣고 호응하였다.

회양왕 경시 2년(甲申, 24년)[142]

---

140 조비연(趙飛燕)을 말한다.

141 옛날 조나라의 왕궁을 말한다.

142 한 왕랑(王郎) 2년, 회남왕(淮南王) 이완(李完) 2년, 상장군(上將軍) 외효(隗囂) 한복(漢復) 2년, 촉왕(蜀王) 공손술(公孫述) 원년, 초(楚) 여왕(黎王) 진풍(秦豐) 원년, 주(周) 성왕(成王) 전융(田戎) 원년이다.

1   봄, 정월에 대사마 유수는 왕랑의 세력이 새롭게 강성하여졌으므로 이에 북쪽으로 가서 계(薊, 북경시 大興縣) 지역을 경략하였다.

2   신도건과 이송이 장안에서부터 와서 경시를 영접하여 도읍을 옮겼다. 2월에 경시가 낙양을 출발하였다. 처음에 삼보 지역에 있던 호걸로 명호[143]를 빌려 왕망을 죽인 사람들은 저마다 모두 제후로 책봉되기를 바라고 있었다. 신도건이 이미 왕헌(王憲)의 목을 베고, 또 공공연히 말하였다.

"삼보의 아이들이 너무 교활하여 함께 그들의 주인[144]을 죽였다."

관리와 백성들은 무섭고 두려워서 속현에 모여 주둔하고 있었는데, 신도건은 이들을 떨어뜨리지 못하였다. 경시가 장안에 이르러서 조서를 내려 대사면을 실시하여 왕망의 아들이 아닌 다른 사람이면 모두 죄를 없게 하자 이에 삼보 지역이 모두 평온하게 되었다.

당시 장안에서는 오직 미앙궁만 불에 탔고, 그 나머지 궁실과 공장(供帳),[145] 창고와 관부는 모두 편안하여 옛날 그대로 있었고, 시장과 마을도 옛 것들이 고쳐지지 않았다. 경시는 장락궁(長樂宮)에 거처하게 되면서 전전(前殿)[146]에 올라가니 낭이(郞吏)들이 차례로 궁전에 늘어서 있었다. 경시는 부끄러워 얼굴을 붉히면서 고개를 숙이고 자리

---

143 정식으로 한나라로부터 장군 칭호를 받지 못하고 스스로 한나라의 장군이라고 하여 장군의 칭호를 빌려 썼던 사람들을 말한다.

144 왕망을 말한다.

145 연회를 열 때 여러 가지 설비를 하고 막을 치는 것을 말한다.

146 장락궁의 맨 앞에 있는 전각을 말한다.

를 손톱으로 긁으면서 감히 쳐다보지 못하였다.

제장 가운데 늦게 도착한 자에게 경시가 물었다.

"노략질한 것이 얼마나 되오?"[147]

좌우의 시종관들은 모두 궁성(宮省)에 오래 있었던 관리들이었으므로 놀라서 서로 쳐다만 보았다.

이송과 극양(棘陽, 하남성 신야현의 동북쪽) 사람 조맹이 경시에게 여러 공신들을 왕으로 책봉하는 것이 마땅하다고 말하였다. 주유(朱鮪)가 이 문제를 가지고 다투며 말하기를 '고조(高祖)의 규약에는 유씨가 아니면 왕으로 세울 수 없다.'고 했다.

경시는 이에 먼저 여러 종실의 사람들을 책봉하였는데, 유지(劉祉)를 정도왕(定陶王)으로 삼고, 유경(劉慶)을 연왕(燕王)으로 삼고, 유흡(劉歙)을 원지왕(元氏王)으로 삼고, 유가(劉嘉)를 한중왕(漢中王)으로 삼고, 유사(劉賜)를 완왕(宛王)으로 삼고, 유신(劉信)을 여음왕(汝陰王)으로 삼았다.

그런 다음 왕광(王匡)을 세워서 차양왕(洮陽王)으로 삼고, 왕봉(王鳳)[148]을 의성왕(宜城王)으로 삼고, 주유(朱鮪)를 교동왕(膠東王)으로 삼고, 왕상(王常)을 등왕(鄧王)으로 삼고, 신도건을 평지왕(平氏王)으로 삼고, 진목(陳牧)을 음평왕(陰平王)으로 삼고, 위위(衛尉)대장군 장

---

147 경시제는 군대란 노략질하는 것이며, 노략질을 많이 하면 좋은 것으로 생각하고 있었음을 드러내는 말이다. 이는 경시가 군대에 참여할 때의 분위기를 그대로 전하는 것이라고 할 수 있는데, 그러나 황제가 된 이상 설사 그 군대가 노략질을 했다고 하여도 그러한 말을 하여서는 안되었지만 경시는 이를 몰랐던 것이다.

148 왕광과 왕봉은 신시병이다.

앙(張卬)을 회양왕(淮陽王)으로 삼고, 집금오(執金吾)대장군 요담(廖
湛)을 양왕(穰王)으로 삼고, 상서 호은(胡殷)을 수왕(隨王)으로 삼고,
주천(柱天)대장군 이통(李通)을 서평왕(西平王)으로 삼고, 오위(五威)
중랑장 이질(李軼)을 무음왕(舞陰王)으로 삼고, 수형(水衡)대장군 성단
(成旦)을 양읍왕(襄邑王)으로 삼고, 표기(驃騎)대장군 종조(宗佻)를 영
음왕(潁陰王)으로 삼고, 윤존(尹尊)을 언왕(郾王)으로 삼았다.

오직 주유만이 사양하고 받지 아니하였다. 이에 주유를 좌대사마로
삼고, 완왕 유사를 전(前)대사마로 삼아서 이질 등과 함께 관동 지역을
진무하게 하였다. 또 이통에게 형주(荊州)를 진무하게 하고, 왕상은 임
시로 남양 태수의 일을 맡아보게[149] 하였다. 이송을 승상으로 삼고, 조
맹을 우대사마로 삼아서 함께 조정 안의 일을 관장하게 하였다.

경시는 조맹의 딸을 받아들여서 부인으로 삼았던 연고로 정치를 조
맹에게 위탁하고, 밤낮으로 후원에서 연회를 열어 술을 마셨다. 여러
신하들이 업무를 말하려고 하면 번번이 술에 취하여 알현할 수 없었고,
때로는 부득이하면 시중으로 하여금 휘장 안에서 대답하게 하였다.

한(韓)부인은 더욱 술을 좋아하여 매일 모시고 술을 마시다가 상시
(常侍)[150]가 어떤 일을 상주하려는 것을 보면 번번이 화를 내며 말하
였다.

"황제께서 바야흐로 나를 마주하고 술을 마시고 있는데 바로 이때
일을 가지고 오다니!"

---

149 임시 혹은 대리직인 행직으로 관직명은 행남양태수사이다. 남양은 중요한
　　지역이므로 정식 관직을 임명하지 않은 것 같다.

150 중상시를 말한다. 중상시는 외조(外朝)의 신하가 올리는 주문을 받아 천자에
　　게 아뢰는 직책이다. 즉 궁중에서 항상 황제를 모시고 있는 직책이다.

일어나서 책상을 부쉈다.

조맹이 권력을 전횡하게 되자 살리고 죽이는 것을 스스로 멋대로 행하였다. 낭이 가운데 어떤 자가 조맹의 방종함을 이야기한 일이 있는데, 경시는 화를 내고 칼을 뽑아서 그의 목을 베었으며, 이 이후로는 아무도 감히 다시 말하는 사람이 없었다. 여러 하급 인사와 선부(膳夫)[151]에 이르기까지 모든 사람에게 멋대로 관작을 수여하였다. 장안에서는 이 때문에 말이 있었다.

"주방에서 국 끓이는 자는 중랑장(中郞將)이고, 양의 위를 삶는 자는 기도위(騎都尉)이며, 양의 머리를 삶는 자는 관내후(關內侯)이다."[152]

군사(軍師)장군 이숙(李淑)이 편지를 올려서 간하였다.

"폐하께서 대업을 확정하신 것은 비록 하강병(下江兵)과 평림병(平林兵)의 세력을 이용한 것이지만 이들은 대개 임시로 구제하는데 사용할 뿐이며 이미 안정된 데에는 쓸 수 없습니다.

오직 명(名)과 기(器)란 성인(聖人)께서도 중히 생각하는 것이니[153] 지금 그에 맞지 않는 사람에게 그것을 내려주었는데 그들이 만 분의 일이라도 도움 되는 일을 하기를 바라지만 이것은 오히려 나무가 있는 곳에서 물고기를 얻으려는 것과 같고, 산 위에 올라가서 진주를 캐려는 것과 같습니다. 해내에 있는 사람들이 이것을 바라보고 있으니 틈을 보아가며 한(漢)나라의 조업(祚業)을 넘보는 자가 있을 것입니다."

---

151 궁중에서 음식을 장만하는 사람을 말한다.

152 고기를 삶고 익혀 부드럽게 하는 것이 공로가 되었다는 말이다.

153 명(名)은 관직이나 작위의 명호이고, 기(器)는 물건을 담는 것이므로, 직책을 말한다. 이 두 가지는 국가를 지탱하는데 있어서 가장 중요한 것으로 공자도 '명과 기를 다른 사람에게 빌려줄 수 없다.'고 하였다.

경시는 화를 내며 그를 가두었다.

제장들 가운데 밖에 있는 사람들은 모두 제멋대로 사람을 죽이거나 상을 주었고, 각기 멋대로 주의 목과 군의 태수를 두었다. 주와 군의 관리들이 서로 뒤섞여 중복되기도 하니 어느 곳을 좇아야 할지를 몰랐다.[154] 이로 말미암아서 관중(關中)지역에서는 민심이 떠났고, 사해에서는 원망하며 반란을 일으켰다.

3 경시는 외효와 그의 숙부인 외최와 외의 등을 징소(徵召)[155]하였다. 외효가 출발하려 할 즈음 방망(方望)이 경시는 성공할 것인지 실패할 것인지 아직은 알 수 없다는 이유로 그에게 고집스럽게 머물러 있으라고 하였다. 외효가 이 말을 듣지 아니하니, 방망이 사직하는 편지를 써놓고 떠났다. 외효 등이 장안에 이르자 경시는 외효를 우장군으로 삼고, 외최와 외의[156]에게는 모두 옛날에 사용하였던 명칭을 그대로 주었다.

---

154 한 지역이 몇 개의 군이나 주에 속하게 되는 경우가 생기게 될 정도로 무질서하였고 중앙의 통제가 안 되었다는 말이다.

155 징소란 황제가 중앙에서 필요한 인재를 부르는 것을 말한다. 이에 비하여 지방정부나 다른 관부에서 필요한 사람을 부르는 것은 벽소(辟召)라고 한다.

156 외최는 전에 백호장군이었고, 외의는 좌장군이었다.

쫓기다 세력을 확충하는 유수

4 　경황(耿況)[157]이 아들 경감(耿弇)을 파견하여 상주문을 받들고 장안에 가게 하였는데, 경감의 나이는 이때 21세였다. 가다가 송자(宋子, 하북성 趙縣)에 이르렀는데 마침 왕랑(王郎)이 기병하니 경감의 수종관(隨從官) 손창(孫倉)과 위포(衛胞)가 말하였다.

"유자여[158]는 성제(成帝)의 정통입니다. 이 사람을 버리고 귀부하지 않고 멀리 어디로 간단 말이오!"

경감이 칼을 어루만지면서 말하였다.

"유자여는 피폐해진 도적이니 끝내는 항복하여 포로가 될 뿐이오. 나는 장안에 가서 국가(國家)[159]에게 상곡(上谷)과 어양(漁陽)의 병마에 관하여 진술할 것이고, 돌아온 다음에 돌격기병부대[160]를 발동하여 까마귀 떼 같은 무리들을 수레바퀴로 밟아 마치 썩은 고목처럼 부

---

157 상곡(하북성 회래현) 태수이다.

158 왕랑을 말한다. 왕랑이 스스로 성제의 아들 유자여라고 하였다.

159 황제를 지칭하는 말이다.

160 적의 군사 진지에 충격을 주며 돌격하는 부대를 말한다.

수어 버릴 뿐이오. 공들을 보건대 거취를 알지 못하는데, 전 가족이 멸망될 것이 멀지 않았소."

손창과 위포가 마침내 도망하여 왕랑에게 항복하였다.

경감이 대사마 유수가 노노(盧奴, 하북성 定縣)에 있다는 소식을 듣고, 마침내 북쪽으로 말을 달려 올라가서 배알하였다. 유수는 그를 머물게 하고 대사마부 장사(長史)로 임명하여 함께 북쪽으로 가서 계성(薊城, 북경시 大興縣)에 이르렀다.

왕랑이 격문을 사방에 보내 유수의 목숨을 10만 호(戶)에 구입하겠다고 하자, 유수는 공조영사(功曹令史)[161]인 영천(潁川, 하남성 禹縣) 사람 왕패(王霸)에게 저자에 나아가서 사람을 모집하여 왕랑을 치라고 하였다. 저자에 있는 사람들이 모두 크게 웃었고, 손을 들어 그를 희롱하자 왕패는 부끄럽고 두려워하며 돌아왔다.

유수가 곧 남쪽으로 돌아가려고 하자 경감이 말하였다.

"지금 병사들이 남쪽에서 왔는데, 남쪽으로 가는 것은 옳지 않습니다. 어양 태수 팽총(彭寵)은 공이 살던 같은 읍[162] 출신이고, 상곡 태수는 바로 저 경감의 아버지입니다. 이 두 군에서 활을 당길 수 있는 1만 기병을 발동한다면 한단(邯鄲)[163]도 염려할 거리가 못됩니다."

유수의 관속 중 심복들은 모두 이 말을 수긍하지 아니하고 말하였다.

"죽는다고 하여도 오히려 남쪽으로 머리를 돌려야지, 어찌하여 북쪽

---

161 인사 관계 담당자이다.

162 팽총은 남양(南陽)의 완현(琬縣) 출신이므로 유수와 동향이다.

163 북쪽 조(趙) 지역의 중심지로 왕랑세력의 근거지이므로 왕랑을 지칭한 것이다.

으로 가서 주머니 속[164]으로 들어간다는 말입니까?"

유수가 경감을 가리키면서 말하였다.

"이 사람은 내가 북쪽 길로 가게 한 주인공이다."

마침 옛 광양왕(廣陽王)의 아들 유접(劉接)[165]이 병사를 일으켜 계중(薊中)에서 왕랑에게 호응하자 성 안이 소란스러워졌는데, 한단에서 보낸 사자가 바야흐로 도착하니 이천석 이하의 관원들은 모두 나아가서 영접한다고 말하였다.

이에 유수가 급히 말을 타고 나아가서 남성문(南城門)에 이르렀지만 문은 이미 닫혀 있었다. 이를 공격하고 빠져 나와서 드디어 새벽부터 밤까지 남쪽으로 달아났는데, 감히 성읍(城邑)으로는 들어가지도 못하고 길가에서 먹고 잤다. 무루정(蕪蔞亭, 하북성 饒陽縣의 동쪽)에 도착하였지만, 그때 날씨가 몹시 추웠는데, 풍이(馮異)가 콩죽을 올렸다. 요양(饒陽, 하북성 요양현)[166]에 이르렀는데, 관속들 모두 먹을 것이 부족하였다.

유수는 이에 스스로 한단에서 온 사자라고 하면서 전사(傳舍)[167]에 들어갔고, 전리(傳吏)[168]들이 바야흐로 식사를 올리자 따르는 사람들이 주렸으므로 다투어 이것을 빼앗았다. 전리들은 그들이 가짜일 것이

---

164 상곡과 어양은 북쪽의 변새(邊塞)와 연결되어 있어서 그쪽 길이 막혀 있는 셈이므로 주머니 속이라고 하였다.

165 광양왕 유가(劉嘉)는 한 무제의 5세손이다.

166 이곳에서 북경(계현)까지 약 $180km$ 정도이다.

167 관원들이 공무로 여행을 하다가 먹고 쉴 수 있는 시설이 되어 있는 곳이다.

168 전사에 근무하는 관원을 말한다.

라고 의심하면서 마침내 북을 수십 번 치고서 거짓으로 말하였다.

"한단에서 장군이 도착하였소."

관속들은 모두 얼굴색이 변하였다.

유수가 수레에 올라 달리려고 하다가 이미 벗어나지 못할 것이 두려워서 천천히 돌아와 앉으면서 말하였다.

"한단에서 온 장군을 청하여 모셔 들여라."

한참 있다가 마침내 수레를 타고 떠났다. 새벽부터 밤까지 쉬지 않고 갔는데 서리와 눈을 맞아서 얼굴이 모두 갈라졌다.

하곡양(下曲陽, 하북성 진양현)에 도착하여서 소문을 들으니 왕랑의 군사가 바로 뒤에 있다고 하자 좇는 무리들이 모두 두려워하였다. 호타하(滹沱河)에 이르렀는데, 척후로 나갔던 관리가 돌아와서 말하였다.

"강물에는 얼음 덩어리가 흘러 다니고 있고, 배가 없으면 건널 수 없습니다."

유수가 왕패에게 가서 살펴보게 하였다.

왕패는 무리들을 놀라게 할까 두려웠고, 또한 앞으로 나아가고 싶었지만 물로 막혀있자 돌아와서 바로 거짓으로 말하였다.

"얼음이 굳어져서 건널 수 있습니다."

관속들이 모두 기뻐하였다. 유수는 웃으면서 말하였다.

"척후를 맡았던 관리가 과연 망령된 말을 하였구나!"

드디어 앞으로 나아갔다.

하수(河水)에 이르렀을 즈음 하수에 있던 얼음도 역시 합쳐져 있었으니, 마침내 왕패에게 건너는 것을 보호하라고 하였는데, 말 몇 마리마저 다 건너지 못한 상태에서 얼음이 풀렸다. 남궁(南宮, 하북성 남궁현)에 이르러 큰 비바람을 만나 유수가 수레를 이끌고 길가에 있는 빈

집으로 들어갔고, 풍이는 나무를 안아서 가져왔고, 등우는 불을 지폈다. 유수는 부엌아궁이 앞에서 옷을 말렸고, 풍이가 다시 보리밥을 지어 올렸다.

다시 나아가서 하박성(下博城, 하북성 심현)의 서쪽에 이르렀지만 당황하고 의혹스러운 것이 있어서 갈 곳을 알지 못하였다. 흰옷을 입은 노인이 길 옆에 있었는데, 가리키면서 말하였다.

"노력하시오! 신도군(信都郡, 하북성 冀縣)은 장안성(長安城)을 지키는 골목인데, 여기서 80리 떨어져 있소."

유수는 즉시 말을 달려서 그곳으로 갔다.

이때 군과 봉국들은 모두 이미 왕랑(王郎)에게 항복하였고, 오직 신도 태수인 남양(南陽, 하남성 남양시) 사람 임광(任光)과 화융(和戎, 하북성 진현) 태수인 신도 사람 비융(邳彤)만이 따르려고 하지 아니하였다. 임광은 스스로 외로운 성을 가지고 홀로 지키면서 온전하게 될 수 없을까 걱정하고 있었다가, 유수가 이르렀다는 소식을 듣고 대단히 기뻐하였고 관리들과 백성들도 모두 만세를 불렀다. 비융도 화융에서부터 와서 회합하였는데, 의논하는 자들은 대부분 신도군의 병력을 이용해서 스스로를 호송하며[169] 서쪽으로 가서 장안으로 돌아가는 것이 옳다고 말하였다.

비융이 말하였다.

"관리와 백성들이 노래하며 읊조리면서 한나라를 생각한 지 오래 되었소. 그러므로 경시가 존호를 들어 올리자 천하 사람들이 그에게 호응하였고, 삼보에서도 궁궐을 깨끗하게 청소하고 길을 정리하여 그를 영

---

169 유수를 호송하여 장안으로 가자는 뜻이다.

접하였던 것이오. 지금 점쟁이인 왕랑이 이름을 빌리고[170] 형세를 이용하여 까마귀 떼 같은 무리들을 몰아서 모아 드디어 연(燕)과 조(趙)나라 지역에서 떨치고 있으나, 근본적으로 단단한 세력은 아닙니다.

밝으신 공께서 우리 두 군[171]의 군사를 분발하게 하셔서 그들을 토벌한다면 어찌 이기지 못할까를 걱정하겠습니까? 지금 여기서 군사를 풀어버리고 돌아가다니 어찌 헛되이 하북(河北) 지역을 텅 비워서 잃어버리려고 하십니까? 반드시 다시 삼보 지역이 놀라 움직이게 하여 위엄과 무거움을 떨어뜨리고 손해를 입힐 것이니 계책 가운데 좋은 것은 아닙니다.

만약에 밝으신 공께서 다시는 정벌하겠다는 뜻을 갖고 있지 않다면 비록 신도군의 병사라고 하여도 오히려 모으기는 어려울 것입니다.[172] 어찌 하시겠습니까? 밝으신 공께서 이미 서쪽으로 가시기만 한다면 한단 지역의 세력이 만들어질 것이고, 백성들은 부모를 포기하고, 이미 완전한 자리에 올라가 있는 주인[173]을 배반하면서 천리나 되는 길에서 공을 호송하려하지 않을 것입니다. 그들이 흩어지고 도망할 것은 분명한 사실입니다."

유수가 마침내 중지하였다.

---

170 왕랑은 자기가 유자여(劉子輿)라고 하면서 유씨의 이름을 빌린 것이다.

171 신도군과 화융군을 말한다.

172 지금은 신도군의 병사들을 이용할 수 있지만 만약 유수가 도망가면 앞으로 틀림없이 실패할 것이라고 생각하기 때문에 신도군의 병사들도 지휘할 수 없을 것이라는 뜻이다.

173 유자여라고 속이고 황제가 된 왕랑이다. 그는 이미 상당한 세력을 이루고 있었다.

유수는 두 군의 군사가 약하기 때문에 성두자로(城頭子路)[174]와 역자도(力子都)[175]의 군대 속으로 들어가고자 하였지만 임광은 옳지 않다고 생각하였다. 이에 이웃에 있는 현에서 병사를 징발하여 정예의 병사 4천명을 얻자, 임광을 좌대장군(左大將軍)으로 삼고 신도(信都) 도위 이충(李忠)을 우대장군(右大將軍)으로 삼았으며, 비융을 후대장군(後大將軍)으로 삼았다. 화융 태수의 직책은 옛날처럼 그대로 맡게 하고 신도 현령 만수(萬脩)를 편(偏)장군으로 삼고, 이 모두를 열후로 책봉하였다.

남양(南陽) 사람 종광(宗廣)을 남게 하여 신도군의 일을 관장[176]하도록 하고는 임광, 이충, 만수에게 병사를 거느리고 따르게 하였다. 비융은 병사를 거느리고 앞에 갔고, 임광은 이에 격문을 많이 만들어서 말하였다.

"대사마 유공(劉公)이 성두자로와 역자도에 있는 병사 백만 명의 무리를 거느리고 동쪽에서부터 와서 반란하는 여러 호로들을 치노라."

기마를 파견하여 빨리 달려서 거록(鉅鹿, 하북성 평향현)의 경내에 도착하게 하였다. 관리들과 백성들이 격문을 보고 이 내용을 서로 전하여 알렸다.

---

174 원증(爰曾)이 노성두(盧城頭)에서 군사를 일으켰는데, 원증의 아들이 자로이므로 그 세력을 성두자로라고 부른다.

175 《자치통감》 권38, 왕망 천봉 5년(18년)에는 동해도자도(東海刀子都)라고 되어 있는데, 여기서는 역자도(力子都)라고 되어 있다. 어느 것이 맞는지 분명치 않다. 《자치통감》 편찬에서 사마광을 도왔던 유반(劉放)은 조(刁)라고 써야 한다고 했다.

176 임시로 업무를 관장하도록 한 영직으로 '영신도군사'이다.

유수가 저녁 때 당양현(堂陽縣, 하북성 신하현)의 경계 지역에 들어가서 기병들에게 불을 들려서 많이 벌려 서있게 하였더니, 그 불이 온 들판에 가득하게 보이자, 당양현은 바로 항복하였다. 또다시 세현(貰縣, 하북성 束鹿縣)을 쳐서 이를 항복시켰다. 성두자로라는 자는 동평(東平, 산동성 동평현) 사람 원증(爰曾)인데, 황하 지역과 제수(濟水) 지역 사이에서 노략질을 하고 있었으며, 그 무리가 20만 명이나 되었다. 역자도도 6~7만 명의 무리를 거느리고 있었으므로 유수가 그에게 의탁하려고 하였던 것이다.

창성(昌城, 산동성 淄博市) 사람 유식(劉植)이 병사 수천 명을 모아서 창성에 근거를 두고 유수를 영접하였는데, 유수는 유식을 교기(驍騎)장군으로 삼았다. 경순(耿純)은 종족과 빈객 2천여 명을 인솔하였는데, 늙고 병든 사람은 모두 나무를 스스로 지고 육현(育縣)[177]에서 유수를 영접하였다. 경순을 전(前)장군에 임명하였다.

나아가서 하곡양(下曲陽, 하북성 晉陽縣)을 공격하고 이를 항복시켰다. 무리가 조금씩 모여져서 수만 명에 이르니 다시 북쪽으로 가서 중산(中山, 하북성 定縣)을 공격하였다. 경순은 같은 집안사람들이 다른 마음을 품을까 걱정하여서 사촌동생 경흔(耿訢)에게 고향으로 돌아가서 집을 다 불 질러 그들이 돌이켜서 돌아갈 희망을 갖지 못하게 하였다.

유수는 나아가서 노노(盧奴, 하북성 定縣의 서쪽)를 뽑아버리고 지나가는 곳에서는 분명병(奔命兵)[178]을 징발하고, 격문을 주변에 있는 군

---

177 육현은 기주(冀州)에 있는 고성(故城)이라는 설도 있으나, 호삼성은 《양한지(兩漢志)》에 육현(育縣)이 없는 것으로 보아서 세현(貰縣)의 잘못이라고 하였다. 나무는 관(棺)을 의미하는 것으로 목숨을 바친다는 뜻을 표현한 것이다.

178 명령을 듣고 달려가는 병사를 말한다. 여기서는 지방에 있던 병사들을 말한다.

에 보내서 함께 한단을 치게 하였다. 군현들은 돌아와 다시 호응하였다.

이때 진정왕(眞定王) 유양(劉楊)[179]이 군사를 일으켜서 왕랑에게 귀
부하였는데, 그 무리가 10여만 명이었다. 유수가 유식을 파견하여 유
양을 설득시키니 유양이 마침내 항복하였다. 유수는 이로 인하여 진정
에 머물면서 유양의 생질인 곽씨(郭氏)를 받아들여서 부인으로 삼고,
그와 결속하였다.

나아가서 원지(元氏, 하북성 원지현)와 방자(防子, 하북성 高邑縣)를 쳐
서 이들을 모두 떨어뜨렸다. 호(鄗, 하북성 柏鄕縣)에 이르러서 왕랑의
장수 이운(李惲)을 쳐서 목을 베었다. 백인(柏人, 하북성 唐山縣)에 이르
러서는 다시금 왕랑의 장수 이육(李育)을 격파하였다. 이육은 돌아가
서 백인성(柏人城)을 지켰는데, 이곳을 공격하였으나 떨어뜨리지는 못
하였다.

---

179 전한 경제(景帝)는 아들인 유순(劉舜)을 상산왕(常山王)으로 책봉하였는데,
유양은 유순의 6세손이다. 진정은 하북성 정정현(正定縣)이다.

경시황제와 결별하는 유수

5 남정(南鄭, 섬서성 남정현) 사람 연잠(延岑)이 병사를 일으켜서 한중(漢中, 남정군의 치소)을 점거하였는데 한중왕 유가(劉嘉)가 그를 공격하여 항복시키고 그의 무리 수십만 명을 갖게 되었다. 교위인 남양(南陽, 하남성 남양시) 사람 가복(賈復)이 경시의 어지러운 정치를 보고서 유가에게 유세하였다.

"지금 천하는 아직도 안정되지 아니하여서, 대왕께서는 보존하고 계신 것을 안전하게 지키려고 하지만 보존하는 바가 보존되지 못할 일은 없겠습니까?"

유가가 말하였다.

"경은 지금 큰 문제를 말하지만 그것은 내가 맡을 일이 아니오. 대사마가 지금 하북 지역에 있는데, 반드시 채용해줄 수 있을 것이오."

이에 편지를 써서 가복과 장사인 남양(南陽) 사람 진준(陳俊)을 유수에게 추천하였다. 가복 등이 유수를 백인(柏人, 하북성 唐山縣)에서 만났는데, 유수는 가복을 파로(破虜)장군으로 삼고, 진준을 안집(安集)연리로 삼았다.

유수의 집에 사는 어린아이[180]가 법을 어기자 군시령(軍市令)[181]인 영천(穎川, 하남성 禹縣) 사람 채준(祭遵)이 그를 쳐 죽였는데, 유수가 화를 내며 채준을 잡아들이라고 명령했다. 주부(主簿) 진부(陳副)가 간하였다.

"밝으신 공께서는 항상 여러 군사들이 가지런히 정돈되기를 바라셨고, 지금 채준이 법을 받들면서 아무것도 피하려고 하지 않고 있으니 이는 교령(敎令)이 잘 시행되는 것입니다."

마침내 그를 용서하여 자간(刺姦)장군[182]으로 삼고 제장들에게 말하였다.

"마땅히 채준을 대비해야 할 것이오. 내 집에 있는 아이가 금법을 범하자 오히려 그를 죽였으니 반드시 여러 경들을 사사롭게 처리하지 않을 것이오."

6   처음에 왕망이 이미 포선(鮑宣)을 죽이자[183] 상당(上黨, 산서성 長子縣) 도위(都尉) 노평(路平)이 그의 아들 포영(鮑永)도 죽이고자 하였다. 태수 구간(苟諫)이 그를 보호하여 포영은 온전하게 살아남을 수 있었다.

경시가 포영을 징소하여 상서복야(尚書僕射)로 삼고, 대장군의 일을 임시로 맡게 하니,[184] 병사를 거느리고 가서 하동(河東, 산서성 하현)

---

180 주로 잔심부름을 하는 사람이다.

181 군대에는 저자가 서는데, 이를 책임진 관직이다.

182 간사한 사람을 다루는 장군이란 명칭이므로 법률 집행을 총책임지는 직책이다.

183 이 사건은 평제 3년(3년)에 일어난 일로,《자치통감》권36에 실려 있다.

184 행직으로, 관직명은 '행대장군사'이다.

과 병주(幷州, 산서성) 지역을 안무하면서 스스로 비장(裨將)까지 둘 수 있게 되었다. 포영이 하동 지역에 이르러서 청독(靑犢)[185]을 공격하여 이들을 대파하였다. 풍연(馮衍)을 입한(立漢)장군으로 삼고, 태원(太原)에 주둔하게 하면서 상당 태수 전읍(田邑) 등과 함께 갑옷을 잘 수선하고, 병사를 길러서 병주 지역의 땅을 보위하게 하였다.

7   어떤 사람이 대사마 유수에게 유세하기를 백인을 지키는 것이 거록(鉅鹿, 하북성 平鄕縣)[186]을 평정하는 것만 못하다고 하니 유수가 이에 병사를 이끌고 동북쪽으로 가서 광아(廣阿, 하북성 隆平縣)[187]를 뽑아버렸다. 유수는 여지도(輿地圖)를 펼쳐서 등우에게 손가락으로 가리켜 보여주면서 말하였다.

"천하 군국의 사정이 이와 같은데 지금에야 비로소 그 중 하나를 얻었구려. 그대가 전에 말하기를 나를 가지고 생각해보면 '천하는 평정한다고 할 거리도 안 된다.'고 하였는데 그것이 무슨 말인가?"

등우가 말하였다.

"바야흐로 지금 해내는 소란스럽고, 사람들이 밝은 임금을 생각하는 것이 오히려 갓난아이가 자모를 사모하는 것과 같습니다. 옛날에 나라를 일으킨 사람은 덕이 엷은지 두터운지에 있었지, 차지한 땅이 큰지 작은지를 가지고 말하지 아니하였습니다."

---

185 이 당시 반란 집단 가운데 하나이다.

186 백인에서 한단(邯鄲)까지는 약 500km 정도 떨어져 있고, 거록에서 한단까지는 불과 80km 정도 떨어져 있다.

187 거록에서 약 50km 정도 떨어져 있다.

8   계중(薊中)이 혼란하게 되면서 경감이 유수와 서로 헤어져 북쪽 창평(昌平, 북경시 창평현)으로 달아나 그의 아버지 경황[188]에게로 갔는데 이를 이용하여 경황에게 유세하여 한단[189]을 공격하게 하였다. 그때 왕랑이 장수를 파견하여 어양(漁陽, 북경시 密雲縣)과 상곡(上谷, 하북성 懷來縣)을 순행하면서 급히 그곳의 병사를 징발하였는데 북방의 주에서는 의혹을 보내면서도 대부분 그를 따르려 하였다.

상곡의 공조 구순(寇恂)과 문하연(門下掾) 민업(閔業)이 경황에게 유세하였다.

"한단에 있는 세력이 갑자기 일어났으니 그들이 향하는 방향을 믿기가 어렵습니다. 대사마는 유백승(劉伯升)[190]의 친동생인데, 아래에 있는 병사를 높여 현명하게 대우하고 있으니 그에게 귀부할 수 있을 것입니다."

경황이 말하였다.

"한단 지역에 있는 세력은 바야흐로 강성한데, 우리의 힘으로는 홀로 항거할 수 없으니 어찌 해야 하오?"

대답하였다.

"지금 상곡은 완전하고 충실합니다. 활을 쏠 수 있는 1만 기병을 가지고 있으니, 자세히 거취를 선택할 수 있을 것입니다. 저 구순이 청컨대 동쪽으로 가서 어양(漁陽)과 약속하게 해주시어 그들과 마음을 가지런히 하고 무리를 합친다면 한단의 세력은 도모한다고 말할 거리도

---

188 이때 상곡 태수였다.

189 북쪽 조(趙)왕 지역을 중심으로 왕랑의 세력이 근거한 곳이다.

190 유수의 형 유연을 말하는데 백승은 그의 자이다.

못될 것입니다."

경황이 그렇겠다고 하고서 구순을 동쪽으로 보내어 팽총(彭寵)[191]
과 약속하게 하여 각기 돌격기병부대 2천명과 보병 1천명을 징발하여
대사마 유수에게 가고자 하였다.

안락(安樂, 하북성 順義縣) 현령 오한(吳漢)과 호군(護軍) 개연(蓋延),
호노(狐奴, 순의현 북동쪽) 현령 왕량(王梁)도 또한 팽총에게 유수를 좇
으라고 권고하니 팽총은 그럴 생각이었다. 그러나 관속들이 모두 왕랑
에게 귀부하기를 바라고 있었으므로 팽총은 억지로 빼앗을 수가 없었
다.

오한이 나가서 성문 밖에 있는 정(亭)에 머무르고 있다가 유생 한 명
을 만나자 그를 불러서 밥을 먹이고 그가 들은 소문을 물었더니 유생
이 말하였다.

"대사마 유공이 지나는 군현의 사람들이 말하기를, 한단에서 존호를
드러내고 있는 사람[192]이 실제로는 유씨가 아니라고 합니다."

오한은 크게 기뻐하며 바로 거짓으로 유수를 위하여 편지를 써서 격
문을 어양에게 보내고, 그 유생으로 하여금 이것을 품고 팽총에게 가서
들었던 모든 소문을 가지고 유세하게 하였다.

마침 구순이 도착하니 팽총은 때마침 보병과 기병 3천명을 발동하
고, 오한을 행장사(行長史)[193]로 삼아서 개연과 왕량(王梁)과 함께 이

---

191 어양군의 태수이다.

192 왕랑을 말한다.

193 임시 혹은 대리직인 행직이고, 장사는 지휘관의 바로 아래에서 전체를 통괄
한다.

들을 거느리고 남쪽으로 가서 계(薊, 북경시 대흥현)를 공격하여 왕랑의 대장 조굉(趙閎)을 죽였다.

구순이 돌아오자 드디어 상곡의 장사(長史)인 경단(景丹)과 경감이 병사를 거느리고 함께 남쪽으로 내려와서 어양의 군사와 합쳤고 지나는 곳에서 왕랑의 대장(大將)과 9경(卿), 교위 이하를 목 베었는데, 무릇 참수한 것이 3만 급이었다. 탁군(涿郡, 하북성 탁현), 중산(中山, 하북성 정현), 거록(鉅鹿, 하북성 평향현), 청하(淸河, 하북성 청하현), 하간(河間, 하북성 獻縣)에 있는 무릇 22개의 현을 평정하였다.

앞으로 나아가 광아(廣阿)에 도착하여 보니, 성 안에는 거기(車騎)가 아주 많다는 소식이 들려서 경단 등이 군사들을 단속시키고 물었다.

"그들은 누구의 군사인가?"

말하였다.

"대사마 유공의 군사입니다."

제장들이 기뻐하면서 바로 군사를 성 아래까지 나아가게 하였다.

성 아래에서는 애초에 두 군(郡)의 군사가 한단에 있는 세력을 위하여 왔다고 하는 말이 전해졌으므로, 많은 사람들이 모두 두려워하였다. 유수는 스스로 서쪽 성루에 올라가서 군사들을 단속하고 그들이 누구인지를 물었다. 경감이 성 아래서 절을 하자, 바로 그를 불러들였고, 그는 군사를 발동하게 된 상황을 모두 말하였다.

유수는 이에 경단 등을 모두 불러 들어오게 하고 웃으면서 말하였다.

"한단에 있는 장수들이 자주 나에게 어양과 상곡의 군사를 발동하겠다고 하였소. 나도 그냥 응대하여 말하기를 '나도 역시 그들을 발동하겠다.'고 하였지만, 어찌 두 군에서 훌륭하게 나를 위하여 이렇게 올 것이라고 생각하였겠소? 바야흐로 여러 사대부와 함께 이 공로와 명성을 함께 할 뿐이오."[194]

이에 경단·구순·경감·개연·오한·왕량을 모두 편장군으로 삼고, 그들로 하여금 돌아가서 그들의 군사를 통솔하게 하였다. 경황과 팽총에게는 대장군의 직함을 덧붙여주고, 경황·팽총·경단·개연 모두를 열후에 책봉하였다.

오한의 사람됨은 질박하고 후덕하였으며 말수가 적었다. 급하거나 어려운 일을 만나면 말로는 자기의 뜻을 다 펴지 못하였지만 그러나 침착하고 후덕하였으며 지략도 갖고 있었다. 등우는 자주 그를 유수에게 천거하였고, 유수도 점차 그를 가까이하고 중하게 여겼다.

경시는 상서령 사궁(謝躬)을 파견하여 여섯 장군을 인솔하며 왕랑(王郎)을 토벌하게 하였으나 떨어뜨리지는 못하였다. 유수가 도착하자 그와 함께 군사를 합쳐 동쪽으로 가서 거록(鉅鹿, 하북성 평향현)을 포위하였지만 한 달이 넘었는데도 떨어뜨리지 못하였다.

왕랑이 장수를 보내 신도(信都, 하북성 기현)를 공격하게 하니 그 지역의 대성(大姓)[195]인 마총(馬寵) 등이 문을 열고 그들을 받아들였다. 경시는 병사를 파견하여 신도를 공격하여 격파하였고, 유수는 이충(李忠)에게 신도로 돌아가서 태수의 업무를 임시[196]로 수행하게 하였다.

---

194 왕랑과 유수는 서로 세력 다툼을 하면서 어양과 상곡이 이미 자기들 수중에 들어왔다고 선전하고 있었고, 실제로 아무 조치를 못 취하였다. 그런데 구순 등이 어양과 상곡이 군대를 동원하여 유수에게로 갔으므로 유수가 이들을 동원한 결과가 되었다.

195 대가족을 거느린 사람을 말한다.

196 행직이다. 후대에는 직급이 낮은 사람에게 높은 직급의 일을 임시로 맡기는 관직 임명 방법이 되었지만 이때에는 아직 정제가 되지 아니하였다. 관직명은

왕랑이 장군인 예굉(倪宏)과 유봉(劉奉)을 파견하여 수만 명을 거느리고 거록을 구원하게 하자 유수가 남련(南䜌, 하북성 평양현 북쪽)에서 그들을 맞아서 싸웠으나 불리하였다. 경단(景丹) 등이 돌격기병으로 그들을 공격하니 예굉 등이 대패하였다. 유수가 말하였다.

"나는 '돌격기병이 천하에서도 이름 난 정예의 병사다.'라는 말을 들었거늘 지금 그들이 싸우는 것을 보니 즐겨 그렇게 말할 수 있겠구나!"

경순(耿純)이 유수에게 말하였다.

"오랫동안 거록을 지키고 있어서 병사들은 피로하고 지쳐 있습니다. 대군과 정예병이 나아가서 한단을 공격하는 것만 못하니 만약에 왕랑의 목을 베기만 한다면 거록은 싸우지 않고도 스스로 항복할 것입니다."

유수는 이 말을 따랐다.

여름, 4월에 장군 등만(鄧滿)을 남겨두어 거록을 포위하고 있으라고 하고, 군사를 한단으로 진격시켰다. 계속하여 싸워서 그들을 격파하니 왕랑이 마침내 그의 간대부(諫大夫) 두위(杜威)에게 항복을 받아달라고 청하게 하였다. 두위는 왕랑이 실제로 성제(成帝)의 후손이라며 좋은 말로 칭찬하였다.

유수가 말하였다.

"설사 성제가 다시 살아난다고 하여도 천하를 얻을 수 없을 터인데 하물며 유자여라고 속인 사람의 경우에야!"

두위는 만호후(萬戶侯)로 책봉해 줄 것을 청하였지만 유수가 말하였다.

"되돌아보아 몸이나 온전하게 된다면 좋은 일일 것이오."

'행태수사'이다.

두위가 화가 나서 돌아갔다.

유수가 그를 맹렬히 공격하기를 20여 일이 되어 5월 갑진일(1일)에 왕랑의 소부(少傅) 이립(李立)이 문을 열고 한나라의 병사를 받아들였고, 드디어 한단을 뽑아버렸다. 왕랑은 밤중에 도망하였는데, 왕패(王霸)가 쫓아가서 그의 목을 베었다. 유수는 왕랑이 사용하였던 문서를 거둬들여 관리와 백성들[197] 가운데 왕랑과 교류하면서, 비방하고 훼손한 것 수천 개를 얻었다. 유수는 이것을 보지 않고, 제장들을 모아놓고 태우며 말하였다.

"반대하고 옆으로 섰던 자들에게 스스로 편안하게 하려는 것이다."

유수는 이졸들을 부문별로 나누어서 각기 여러 군부대에 예속하게 하였는데, 병사들은 모두 대수(大樹)장군에게 소속되기를 원한다고 말하였다. 대수장군이라는 자는 편장군 풍이(馮異)인데 사람됨이 겸손하여 물러나며 자랑하지도 아니하는데 이사(吏士)들에게 칙령을 내려서 교전을 하거나 적의 공격을 받을 때를 제외하고는 항상 여러 군영의 뒤에 가게 하였다. 매번 쉬고나 잠을 잘 때, 제장들은 나란히 앉아서 세운 공로를 말하고 있었지만 풍이는 항상 홀로 보이지 않게 나무 아래에 있었다. 그래서 군부대 안에서는 그에게 호를 붙여서 '대수장군'이라고 했다.

호군(護軍)[198]인 완(宛, 하남성 남양시) 사람 주호(朱祜)[199]가 유수에

---

197 유수의 부하로 있던 관리와 백성들을 말한다.

198 주호는 유수의 형인 유백승을 섬기는 대사도호군이었다. 유수가 대사마가 되자 다시 대사마호군으로 삼았다.

199 《고이(考異)》에 '범엽의 《후한서》, 원굉의 《한기》에서는 주호(朱祜)를 모두 주우(朱祐)라고 썼다. 《동관한기》를 보면 우(祐)를 복(福)으로 썼는데, 이는 안제

게 말하였다.

"장안에서는 정치가 어지러운데, 공은 일각(日角)²⁰⁰의 상(相)을 갖고 있으니 이는 천명입니다."

유수가 말하였다.

"자간(刺姦)장군²⁰¹을 불러서 호군을 체포하게 하라."

이에 주호는 감히 다시는 이런 말을 하지 못하였다.

경시는 사자를 파견하여 유수를 세워서 소왕(蕭王)으로 삼고, 모든 군사행동을 철폐하도록 하며 여러 공로를 세운 장수들과 함께 경시황제의 행재소(行在所)²⁰²로 오게 하였다. 묘증(苗曾)을 파견하여 유주(幽州, 하북성 북부)목(牧)으로 삼고, 위순(韋順)을 상곡(上谷, 하북성 懷來縣) 태수로 삼고, 채충(蔡充)을 어양(漁陽, 북경시 密雲縣) 태수로 삼아서 북쪽 지방을 아우르게 하였다.

소왕은 한단궁(邯鄲宮)에 거처하면서 낮에 온명전(溫明殿)에 누워있었는데, 경감(耿弇)이 들어와 침상 아래에서 틈을 내달라면서 말하였다.

(安帝)의 휘자를 피하려는 것이었다. 《설문해자》에는 호(祜) 자는 해설을 붙이지 아니하였는데, 이는 황상의 휘자이기 때문이었다. 그러므로 우(祐)라는 이름은 마땅히 시(示) 변에 고(古) 자를 쓴 호(祜)여야 하고, 우(祐)로 써서는 안 된다.'고 하였다.

200 얼굴에 있는 광대뼈를 가리키는 말인데 튀어나온 것이 마치 해와 같다 하여 일각이라고 부른다. 옛날에는 일각제왕의 모습이라고 하였다. 관상 보는 사람은 오른쪽 광대뼈를 일각, 왼쪽을 월각이라고 부른다.

201 군법을 총괄하는 직책이다.

202 행재소란 황제가 머무르고 있는 곳을 말한다. 이때 경시황제가 장안에 있었으므로 유수에게 장안으로 오라고 한 것이다.

"이사(吏士) 가운데 죽거나 다친 사람들이 많습니다. 청컨대 상곡으로 돌아가셔서 병사를 늘리십시오."

소왕이 말하였다.

"왕랑은 이미 격파되었고, 하북 지역도 대략 평정된 셈인데, 다시 병사를 채용하여 무엇을 하겠소?"

경감이 말하였다.

"왕랑은 비록 격파되었지만 천하의 전쟁은 마침내 시작되었을 뿐입니다. 지금 사자가 서쪽에서 와서 군사행동을 철폐시키려고 하지만 이말을 들을 수는 없습니다. 동마(銅馬)나 적미[203]와 같은 부류의 무리들이 수십 개나 되고, 그 무리는 수십 또는 백만 명이어서 향하여 가는 곳에는 앞에 아무 것도 없을 터이지만 성공(聖公)[204]이 이를 처리할 수 없으니 필시 실패하는 것이 멀지 않았을 것입니다."

소왕이 일어나 앉으며 말하였다.

"경이 실언을 했소. 나는 경의 목을 자르겠소!"

경감이 말하였다.

"대왕께서는 저 경감에게 애달프고 두텁게 대하여 주시기를 부자처럼 하셨습니다. 그러므로 감히 속마음을 내보인 것입니다."

소왕이 말하였다.

"내가 경을 놀렸을 뿐이오. 어찌 그런 말을 하시오?"

경감이 말하였다.

"백성들은 왕망에게 고통을 당하고 근심을 하면서 다시금 유씨를 생

---

203 반란 집단을 말한다.

204 경시황제 유현을 말한다.

각하고 있다가 한나라의 병사가 일어났다는 소식을 듣고 기뻐하지 않은 자가 없었던 것은 마치 호랑이의 입에까지 들어갔다가 다시 자애로운 어머니를 찾아 돌아가는 것 같았습니다.

지금 경시가 천자가 되었으나, 제장들은 효산(崤山)의 동쪽에서 멋대로 명령을 내고, 귀한 친척들은 수도[205]에서 멋대로 종횡하면서 노략질을 자행하자 백성들은 원망하며 다시 왕망의 왕조를 생각하니 이로써 그들은 반드시 실패할 것임을 알 수 있습니다.

공의 공로와 명성은 이미 드러나 있고, 의(義)를 가지고 정벌을 하였으니, 천하는 격문을 전하기만 하면 평정될 수 있습니다. 천하는 대단히 중한 것이며, 공은 스스로 그것을 가질 수 있으므로 다른 성을 가진 사람으로 하여금 그것을 얻게 하지 마십시오."

소왕은 이에 하북 지역이 아직 평정되지 아니하였다고 말하고 징소한 곳으로 가지 않았다. 비로소 경시와 다른 길을 가기 시작한 것이다.

이때 여러 도적 집단인 동마(銅馬)·대동(大肜)·고호(高湖)·중련(重連)·철형(鐵脛)·대창(大槍)·우래(尤來)·상강(上江)·청독(靑犢)·오교(五校)·오번(五幡)·오루(五樓)·부평(富平)·획색(獲索)[206] 등이 각기 그들의 부곡을 인솔하고 있었는데, 그 무리를 합치면 수백만 명이나 되었으며, 그들은 머무는 곳에서 노략질을 하였다.

---

205 장안을 말한다.

206 이들 도적 집단은 그 근거지의 지명을 따기도 하였고, 군사가 강하다는 의미로 이름을 붙이기도 하였다. 동마의 수령은 동산(東山) 사람인 황독(荒禿)과 상회랑(上淮郞)이고, 대동의 수령은 번중(樊重), 우래의 수령은 번숭(樊崇), 오교의 수령은 고호(高扈), 오루의 수령은 장문(張文), 부평의 수령은 서소(徐少), 획색의 수령은 고사랑(古師郞)이다.

소왕은 이들을 공격하려고 하여서 오한(吳漢)과 경감을 모두 대장
군으로 임명하고 부절²⁰⁷을 가지고 북쪽으로 가서 유주 지역에 있는
10개 군²⁰⁸의 돌격기병들을 징발하게 하였다. 묘증²⁰⁹은 이 소식을
듣고, 몰래 여러 군에 징발에 응하지 말라고 말하였다. 오한은 20명의
기병을 거느리고 먼저 달려가서 무종(無終, 하북성 소현)에 이르렀더니
묘증이 길에 나와서 영접하자 오한은 묘증을 바로 잡아들여서 그의 목
을 베었다. 경감은 상곡에 도착하여 역시 위순과 채충²¹⁰을 잡아 가두
었다가 그들의 목을 베었다. 북쪽 지역의 주에서는 놀라 무서워하게 되
었고, 모두가 그들의 병사들을 발동하였다.

가을에, 소왕은 교(鄡, 하북성 東鹿縣의 동쪽)에서 동마를 공격하였는
데 오한이 돌기(突騎)부대를 거느리고 와서 청양(淸陽, 하북성 청하현)
에서 만나니, 병사와 말이 아주 많았다. 오한은 막부(幕府)에 병부(兵
簿)를 모두 바치고 나서 다시 부여해 줄 것을 청하면서 스스로 감히 사
사롭게 하지 않겠다고 하므로 소왕은 더욱 그를 중히 생각하였다.

왕²¹¹은 편장군인 패국(沛國, 안휘성 濉溪) 사람 주부(朱浮)를 대장군

---

207 유수가 갖고 있는 유현 경시의 부절이다.

208 탁군(涿郡)·광양군(廣陽郡)·대군(代郡)·상곡군(上谷郡)·어양군(漁陽郡)·
요서군(遼西郡)·우북평군(右北平郡)·요동군(遼東郡)·현토군(玄菟郡)·낙랑
군(樂浪郡)이다.

209 경시제에 의하여 유주목으로 임명된 사람이다. 유주 지역에서 유수가 군사
를 징발하는 일을 방해한 것이다.

210 위순과 채충은 모두 경시제에 의하여 이 지역의 태수로 임명된 사람이다.

211 유수를 말한다. 앞에서 소왕이라고 하였고, 그 내용이 이어지는 것이므로 소
왕이라고 쓰지 않은 것이며, 이후로도 같다.

겸 유주목으로 삼고, 계성(薊城, 북경시 大興縣)에 치소를 두게 하였다. 동마는 먹을 것이 다 떨어지자 밤에 도망하였고, 소왕은 그를 관도(館陶, 산동성 관도현)까지 추격하여 그들을 대파하였다. 항복 받는 것이 미진하여 고호와 중연은 동남쪽에서부터 달려와서 동마의 남은 무리들과 합하였다. 소왕은 다시 그들과 포양(蒲陽)에서 크게 싸워서 그들을 모두 격파하여 항복시키고, 그들의 거수(渠帥)들을 열후에 책봉하였다.

제장들은 도적들을 믿을 수가 없었고, 항복한 사람들 또한 스스로 편안하지가 않았다. 왕은 그들의 뜻을 알고 항복한 사람에게 각기 자기의 병영으로 돌아가서 병사를 챙기게 하고 스스로 경무장을 한[212] 말을 타고 그 부대들의 진지를 둘러보았다. 항복한 사람들이 서로 말하였다.

"소왕은 붉은 마음으로 다른 사람을 그의 흉중에 두고 있으니, 어찌 그를 위하여 죽을 곳에까지 나아가지 않겠는가?"

이로 말미암아 모두가 복종하게 되었고 항복한 사람들을 모두 제장들에게 나누어주니 무리가 드디어 수십만 명이 되었다.

적미의 별수(別帥)는 청독, 상강, 대동, 철형, 오번의 무리 10여만 명과 더불어 사견(射犬, 하남시 沁陽縣)에 있었다. 소왕은 병사를 이끌고 진격하여 그들을 대파하고, 남쪽으로 가서 하내(河內, 하남성 武陟縣) 지방을 경략하니, 하내 태수 한흠(韓歆)이 항복하였다.

---

212 중무장을 하지 않았다는 뜻이다.

하내를 장악한 유수

9　처음에 사궁(謝躬)[213]은 소왕과 함께 왕랑(王郎)을 격멸하였지만 자주 소왕과 뜻이 어긋났으므로 항상 소왕을 습격하려고 하였으나, 그의 강한 군사가 두려워서 그만두었다. 비록 두 사람이 모두 한단에 있으면서 끝내 성을 나누어 가지고 있었지만 그러나 소왕은 그를 위로하고 안심시켰다.

사궁은 관직을 수행하는 일에 몸소 부지런하였고, 소왕은 항상 그를 칭찬하여 말하였다.

"사(謝) 상서는 진정한 관리이다."

그러므로 그는 스스로 유수를 의심하지 아니하였다. 그의 처가 이것을 알고 항상 그에게 경계하여 말하였다.

"그대와 유공은 서로 통할 수 없음을 쌓고 있었으니 그의 헛말을 믿다가는 끝내 통제를 받게 될 것입니다."

사궁은 이 말을 받아들이지 아니하였다.

이미 그런 말을 하고서 사궁은 그의 병사 수만 명을 거느리고 업으

213 경시 유현이 황제인 한의 상서령이다.

로 돌아가서 주둔하였다. 소왕이 남쪽으로 가서 청독을 치면서 사궁으로 하여금 융려산(隆慮山, 하남성 林縣의 경계 지역)에 있는 우래(尤來)[214]를 요격하게 하였는데, 사궁의 군사가 대패하였다.

소왕은 사궁이 밖에 있는 기회를 이용하여 오한과 자간대장군 잠팽(岑彭)에게 업성(鄴城)을 습격하여 점거하도록 하였다. 사궁은 이 사실을 알지 못하고 경무장한 기병을 데리고 업으로 돌아오자 오한 등이 그를 잡아서 목을 베었고, 그의 무리들은 모두 항복하였다.

10 경시는 왕공후(枉功侯) 이보(李寶)와 익주(益州, 사천성 일대) 자사 이충(李忠)을 파견하여 병사 1만여 명을 거느리고 촉(蜀), 한(漢) 지역을 경략하게 하였다. 공손술(公孫述)은 동생 공손회(公孫恢)를 파견하여 이보와 이충을 면죽(綿竹, 사천성 면죽현)에서 공격하여 그들을 대파시켜 도망하게 하였다. 공손술이 드디어 스스로 나라를 세워서 촉왕(蜀王)이 되고, 성도(成都)에 도읍하니 백성들과 오랑캐들[215]이 모두 그에게 귀부하였다.

11 겨울에, 경시는 중랑장이며 귀덕후(歸德侯)인 유삽(劉颯)과 대사마의 호군 진준(陳遵)을 파견하여 흉노에게 사신으로 가서 선우(單于)에게 한나라의 옛 인새와 인수를 주었다. 그 기회를 통하여 난제운(欒提云)과 복수당(卜須當)의 남은 친척, 귀인(貴人), 수종(隨從)드는 사람

---

214 청독과 우래는 모두 반란 집단이다.

215 촉한 지역에는 원래 중국인들과 이족(夷族)들이 함께 섞여 살았다. 그러므로 백성이란 중국인이고, 오랑캐란 이족을 말한다.

을 흉노로 돌려보냈다.[216]

선우 난제여(欒提輿)[217]가 교만스럽게 진준과 유삽에게 말하였다.

"흉노는 본래 한나라와 형제였소. 흉노가 중간에 혼란스럽게 되자 효선황제가 호한야(呼韓邪)[218] 선우를 도와주어서 세웠으므로 신하를 자칭하며 한나라를 높였던 것이오. 지금은 한나라 역시 커다란 혼란 속에 빠져서 왕망이 찬탈한 바가 되었고, 흉노 또한 군사를 내어 왕망을 쳐서 그 변경을 텅 비게 만들었으며, 천하 사람들에게 소동을 일으키게 하여 한나라를 생각하게 하였소. 왕망은 끝내 실패하였고 한나라가 부흥한 것은 또한 우리의 힘 때문이었으니 마땅히 다시 우리를 높여야 할 것이오."

진준은 그와 더불어 서로 반대하는 의견을 개진하였으나, 선우는 끝까지 이러한 입장을 유지했다.

12   적미 집단의 번숭 등이 군사를 거느리고 영천(潁川, 하남성 우현)[219]에 들어가서 그 무리를 두 부(部)로 나누었는데, 번숭과 봉안(逢安)이 한 부가 되었고, 서선(徐宣)과 사록(謝祿), 양음(楊音)이 다른 한 부가 되었다.

적미 집단은 비록 자주 싸워서 승리를 하였지만 피곤하고 피폐해져

---

216 이들은 왕망 천봉 5년(18년)에 장안에 왔는데, 복수당은 난제운의 남편이다. 왕망이 패배할 때 난제운과 복수당은 죽었지만 그때 살아남은 사람을 돌려보낸 것이다.

217 흉노의 20대 선우이다.

218 흉노의 14대 선우로 난제여 선우의 아버지이다.

219 이때 적미 집단은 하남성 복양현(濮陽縣)에 있었다.

전투를 싫어하게 되어 모두 밤낮으로 근심하며 눈물을 흘리며 동쪽으로 돌아가고자 하는 생각뿐이었다. 번숭 등이 계책을 논의하였는데, 무리들이 동쪽으로 향하여 가면 반드시 흩어질 것이니, 서쪽으로 가서 장안을 공격하는 것만 못하다고 생각하였다. 이에 번숭과 봉안은 무관(武關, 섬서성 商縣의 경계 지역)에서 출발하고, 서선 등은 육혼관(陸渾關, 하남성 嵩縣의 동북쪽)에서 출발하여 두 길로 나누어 함께 장안으로 쳐들어갔다.

경시는 왕광(王匡)과 성단(成丹),[220] 항위(抗威)장군 유균(劉鈞) 등에게 하동(河東, 산서성 夏縣)과 홍농(弘農, 하남성 영보현)을 나누어 점거하고 이들을 막도록 하였다.

13   소왕은 장차 북쪽으로 가서 연(燕)과 조(趙) 지역을 경략하면서 적미 집단이 반드시 장안을 격파할 것이라고 헤아렸다. 또 이 틈을 타서 관중을 아울러야 하는데, 이 일을 맡길 사람을 알지 못하다가 마침내 등우를 전(前)장군[221]으로 삼아 그의 휘하에 있던 정예 병사 2만 명을 나누어주고 서쪽으로 파견하여 관중 지역으로 들어가게 하였다. 스스로 편장과 비장 이하의 사람들을 선발하여 갖추게 하였다.

이때 주유(朱鮪)와 이질(李軼), 전립(田立), 진교(陳僑)가 군사를 거느리고 있었는데, 30만 명이라고 하면서 하남 태수 무발(武勃)과 함께 낙양(洛陽)을 지키고 있었고 포영(鮑永)과 전읍(田邑)은 병주(幷州)에 있었다.[222] 소왕은 하내 지역은 험한 요새 지대이며 부유하였으므로

---

220 왕광은 신시병(新市兵)이고, 성단은 하강병(下江兵)이다.
221 과거라는 의미가 아니고 선봉이라는 의미로 쓰인 용어이다.

제장 가운데 하내 지역을 지킬 사람을 선택하려고 하였으나 적당한 사람을 찾는 것이 어렵자 등우에게 물었다.

등우가 말하였다.

"구순(寇恂)은 문무의 재주를 충분히 갖춘 사람이며, 사람들을 먹여주고 무리들을 통제하는 재주를 갖고 있습니다. 이 사람이 아니면 부릴 사람이 없습니다."

이에 구순을 하내 태수로 삼고, 대장군의 업무[223]를 맡아서 처리하도록 하였다.

소왕이 구순에게 말하였다.

"옛 고조(高祖)는 소하를 관중에 머물게 하였지만 나는 오늘 공에게 하내를 맡겼소. 마땅히 군량을 충분히 공급하고 병사와 말을 잘 통솔하여 훈련시키며, 다른 군사들을 막으면서 북쪽으로 황하를 넘어가지만 않으면 되오."

풍이를 맹진(孟津)[224]장군으로 삼고 위군(魏郡, 하북성 臨漳縣)과 하내의 병사를 황하의 상류 지역에서 통솔하면서 낙양의 세력을 막게 하였다.

소왕은 친히 등우를 전송하여 야왕(野王, 하북성 沁陽縣)까지 갔는데, 등우가 서부에 이르자 소왕은 이에 다시 병사들을 이끌고 북쪽으로 갔다. 구순은 후량(餱糧)[225]을 조달하고 병기계를 제조하여 군대에 공급

---

222 유현 경시의 군사 상황이다.

223 행직이다. 관직은 '행대장군사(行大將軍事)'이다.

224 맹(孟)은 지명인데, 여기에 나루가 있었으며, 맹은 하내군 하양현이다.

225 마른 음식이다. 군사들이 가지고 다니며 먹을 수 있도록 만든 식량이다.

하였다. 군대가 비록 멀리 정벌을 갔으나 아직 공급하는 것이 모자라거나 끊어지는 일이 없었다.

14　외최와 외의가 모반하여 천수(天水, 감숙성 통위현)로 돌아가려고 하였다. 외효가 자기에게도 화가 미칠 것이 두려워서 이를 고발하였다. 경시황제는 외최와 외의의 목을 베고 외효를 어사대부로 삼았다.

15　양왕(梁王) 유영(劉永)이 자기 나라[226]를 점거하여 군사를 일으키고 여러 군의 호걸들을 초청하였다. 패군(沛郡, 안휘성 濉溪縣) 사람 주건(周建) 등이 나란히 장수로 임명되어 제음(濟陰, 산동성 定陶縣)·산양(山陽, 산동성 金鄕縣)·패(沛)·초(楚, 감소성 徐州市)·회양(淮陽, 하남성 회양현)·여남(汝南, 하남성 여남현)을 공격하여 함락시켰는데 무릇 28개 성을 얻었다.

　또 사신을 파견하여 서방(西防)의 도적의 우두머리인 산양(山陽) 사람 교강(佼彊)을 횡행(橫行)장군으로 삼았고, 동해(東海, 산동성 郯城縣)의 도적의 우두머리 동헌(董憲)을 익한(翼漢)대장군으로 삼았으며, 낭야(琅邪, 산동성 諸城縣)의 도적의 우두머리 장보(張步)를 보한(輔漢)대장군으로 삼아 청주(靑州)와 서주(徐州) 두 주를 감독[227]하면서 이들과 함께 병사를 연합하여 드디어 동방 지역을 오로지 점거하게 하였다.

16　기현(邔縣, 호북성 宣城縣) 사람 진풍(秦豐)이 여구(黎丘, 의성현의

---

226 유영의 봉국인 양(梁)나라는 하남성 상구시(商丘市)에 치소(治所)를 두었다.
227 관직명은 '독청서이주'였다.

북쪽)에서 군사를 일으켜 기현과 의성현(宜城縣) 등 10여 개의 현을 공격하여 빼앗고, 그 무리가 1만 명이 되니 스스로 초여왕(楚黎王)이라고 불렀다.

17   여남에 있는 전융(田戎)이 이릉(夷陵, 호북성 宜昌縣)을 공격하여 함락시키고 스스로 소지(掃地)대장군이라고 불렀다. 여러 군과 현들을 돌아다니면서 침구하였는데 그 무리는 수만 명이었다.*

권040

한기32

후한 제국의 성립

황제 자리에 오른 소왕 유수

세조 광무황제 건무 원년(乙酉, 25년)[1]

1   봄, 정월에 방망(方望)과 안릉(安陵, 섬서성 咸陽縣의 동쪽) 사람 궁림(弓林)이 함께 옛 정안공(定安公)인 유영(劉嬰)을 세워서 천자로 삼고, 무리 수천 명을 모아 임경(臨涇, 감숙성 鎭元縣)에 있었다. 경시(更始)가 승상 이송(李松) 등을 파견하여 이를 격파하고 그들의 목을 모두 베었다.

2   등우(鄧禹)가 기관(箕關, 산서성 垣曲縣의 경계 지역)에 이르러 하동(河東) 도위를 격파하고 나아가 안읍(安邑, 산서성 夏縣)을 포위하였다.

3   적미(赤眉)의 두 부(部)가 모두 홍농(弘農, 하남성 靈寶縣의 경계 지

---

1   유현(劉玄)의 한(漢)나라 경시(更始) 3년, 회남왕(淮南王) 이헌(李憲) 3년, 초려왕(楚黎王) 진풍(秦豊) 2년, 주(周)나라 성왕(成王) 전융(田戎) 2년, 한나라 황제 유영(劉嬰) 원년, 적미(赤眉)의 한나라 황제 유분자(劉盆子) 건시(建始) 원년, 한나라 황제 유영(劉永) 원년, 성가(成家) 용흥(龍興) 원년이었다.

역)에 모였다. 경시는 토난(討難)장군 소무(蘇茂)를 파견하여 이를 막게 하였지만 소무의 군대는 대패하였다. 적미의 무리들이 드디어 크게 모이게 되었고, 이에 1만 명씩 나누어 1영(營)으로 만드니 무릇 30영이나 되었다.

3월에 경시가 승상 이송을 파견하여 적미와 모향(茅鄕, 하남성 영보현의 경계 지역)에서 싸우게 하였는데, 이송 등이 대패하여 죽은 자가 3만여 명이었다. 적미는 드디어 빙빙 돌아다니다가 북쪽으로 가서 호현(湖縣)에 이르렀다.

4   촉군(蜀郡, 사천성 成都市)의 공조(功曹)[2] 이웅(李熊)이 공손술(公孫述)에게 '마땅히 천자를 칭하여야 한다.'고 유세하였다.

여름, 4월에 공손술이 황제의 자리에 올라 국호를 성가(成家)라고 하고, 기원을 고쳐 용흥(龍興)이라고 하였다.[3] 이웅은 대사도(大司徒)가 되고, 공손술의 동생 공손광(公孫光)은 대사마가 되었으며, 공손회(公孫恢)는 대사공(大司空)이 되었다. 월수(越嶲, 사천군 西昌縣)[4] 사람 임귀(任貴)[5]가 자기의 군을 점거하고 공손술에게 항복하였다.

5   소왕(蕭王)[6]이 북쪽으로 가서 우래(尤來)와 대창(大槍)과 오번(五

───────

2 인사담당관에 해당하는 직위이다.

3 이때 그의 관부에서 용이 나왔다고 하여 연호를 용흥이라고 하였다.

4 嶲의 발음이 휴이나, 호삼성 주에 음을 髓(수)로 읽으라고 하여 월수라고 하였다.

5 왕망 천봉 3년(16년)에 월수의 만이(蠻夷)였던 임귀가 월수 태수 매근(枚根)을 죽였는데, 이 사건은《자치통감》권38에 실려 있다.

幡)[7]을 원지(元氏, 하북성 원지현)에서 치고 추격하여 북평(北平, 하북성 滿城縣)에 이르러서도 이들을 연이어 격파하였다. 또 순수(順水)[8]의 북쪽에서 싸웠는데, 이긴 기세를 타고 가볍게 여기고 나아가다가 도리어 패배하였다. 왕은 스스로 높은 언덕으로 올라갔는데 돌기병 왕풍(王豐)이 말에서 내려 말을 왕에게 주어 왕은 겨우 도망쳐 죽음을 면할 수 있었다. 흩어진 병사들이 돌아와서 범양(范陽, 하북성 定興縣)을 지켰다.

군대 안에서 왕이 보이지 않자 어떤 사람이 이미 살해되었을 것이라고 말하자 제장들도 어찌 해야 할 바를 몰라 하니 오한(吳漢)이 말하였다.

"경(卿)들은 노력하시오! 왕의 조카[9]가 남양(南陽, 하남성 南陽市)에 있소. 어찌하여 주군이 없을까를 걱정하오?"

무리들이 두려워하다가, 며칠이 지나서야 겨우 안정되었다.

도적들은 비록 싸워서 승리하기는 했지만 왕의 위엄 있는 명성을 듣고 꺼려서 끝내는 밤중에 군사를 이끌고 가버렸다. 대군이 다시 진격하여 안차(安次, 하북성 안차현)에 이르러 계속해서 전투를 하여 이들을 격파하였다. 도적들이 물러나 어양(漁陽, 북경시 密雲縣)으로 들어갔는데 지나는 곳에서 노략질을 하였다.

강노(强弩)장군 진준(陳俊)이 왕에게 말하였다.

---

6 이때 소왕은 유수이다. 이 이후로 왕이라 지칭한 것은 모두 소왕인 유수이다.

7 우래·대창·오번은 반란 집단이다.

8 서수(徐水)를 말한다.

9 유수의 형 유백승(劉伯升)은 유장(劉章)과 유흥(劉興) 두 아들을 두었다.

"도적들은 치중(輜重)을 갖고 있지 않으니 마땅히 경무장한 기병으로 하여금 도적들의 앞으로 가서 나타나게 하고, 백성들로 하여금 각기 스스로 성벽을 견고하게 하여 그들이 먹을 것을 끊어버리게 하면 싸우지 아니하고도 섬멸할 수 있습니다."[10]

왕도 그러하다고 생각하고 진준을 파견하여 경무장한 기병을 거느리고 도적들의 진지 앞으로 달려 나아가게 하고, 사람들이 성벽을 완전하고 굳게 지키는 곳을 시찰하면서 그 성벽을 굳게 지키라고 칙령을 내렸으며 들에 버려져 흩어져 있는 것들을 거두어 들였다. 도적들이 도착하였으나 얻을 것이 없자 드디어 흩어지고 패하였다. 왕이 진준에게 말하였다.

"이 호로 같은 놈들을 곤란하게 만든 것은 장군의 계책이었소."

6 　풍이(馮異)가 이질(李軼)에게 편지를 보내 화가 되는 것과 복이 되는 것을 설명하면서 소왕(蕭王)에게 귀부하도록 권고하였다. 이질은 장안(長安)이 이미 위태로워졌다는 것을 알았지만, 유백승(劉伯升)이 죽은 것[11] 때문에 마음으로 불안해하면서 마침내 회답하는 편지를 썼다.

"저 이질은 본래 소왕과 처음 한나라를 세우자고 모의한 사람[12]입니

---

10 치중은 무거운 짐을 말하는데, 여기에는 무거운 무기와 군량이 포함되어 있다. 그런데 치중이 없다는 것은 군량미를 백성들에게서 빼앗아 먹어야 한다는 말이므로 백성과 도적들을 떼어놓는 방법을 쓰자고 한 것이다.

11 이질은 경시에게 권고하여 유수의 형 유연(劉演; 劉伯升)을 잡아 죽이게 하였다. 이 사건은 회양왕 경시 원년(23년)에 일어났고,《자치통감》권39에 실려 있다.

12 이질과 유수가 만나 논의한 것은 왕망 지황 3년(22년)의 일로,《자치통감》권38에 실려 있다.

다. 지금 저 이질은 낙양(洛陽)을 지키고 있고, 장군께서는 맹진(孟津)에 진을 치고 계시니 모두가 중요한 한 축을 점거하고 있는 것이며 천년에 한 번 올 수 있는 기회이니, 쇠붙이조차 끊게 될 것[13]으로 생각됩니다. 오직 깊은 마음이 소왕에게 전달된다면 바라건대 어리석은 저의 계책을 올려서 나라를 보좌하고 백성들을 편안하게 하고자 합니다.”

이질은 이처럼 편지를 주고받은 다음에 다시는 풍이와 교전하지 아니하였다. 그러므로 풍이는 북쪽으로 천정관(天井關, 산서성 晉城縣에 있는 관문인데, 太行關이라고도 함)을 공격하여 상당(上黨, 산서성 長子縣)에 있는 두 성을 뽑아버리고, 또 남쪽으로 가서 하남의 성고(成皐, 하남성 氾水縣) 동쪽에 있는 13개 현을 떨어뜨리니 항복한 사람이 10여만 명이었다.

무발(武勃)이 1만여 명을 거느리고 여러 배반한 사람들을 공격하였는데, 풍이는 이들과 사향(士鄉, 하남성 낙양현) 아래에서 싸워 대파하고 무발의 목을 베었지만 이질은 문을 닫아걸고 구원하지를 않았다. 풍이는 그의 편지에 효험이 있었다고 보고 이 사실을 모두 소왕에게 보고하였다.

왕은 풍이에게 회답하였다.

“계문(季文)[14]이 속이는 일이 많으니 다른 사람들은 그가 요령 피우는 것을 알 수 없소. 이제 그의 서신을 각 군수와 군위(郡尉)들에게 전달하여 알려서 마땅히 경계하고 대비하게 하시오.”

많은 사람들은 왕이 이질의 서신을 널리 공개하라는 것을 이상하게

---

13 ‘두 사람이 마음을 같이 하면 쇠붙이도 끊는다.’라는 《주역》의 말을 인용했다.
14 계문은 이질의 자이다.

생각하였다. 주유(朱鮪)[15]가 이 소식을 듣고 사람을 시켜서 이질을 찔러 죽였고, 이로부터 그의 성 안에 있는 사람들은 흩어지게 되어 많은 사람이 항복하였다.

주유는 왕이 북쪽을 정벌하였기 때문에 하내(河內, 하남성 武陟縣) 지역이 고립 되었다는 소식을 듣고서 그의 장수 소무(蘇茂)와 가강(賈彊)을 파견하여 3만여 명을 거느리고 공하(鞏河)를 건너 온(溫)[16]을 공격하게 하였다. 주유도 스스로 수만 명을 거느리고 평음(平陰, 하남성 맹진현의 동쪽)을 공격하여 풍이의 군대와 연결하였다. 격문이 하내에 도착하니, 구순(寇恂)이 바로 병사를 챙겨서 달려 나갔고, 아울러 소속된 현에 이 소식을 전하고 병사를 발동하여 온성(溫城) 아래로 모이라고 하였다.

군리(軍吏)들이 모두 간하였다.

"지금 낙양에 있는 병사들이 황하를 건너고 있는데 앞뒤로 끊어지지 않고 이어져 있으니 마땅히 많은 군사가 다 집결할 때까지 기다려야 할 것이고, 그러고 나서야 나갈 수 있습니다."

구순이 대답하였다.

"온성은 우리 군의 울타리에 해당하는데, 온성을 잃으면 군을 지켜낼 수 없소."

끝내 그곳으로 말을 달렸다.

해가 뜨자 전투가 벌어졌는데, 풍이가 파견한 구원병과 여러 현들의

---

15 주유는 이때 유현의 부하로 낙양 지역을 책임지고 있는 장수였다. 이 소문을 듣고, 주유는 이질이 유현을 배반한 것이라고 생각하여 죽인 것이다.

16 공현과 온현은 모두 하남성에 있는데, 하수는 공현의 북쪽으로 흐르고 있다.

병사들도 적절한 시기에 도착하니, 구순이 사졸들에게 성 위에 올라가서 북을 울리며 크게 소리치게 하였다.

"유공(劉公)의 병사들이 도착하였다."

소무의 군사들이 이 말을 듣자, 그의 진지에서는 동요가 일어났으며, 구순은 이때를 이용하여 달려 나가서 공격하여 그들을 대파하였다.

풍이도 역시 황하를 건너서 주유를 공격하니 주유는 도망하였다. 풍이와 구순이 낙양까지 뒤쫓아 갔다가 성 밖을 한 바퀴 돌고서 돌아왔다. 이로부터 낙양에서는 놀라고 두려워하여 성문을 낮에도 닫아두었다.

풍이와 구순이 격문을 보내 상황을 보고하였더니 제장들이 들어와서 축하하였고, 이를 계기로 존호(尊號)를 올렸다.[17] 장군인 남양(南陽, 하남성 남양시) 사람 마무(馬武)가 먼저 나아가서 말하였다.

"대왕께서 비록 겸양을 가지고 물러나지만 종묘와 사직을 어떻게 하려고 하십니까? 마땅히 먼저 높은 자리에 오르시고 나서 정벌을 의논하십시오. 지금 이러한 상태에서는 누구를 도적이라 하면[18] 달려가서 그를 칠 것입니까?"

왕이 놀라서 말하였다.

---

17 존호란 높은 칭호라는 말이지만 실제로는 황제의 칭호를 말한다. 황제에게 존호를 올리는 것은 그 황제를 높이는 문구가 들어간 명칭을 말한다. 이 경우에는 유수가 현재 소왕인데, 존호를 올린다는 것은 지금부터 황제 칭호를 사용하라고 건의한 것이다.

18 현재 경시제는 황제의 자리에 있고, 유수는 왕에 머물러 있다면 경시제는 공격의 대상이 되지 않는다. 유수가 황제를 칭하면 황제가 두 명이 되므로 공격 대상이 분명해진다.

"어찌하여 장군은 이런 말을 하는가? 목을 벨 수도 있소."

왕은 마침내 군사를 이끌고 계(薊, 북경시 大興縣)로 돌아갔다.[19]

다시 오한을 파견하여 경감(耿弇)과 경단(景丹) 등 13명의 장군을 인솔하고 우래(尤來) 등을 추격하여 목을 벤 것이 1만3천여 급이었고, 드디어 끝까지 추격하여 준미(浚靡, 하북성 遵化縣의 서북쪽)에까지 갔다가 돌아왔다. 도적들은 흩어져서 요서(遼西, 하북성 盧龍縣), 요동(遼東, 요녕성 遼陽市) 지역으로 들어갔다가 오환(烏桓)과 맥족(貊族) 사람들에게 공격을 받아 대략 다 없어졌다.

도호(都護)장군 가복(賈復)이 오교(五校)[20]와 진정(眞定, 하북성 正定縣)에서 싸웠는데, 가복이 입은 상처가 아주 심하였다. 왕이 크게 놀라서 말하였다.

"내가 가복으로 하여금 별도로 군사를 거느리지 못하게 한 것은 그가 적군을 가볍게 보기 때문이었소. 과연 나의 명장을 잃었구나! 듣건대 그의 처가 임신을 했다는데 딸을 낳으면 내 아들이 그를 맞아들이게 할 것이고, 남자아이를 낳으면 내 딸을 그에게 시집보내겠소. 그에게 처자 걱정을 하지 말라고 하시오."

가복의 병세는 얼마 후에 호전되었고 왕을 뒤좇아서 계(薊)에까지 와서 서로 만나게 되자 아주 기뻐하였다.

돌아와서 중산(中山, 하북성 定縣)에 이르자, 제장들이 다시 존호를 올렸지만 왕은 들어주지 아니하였다. 가다가 남평극(南平棘, 하북성 趙縣의 남쪽)에 이르렀는데, 제장들이 그에게 다시 굳게 청하였지만 왕은

---

19 유수가 황제에 오르지 않고 간 것이다.

20 오교는 반란 집단이다.

허락하지 아니하였다. 제장들이 또 이 말을 꺼냈고 경순(耿純)이 나아 가서 말하였다.

"천하의 사대부들이 친척을 이별하고 토지를 버리면서 화살과 돌이 날아드는 곳에 있는 대왕을 좇아왔는데 그들의 계획은 진실로 용의 비늘에 올라타거나 봉황의 날개에 붙어서[21]라도 그들이 뜻한 바를 이루려는 것일 뿐입니다. 이제 대왕께서 그대로 머물러 계시면 때로 무리들의 뜻을 거스르는 것이니, 명호와 지위를 올바르게 하지 않으면 저 경순은 아마도 '사대부들은 희망이 끊어지고 계책도 막히게 되어 고향으로 돌아갈 생각하고 오랫동안 스스로 고통 받지 않으려고 할까'두렵습니다. 대중이란 한 번 흩어지면 다시 합치기가 어렵습니다."

경순의 말이 아주 정성스럽고 간절하여 왕은 깊은 감흥을 갖고 말하였다.

"내가 장차 그것을 좀 생각하여 보겠소."

가다가 호현(鄗縣, 하북성 柏鄕縣)에 도착하여 풍이를 불러서 사방의 동정을 물으니, 풍이가 말하였다.

"경시는 반드시 실패할 것이고, 종묘에 대한 걱정은 대왕에게 달려 있으니, 마땅히 여러 사람들의 의논한 것에 따르십시오."

마침 유생(儒生) 강화(彊華)가 관중에서 《적복부(赤伏符)》[22]를 가지고 와서 왕에게 말했다.

"유수(劉秀)가 병사를 발동하여 부도(不道)한 사람들을 잡는데, 사이

---

21 자기는 실제 힘이 없으나, 큰 세력의 힘에 의지하여 목표를 달성하는 것을 비유했다.

22 일종의 예언서이다.

(四夷)들이 구름처럼 모여들어 들에서 용들이 싸우지만 4·7의 시대에는 화(火)가 주인입니다."[23]

여러 신하들이 이 기회에 다시 주청하였다. 6월 기미일(22일)에 왕은 호현의 남쪽에서 황제의 자리에 올라 기원을 고치고 크게 사면하였다.

---

23 4·7은 28인데, 이 숫자는 한 고조가 한 왕조를 세운 후부터 유수가 기병을 할 때까지 228년이 된 것과 맞아떨어진다. 전에 유흠이 이름을 유수로 고치고 '부도한 사람을 체포한다.'라든가 '용이 들에서 싸운다.'라는 말에 맞아떨어지게 하려고 하였으나, 결과적으로 왕망에게 죽고 말았다. 이 사건은 한 성제 원화 2년(기원전 7년)과 회양왕 경시 원년(23년)에 있었다. 화(火)는 오행의 화덕을 말한다.

장안에 들어간 적미군

7   등우(鄧禹)가 안읍(安邑, 산서성 夏縣)을 포위하고서 몇 달이 지나도록 떨어뜨리지 못하였는데, 경시의 대장군 번참(樊參)이 수만 명을 거느리고 대양(大陽, 산서성 平陸縣)을 건너와서 등우를 공격하고자 하였다. 등우는 그를 해현(解縣, 산서성 臨晉縣)의 남쪽에서 맞아 쳐서 목을 베었다.

왕광(王匡)과 성단(成丹), 유균(劉均)이 군사를 합치니 10여만 명이 되자 다시 이들은 함께 등우를 공격하였고 등우가 불리해졌다. 다음날인 계해일(26일)에 왕광 등이 육갑(六甲)을 따져 보고 궁박한 날[24]이어서 출전하지 아니하니 그 때문에 등우는 병사들을 정돈할 수 있었다.

갑자일(27일)이 되어 왕광이 모든 군사를 동원하여 등우를 공격하였

---

24 60갑자라고도 하는데, 천간(天干) 10개와 지지(地支) 12개가 조합되어 60을 1주기로 한다. 이 60주기는 갑자(甲子)에서 시작하여 계해(癸亥)로 끝난다. 계(癸)는 10간 즉, 갑을병정무기경신임계(甲乙丙丁戊己庚辛壬癸)의 맨 마지막이며, 해(亥)는 12지 즉, 자축인묘진사오미신유술해(子丑寅卯辰巳午未申酉戌亥)의 맨 마지막인데, 계해는 10간12지의 맨 마지막의 두 개가 합쳐져서 만들어진 날로, 복괘서(卜卦書)에서 궁일(窮日)이라고 하여서 기피하는 날이라고 했다.

다. 등우는 군부대 안에 명령하여 함부로 행동하지 말도록 하였다가 이미 군영 아래에 이르고 나자 곧바로 제장들에게 발동하도록 전하고 북을 울리며 나란히 나아가서 그들을 대파하였다. 왕광 등이 모두 도주하였고, 등우가 뒤쫓아 가서 유균과 하동(河東, 산서성 夏縣) 태수 양보(楊寶)의 목을 베었다. 드디어 하동 지방을 평정하였으며, 왕광 등이 달아나서 장안으로 돌아갔다.

장앙(張卬)이 제장들과 논의하여 말하였다.

"적미 집단이 아침저녁으로 출몰하니 멸망하는 것을 볼 날이 멀지 않은데, 차라리 장안을 노략질하고서 동쪽 남양(南陽)으로 돌아가는 것만 못합니다. 이 일이 만약에 이루어지지 않는다면 다시 강호(江湖)의 연못으로 들어가서 도적이 될 뿐이지요."

이에 함께 들어가서 경시에게 유세하였다. 경시가 화가 나서 대꾸하지 아니하자 감히 다시 말하는 사람이 없었다.

경시는 왕광(王匡)과 진목(陳牧), 성단(成丹),[25] 조맹(趙萌)에게 신풍(新豊, 섬서성 臨潼縣)에 주둔하고, 이송(李松)은 추성(捒城)에 진을 치고서 적미를 막으라고 하였다. 장앙, 요담(廖湛), 호은(胡殷), 신도건(申屠建)과 외효(隗囂)가 함께 모의하여 입추 날 제사지낼 때[26]를 이용하여 함께 경시를 겁박(劫迫)해서 앞서 세웠던 계획을 모두 수행하고자 하였다. 경시가 이를 알고서 아프다는 핑계를 대고 나오지 아니하고 장앙 등을 불러들여 장차 이들을 모두 죽이려고 하였다. 오직 외효만은

---

25 이들은 각기 반란세력의 대표이다. 왕광(王匡)은 신시군(新市軍)이고, 진목(陳牧)은 평림군(平林軍)이며, 성단(成丹)은 하강병(下江兵)이다.

26 입추 날에는 제왕이 된 사람이 사냥을 나가서 짐승을 잡아다가 종묘에 제사지내는 것을 말한다. 이날 무위를 자랑하기도 하고 음식을 나누어 주기도 한다.

아프다는 핑계로 들어가지 아니하였고 마침 찾아온 빈객 왕준(王遵)과 주종(周宗) 등과 더불어 군사를 챙기면서 스스로를 지키고 있었다.

경시가 의심을 품고 결정을 못하는 사이 장앙과 요담과 호은은 변고가 있을 것이라고 의심하고 드디어 돌연히 뛰쳐나갔고 다만 신도건만이 남아 있었는데, 경시가 신도건의 목을 베고, 집금오(執金吾) 등엽(鄧曄)에게 군사를 거느리고 가서 외효의 집을 포위하게 하였다. 장앙과 요담, 호은이 병사들을 챙겨서 문을 불태우고 궁중으로 들어가 싸우니 경시가 대패하였다. 외효도 또한 포위를 부숴버리고 도망하여 천수(天水, 감숙성 通渭縣)로 돌아갔다.

다음날 아침에 경시가 동쪽으로 도망하여 신풍에 있는 조맹에게로 갔다. 경시가 다시 왕광과 진목, 성단이 장앙 등과 함께 모의할까봐 의심하여서 마침내 나란히 불러들였다. 진목과 성단이 먼저 도착하였는데, 즉각 그들의 목을 베었다. 왕광이 두려워서 병사를 거느리고 장안으로 들어가 장앙 등과 합하였다.

8 적미는 진격하여 화음(華陰, 섬서성 화음현)에 이르렀는데, 군대 안에 제(齊) 지역의 무격(巫覡)이 있어서 항상 북을 치고 춤을 추며 성양경왕(城陽景王)[27]에게 제사지내면서 그 무격이 미친 듯이 말하였다.

"경왕(景王)이 크게 노하여 말하길 '마땅히 현관(縣官)[28]이 되어야지, 어떠한 연고로 도적이 된단 말이냐!'라고 하였소."

---

27 유장(劉章)을 말한다. 유장은 여씨를 주살한 공로를 세웠다 하여 그가 죽은 후에 제(齊) 지역 사람들이 사당을 세우고 기도를 하였다. 이에 관한 사건은 고후 8년(기원전 180년)에 있었고,《자치통감》권13에 실려 있다.

28 천자나 관청을 말하지만 여기서는 천자를 말한다.

이 무격을 비웃는 사람이 있을 때마다 번번이 병이 들자 군대 안에서는 놀라서 동요가 있었다.

방망(方望)의 동생 방양(方陽)이 번숭(樊崇) 등에게 유세하였다.

"오늘날 장군께서는 백만 명의 무리를 거느리고 서쪽으로 황제가 있는 도성을 향해 있으면서도 아무런 칭호를 갖고 계시지 않아 명목상 많은 도적들 가운데 하나가 되고 말았으니, 오래 갈 수 없습니다. 종실 사람 하나를 옹립하여 의를 가지고 정벌을 하는 것만 못하니 이것을 가지고 호령하면 누가 감히 따르지 않겠습니까?"

번숭 등이 그러할 것이라고 생각하였는데 무격의 말은 더욱 심해졌다.

앞으로 나아가서 정(鄭, 섬서성 華縣)에 이르자 이에 서로 모의하고 말하였다.

"지금 장안에 아주 가까이 왔고, 귀신도 이와 같이 말하였으니, 마땅히 유씨(劉氏)를 찾아내서 함께 그를 높여 세우자."

이에 앞서 적미가 식현(式縣, 산동성 滋陽縣)을 지나면서 옛 식후(式侯)였던 유맹(劉萌)의 아들 유공(劉恭)과 유무(劉茂), 유분자(劉盆子) 등 세 사람을 약취하여 스스로 데리고 왔었다.

유공은 어려서 《상서(尚書)》를 익혔는데, 번숭 등을 좇다가 낙양에서 경시에게 항복하였고 다시 식후로 책봉되었고,[29] 시중이 되어 장안에 있었다. 유무와 유분자는 군대 안에 머물러 있다가 우교졸사(右校卒史)[30] 유협경(劉俠卿)에게 소속되어서 소 기르는 일을 주관하고 있었

---

29 회양왕 경시 원년(23년)에 있었던 일로, 《자치통감》 권39에 실려 있다.

30 졸사는 녹질이 100석으로 매우 낮은 관직이었고, 거의 모든 관청에 두었다.

다. 번숭 등이 황제를 세우려 하자 군사들 가운데서 경왕의 후예를 찾아보았더니, 70여 명이나 되었으나 오직 유무와 유분자와 옛 서안후 (西安侯) 유효(劉孝)가 가장 가까운 후손에 속하였다.

번숭 등이 말하였다.

"듣건대 옛날에 천자가 병사를 거느리면 상(上)장군이라고 한다고 하였다."

마침내 찰(札)[31]에 '상장군'이라고 글씨를 써서 이것을 부호(符號)로 삼기로 하고, 또 두 개의 아무 것도 쓰지 않은 빈 찰(札)을 협궤(篋匭) 속에 넣어두었다.[32]

정현(鄭縣, 섬서성 華縣)의 북쪽에 단(壇)을 설치하고 성양경왕에게 제사지내는데, 삼로(三老)와 종사(從事)[33]들이 모두 모였는데, 유분자 등 3인을 중간에 서 있게 하고 나이의 차례대로 찰(札)을 집게 하였으며 유분자가 가장 어려서 마지막으로 집었더니, 부호가 있는 것[34]을 잡았다. 제장들이 모두 칭신(稱臣)[35]하면서 절하였다.

유분자의 이때 나이는 15세였는데 머리는 산발하였고, 맨발에 낡은 옷을 입었으며, 더럽기가 그지없었다. 여러 사람들이 절하는 것을 보고 두려워서 울려고 하였다. 유무가 말하였다.

"그 부호를 잘 간직해 두어라."

---

31 이때에는 종이가 만들어지지 않았던 시대였으므로 찰은 목간(木簡)을 말한다.

32 결국 '상장군'이라고 쓴 죽간 1개와 아무 것도 안 쓴 죽간 2개를 넣어둔 것이다.

33 적미의 제장 가운데 제일 높은 사람을 삼로라 하고 그 다음을 종사라 하였다.

34 대장군이라고 쓰어있는 목간을 잡은 것이다.

35 황제에 대하여 신하들이 스스로를 신하라고 하는 것이다.

유분자는 바로 그것을 물어뜯고 꺾어서 버렸다.

서선(徐宣)을 승상으로 삼고, 번숭은 어사대부가 되었으며, 봉안(逢安)은 좌대사마가 되었다. 사록(謝祿)은 우대사마가 되었으며, 그 나머지 사람들도 모두 경과 장군의 반열에 두었다. 유분자는 비록 황제로 세워졌지만 오히려 아침저녁으로 유협경에게 절을 하였고, 때로는 나가서 목동들과 놀고자 하였다. 유협경이 화를 내면서 이를 막았지만, 번숭 등도 역시 다시는 문후(問候)하려고 와서 보지 아니하였다.

9   가을, 7월 신미일(5일)에 황제[36]가 사지절(使持節)[37]로 등우를 대사도(大司徒)로 임명하고 찬후(酇侯, 찬현은 호북성 光化縣)에 봉하고 식읍으로 1만 호를 주었다. 등우의 이때 나이가 24세였다.

또한 대사공을 뽑는 일을 의논하는데 황제는《적복부(赤伏符)》에 쓰여 있는 '왕량주위작현무(王梁主衛作玄武)'[38]라는 글귀에 따라 정축일(11일)에 야왕(野王) 현령 왕량(王梁)을 대사공으로 삼았다. 또 참위서(讖緯書)에 있는 글을 가지고 평적(平狄)장군 손함(孫咸)을 대사마의 직책을 대리[39]하게 하려고 하였으나 여러 사람들이 기뻐하지 아니하

---

36 유수가 6월에 황제에 등극하였는데 당시에는 황제를 호칭한 사람이 여럿이 있었지만 사마광은 이때부터 유수를 황제라고 쓰고 있다.

37 황제의 부절을 사용하는 경우는 셋이 있는데, 사지절·부절·가절이다. 그 가운데 사지절이 가장 높은 권한을 갖는다.

38 참위(讖緯)의 글귀로 해석하기가 쉽지 않다. 대략적으로 '왕량이 위(衛)를 주관하여 현무(玄武)를 만든다.' 정도일 것이다. 야왕은 위(衛)가 귀양 간 곳이며, 현무는 수신(水神)의 이름이며 사공은 수토(水土)의 관직이고, 이에 양(梁)을 사용한 것이다. 현무는 북방의 신이고 귀사(龜蛇)가 합쳐진 것이다. 야왕현은 하내군에 소속되었다.

였다. 임오일(16일)에 오한(吳漢)을 대사마로 삼았다.

처음에 경시가 낭야(琅邪, 산동성 諸城縣) 사람 복담(伏湛)을 평원(平原, 산동성 평원현) 태수로 삼았는데, 그때 천하의 병사들이 들고 일어 났지만 복담만이 홀로 편안하게 있으면서 백성들을 위무하였다. 문하 독(門下督)이 모의하여 복담을 위하여 군사를 일으키자 복담이 그를 잡아서 목을 베었다. 이에 관리와 백성들이 그를 신뢰하였으므로 평원 일대는 복담의 힘에 의지하여 온전하였다.

황제가 복담을 징소(徵召)하여 상서로 삼고, 옛 제도를 정리하게 하였다. 또 등우가 서쪽으로 정벌을 떠났으므로 복담을 사직(司直)[40]으로 임명하고 행대사도사(行大司徒事)[41]로 삼았다. 거가(車駕)가 출정할 때마다 항상 남아서 진수(鎮守)하였다.

10   등우가 분음(汾陰, 산서성 榮河縣)에서부터 황하를 건너 하양(夏陽, 섬서성 韓城縣)으로 들어갔는데, 경시의 좌보(左輔)도위 공승흡(公乘歙)이 그의 무리 10만여 명을 인솔하고 좌풍익(左風翊)의 군사와 함께 아(衙, 섬서성 白水縣의 동북쪽으로 30km 지점)에서 등우에게 항거하였다. 등우가 다시 그들을 격파하여 도주시켰다.

종실인 유무(劉茂)가 경(京, 하남성 형양현의 동남쪽으로 10km 지점)과 밀(密, 하남성 밀현) 지역에서 무리를 모아 스스로 엽신(厭新)[42] 장군이

---

39 행직이다. 관직명은 '행대사마'이다.

40 부재상에 해당하는 직위이다.

41 행직이다. 행직은 '行○○○事'라는 형식으로 관직이 주어지는데, 이는 임시로 ○○○의 업무를 관장한다는 뜻이다. 여기서는 임시 또는 대리대사도라는 말이다.

라고 하면서 영천(潁川, 하남성 禹縣)과 여남(汝南, 하남성 여남현)을 공격하여 떨어뜨렸는데 그 무리가 10여만 명이었다. 황제는 표기대장군 경단(景丹)과 건위(建威)대장군 경감(耿弇), 강노장군 진준(陳俊)으로 하여금 이들을 공격하게 하였다. 유무가 와서 항복하자, 중산왕(中山王)으로 책봉하였다.

11   기해일(29일)에 황제가 회성(懷城, 하남성 武陟縣)에 행차하여 경감과 진준을 파견하여 오사진(五社津, 하남성 鞏縣의 북쪽에 있는 나루)에 진을 치고 형양(滎陽, 하남성 형양현)의 동쪽 지역을 방비하게 하였다. 오한으로 하여금 건의(建議)[43]대장군 주호(朱祜) 등 11명의 장군을 인솔하고 낙양에서 주유(朱鮪)를 포위하게 하였다. 8월에 나아가서 하양(河陽, 하남성 孟縣)까지 행차하였다.

12   이송(李松)이 추성(撇城, 섬서성 豐縣의 동쪽으로 35km 지점)[44]에서 병사를 이끌고 돌아와서 경시를 따라 조맹(趙萌)과 더불어 장안에서 왕광(王匡)과 장앙(張卬)[45]을 공격하였다. 계속해서 싸우길 한 달이

---

42 왕망의 신나라를 항복시킬 장군이라는 뜻이 있다.

43 어떤 판본에는 議를 義로 쓴 것이 있다. 뜻으로 보아서는 建義將軍이라고 하는 것이 맞을 것 같다. 다음에 나오는 《자치통감》 권41 광무 3년(27년) 17번조를 보면 여기에 '建義大將軍 주호(朱祜)'라는 기사가 있으므로 建議將軍이 올바르며 建議大將軍은 오자로 보인다.

44 이송은 경시 정부의 재상이다.

45 반란군의 대표로 왕광(王匡)은 신시병(新市兵), 장앙(張卬)은 하강병(下江兵)이다.

넘자 왕광 등은 패하여 달아났고, 경시는 장신궁(長信宮)으로 이사하였다.

적미가 고릉(高陵, 섬서성 고릉현)에 이르자 왕광과 장앙 등이 그들을 영접하며 항복하였고, 드디어 이들과 함께 군사를 연합하여 나아가서 장안의 동도문(東都門)을 공격하였다. 이송이 나아가 싸웠는데 적미가 이송을 산 채로 잡았다. 이송의 동생 이황(李況)은 성문(城門)교위였는데, 문을 열고 그들을 받아들였다. 9월에 적미가 장안으로 들어갔다. 경시는 혼자서 말을 타고 도망하였는데 주성문(廚城門)으로 나갔다.

식후(式侯) 유공(劉恭)은 적미가 그의 동생을 황제로 세우자 스스로 조옥(詔獄)에 가서 갇혔다. 경시가 패하여 도망하였다는 소식을 듣고서 나와 정도왕(定陶王) 유지(劉祉)에게 갔는데 유지가 그를 위하여 묶은 것을 풀어주고, 서로 더불어 위수(渭水)의 강가에서 경시를 좇았다.

우보(右輔)도위 엄본(嚴本)은 경시를 잃어버리면 적미에게 목을 베일까 두려워 바로 경시를 데리고 고릉으로 갔고, 엄본이 병사를 거느리고 숙위(宿衛)하였지만 실제로는 그를 포위한 것이었다. 경시의 장상(將相)들이 모두 적미에게 항복하였는데, 다만 승상 조경(曹竟)이 홀로 항복하지 아니하고 손에 칼을 쥐고 격투하다가 죽었다.

인의 정책을 취한 유수

13　신미일(6일)에 조서를 내려서 경시를 회양왕(淮陽王)에 책봉하고, 관리나 백성들 가운데 감히 해치는 자가 있으면 그 죄를 대역죄와 같이 취급하겠으며, 그를 관리들에게 데리고 오는 자에게는 열후로 책봉하겠다[46]고 하였다.

14　처음에, 완성(宛城, 하남성 南陽市) 사람 탁무(卓茂)는 도량이 넓고 인자하며 공손하고 사람들을 아끼며 성정(性情)이 담백하고 걸림이 없고 도(道)를 즐겼다. 우아하고 박실(樸實)하여 화려한 모습을 갖지 아니하였지만 자기 자신은 깨끗하거나 더러운 곳을 가리지 않고 자연스럽게 행동하면서 머리를 묶었던 젊은 시절부터 머리가 희게 될 때까지 아직 일찍이 다른 사람과 다투고 경쟁을 하지 않았는데, 고향 사람들이나 친구들은 비록 행동과 능력이 탁무와는 같을 수가 없다고 하면서도 모두가 그를 즐겁게 아끼고 흠모하였다.

---

46 유수가 황제가 되어서 전에 황제였던 유현을 회양왕으로 봉하여 스스로가 정통 황제임을 드러낸 것이다.

애제(哀帝)와 평제(平帝)시대에 밀현(密縣, 하남성 밀현) 현령이 되었는데, 백성들을 자식처럼 돌보았고, 선한 사람을 드러내 교육하며 입으로는 나쁜 말을 하는 일이 없어서 관리나 백성들이 그를 가까이 하고 아꼈으며 차마 속이지 못하였다.

백성 가운데 어떤 사람이 일찍이 소속하고 있는 정장(亭長)이 쌀과 고기를 갖다 주니 받았다고 말하였다. 탁무가 말하였다.

"정장이 너에게 요구하였는가? 네가 부탁할 일이 있어서 주어서 받게 한 것인가? 또는 평상시에 살면서 스스로 은혜를 갚는다는 뜻으로 그에게 준 것인가?"

백성이 대답하였다.

"가서 그에게 주었을 뿐입니다."

탁무가 말하였다.

"그에게 주어서 받았는데 어떠한 연고로 이러한 말을 하는가?"

백성이 말하였다.

"가만히 듣건대 현명한 군주는 백성들로 하여금 관리를 두려워하지 않게 하며, 관리는 백성들에게서 물건을 빼앗지 않는다고 하였습니다. 나는 지금 관리를 두려워하였고 이리하여서 그에게 주었으며, 그 관리가 끝내 받았으니 그러므로 와서 말하는 것뿐입니다."

탁무가 말하였다.

"너는 피폐해진 백성이구나! 무릇 사람이 여럿이 살면서 어지럽지 아니하고 금수와 다른 까닭은 인애(仁愛)와 예의를 가지고 서로 존경하고 섬기는 것을 알기 때문이다. 너는 홀로 이러한 것을 닦으려고 하지 않고 어찌하여 높이 날아 멀리 가서 사람들 속에서 살지 않으려고 하느냐? 관리가 생각할 것은 마땅히 위엄을 가진 힘으로 청하여 달라고 해서는 안 된다는 것일 뿐이다. 정장은 평소에 착한 관리이고 세시(歲時)[47]에 이것을 갖다 주는 것은 예(禮)에 해당하는 것이다."

백성이 말하였다.

"만약 그와 같다면 법률은 왜 그러한 일을 금하고 있습니까?"

탁무가 웃으며 말하였다.

"법률이란 커다란 원칙[大法]을 세워놓은 것이고, 예란 사람의 정리에 순응하는 것이다. 이제 내가 예를 가지고 너를 가르치면 너는 반드시 원망하고 미워하는 일이 없을 것이다. 법률로 너를 다스리면 너는 어떻게 그 손발을 놀리겠는가? 한 집안에서 일어난 것이라도 작은 것은 죄를 판결하고, 큰 것은 죽일 수도 있다. 또한 돌아가서 이 문제를 생각해 보아라."

처음에 탁무가 현에 도착하여서 모든 일을 처리하지 아니하고 내버려두니 관리와 백성들이 이를 비웃었고, 이웃에 있는 성에서도 또한 그가 일을 처리할 수 없을 것이라고 비웃었다. 하남군(河南郡, 하남성 낙양시)에 다시 수령을 두었지만[48] 탁무는 싫어하지 않으며 태연자약하게 일을 처리하였다.

몇 년이 지나 교화가 크게 실행되니 길에서는 떨어진 물건을 줍는 사람이 없게 되었다. 그가 경부승(京部丞)[49]으로 승진하니 밀현 사람들은 노소를 막론하고 모두 눈물을 흘리면서 좇아와 환송하였다. 왕망

---

47 1년 또는 계절마다 있는 절기를 말한다.

48 탁무가 현령인데 군에서 다시 수령을 두어 탁무와 나란히 근무하게 한 것이다.

49 왕망은 권력을 잡자 대사농에 부승 13명을 두었는데, 경부승은 사례부승(司隸部丞)이다.

(王莽)이 섭정을 하자 병이 들었다며 사직하고 고향으로 돌아갔다. 황상이 즉위하자 먼저 탁무를 탐문하여 찾았는데, 탁무의 그때 나이가 70여 살이었다. 갑신일(19일)에 조서를 내려서 말하였다.

"무릇 명예는 천하에서 으뜸이니 마땅히 천하의 중요한 상을 받아야 한다. 이제 탁무를 태부(太傅)⁵⁰로 삼고 포덕후(襃德侯)에 책봉한다."

❖ 신 사마광이 말씀드립니다.

"공자가 말씀하였습니다. '선한 행실을 들어서 교육하고 그렇게 할 수 없으면 권고하여라.'⁵¹ 이러하기 때문에 '순(舜)임금은 고요(皐陶)를 천거하였고, 탕(湯)임금은 이윤(伊尹)을 추천하니, 어질지 못한 사람은 멀리 가버렸습니다.'⁵² 이 사람들이 덕을 가지고 있었기 때문이었습니다.

광무제(光武帝)가 즉위한 초기에는 군웅들이 경쟁하며 쫓고, 사해(四海)는 솥의 물이 끓는 것처럼 시끄러웠습니다. 저들 강한 군사를 꺾고 적을 함락시키는 사람과 권모와 지략으로 궤변을 늘어놓는 선비들을 바야흐로 세상에서 중시하였지만 그러나 홀로 충성스럽고 후덕한 신하를 뽑을 수 있었고, 순종하고 훌륭한 관리를 드러내어 풀이나 쑥대밭 같은 민간인들 속에서 끄집어내어 여러

---

50 후한의 제도로 보면 태부의 지위는 상공(上公)이고 떨어져 앉으며 삼공(三公)의 오른쪽에 있도록 하였다.
51 《논어》에 나오는 말로 공자가 계강자(季康子)에게 한 대답이다.
52 《논어》에 나오는 말로 공자가 번피(樊避)에게 한 대답이다.

공들의 윗자리에 채워 넣었습니다. 그것은 옛것들을 광복(光復)하였으며, 왕조가 장구하게 향유하기에 적당한 것이었습니다. 대개 먼저 힘써야 할 것을 앎으로 말미암아 그 근본적인 것을 얻을 수 있었던 까닭입니다."

15 제장들이 낙양을 포위하고서도 몇 달이 되었는데, 주유가 굳게 지켜서 떨어뜨리지 못하였다. 황제는 정위 잠팽(岑彭)이 일찍이 주유 밑에서 교위를 지냈었기 때문에 가서 그를 설득하게 하였다. 주유가 성위에 올라가 있었는데, 잠팽이 성 아래에서 성패에 관하여 진술하였다.

주유가 말하였다.

"대사도(大司徒)[53]가 살해되었을 때 나 주유는 그들과 더불어 모의를 하였다. 또 경시에게 간언하여 소왕(蕭王)[54]을 파견하여 북벌을 하지 못하게 하였으니 진실로 나 스스로 나의 죄가 깊다는 것을 알고 있으니 감히 항복을 못하는 것이다."

잠팽이 돌아와서 이 모든 이야기를 황제에게 하였다.

황제가 말하였다.

"큰일을 하는 자는 작은 원한을 꺼리지 않소. 주유가 이제 만약 항복한다면 관작도 그대로 보존할 수 있을 것인데, 하물며 죽이는 벌을 내리겠소? 여기에 황하의 물이 있는데 어찌 내가 식언을 하겠소?"[55]

잠팽이 다시 가서 주유에게 알렸더니 주유가 성 위에서 줄을 아래로

---

53 유수의 형 유연(劉演)으로 경시제로부터 대사도에 임명되었었다.
54 지금 황제가 된 유수를 말하는 것으로 경시제는 유수를 소왕에 책봉했었다.
55 황하가 말하는 것을 들었으니 거짓말을 할 수 없다는 뜻이다.

내려 보내면서 말하였다.

"반드시 믿게 하려거든 이 줄을 타고 올라오시오."

잠팽이 줄 있는 곳으로 가서 올라가려고 하니, 주유는 그의 진실성을 보고 바로 항복하기를 허락하였다.

신묘일(26일)에 주유는 면박(面縛)[56]하고 잠팽과 더불어 하양(河陽, 하남성 孟縣)으로 갔다. 황제가 그의 면박을 풀어주고 불러서 만나보고는 다시 잠팽으로 하여금 밤중으로 주유를 호송하여 성으로 돌아가게 하였다. 다음날 아침에 소무(蘇茂) 등과 함께 그의 무리들을 전부 데리고 나와서 항복하였다. 주유를 평적(平狄)장군으로 삼고 부구후(扶溝侯)로 책봉하였다. 뒤에 소부(少府)[57]가 되었고, 책봉된 작위는 대대로 전하게 하였다.

황제는 시어사(侍御史)인 하내 사람 두시(杜詩)로 하여금 낙양을 편안하게 하도록 하였다. 장군 소광(蕭廣)이 병사들을 멋대로 풀어놓고 횡포를 부리자 두시가 일깨워 경계하였으나 고치지를 않으니 드디어 소광을 쳐 죽이고 돌아와서 그 상황을 보고하였다. 황상이 그를 불러 친견하면서 계극(棨戟)[58]을 하사하고 드디어 그를 발탁하여 일을 맡겼다.

겨울, 10월 계축일(10일)에 거가가 낙양으로 들어가서 남궁으로 갔고 드디어 이곳을 도읍으로 정하였다.

---

56 항복하는 사람이 항복한다는 표시로 스스로 손을 뒤로 묶는 것을 말한다.

57 궁정 물품 공급을 담당하는 부서이다.

58 옛날 의장용(儀丈用) 기구의 하나이다. 창 모양으로 만들어 채색비단으로 싸서 관리(官吏)가 출행(出行)할 때 들고 나가던 것이다.

16   적미가 편지를 내려서 말하였다.

"성공(聖公)[59]이 항복한다면 장사왕(長沙王)으로 책봉하겠지만 20일을 그대로 넘기면 받아들이지 않을 것이오."

경시는 유공(劉恭)을 파견하여 항복을 받아달라고 청하였고, 적미는 그의 장수 사록(謝祿)으로 하여금 가서 그것을 받으라고 하였다. 경시는 사록을 좇아서 윗도리를 벗고 몸을 드러내놓은 채 인새와 인수를 유분자(劉盆子)에게 올렸다.

적미는 경시를 앉힌 채 대정(大庭) 가운데 놓아두고 곧 그를 죽이려고 하였다. 유공과 사록이 그를 살려주기를 청하였으나 허락을 받지 못하였고, 드디어 경시를 끌고 나갔다. 유공이 쫓아가면서 소리쳤다.

"신은 진실로 힘을 다하였습니다. 청컨대 먼저 죽게 해주십시오."

칼을 뽑아서 스스로를 찌르려고 하였다. 번숭(樊崇) 등이 급히 와서 함께 구하여 그것을 중지시켰다. 이에 경시를 사면하고 외위후(畏威侯)에 책봉하였다. 유공이 다시 굳게 청하여 끝내는 장사왕으로 책봉할 수 있었다.[60] 경시는 늘 사록에 의지하여 살았고, 유공도 그를 옹호하였다.

17   유분자가 장락궁(長樂宮)에 살게 되자, 삼보(三輔)[61]의 군현들과 각 군영의 우두머리[62]들이 사신을 파견하여 공물을 헌납하였지만 병

---

59 유현의 자가 성공이므로, 경시인 유현이다.

60 항복의 조건을 지키라고 한 것이었고, 경시는 장사왕이 된 것이다.

61 대장안을 셋으로 나누는데, 경조(京兆)와 좌풍익(左馮翊)과 우부풍(右扶風)을 말한다. 즉 장안을 중심으로 한 지역이다.

사들이 번번이 이것들을 탈취하였고 또한 자주 관리와 백성들을 폭행하고 약탈하였다. 이로 말미암아서 모두가 다시 자기 지역을 굳게 지켰다.

백성들은 자기가 귀부해야 할 곳을 알지 못하였다가 등우(鄧禹)가 이긴 형세를 타고서 홀로 이겨내고 군사들의 행동에도 기강이 있다는 소문을 들었는데, 모두가 풍문만을 듣고서 서로 손을 잡고 그의 군사들을 영접하였으니 항복하는 사람이 하루에도 천 명을 헤아리게 되었고, 그 무리가 1백만 명이라고 불렸다.

등우가 머무는 곳에서 번번이 수레를 세워 부절(符節)을 걸어놓고 귀순한 사람들을 위로하였다. 부로(父老)들과 아이들, 머리를 늘어뜨린 어린이와 흰머리를 가진 늙은이들이 그의 수레 아래를 가득 메웠으며 기쁨을 느끼지 않는 자가 없었다. 이에 그의 명성이 관서(關西, 함곡관의 서쪽) 지방을 진동시켰다.

제장과 호걸들은 모두 등우에게 지름길로 장안을 공격하라고 하였더니 등우가 말하였다.

"그렇지 않소. 지금 우리의 무리가 비록 많기는 하지만 싸울 수 있는 사람은 적으며, 앞으로는 믿고 바랄만한 축적된 곡식이 없고, 뒤로는 먹을 것을 날라 올 물자도 없소. 적미의 세력은 새로이 장안을 뽑아버려서 재물과 곡식이 충실하며 그들의 예리한 칼날도 당해낼 수 없소. 무릇 도적들은 모여서 살면 하루 동안의 계획도 세우지 못하는 법이니 재물과 곡식이 비록 많다고 하지만 변고에는 만 가지의 실마리가 있을 수 있는 것이니, 어찌 굳게 지킬 수나 있겠소?

---

62 이 지역은 아직도 안정되지 아니하여 호걸들이 각기 자리를 잡고 있었다.

상군(上郡, 섬서성 綏德縣)·북지(北地, 감숙성 環縣)·안정(安定, 감숙성 固原縣)의 세 군은 땅이 넓고 인구는 희박하며 곡식이 많고 가축도 많소. 나는 또한 병사들을 휴식시키며 북으로 길을 가서 곡식 있는 곳에 나아가 병사들을 기르다가 그들이 피폐해진 것을 보고 나서 도모할 수 있을 것이오.”

이에 군사를 이끌고 북쪽으로 가서 순읍(栒邑, 섬서성 旬邑縣)에 도착하였는데 도착하는 곳에서는 여러 군영과 군읍(郡邑)을 지키는 사람들이 모두 문을 열고 귀부하였다.

18   황상은 잠팽을 파견하여 형주(荊州) 지역에 있는 여러 도적들을 치고 주성(犫城, 하남성 魯山縣)과 섭성(葉城, 하남성 葉縣) 등 10여 개의 성을 떨어뜨렸다.

19 11월 갑오일(30일)에 황상이 회현(懷縣, 하남성 武陟縣)으로 행차하였다.

20 양왕(梁王) 유영(劉永)이 수양(睢陽, 하남성 商丘市)에서 스스로 황제라고 하였다.

21 12월 병술일(11일)에 황상이 낙양으로 돌아왔다.

22 삼보 지역에서는 적미세력의 포학한 짓으로 고생하였고, 모두가 경시를 가련하게 여겨 그를 몰래 빼내오고자 하였는데, 장앙(張卬) 등은 깊이 걱정이 되어[63] 사록으로 하여금 그의 목을 매어 죽이게 하였다. 유공이 밤에 그곳에 가서 그의 시체를 거두어 숨겨두었다. 황제가 등우에게 조서를 내려 그를 패릉(霸陵)[64]에 장사지내게 하였다.

---

63 장앙 등은 경시를 공격하였는데 경시를 빼내다가 황제의 자리에 다시 오르게 한다면 화가 자기에게 미칠 것으로 생각하고 걱정한 것이다.

중랑장(中郎將)인 완성(宛城) 사람 조희(趙熹)[65]가 장차 무관(武關, 섬서성 商縣의 경계 지역)을 나가려고 할 때 길에서 경시의 친척을 만났는데, 모두가 맨발에 주리고 지쳐 있어서 조희가 그의 물자와 양식을 꺼내서 그들에게 주고, 호송하면서 앞으로 나아갔다. 완왕(宛王) 유사(劉賜)가 이 소식을 듣고, 그들을 영접하여 고향으로 돌아가게 하였다.

23   외효(隗囂)가 천수(天水, 감숙성 通渭縣)로 돌아와서 다시 그의 무리들을 불러 모으고 옛 업무들을 일으켜 닦으면서 자칭 서주(西州, 감숙성의 동부 지역) 상장군이라고 하였다. 삼보의 사대부 가운데 피난을 간 사람들은 대부분 외효에게 귀부하였고, 외효는 몸을 굽혀 그들을 이끌어 맞이하였고, 포의(布衣)[66]의 입장에서 사귀었다. 평릉(平陵, 섬서성 咸陽縣의 동북) 사람 범준(范逡)을 사우(師友)로 삼고, 전에 양주(涼州, 감숙성 일대) 자사였던 하내(河內, 하남성 武陟縣) 사람 정흥(鄭興)을 좨주(祭酒)로 삼았으며, 무릉(茂陵, 섬서성 興平縣) 사람 신도강(申屠剛)과 두림(杜林)을 치서(治書)[67]로 삼았다. 마원(馬援)을 수덕(綏德)장군으로 하고, 양광(楊廣), 왕준(王遵), 주종(周宗)과 평양(平襄, 감숙성 通渭縣의 서남쪽) 사람 행순(行巡), 아양(阿陽, 산서성 晉城縣의 경계 지역) 사람 왕첩(王捷), 장릉(長陵, 섬서성 咸陽縣의 경계 지역) 사람 왕원(王元)을 대

---

64 섬서성 서안시의 동쪽 교외로 전한 문제의 능이 있는 곳이다.

65 유현 경시(更始) 정부의 중랑장이었다.

66 벼슬하지 않은 사람을 지칭한다. 관리는 관복을 입었는데, 관복은 계급에 따라 색깔이 다른 옷을 입었다. 벼슬하지 않은 사람은 포(布)로 된 옷을 입었다.

67 문서를 담당하는 시어사이다.

장군으로 삼고, 안릉(安陵, 섬서성 西安市의 서북쪽) 사람인 반표(班彪)의 무리들은 빈객(賓客)이 되었는데, 이로 말미암아서 명성이 서주(西州) 지역에 떨쳤고, 산동(山東) 지역까지 소문이 났다.

마원은 어린 시절 집안에 쓸 재물이 넉넉하지 못하여 형 마황(馬況)에게 변경 지대에 있는 군으로 농사를 짓거나 목축을 하러 가겠다고 말하였다. 마황이 말하였다.

"너는 큰 재주를 가졌으니, 꼭 늦게라도 성공할 것이다. 훌륭한 기술자는 아직 완성되지 않은 소박한 것을 다른 사람에게 보여주지 않고 자기가 좋아하는 모양을 좇아서 만드는 법이다."

드디어 북지(北地, 감숙성 環縣)로 가서 농사를 짓고 목축을 하였다.

늘 빈객들에게 말하였다.

"대장부가 뜻을 이루기 위해서는 가난하다고 하여도 마땅히 더욱 굳건해야 하고, 늙었다고 하여도 더욱 힘을 내야 할 것이오."

그 뒤 가축 수천 마리와 곡식 수만 곡을 갖게 되자, 탄식하며 말하였다.

"무릇 재산을 불리면서 그것을 능히 다른 사람에게 베풀 수 있는 것을 귀하게 생각해야 한다. 그렇지 않다면 수전노일 뿐이다."

마침내 친구들에게 전부 나누어 주었다. 외효가 선비들을 좋아한다는 소문을 듣고 가서 그를 좇았다. 외효는 대단히 존경하고 중히 여기면서 함께 계획과 정책을 결정하였다. 반표는 반치(班穉)[68]의 아들이다.

24   애초에 평릉(平陵, 섬서성 함양현의 동북쪽) 사람 두융(竇融)은 여러

---

68 반치에 관해서는《자치통감》권36, 평제 원시 원년(서기 1년)조에 실려 있다.

세대에 걸쳐 하서(河西) 지방[69]에서 벼슬을 하였으므로 그 지역의 풍속을 잘 알았으며, 경시의 우대사마 조맹과 잘 지냈는데, 사사롭게 형제들에게 말하였다.

"천하가 편안해질지 위태로워질지 알지 못하지만 하서 지역은 부유하고, 황하를 끼고 있어서 방위하는데 견고하며, 장액속국(張掖屬國)[70]에 있는 정예의 기병은 1만 명이나 되니 일단 완급(緩急)한 사태가 발생하면 황하의 나루들을 막거나 길을 끊어버리면 충분히 스스로를 지킬 수 있을 것이다. 이곳이 우리의 종족을 살아남게 할 지역이다."

이에 조맹을 통하여 하서 지역으로 가게 해달라고 청구하였다.

조맹은 경시에게 두융을 추천하여 장액속국의 도위가 되게 하였다. 두융이 도착하여서 그 지역의 영웅과 호걸들을 위무하여 결합하고, 강(羌)족들을 모아 품에 안아서 그들의 환심을 많이 샀다. 이때 주천(酒泉) 태수인 안정(安定, 감숙성 固原縣) 사람 양통(梁統), 금성(金城, 감숙성 난주시) 태수 고균(庫鈞), 장액 도위인 무릉(茂陵, 섬서성 興平縣) 사람 사포(史苞), 주천 도위 축증(竺曾), 돈황(敦煌) 도위 신융(辛肜)이 나란히 주와 군에서 영걸한 인물들이라 두융이 이들 모두를 후하게 잘 대하여 주었다.

---

69 황하의 서쪽, 즉 난주(蘭州)의 서쪽에서 감숙성과 신강성의 경계 지역인 성성협(猩猩峽)에 이르는 긴 협곡 지대를 말한다. 황하는 난주에 이르렀다가 바로 북쪽으로 흘러가는데 이 긴 협곡 지대는 황하의 서쪽이 된다. 이를 '하서주랑'이라고 부르는데, 이것은 한 무제 원수 2년(기원전 121년)에 흉노의 혼야왕이 중국에 항복하고 바친 땅이다. 이곳은 무위군(武威郡)·장액군(張掖郡)·주천군(酒泉郡)·돈황군(敦煌郡)을 포용하고 있다.

70 한나라는 변방에 있는 모든 군에 속국을 두었고, 도위 한 사람을 두어 다스리게 하였으므로 여기서는 장액군에 소속된 사람들이 이민한 지역을 말한다.

경시가 실패하자 두융과 양통 등이 계책을 의논하여 세우고 말하였다.

"지금 천하가 소란한데 어디로 귀부해야 할지를 모르겠다. 하서 지역은 강족과 호족들의 수중에 있어서 두절되어 있으니 같은 마음으로 힘을 합치지 않는다면 스스로 지킬 수 없을 것이고, 갖고 있는 권력과 힘이 서로 비슷하여 다시 서로 인솔할 사람이 없으니 마땅히 한 사람을 추천하여 대장군으로 삼고, 함께 우리 다섯 군을 온전히 보존하면서 시절이 변하여 움직이는 것을 살펴봅시다."

논의한 것이 확정되자, 각기 서로 겸양하였다.

지위의 순서를 가지고서 모두 공통으로 양통을 추천하였다. 양통이 극구 사양하자 이에 두융을 추천하여 행하서오군대장군사(行河西五郡大將軍事)[71]로 삼았다. 무위(武威) 태수 마기(馬期)와 장액 태수 임중(任仲)은 나란히 고립되어 함께하는 무리들이 없었으므로 마침내 함께 그들에게 편지를 보내서 이 사실을 알렸고, 두 사람은 바로 인수를 풀어놓고 떠나버렸다. 이에 양통을 무위 태수로 삼고, 사포를 장액 태수로 삼고, 축증을 주천 태수로 삼고, 신융을 돈황 태수로 삼았다. 두융은 속국에 있으면서 옛날과 같이 도위의 직책을 관장[72]하면서 종사관(從事官)을 두고 다섯 군을 감찰하였다.

하서 지역 백성들의 풍속은 질박하였고, 두융의 정치도 또한 관대하고 평화로웠기 때문에 위아래 사람들이 서로 친하게 지냈으며, 평화롭

---

71 하서주랑에 있는 다섯 군, 즉 주천·금성·돈황·무위·장액군을 통솔하는 대장군이 할 업무를 맡아 임시로 지휘하는 직책이다. 행은 행수법(行守法)에 나오는 행직(行職)이다.

72 영직이다. 즉 '영도위'이다.

고 부유하게 되었다. 병사와 전마(戰馬)를 잘 훈련하고 전투와 활쏘기를 익히며, 봉수제도를 분명하게 하였다. 강족과 호족들이 변새(邊塞)를 침범하여 오면 두융이 바로 스스로 군사를 거느리고 여러 군과 더불어 서로 구제하여 주었는데, 모두가 약속한 것과 같이 하니 매번 그들을 번번이 격파하였다. 그 다음부터 강족과 호족은 모두 무서워서 복종하고 친히 귀부하니 국경 안쪽에 있는 군의 유민들도 흉년과 기근을 피하여 이곳으로 그에게 귀부하는 사람이 끊이지 아니하였다.

25 왕망(王莽)시대에 천하의 모든 사람들이 한나라의 은덕을 생각하였는데, 안정(安定, 감숙성 固原縣)의 삼수(三水, 고원현의 북쪽) 사람 노방(盧芳)이 좌곡(左谷, 삼수현에 있는 왼쪽 골짜기)에 살면서 무제의 증손자인 유문백(劉文伯)을 사칭하면서 말하였다.

"내 증조모는 흉노 혼야왕(渾邪王)의 누이이다."

늘 이 말로 안정군 지역에서 사람들을 현혹시켰다.

왕망 말년에 이에 삼수속국에 사는 강족과 호족과 더불어 군사를 일으켰다. 경시가 장안에 이르자 노방을 징소하여 기도위로 삼고, 안정의 서부 지역을 진무하게 하였다. 경시가 실패하자, 삼수 지역의 호걸들이 함께 노방을 상장군 겸 서평왕(西平王)[73]으로 세우고 사신으로 하여금 서강(西羌)족과 흉노족과 더불어 화친을 맺게 하였다.

선우[74]는 생각하였다.

"한나라가 중간에 끊어지고 유씨[75]가 와서 귀부하였으니, 나도 마땅

---

73 서역을 평정하겠다는 뜻이 담겨있다.
74 흉노의 20대 호도이시도고약제(呼都而尸道皐若鞮) 선우인 난제여(欒提輿)이다.

히 호한야(呼韓邪)[76] 선우처럼 그를 세워놓고 그로 하여금 나를 높여 섬기게 하리라."

이에 구림왕(句林王)에게 수천 명의 기병을 거느리고 노방 형제를 영접하여 흉노 지역으로 들어오게 하였고, 노방을 한나라 황제로 세우고, 노방의 동생 노정(盧程)을 중랑장으로 삼았으며, 호족의 기병을 거느리고 안정으로 다시 들어가게 하였다.

26   황제는 관중 지역이 아직 평정되지 아니하였고, 등우도 오래 병사를 진격시키지 아니하자 편지를 내려 보내어 그를 책망하였다.

"사도는 요(堯)임금과 같고, 도망가는 저 도적들은 걸(桀)임금과 같소. 장안에 있는 관리와 백성들은 허둥지둥하여 의지하면서 귀부할 곳이 없으니 마땅히 때에 맞추어 진격하여 토벌하고 서경(西京)[77] 지역 사람들을 누르고 위로하며 백성들의 마음을 잡아야 할 것이오."

등우는 오히려 앞서 갖고 있던 자기의 의견을 고집하며 따로 상군(上郡, 섬서성 綏德縣)에 있는 여러 현을 공격하면서 다시 병사를 징집하고 곡식을 모아 대요(大要, 감숙성 寧縣의 동남쪽)로 돌아갔다.

적노(積弩)장군 풍음(馮愔)과 거기장군 종흠(宗歆)이 순읍(栒邑, 섬서성 旬邑縣)을 함께 방어하고 있었는데, 두 사람이 권력을 가지고 다투다가 서로 공격하여 풍음이 드디어 종흠을 살해하였고, 이어서 도리어

---

75 실제로는 유문백이라고 사칭한 노방이다.

76 흉노의 14대 선우이다.

77 후한은 낙양에 도읍하였는데, 그 위치는 전한의 도읍인 장안의 동쪽에 있고, 장안은 낙양의 서쪽에 있으므로 후한대에 서경은 장안을, 동경, 동도는 낙양을 말한다.

등우를 공격하자, 등우는 사자를 파견하여 보고하였다.

황제가 사자에게 물었다.

"풍음이 친하고 아끼는 사람이 누구인가?"

대답하였다.

"호군(護軍) 황방(黃防)입니다."

황제는 풍음과 황방이 오래 친화할 수 없을 것이고 형세로 보아 반드시 서로 다투게 될 것이라고 헤아렸다. 이 때문에 등우에게 회답하였다.

"풍음을 포박할 사람은 반드시 황방일 것이오."

이에 상서 종광(宗廣)을 파견하여 지절을 가지고 가서 항복하게 하였다.

그 뒤 한 달여 지나자 황방이 과연 풍음을 잡아서 그의 무리를 거느리고 와서 죄를 받겠다고 하였다. 경시의 제장(諸將)인 왕광(王匡), 호은(胡殷), 성단(成丹) 등은 모두 종광에게 가서 항복하였다. 종광은 그들과 더불어 동쪽으로 돌아오는데, 안읍(安邑, 산서성 夏縣)에 이르렀을 때 길에서 도망하려고 하자 종광이 그들의 목을 모두 베었다.

풍음이 반란하면서 병사를 이끌고 서쪽 천수(天水, 감숙성 通渭縣)를 향하여 갔다. 외효가 이를 받아치면서 고평(高平, 감숙성 固原縣)에서 그들을 격파하고 그들의 치중을 전부 노획하였다. 이에 등우는 승제(承制)[78]하여 사자를 파견하여 지절을 가지고 외효를 서주(西州)대장군

---

78 제(制)는 황제의 명령을 말한다. 등우는 서쪽 방면의 정벌에 대한 전권을 갖고 있었다. 그러므로 황제로부터 일정한 권한을 받아서 임시로 황제를 대신하여 관직을 임명할 수 있게 하였는데 이것이 승제이다. 중국에서 이때부터 승제가 시작되었다.

으로 임명하여 양주(凉州, 감숙성)와 삭방(朔方, 내몽고 伊盟의 서북부)의
모든 업무를 오로지 통제할 수 있게 하였다.[79]

27 납제(臘祭)[80]하는 날에 적미는 음악을 진설하고 큰 모임을 열면
서 술을 아직 돌리지도 않았는데, 여러 신하들이 서로 말다툼을 벌였
다. 병사들이 드디어 각기 궁궐 담장을 넘거나 관문을 부수고 들어와서
술과 고기를 약취하며 서로 죽이거나 다치게 하였다.

위위(衛尉) 제갈치(諸葛穉)가 이 소식을 듣고, 병사를 이끌고 들어와
서 백여 명을 쳐 죽이고 나서야 마침내 안정되었다. 유분자(劉盆子)는
무섭고 두려워서 밤낮으로 울었고, 시종관들은 모두 그를 가련하게 생
각하였다.

28 황제가 종정 유연(劉延)을 파견하여 천정관(天井關, 산서성 晉城
의 서남쪽에 있는 관문)을 공격하게 하였는데, 전읍(田邑)[81]과 10여 차례
계속 싸웠으나 유연은 더 나아갈 수 없었다. 경시가 패하자 전읍이 사
자를 보내어 항복을 받아주기를 청하자 바로 벼슬을 주어 상당군 태수
로 삼았다.

황제가 또 간의대부 저대백(儲大伯)을 파견하여 지절을 가지고 포영
(鮑永)을 초빙하게 하였다. 포영은 경시가 살았는지 죽었는지를 아직

---

79 구체적인 관직명은 제량주삭방사(制凉州朔方事)이다.

80 납일은 하늘에 있는 모든 신선에게 제사지내는 날이다. 보통 동지가 지난 뒤
세 번째 술일(戌日)을 납일로 한다.

81 경시 정부의 수비군이다.

알지 못하여 의심을 하고서 좇지 아니하려 하고 저대백을 잡아 가두고 사자를 파견하여 장안으로 달려가서 그 허실을 염탐하여 묻게 하였다.

29 처음에 황제가 경시를 좇아서 완성(宛城, 하남성 南陽市)에 있으면서 신야(新野, 하남성 신야현) 사람인 음씨(陰氏)의 딸 음여화(陰麗華)를 처로 맞아들였다. 이 해에 사자를 파견하여 음여화와 황제의 누나인 호양(湖陽)공주, 여동생인 영평(寧平)공주를 영접하여 모두 낙양으로 오게 하였다. 음여화를 귀인(貴人)으로 삼았다.

경시 시절에 서평왕(西平王) 이통(李通)이 먼저 영평공주를 취(娶)하여[82] 결혼하였으므로 황상은 이통을 위위(衛尉)로 삼았다.

30 처음에 경시는 왕굉(王閎)을 낭야(琅邪) 태수로 삼았는데, 장보(張步)가 그 군을 점거하고 그가 오는 것을 막았다. 왕굉은 항복하라고 알아듣게 말하여 공유(贛楡, 강소성 東海縣) 등 여섯 현을 얻어서 병사를 거두어 장보와 싸웠으나 승리하지 못하였다.

장보가 이미 유영(劉永)에게서 관직[83]을 얻었기 때문에 극(劇, 산동성 昌樂縣 경계 지역)에서 병사를 훈련시키고, 장수들을 파견하여 태산(泰山)·동래(東萊)·성양(城陽)·교동(膠東)·북해(北海)·제남(濟南)·제

---

82 보통 공주를 맞아 결혼하는 경우 상(尙)이라는 단어를 사용하여 모신다는 의미로 기록하였으나, 이 경우는 공주가 되기 전이므로 취(娶)라는 단어를 써서 '맞이하다'라는 뜻으로 기록하였다.

83 회양왕 경시 2년(24년)에 수양(睢陽)에서 한의 황제로 즉위한 유영은 장보에게 보한(輔漢)대장군의 직위를 주었다. 이 이야기는 《자치통감》 권39에 실려 있다.

군(齊郡)[84]을 경략하여 이들을 모두 떨어뜨렸다.

왕굉은 힘으로 이들을 대적할 수 없어서 장보에게 나아가 서로 만나 보았다. 장보는 병사들을 크게 벌려놓고 그를 만나서 화를 내며 말하였다.

"나 장보에게 무슨 죄가 있어서 그대는 앞으로 나와서 공격을 심하게 하시오?"

왕굉이 칼을 어루만지며 말하였다.

"태수는 조정의 명령을 받들게 되어 있는데 문공(文公)[85]께서 병사로 항거하니, 나 왕굉은 도적을 칠뿐인데, 어찌 심하다는 말을 하시오?"

장보가 일어나서 무릎을 꿇고 사과하며 연회를 베풀면서 상빈으로 대접하였고, 왕굉에게 군의 업무를 관장하도록 하였다.

---

84 이 일곱 군은 모두 산동성에 있다.

85 장보의 자이다.

유수의 논공행상

광무제 건무 2년(丙戌, 26년)⁸⁶

1　봄, 정월 초하루 갑자일에 일식이 있었다.

2　유공(劉恭)은 적미가 반드시 패할 것이라는 것을 알고, 비밀리에 그의 동생 유분자(劉盆子)에게 인새와 인수를 돌려보내라고 가르치면서 그때 사용해야 할 사양하는 말을 익히게 하였다.

정월 초하루에 사람들이 많이 모이자 유공이 먼저 말하였다.

"여러분이 함께 저 유공의 동생을 황제로 세우시니 그 은덕이 진실로 깊고 두텁습니다. 즉위한 지 1년이 되었는데, 어지러움은 날로 더 심해지니 진실로 성과를 이룩하기에는 모자라서 아마도 죽는다고 하여도 아무런 도움이 되지 못합니다. 바라건대 자리에서 물러나서 서인

---

86 이 해는 회남왕(淮南王) 이헌(李憲) 4년, 무안왕(武安王) 연잠(延岑) 원년, 초
　려왕(楚黎王) 진풍(秦豊) 3년, 연왕(燕王) 팽총(彭寵) 원년, 주성왕(周成王) 전
　융(田戎) 3년, 적미(赤眉) 한제(漢帝) 유분자(劉盆子) 건시(建始) 2년, 한제(漢
　帝) 유영(劉永) 2년, 제(帝) 손등(孫登) 원년이다.

(庶人)이 되게 하고 다시 현명하고 지혜로운 사람을 구하기를 바라니 오직 여러분이 살펴주십시오.”

번숭(樊崇) 등이 사과하며 말하였다.

“이것은 모두 저 번숭 등의 죄입니다.”

유공이 다시 고집스럽게 퇴위를 청하니 어떤 사람이 말하였다.

“이 일이 어찌 식후(式侯)[87]의 일이겠소?”

유공은 황공하여 일어나서 나갔다.

유분자가 마침내 보좌(寶座)에서 내려와 인새와 인수를 허리에서 풀어놓고 머리를 조아리며 말하였다.

“지금 현관(縣官)[88]을 설치하였으나 도적질하는 것이 옛날과 같아서 사방에서 원망하고 한스러워하고 있고, 다시는 믿고 따라오려고 하지 않으니, 이는 모두 그에 알맞은 사람을 세우지 않은데서 온 것이오. 바라건대 이 자리를 물러나 현명한 성인이 갈 길에서 피해있기를 원하오.[89] 반드시 나 유분자를 죽여서 책임을 메우려고 한다면 죽는 것을 피하지 않을 것이오.”

이어서 통곡하며 눈물을 흘렸다.

번숭 등과 그 자리에 모인 수백 명의 사람들이 그를 애달파하지 않는 사람이 없었으니, 이에 모두 자리를 피하려고 머리를 조아리고 말하

---

87 유공을 가리키는 말이다. 유공은 식후라는 작위를 갖고 있었다.

88 현관은 황제·조정·관부 등을 말하는데, 여기서는 황제인 자기 자신을 가리킨다.

89 전통적으로 자리에서 물러날 때에는 자기가 자리를 차지하여 현명한 사람이 나올 수 없으므로 더 현명한 사람을 위하여 자리를 비켜준다는 뜻으로 말하는 것이 관례이다.

였다.

"신이 좋은 형편을 만들지 못해서 폐하께 죄를 지었습니다. 청컨대 오늘 이후로는 감히 다시는 방종하지 않겠습니다."

이어서 함께 유분자를 안아서 인수와 인새를 허리에 채웠다. 유분자가 소리를 크게 질렀으나 어떻게 할 수가 없었다. 이미 다 마치고 나와서 각기 자기의 군영의 문을 닫아걸고서 스스로 지키고 있었다.

삼보(三輔)[90] 지역의 사람들이 화합하여 천자가 총명하다고 칭송하고 백성들이 다투듯 장안으로 돌아왔으며 저자와 마을에는 사람들이 가득하였다. 그 뒤 20여 일이 지나자 다시 병사들이 영문을 나와서 크게 약탈하였는데, 옛날과 같았다.

3   도자도(刀子都)[91]가 그의 부곡[92]들에게 살해되자, 그 나머지의 무리들과 여러 도적들이 단향(檀鄕, 산동성 滋陽縣)에 모이니, 이들을 단향적이라고 불렀는데, 위군(魏郡, 하북성 臨漳縣)과 청하군(淸河郡, 산동성 청하현)에서 노략질하였다.

---

90 장안 지역을 장안·좌부풍·우풍익 셋으로 나누었는데, 이를 합쳐 삼보라고 한다.

91 동해군을 근거로 일어난 반란자의 우두머리이다. 호삼성은 각 판본에서 刀를 刁(조) 또는 力(력)으로 쓴 곳이 있다고 밝히고, 《통감고이》에 의거, 刁가 맞다고 하였다.

92 본래 군대편제의 명칭이다. 대장군의 군영에는 다섯 개의 부(部)가 있고, 그 밑에 곡(曲)이 있다. 이것을 합해서 부곡이라고 부르며 어떤 사람이 통솔하고 있는 군대를 지칭했다. 왕망 말년에 반란이 일어났을 때 지방의 강호들이 군대편제에 자기 종족의 빈객, 자제 등을 집어넣어 군사력을 만들었다. 빈객의 부곡화는 이때부터 시작되었다.

위군의 높은 관리인 이웅(李熊)의 동생 이육(李陸)이 성에서 반란을
일으키고 단향적을 영접하려고 모의하였더니 어떤 사람이 위군 태수
인 영천(潁川, 하남성 禹縣) 사람 요기(銚期)에게 고해 바쳤다. 요기가
이웅을 불러서 물으니 이웅이 머리를 조아리며 자복하고 그의 노모와
함께 죽기를 원하였다.

요기가 말하였다.

"관리가 되어서도 만약에 도적이 되어 즐기는 것만 못하다면 노모와
더불어 이육에게 돌아갈 수 있을 것이오."

관리로 하여금 그들을 성 밖으로 내보내게 하였다. 이웅이 나가서
이육을 찾아 만나보고 업성(鄴城, 임장현 鄴鎭)[93]의 서문으로 가려고
하였다. 이육은 부끄러움을 이기지 못하고 자살하여 요기에게 사죄하
였다. 요기는 한탄을 하면서 예를 갖추어 그를 장사지내고, 이웅에게는
옛날 직책을 돌려주었다. 이에 군에 있던 사람들이 그의 위엄과 신의에
감복하였다.

황제가 오한을 파견하여 왕량(王梁) 등 아홉 명의 장수를 인솔하고
업성의 동쪽에 있는 장수(漳水)에서 단향적을 공격하게 하여 그들을
대파하니 10여만 명의 무리들이 모두 항복하였다. 또 왕량으로 하여금
대장군 두위(杜威)와 더불어 병사를 거느리고 위군, 청하군, 동군(東郡,
하북성 濮陽縣)을 모아서 편안하게 하니 여러 군영과 보루(堡壘)가 모
두 평정되어 세 군이 조용해져서 그 주변의 길도 소통되었다.

4   경진일(17일)에 여러 공신들을 모두 열후로 책봉하였다. 양후(梁

---

93 당시 위군의 도읍지이다.

侯) 등우와 광평후(廣平侯) 오한에게는 모두 네 현씩 식읍을 주었다. 박사 정공(丁恭)이 논의하여 말하였다.

"옛날에 제후를 책봉할 때 준 식읍이 1백 리에 지나지 않았는데, 이는 줄기는 튼튼히 하고 가지는 약하게 하여[94] 치세를 이루려 함이었습니다. 지금 네 현을 식읍으로 주며 책봉하셨으니, 이는 법과 제도에 맞지 않습니다."

황제가 말하였다.

"옛날 나라가 망한 것은 모두 무도(無道)하였기 때문이었지, 일찍이 공신들의 봉지가 많아서 멸망하였다는 것을 들어보지 못하였소."

음향후(陰鄕侯) 음식(陰識)은 귀인의 오빠였는데, 군사적인 공로로 보아서는 마땅히 채읍을 올려주어야 했지만 음식이 머리를 조아리고 사양하며 말하였다.

"천하가 처음으로 평정되었는데, 장수 가운데 공로를 세운 사람이 많습니다. 신은 궁궐의 친속인데 그 위에 작위와 채읍을 덧붙여 주는 것을 천하 사람들에게 보일 수 없습니다. 이것이 바로 '친척이 되어서 상을 받는다면 온 나라 사람들이 그 공로를 계산해 본다.'[95]는 것에 해당됩니다."

황제가 이 말을 따랐다.

황제가 제장들에게 각자 자기가 즐겨 가고 싶은 곳을 말하게 하니 모두가 풍요로운 현(縣)을 지적하였지만 하남(河南, 낙양시) 태수인 영

---

94 강간약지(强幹弱枝), 즉 간은 줄기로 중앙을 말하며, 지는 가지로 지방이나 제후를 가리킨다.

95 이 말은 전국시대 공손룡(公孫龍)이 평원군에게 한 말이다.

천(潁川, 하남성 禹縣) 사람 정침(丁綝)만이 홀로 자기 본 고향에 책봉하여 달라고 청구하였다. 어떤 사람이 그 이유를 물었더니 정침이 말하였다.

 "나 정침의 능력은 적고 공로는 미약한데 향후(鄕侯)나 정후(亭侯)[96]를 받는다 하여도 후하다 할 것이오."

 황제가 그의 뜻을 좇아서 신안향후(新安鄕侯)로 책봉하였다.

 황제가 낭중인 위군(魏郡) 사람 풍근(馮勤)에게 제후로 책봉하는 일을 관장하게 하였다. 풍근이 공로가 크고 작은 것을 헤아리고, 봉국의 영토가 중앙에서 멀고 가까운 것과 땅의 형편이 풍요로운 곳과 척박한 곳을 헤아려서 서로 넘거나 처지지 않게 하니 마음으로 복종하지 않는 사람이 없었다. 황제는 그가 유능하다고 생각하여 상서의 많은 일들을 모두 총괄하게 하였다. 고사를 보면, 상서랑은 영사(令史)[97]로 오래 일을 하게 되면 이 자리에 보임하였지만, 황제가 처음으로 효렴과(孝廉科) 출신을 채용하여 상서랑으로 삼았다.

5　　낙양에 고묘(高廟)[98]를 세우고, 네 계절마다 고조, 태종, 세종을 합하여 제사를 올리고, 종묘의 오른쪽에 사직을 세웠다. 또 성의 남쪽에 교조(郊兆)[99]를 세웠다.

---

96 후작은 3등급으로 나뉘어 있다. 1등급은 현후(縣侯)로 1개의 현 혹은 몇 개의 현을 채읍으로 준다. 2등급은 향후(鄕侯)로 1개의 향을 채읍으로 주며, 3등급은 정후(亭侯)로 1개의 작은 촌락을 채읍으로 주었다.

97 상서령의 영사는 18명이고 녹질은 200석이다. 상서시랑은 36명인데 녹질은 400석이고, 주로 문서를 기초하였다.

98 한 고조 유방의 사당이다.

6 　장안성 안에서 양식이 다 떨어지자, 적미는 진귀한 보배를 거두어 들여 싣고 멋대로 궁실과 저자와 마을을 크게 불 지르고, 멋대로 죽이고 약탈을 자행하여 장안성 안에는 다시는 다니는 사람이 없었다. 이에 병사를 이끌고 서쪽으로 갔는데, 그 무리가 1백만 명이라고 하였다. 남산(南山)에서부터 돌아가면서 주변[100]의 성읍에서 약탈하다가 드디어 안정(安定, 감숙성 固原縣)과 북지(北地, 감숙성 環縣)로 들어갔다.

　등우가 병사를 이끌고 남쪽에서 장안으로 들어가서 곤명지(昆明池)에 주둔하고, 고조의 사당을 배알하고 제사지냈으며 황제 11명의 신주(神主)[101]를 거두어 낙양으로 보냈다. 이어서 원릉(園陵)[102]을 순행하고 관리와 병사들을 두어서 잘 지키게 하였다.

7 　진정왕(眞定王, 하북성 正定縣) 유양(劉楊)이 참기(讖記)를 지어 말하였다.

　"붉은 것 아홉이 있은 다음에 영양(瘿楊)이 주인이 된다."[103]

---

99 교조는 낙양성 남쪽 3km 지점의 대(臺) 위에 다시 대(臺)를 만들어놓고 본대(本臺)에서는 천지에게, 외대(外臺)에서는 5제(청·적·황·백·흑제)에게, 그리고 모두 1천514위(位)의 신선에게 제사지냈다.

100 진령산맥(秦嶺山脈)이다.

101 1대 유방, 2대 유영, 5대 유항, 6대 유계, 7대 유철, 8대 유불능, 10대 유순, 11대 유석, 12대 유오, 13대 유흔, 14대 유기자이다. 3대 유공, 4대 유흥, 9대 유하는 여기에 들어가지 못하였다.

102 한나라 때 만든 황제들의 능묘를 말한다.

103 한(漢)은 화덕(火德)을 숭상하였고, 광무제 유수는 한 고조 유방의 9세손이다. 그러므로 적구(赤九)는 후한 광무제 유수이다. 또 영(瘿)은 목에 나는 혹인데, 여기에 버드나무 양(楊)자가 붙어 영양이라고 하면 나무의 옹두리가 된

유양은 혹을 가진 병을 앓고 있었는데 이것을 가지고 여러 사람을 유혹하고자 하였고 면만(綿曼, 하북성 獲鹿縣)의 도적과 왕래를 하였다. 황제는 기도위 진부(陳副)와 유격장군 등융(鄧隆)을 파견하여 그를 징소하게 하였는데, 유양이 성문을 닫아걸고 받아들이지 않았다.

황제가 다시 전(前)장군인 경순(耿純)을 파견하여 지절(持節)을 가지고 유주(幽州)와 기주(冀州) 지방을 순행하게 하였다. 지나가는 곳에서 왕이나 후들을 위로하게 하면서 비밀리에 유양을 잡아들이라고 칙령을 내렸다. 경순이 진정에 도착하여 전사(傳舍)[104]에 머물면서 유양을 초청하여 만나 보았다. 경순이 진정왕의 종실 출신이었으므로[105] 유양은 의심하지 아니하였고, 또한 자신의 무리가 많고 강하다는 것을 믿었으며, 또 경순의 뜻도 안정되고 평온하여서 바로 수종하는 사람들을 데리고 그를 방문하였는데 유양의 형제들 또한 경무장을 한 병사를 거느리고 문 밖에 있었다.

유양이 들어가서 경순을 만나보니 경순이 예의와 공경의 태도로 맞이하고 이어서 그의 형제들을 모두 청하여 안으로 들어오게 하였다. 이에 문을 닫아걸고 그들의 목을 모두 베고 이어서 군사를 챙겨서 나왔다. 진정 지역은 두려워 공포에 떨었고 감히 움직이는 사람이 없었다. 황제는 유양이 반란을 모의하였으나, 아직 발동하지 않았는데 목을 벤 것을 가련하게 생각하여 그의 아들을 다시 진정왕[106]으로 책봉하였다.

다. 그러나 여기서 양은 유양을 의미한다고 해석할 수 있으므로 전체의 뜻은 유수 다음에는 유양이 주인이 된다는 말이다.

104 교통 요지에 마련된 공무 수행자들이 머무는 집을 말한다.

105 경순의 어머니는 진정왕 유양 집안의 여인이었다.

8   2월 기유일(16일)에 거가(車駕)¹⁰⁷가 수무(脩武, 하남성 獲嘉縣)에 갔
다.

---

106 유양의 아들은 유덕(劉德)이다.

107 황제가 타는 수레이다.

9　포영(鮑永)과 풍연(馮衍)이 경시가 이미 죽었다는 사실을 탐지하
고 이에 상사(喪事)를 발표하고, 저대백(儲大伯) 등을 내보내고, 인수를
봉함하여 바치고, 모든 군사를 해산시켰으며, 흰 천을 머리에 동여매고
하내 지방으로 왔다.[108] 황제가 포영을 만나서 물었다.

"그대의 무리들은 어디에 있는가?"

포영은 자리를 떠나서 머리를 조아리며 말하였다.

"신은 경시를 섬겼는데, 그를 온전하게 보존할 수 없었습니다. 진실
로 그의 무리들로 부귀하기를 바라는 것이 부끄러웠으므로 이들을 모
두 해산시켰습니다."

황제가 말하였다.

"그대의 말이 너무 크오."[109]

속마음으로는 기쁘지 아니하였다. 그리고서 포영은 공로를 세워서

---

108 포영과 풍연은 경시 정부의 장군인데, 장군의 관을 벗고 일반 백성의 차림을
했다.

109 이때 유수는 군사력이 절실하였는데, 포영이 의리론을 가지고 빈손으로 왔기
때문에 이러한 말을 한 것이다.

중용되었고, 풍연은 끝내 버림을 받았다.

포영이 풍연에게 말하였다.

"옛날 고조는 죄 있는 계포(季布)에게 상주고, 공로가 있는 정고(丁固)의 목을 베었지만[110] 지금은 밝은 주군을 만났는데, 또한 어찌 걱정하겠소?"

풍연이 말하였다.

"어떤 사람이 그 이웃 사람의 아내를 꾀었는데 나이 많은 여자는 그를 꾸짖었고, 젊은 여자는 그에게 회보하였답니다. 그 후에 그녀들의 지아비가 죽자 그는 나이 많은 여자를 취하였답니다. 어떤 사람이 그에게 물었습니다. '무릇 그 사람은 너를 꾸짖은 사람이 아닌가?' 하니, 말하였습니다. '다른 사람의 아내로 있을 때에야 그녀가 나에게 회보해주기를 바라겠지만, 나의 아내로 있을 때에는 그녀가 다른 사람을 꾸짖기 바라는 것입니다.' 무릇 천명이란 알기 어려운 것이지만 사람의 도리는 지키기가 쉬운 법입니다. 도를 지키는 신하가 어찌 죽을까 걱정을 하겠습니까?"[111]

10   대사공 왕량(王梁)이 여러 차례 조서로 내린 명령을 위반하니[112]

---

110 정고는 정공(丁公)이며, 이는 한 고제 5년(기원전 202년)에 있었던 일로,《자치통감》권11에 실려 있다.

111 진진(陳軫)이 진왕(秦王)에게 한 말로《전국책》에 나온다.

112 왕량과 오한이 함께 단향적을 칠 때 군사를 오한에게 소속시키라고 하였는데 왕량은 야왕의 군사를 바로 발동시켰다. 황제는 그가 조서를 받들지 않자 칙령을 내려서 현재 머물고 있는 현에서 움직이지 말라고 하였는데, 왕량은 또 편리한대로 진군시켜서 계속 황제의 명령을 어겼다.

황제가 화가 나서 상서 종광(宗廣)을 파견하여 지절을 가지고 군대 안으로 가서 왕량 목을 베라고 하였다. 종광이 왕량을 함거(檻車)에 태워 수도로 호송하였다. 도착하자 그를 용서해주고 중랑장으로 삼아 북쪽으로 가서 기궐(箕闕, 산서성 垣曲縣의 경계 지역)을 지키게 하였다.

11   임자일(19일)에 태중대부인 경조(京兆) 사람 송홍(宋弘)을 대사공으로 삼았다. 송홍이 패국(沛國, 안휘성 濉溪縣) 사람 환담(桓譚)을 추천하여 의랑 겸 급사중(給事中)이 되게 하였다. 황제가 환담에게 북을 치고 거문고를 타게 하였는데, 화려한 연주를 좋아하였다. 송홍이 이 소식을 듣고 좋아하지 아니하다가 환담이 궁궐 안에서 나오는 것을 엿보고 조복(朝服)을 바르게 입고 대사공부(大司空府)에 앉아서 관리를 보내어 그를 불러오게 하였다. 환담이 도착하자, 그에게 자리를 내주지도 않고 나무라며 또 말하였다.

"스스로 고칠 수 있겠는가? 장차 재상에게 법을 들춰내 다스리게 할 것인가?"

환담이 머리를 조아리며 사과의 말을 하였으며, 그 후 한참 있다가 그를 보내주었다.

그 뒤에 여러 신하들이 많이 모였는데, 황제가 환담에게 북을 치고 거문고를 타게 하니, 환담이 송홍을 보고서, 그 평상시의 태도를 잃었다. 황제가 이를 이상하게 여겨 물었더니, 송홍이 자리를 떠나면서 관을 벗고 사과하며 말하였다.

"신이 환담을 천거한 까닭은 충성스러움과 올바름으로 군주를 인도하기를 바랐던 것입니다. 그러나 조정에서 정성(鄭聲)[113]을 탐하여 즐기게 하고 있으니, 신의 죄입니다."

황제가 얼굴 모습을 고치고 그에게 사과하였다.

호양(湖陽)공주가 새로이 과부가 되었는데, 황제는 그녀와 함께 조신들을 평론하면서 그녀의 속마음을 살짝 관찰하였다. 공주가 말하였다.

"송공(宋公)[114]의 위엄 있는 얼굴과 덕스러운 그릇은 여러 신하들이 미칠 수 없습니다."

황제가 말하였다.

"바야흐로 또 그 문제를 성사하도록 기도(企圖)하여 보자."[115]

뒤에 송홍이 불려왔고, 황제는 공주를 병풍 뒤에 앉아 있게 하고 이어서 송홍에게 말하였다.

"속담에 이르기를 '귀하게 되면 사귀던 친구를 바꾸고, 부유하게 되면 아내를 바꾼다.'고 하였는데, 그것이 사람의 정리요?"

송홍이 말하였다.

"신이 듣건대 빈천할 때 알던 사람은 잊을 수 없으며, 조강지처(糟糠之妻)는 당 아래로 내려 보내지 않는다고 하였습니다."

황제가 공주를 보고 말하였다.

"일이 순조롭지 않을 것이다."

12 황제가 왕랑(王郎)을 토벌하면서 팽총(彭寵)[116]이 돌격기병을 발

---

113 춘추시대 정나라에서 유행한 음악으로, 음란한 음악으로 평가되었다.

114 송홍을 말한다.

115 송홍과 결혼시키는 일을 기도해 보자는 말이다.

116 이때 팽총은 어양(漁陽, 북경시 밀운현) 태수로 있었다.

동하여 군사행동을 도왔고,[117] 양식을 운반하는 것도 앞뒤로 끊이지 않게 하였다. 황제가 동마(銅馬)[118]를 추격하여 계(薊, 북경시 大興縣) 지역에 이르자 팽총이 자기가 세운 공로를 가지고 자부하였고, 속으로 바라는 것이 아주 높지만 황제는 그를 맞이하여서 만족시켜줄 수 없게 되었고 이 일로 불평을 품게 되었다.

황제가 즉위하자 오한과 왕량은 모두 팽총이 파견했던 사람인데 나란히 삼공이 되었지만 팽총만은 홀로 덧붙여 주지 않아서 더욱 뜻을 얻지 못한 것을 불평하고 탄식하여 말하였다.

"이와 같이 한다면 나는 마땅히 왕이 되어야 할 것이다. 그러나 이렇게 된 것은 폐하께서 나를 잊으신 것이로다!"

이때 북방의 주(州)들은 깨지고 흩어졌지만 어양(漁陽)만은 조금 완전하게 되었고, 또 옛날 철관(鐵官)[119]을 갖게 되어서 팽총은 도리어 곡식을 사들이고, 진귀한 보배를 모아 더욱 더 부강하게 되었다.

유주목 주부(朱浮)가 나이는 어리지만 뛰어난 재주를 갖고 있었고, 교화의 흔적을 이룩하려고 힘쓰고 선비들의 마음을 사로잡으면서 주 안에 있는 오래 살았던 이름 있는 사람들을 벽소(辟召)하였는데 왕망 시절의 옛 이천석 관리들에게 이르러서도 모두 그의 막부(幕府)에 이끌어다 두게 되었으며, 여러 군의 창고에 있는 곡식을 많이 꺼내어 그들의 처자들에게 공급하였다.

---

117 회양왕 경시 2년(24년)의 일로,《자치통감》권39에 실려 있다.

118 변민(變民) 집단이다.

119 철관은 염철(鹽鐵) 전매를 담당하는 관리 가운데 철의 전매를 담당하는 관리이다. 철관이 있는 곳이면 당연히 경제적으로 부유한 지역이다.

팽총은 천하가 아직 평정된 것이 아니며 군사행동도 바로 시작되었으니, 관속을 많이 두어서 군사적 자산을 덜어내는 것이 마땅치 않다고 생각하고 그 명령을 따르지 아니하였다. 주부의 성격은 자긍심이 있고 급하며 스스로 많이 가지려고 생각하였는데, 팽총 또한 사납고 강한 성격이어서 서로 간에 미워하고 원망함이 점점 쌓여갔다.

주부가 자주 그를 비방하며 얽어매었고, 비밀리에 팽총이 병사와 곡식을 많이 모아놓았으니, 마음속 계획은 헤아리기 어렵다는 상주문을 올렸다. 황상이 번번이 이를 누설하여 팽총에게 듣게 하여서 그를 위협하고 두렵게 하였다.

이때에 이르러서 조서를 내려 팽총을 징소(徵召)하니, 팽총이 상소문을 올려 주부와 함께 징소하기를 원하였으나, 황제가 이를 허락하지 아니하였다. 팽총이 더욱 스스로 회의를 품게 되었고 그의 처는 평소 성격이 강하여 억눌리거나 굴복하는 것을 참지 못하여 고집스럽게 황제의 징소를 받아들이지 말도록 권고하며 말하였다.

"천하가 아직 다 평정되지 아니하였고 사방에서는 각기 스스로 영웅이 되고 있으며 우리가 있는 어양군은 큰 군이며 병마(兵馬)도 최정예인데, 어떤 연고로 다른 사람이 상주하였기 때문에 이곳을 버리고 간단 말입니까?"

팽총은 또한 자기가 친히 지내고 믿는 관리들과 대책을 의논하였는데, 모두 주부에게 원망을 품고 있었고, 가라고 권하는 사람이 없었다.

황제는 다시 팽총의 사촌동생 자후란경(子后蘭卿)[120]을 파견하여

---

120 팽총의 사촌동생이라면 당연히 성이 팽(彭)이어야 한다. 더욱이 이 시기에는 4자로 된 이름이 거의 없다. 그렇다면 그의 이름은 팽자후(彭子后) 혹은 팽난경(彭蘭卿)이고, 나머지 두 글자인 난경이나 자후는 그의 별명일 것이다.

그에게 타일렀다. 팽총은 자후란경이 그곳에 머물러 있는 틈을 이용하여 드디어 군사를 동원해 반란을 일으키고 장수들을 임명하고, 스스로 2만여 명을 거느리고 계에서 주부를 공격하였다.

또 경황(耿況)[121]과 함께 모두 많은 공로를 세웠는데, 은혜와 상을 받은 것이 모두 야박하다 하여 자주 사신을 경황에게 파견하여 초청하며 유혹하였다. 경황이 받아들이지 아니하고 그 사신의 목을 베었다.

---

121 이때 경황은 상곡(上谷, 하북성 회래현) 태수였다.

13 　연잠(延岑)이 다시 반란[122]을 일으키고 남정(南鄭, 섬서성 남정현)을 포위하였다. 한중왕[123] 유가(劉嘉)의 병사들이 패하여 도주하니, 연잠이 드디어 한중을 점거하고 병사를 무도(武都, 감숙성 成縣)로 진격시켰다가 경시의 주공후(柱功侯)였던 이보(李寶)에게 격파되어 천수(天水, 감숙성 通渭縣)로 달아났다.

　공손술이 장군 후단(侯丹)을 파견하여 남정을 빼앗았으니 유가가 흩어졌던 병사를 모았는데, 수만 명이 되자 이보(李寶)를 승상으로 삼고, 무도에서부터 남쪽으로 가서 후단을 쳤다가 불리하게 되자 군사를 돌려 하지(河池, 감숙성 徽縣)와 하변(下辨, 감숙성 成縣의 서쪽)에 진을 치고 다시 연잠과 계속하여 싸웠다. 연잠이 군사를 이끌고 북쪽으로 가서 산관(散關, 섬서성 寶鷄市의 서남쪽)으로 들어갔다가 진창(陳昌, 섬서성 보계시)에 도착하였는데 유가가 추격하여 그를 격파하였다.

---

122 2년 전인 경시 2년(24년)에 반란을 일으켰다가 한중왕 유가에게 잡혔으며 이 일은 《자치통감》 권39에 실려 있다.

123 한중의 도읍지는 남정이다.

공손술이 또다시 장군 임만(任滿)을 파견하여 낭중(閬中, 사천성 낭중현)에서부터 강주(江州, 사천성 巴縣)로 내려가서 동쪽으로 한관(扞關, 사천성 奉節縣의 동쪽)을 점거하니 이에 익주(益州, 사천성과 운남성의 북부 지역) 지역의 땅을 모두 차지하게 되었다.

14 신묘일[124]에 황상이 낙양으로 돌아왔다.

15 3월 을미일[125]에 크게 사면하였다.

16 경시의 여러 대장들로 남쪽 지방에서는 아직 항복하지 않은 사람이 많았다. 황제가 제장들을 불러서 군사에 관한 일을 의논하고 격문을 가지고 땅을 치며[126] 말하였다.

"언성(鄢城)이 가장 강하고, 완성(宛城)이 그 다음인데, 누가 그곳을 공격하는 일을 감당하겠소?"

가복(賈復)이 가볍게 대답하였다.

"신이 청컨대 언성을 치게 하여 주십시오."

황제가 웃으며 말하였다.

"집금오(執金吾)가 언성을 친다면 내가 다시 무슨 걱정을 하겠는가?

---

124 통감필법으로 보아 이 기사는 2월 기사인데, 2월 1일이 갑오일이므로 2월 중에는 신묘일이 없다. 착오가 있는 것 같다.

125 3월 1일이 계해일이므로 3월 중에는 을미일이 없으므로 착오가 있는 것 같다.

126 고대에는 격문으로 관리를 소집하였는데, 이때 종이가 발명되지 않은 시기여서 격문은 목간에 썼다. 목간의 길이는 장척(長尺) 2촌(寸)이다. 옛날에는 땅에 앉아서 이야기하였으므로 격문을 쓴 이 목간으로 땅을 칠 수가 있었다.

대사마[127]는 완성을 치는 일을 담당하시오."

드디어 가복을 파견하여 언성을 공격하게 하여 그곳을 격파하니, 윤존(尹尊)이 항복하였다. 또 동쪽으로 가서 경시의 회양(淮陽) 태수 폭범(暴氾)을 공격하니 폭범도 항복하였다.

17　여름, 4월에 호아(虎牙)대장군 개연(蓋延)이 부마도위(駙馬都尉) 마무(馬武) 등 네 장군을 독려하여 유영(劉永)을 공격하여 격파하였다. 드디어 유영을 수양(睢陽, 하남성 商丘市)[128]에서 포위하였다.

옛날 경시의 장군이었던 소무(蘇茂)[129]가 반란을 일으켜서 회양(淮陽)태수 반건(潘蹇)을 죽이고 광낙(廣樂, 하남성 虞城縣)을 점거하고 유영의 신하가 되었다. 유영은 소무를 대사마 겸 회양왕으로 삼았다.

18　오한이 완성을 공격하자 완왕 유사(劉賜)가 경시의 처자를 받들고 낙양으로 와서 항복하니, 황제가 유사를 신후(愼侯)[130]로 책봉하였다. 숙부 유량(劉良)과 친족 아저씨인 유흡(劉歙), 친족 형인 유지(劉祉)가 모두 장안에서부터 왔다.

갑오일(2일)에 유량을 광양왕(廣陽王)으로 책봉하고, 유지를 성양왕(城陽王)으로 책봉하였다. 또 형 유연(劉演)의 아들 유장(劉章)을 태원

---

127 집금오는 총사령관에 해당하는 직책인데 이때 가복이 집금오였고, 대사마는 최고지휘관에 해당하는 직책인데 오한(吳漢)이 맡고 있었다.

128 여기에서 유영이 칭제(稱帝)하였다.

129 경시제를 칭하던 유현의 장수였다가 주유(朱鮪)를 좇아 유수에게 항복했었다.

130 3년 전 유사가 유수를 적극 추천하여서 유수는 황하 이북에서 기초를 다질 수 있었다.

왕(太原王)으로 책봉하고, 유흥(劉興)을 노왕(魯王)으로 삼았으며, 경시의 세 아들인 유구(劉求)·유흠(劉歆)·유리(劉鯉)를 모두 열후[131]로 삼았다.

19   등왕(鄧王) 왕상(王常)[132]이 항복하니 황제가 그를 만나보고 매우 기뻐하며 말하였다.

"내가 왕 정위(王 廷尉)[133]를 만나보니, 남쪽 지방을 걱정하지 않게 되는구려."

좌조(左曹)[134]로 임명하고, 산상후(山桑侯)에 책봉하였다.

20   5월 경진일(19일)에 친족 아저씨인 유흠(劉歆)을 사수왕(泗水王)으로 삼았다.

21   황제는 음귀인(陰貴人)[135]이 우아한 성품에 관대하고 인자하였으므로 황후로 삼고자 하였다. 귀인 가운데 곽(郭)귀인[136]에게 아들이 있으니 종내 맡아서는 안 된다고 하였다. 6월 무술일(7일)에 귀인 곽씨를 세워 황후[137]로 삼고, 아들 유강(劉彊)을 황태자로 삼으며 크게 사면

---

131 유구는 양읍후(襄邑侯), 유흠은 곡숙후(谷孰侯), 유리는 수광후(壽光侯)였다.

132 하강병(下江兵)으로 유현 정부의 등왕이었다.

133 왕상은 유현 정부에서 정위의 직책을 담당하였었다.

134 궁정 비서실은 좌우 두 기관으로 나뉘어 있었다.

135 이름이 음려화(陰麗華)이다.

136 이름이 곽성통(郭聖通)이다.

하였다.

22 병오일(15일)에 사수왕의 아들 유종(劉終)을 책봉하여 치천왕(淄川王)으로 삼았다.[138]

23 가을에 가복이 남쪽으로 가서 소릉(召陵, 하남성 郾城縣의 동쪽)과 신식(新息, 하남성 息縣)을 공격하여 평정하였다. 가복의 부하 장수가 영천(潁川)에서 사람을 죽였는데, 영천 태수 구순(寇恂)이 잡아서 감옥에 가두었다. 그때에는 아직 초창기여서 군영에서 범법을 하면 대부분 서로 용서해 주었지만 구순은 그를 저자에서 죽였다.

가복은 이를 수치로 여겼는데 돌아오면서 영천을 지나게 되자, 주위 사람들에게 말하였다.

"나와 구순은 같은 서열에 있는 장수인데 그가 함정에 빠뜨렸으니, 지금 구순을 보기만 하면 반드시 손수 그에게 칼 맛을 보이리라."

구순이 그의 꾀를 알고 있었으므로 그와 만나지 않으려고 하였다.

생질 곡숭(谷崇)이 말하였다.

"저 곡숭이 장수이니 칼을 차고 옆에서 시중을 들겠습니다. 졸지에 변고가 있을 것 같으면 충분히 상대하여 감당할 수 있습니다."

구순이 말하였다.

"그렇지 않다. 옛날 인상여(藺相如)가 진(秦)나라 왕도 두려워하지

137 전한시대에는 귀인이 없었는데, 후한에 와서 처음 귀인이라는 직함이 생겼다. 귀인은 금인(金印)과 자색인수(紫色印綬)를 찼지만 녹봉은 수십 곡(斛)에 지나지 않았다.
138 유수는 어려서 유종과 친하게 지냈기 때문에 왕으로 책봉한 것이다.

않았지만 염파(廉頗)에게는 굴복하였던 것은 나라를 위해서였다."[139]

이에 자기에게 소속된 현에 칙령을 내려서 그들에게 공급할 것을 잘 갖추어놓게 하고 술상도 잘 준비하게 하였다. 집금오[140]의 군사들이 경계 지역에 들어오자 한 사람마다 모두 두 사람의 몫을 먹도록 하였다.

구순이 길에 나아가서 영접하고 아프다는 핑계를 대고 돌아왔다. 가복은 군사들을 재촉하여 그를 뒤쫓으려고 하였지만 관리와 사병들이 모두 술에 취해 결국 지나쳐가고 말았다. 구순은 곡숭을 파견하여 그 상황을 보고하게 하니 황제가 이에 구순을 징소하였다.

구순이 도착하자 그를 불러서 보았는데 그때 가복도 먼저 와서 앉아 있다가 일어나 그 자리를 피하려고 하였다. 황제가 말하였다.

"천하가 아직도 평정되지 아니하였는데, 두 마리의 호랑이가 어찌 사사로이 싸우려고 하시오. 오늘 내가 그 문제를 해결해주려고 하오."

함께 앉아서 아주 즐겁게 보냈다. 드디어 같은 수레를 타고 나가 친구관계를 맺고서 갔다.

24 8월에 황제가 스스로 제장들을 거느리고 오교(五校)[141] 집단을 정벌하였다. 병진일(26일)에 내황(內黃, 하남성 내황현)에 행차하여서 의양(羨陽, 내황현에서 북쪽으로 10km 정도의 지점)에서 오교를 대파하였고, 그들 무리 5만 명을 항복시켰다.

---

139 이 사건은 전국시대인 기원전 279년에 있었던 일로,《자치통감》권4, 주(周) 난왕(赧王) 36년조에 실려 있다.
140 이때 가복의 직책이 집금오였으므로 가복을 말한다.
141 농민 반란 집단의 명칭이다.

25 　황제가 유격장군 등융(鄧隆)을 파견하여 주부(朱浮)를 도와 팽총을 토벌하라고 하였다. 등융이 노성(潞城, 하북성 通縣)의 남쪽에 주둔하였고, 주부가 옹노(雍奴, 하북성 武淸縣)에 주둔하고서 관리를 파견하여 상황을 황제에게 아뢰었다.

　황제가 격문을 읽고 화가 나서 심부름 온 관리에게 말하였다.

　"군영의 거리가 서로 100리나 떨어져 있는데, 그 형세로 보아서 어떻게 서로 달려가 줄 수 있겠는가? 네가 돌아갈 때쯤이면 북군(北軍)은 반드시 패배하였을 것이다."

　팽총이 과연 경무장한 병사들을 파견하여 등융의 군사를 쳐서 대파시켰는데, 주부가 멀리 떨어져 있어서 끝내 구원할 수 없었다.

26 　개연(蓋延)[142]이 수양(睢陽, 하남성 商丘市)을 포위하고 몇 달이 되어서야 이겼다. 유영(劉永)이 도망하여 우현(虞縣, 하남성 우성현)에 도착하였는데, 우현 사람들이 반란을 일으켜 그의 어머니와 처를 죽였다. 유영과 그 휘하에 있는 수십 명이 초(譙, 안휘성 亳縣) 지역으로 도망하였다.

　소무(蘇武)와 교강(佼彊), 주건(周建)이 군사를 합치니 3만여 명이 되어 유영을 구해주었다. 개연은 이들과 더불어 패(沛, 안휘성 濉溪縣) 지역의 서쪽에서 싸워 그들을 대파하였다. 유영과 교강, 주건이 도망하여 호릉(湖陵, 산동성 魚台縣)에 가서 보존하였으나, 소무는 도망하여 광낙(廣樂, 우성현의 서쪽)으로 돌아갔고, 개연은 드디어 패군과 초군(楚郡, 안휘성 壽縣), 임회군(臨淮郡, 하남성 淮陽縣)을 평정하였다.

---

142 유수의 호아(虎牙)대장군이다.

황제가 태중대부 복륭(伏隆)에게 지절을 가지고 청주(靑州, 산동반도)와 서주(徐州, 산동성의 남부와 강소성의 북부) 두 주에 사신으로 가서 여러 군과 봉국을 불러서 항복을 권고하게 하였다. 청주와 서주의 여러 도적떼들이 유영이 격파되어 패배하였다는 소식을 듣고, 모두 황공하고 두려워서 항복을 받아주기를 청하였다. 장보(張步)[143]가 그의 연리 손욱(孫昱)을 파견하여 복륭을 따라 대궐에 나아가 편지를 올리게 하면서 복어(鰒魚)[144]를 바쳤다. 복륭은 복담(伏湛)의 아들이다.

27 도향(堵鄉, 하남성 方城縣) 사람 동흔(董訢)이 완성(宛城, 하남성 南陽市)에서 반란을 일으켜서 남양(南陽) 태수 유린(劉驎)를 붙잡았다. 양화(揚化)장군 견심(堅鐔)이 완성을 공격하여 뽑아버렸다. 동흔이 달아나서 도향으로 돌아갔다.

28 오한이 남양의 여러 현을 경략하였는데, 지나는 곳에서 침탈하고 횡포한 짓을 많이 저질렀다. 파로(破虜)장군 등봉(鄧奉)이 황제를 알현하고 신야(新野, 하남성 신야현)로 돌아갔는데, 오한이 그의 고향을 노략질한 것에 화가 나서 드디어 반란을 일으켜 오한의 군사를 격파하고 육양(淯陽, 하남성 남양시의 북쪽)에 주둔하여 점거하고, 여러 도적떼들과 더불어 합종(合從)하였다.

29 9월 임술일(2일)에 황제가 내황에서 돌아왔다.[145]

---

143 유영으로부터 왕의 작위를 받았다.

144 전복을 말한다.

30 섬(陝, 섬현 이서)에 있는 도적인 소황(蘇況)이 홍농(弘農, 하남성 靈
寶縣)을 공격하여 격파하였는데, 황제가 경단(景丹)에게 이를 토벌하
게 하였다. 마침 경단이 죽자, 정로(征虜)장군 채준(祭遵)이 홍농과 백
화(栢華, 하남성 낙양시의 남쪽), 만중(蠻中, 하남성 臨汝縣의 동쪽)의 도적
들을 쳐서 이를 모두 평정하였다.

31 적미가 군사를 이끌고 서쪽으로 가서 농(隴, 감숙성 清水縣) 지방
으로 올라가려고 하니, 외효(隗囂)가 장군 양광(楊廣)을 파견하여 이들
을 맞아 쳐서 격파하였다. 또 그들을 추격하여 오지(烏氏, 감숙성 平涼縣
의 서남쪽)와 경양(涇陽, 감숙성 평량현) 사이에서 패배시켰다.

적미는 양성(陽城, 섬서성 농현 부근으로 추정됨)의 반수(番須)[146]에
도착하였는데, 큰 눈을 만나게 되어 골짜기가 모두 눈으로 가득 차서
병사들 대부분이 얼어 죽었다. 이에 다시 돌아와서 여러 능묘(陵墓)를
발굴하여 그 속에 있는 보화를 꺼내 가졌다. 무릇 옥갑(玉匣)으로 염습
한 시체는 대부분이 모두 마치 살아있는 것 같았다. 도적들은 끝내 여
후(呂后)[147]의 시체를 더럽히고 욕을 보였다.

등우(鄧禹)가 병사를 파견하여 욱이(郁夷, 섬서성 농현의 서쪽)에서 이
들을 쳤으나 도리어 패배했다. 등우는 이에 나아가서 운양(雲陽, 섬서성
淳化縣)으로 가니 적미는 다시 장안으로 들어갔다. 연잠(延岑)[148]이 두

---

145 지난 8월 병신일(26일)에 내황(內黃, 하남성 내황현)에 갔었다.

146 호삼성은 番의 음을 반(盤)이라고 하였다.

147 한 고제 유방의 정부인으로 고제의 능은 서쪽에 있고, 여후의 능은 동쪽에
    있었다.

릉(杜陵, 섬서성 장안현의 동남쪽)에 주둔하고 있었는데, 적미의 장수 봉안(逢安)이 이를 쳤다.

등우는 봉안의 정병이 밖에 있었기에 병사를 이끌고 장안을 습격하였다. 마침 사록(謝祿)[149]의 구원병이 도착하자 등우의 병사들이 패하여 달아났다. 연잠이 봉안을 쳐서 그를 대파하였는데, 죽은 사람이 10만여 명이었다.

요담(廖湛)[150]이 적미의 병사 18만 명을 거느리고 한중왕 유가(劉嘉)를 공격하였다. 유가가 곡구(谷口)에서 그들과 더불어 싸워서 그들을 대파하였고, 손수 요담을 죽이고 드디어 운양(雲陽)에 도착하여 곡식을 차지하였다. 유가의 처남인 신야(新野) 사람 내흡(來歙)은 황제의 고모 아들이다. 황제가 등우에게 유가를 불러들이게 하니, 유가가 내흡을 통하여 등우에게 가서 항복하였다. 이보(李寶)[151]가 거만을 떨자 등우가 그의 목을 베었다.

32 겨울, 11월에 정위 잠팽(岑彭)을 정남(征南)대장군으로 삼았다. 황제는 여러 사람들이 다 모이는 자리에서 왕상(王常)을 가리키면서 여러 신하들에게 말하였다.

"이 사람은 하강병(下江兵)의 장군들을 인솔하고서 우리 한나라 왕실을 보좌하였는데,[152] 그 마음이 마치 금석 같고 진짜 충신이다."

---

148 한중(漢中) 지역에 있던 반란세력의 수령이다.

149 적미 소속의 장군이다.

150 평림병이었다.

151 한중왕 유가의 재상이었다.

그날로 왕상에게 벼슬을 주어 한충(漢忠)장군으로 삼고, 잠팽과 더불어 건의(建義)대장군 주호(朱祜) 등 일곱 명의 장군을 인솔하고 등봉(鄧奉)과 동흔(董訢)을 토벌하게 하였다. 잠팽 등이 먼저 도향(堵鄕)을 공격하였는데, 등봉이 이를 구원하였다. 주호의 군사는 패하여 등봉에게 붙잡혔다.

33   동마(銅馬)와 청독(靑犢), 우래(尤來)[153] 등 남은 도적들이 함께 손등(孫登)을 세워서 천자라고 하였다. 손등의 장수 낙현(樂玄)이 손등을 죽이고, 그의 무리 5만 명을 데리고 항복하였다.

34   등우(鄧禹)[154]가 풍음(馮愔)이 반란을 일으킨 다음부터 그의 위엄 있는 명성이 점차 줄어들었고, 또한 양식도 모자랐으며 싸워도 자주 불리하게 되자 귀부하여 왔던 사람들이 날로 더욱더 흩어졌다. 적미와 연잠(延岑)이 삼보(三輔)에서 폭행하며 소란을 피우자, 군과 현에 있는 대성(大姓)[155]들은 각기 병사들의 무리를 거느리게 되어서 등우가 이를 평정할 수 없었다.

황제가 이에 편장군 풍이(馮異)를 파견하여 등우를 대신하여 이들을 토벌하게 하였는데, 거가가 하남(河南, 하남시 낙양의 서쪽)까지 나가서

---

152 왕상은 시작하면서부터 유수와 잘 맞았는데, 이 사실은 왕망 지황 3년(22년)에 있었던 일로, 《자치통감》 권38에 실려 있다.

153 모두 반란 집단이다.

154 이때 등우는 대사도, 즉 재상에 해당하는 직책을 갖고 있었다.

155 호족과 같은 의미로 지방 세력가를 말한다.

전송하면서 풍이에게 칙령을 내려 말하였다.

"삼보 지역은 왕망과 경시의 혼란을 만났고, 거듭하여 적미와 연잠의 추한 꼴을 만나서 백성들은 도탄에 빠졌고 의탁하여 호소할 곳이 없어졌다. 장군은 지금 명령을 받고 여러 불궤(不軌)[156]한 무리들을 토벌하는데, 군영이나 보루를 가지고 항복해 오는 사람은 그 우두머리를 경사(京師)[157]로 보내고, 그 힘없는 백성들은 흩어 보내어 농사를 짓거나 잠업에 종사하게 하라. 그 군영과 성벽을 파괴하여 다시금 모여들지 못하게 하라. 정벌이란 반드시 땅을 약탈하고 성지(城池)를 쓸어버리는 것이 아니니, 요컨대 평화롭게 안정시켜서 이들을 모아놓는데 있을 뿐이다.

제장들은 굳세게 싸우지 않는 것이 아니지만 노략질하는 것을 좋아한다. 경은 본래 관리와 사병들을 잘 통제할 수 있으니, 스스로 칙령을 잘 만들어서 군과 현에 사는 사람들에게 고생시키는 바가 없게 하도록 생각하라."

풍이가 머리를 조아려 명령을 받들고, 병사를 이끌고 서쪽으로 갔다. 가는 곳에서 위엄과 신의를 널리 펴니 여러 도적들이 대부분 항복하였다.

❖ 신 사마광이 말씀드립니다.

"옛날 주(周)나라 사람들은 무왕(武王)의 은덕을 칭송하였습니

---

156 정상적인 길을 걷지 않는 것을 말하는데, 대체로 반역이라는 의미이다.

157 경사는 도읍인데, 이때 유수는 낙양을 도읍으로 하고 있으므로 낙양을 말한다.

다. '때맞추어 사람들이 품고 있는 생각을 해석하여 펼치고, 내가 가서 오직 구하려는 것은 천하의 안정뿐이다.'[158] 이는 임금 된 사람이 군사를 움직이는 의지는 위엄과 은덕을 널리 펼쳐서 백성들을 편안하게 할 뿐이라고 말한 것입니다. 광무제가 관중(關中, 섬서성의 중부 지역)을 빼앗은 이유를 보건대 바로 이러한 길을 이용하려는 것이었습니다. 어찌 아름답지 아니합니까!"

35 또 조서를 내려서 등우(鄧禹)를 징소하여 돌아오게 하고 말하였다.

"신중하게 처리하고 궁지에 몰린 구적(寇賊)들과 다투지는 마라. 적미는 먹을 곡식이 없어지면 스스로 동쪽으로 오게 될 것이다. 나는 배를 부르게 하여서 주린 사람들을 기다리고, 편안함을 가지고 수고로운 사람들을 기다리게 되면[159] 나뭇가지를 꺾어서 그들을 종아리를 칠 수 있을 것이니 제장들이 걱정할 바가 아니다. 다시는 망령스럽게 병사를 진격시키지 마라."

황제는 복륭(伏隆)을 광록대부로 삼아서 다시 장보(張步)에게 사신으로 보내어 장보를 동래(東萊, 산동성 掖縣) 태수로 삼고, 아울러 새로 임명된 청주(靑州) 지역의 목(牧)과 군수(郡守), 도위(都尉)와 함께 모두 동쪽으로 오게 하였다. 복륭에게 조서를 내려 번번이 현령과 현장 이하의 관리들을 임명하게 하였다.

---

158 《시경》〈주송뢰(周頌賚)〉에 나오는 말이다. 사마광은 이 시가 무왕을 칭송한 것이라고 하였으나, 그의 아버지인 문왕을 칭송한 것이다. 아마도 사마광이 착각한 것 같다.

159 손무자(孫武子)의 말을 인용한 것이다.

36 12월 무오일(23일)에 조서를 내려 종실의 열후들 가운데 왕망(王莽)에게 끊겨진 사람[160]들은 모두 옛날의 후국으로 회복하게 하였다.

37 삼보에 대기근이 들어서 사람들이 서로 잡아먹기에 이르니 성곽은 모두 텅 비고, 백골이 들을 덮었으며 유민(遺民)들도 왕왕 모여서 영채나 보루를 만들어 각기 굳게 성곽을 지키면서 들판에 먹을 것을 아무 것도 남기지 않고 깨끗하게 만들었다.

적미가 노략질을 하려고 하였으나 얻을 것이 없자 이에 군사를 이끌고 동쪽으로 돌아갔는데 그 무리가 아직도 20여만 명이었지만 길을 가면서 다시 흩어졌다. 황제가 파간(破奸)장군 후진(侯進) 등을 파견하여 신안(新安, 하남성 신안현)에 주둔하게 하고, 건위(建威)대장군 경감(耿弇) 등은 의양(宜陽, 하남성 의양현)에 주둔하게 하여, 그들[161]이 돌아가는 길에서 맞아들이게 하면서 제장들에게 칙령을 내렸다.

"도적들이 만약에 동쪽으로 도망할 것 같으면 의양에 있는 군사를 이끌어서 신안으로 모이도록 하라. 도적들이 만약에 남쪽으로 달아날 것 같으면 신안에 있는 군사를 이끌어서 의양으로 모이게 하라."

풍이와 적미가 화음(華陰, 섬서성 화음현)에서 맞부딪쳤는데, 서로 버티며 60여 일 동안 수십 차례 맞서 싸워서 그들의 장졸(將卒) 5천여 명을 항복시켰다.＊

---

160 왕망 시건국 2년(10년)에 유씨들의 후국을 없앴는데, 이 기록은 《자치통감》 권37에 실려 있다.

161 적미를 말한다.

적미 정부의 항복

세조 광무황제 건무 3년(丁亥, 27년)[1]

1 봄, 정월 갑자일(6일)에 풍이(馮異)를 정서(征西)대장군[2]으로 삼
았다. 등우는 책임을 맡았으나, 아무런 공로를 세우지 못한 것을 부끄
럽게 여겨서 배를 주린 졸병들로 자주 적미를 공격하였지만 번번이 승
리하지 못하였다. 이에 거기(車騎)장군 등홍(鄧弘) 등을 인솔하고 하북
(河北, 산서성 芮城縣)지방에서 황하를 건너 호현(湖縣, 하남성 靈寶縣)
에 이르러서 풍이에게 함께 적미를 공격하자고 하였다.

풍이가 말하였다.

"저 풍이는 도적과 서로 대치하고 있은 지 수십 일이나 됩니다. 비록

---

1 이 해는 성종(成家) 용흥(龍興) 3년, 연왕(燕王) 팽총(彭寵) 2년, 초(楚) 여왕
(黎王) 진풍(秦豊) 4년, 해서왕(海西王) 동헌(董憲) 원년, 주(周) 성왕(成王) 전
융(田戎) 4년, 제왕(齊王) 장보(張步) 원년, 적미(赤眉) 한제(漢帝) 유분자(劉盆
子) 건시 3년, 양왕(梁王) 유우(劉紆) 원년, 한제(漢帝) 유영(劉永) 3년, 무안왕
(武安王) 연잠(延岑) 2년이다.

2 한대에는 정동·정남·정서·정북 등 사정(四征)장군을 두었다.

그들의 큰 장수를 포로로 잡았다고는 하나, 나머지 무리도 아직 많아서 조금씩 은혜와 신의를 가지고 유인하도록 할 수는 있으나, 갑자기 병사를 이용하여 격파하는 것은 어렵습니다.

황상께서 지금 제장들로 하여금 민지(澠池, 하남성 민지현)에 주둔하게 하시어 그들이 동쪽으로 가는 것을 압박하려 하셨으니, 저 풍이는 그들의 서쪽을 공격하여 한 번에 그들을 사로잡으려고 합니다. 이것이 만 가지를 다 성공하게 하는 계책입니다.”

등우와 등홍은 이 말을 좇지 않았고, 등홍이 드디어 크게 싸움을 벌여 하루를 끌었다.

적미는 겉으로 패하는 척하면서 치중(輜重)을 버리고 달아났는데, 그들은 수레에 흙을 잔뜩 실어놓고 그 위를 콩으로 덮어놓았다. 사병들은 굶주렸으므로 다투어 이것을 빼앗았다. 적미는 군사를 이끌고 돌아와서 등홍을 공격하니, 등홍의 군사는 무너지고 혼란스러워졌다. 풍이와 등우가 군사를 합하여 이들을 구원하자 적미도 조금 퇴각하였다.

풍이는 사졸들이 주리고 피곤하니 휴식하는 것이 옳다고 하였지만 등우가 이 말을 듣지 아니하고 다시 싸우다가 대패하게 되었고, 사상자가 3천여 명이었으며 등우가 기병 24명만을 데리고 전장을 벗어나서 의양(宜陽)으로 돌아왔다. 풍이도 말을 버리고 달아나 회계판(回溪阪, 하남성 낙양시 동북쪽)으로 올라가서 휘하에 있던 몇 사람들과 본영(本營)으로 돌아가서 흩어진 병사들을 거두어서 다시금 성벽을 굳게 하고 스스로 지켰다.

2   신사일(23일)에 낙양(雒陽)[3]에 네 친묘(親廟)[4]를 세우고, 황제의

아버지 남돈군(南頓君)에서 그 위로 용릉절후(春陵節侯)[5]까지 제사지 냈다.

3   임오일(24일)에 크게 사면하였다.

4   윤달 을사일[6]에 등우가 대사도와 양후(梁侯)의 인수를 바쳤다. 조서를 내려서 양후의 인수를 돌려주고, 우장군으로 삼았다.

5   풍이는 적미와 날짜를 정하여 싸움을 하기로 약속하고, 장사들로 하여금 적미와 같은 복장으로 바꾸어 입게 하여 도로의 옆에 매복하게 하였다. 날이 밝자 적미가 1만 명에게 풍이의 전면을 공격하게 하니, 풍이는 적은 수의 병력을 내보내어 이를 구원하게 하였다. 도적들은 세력이 약하다고 보고 드디어 모든 무리가 풍이를 공격하니, 풍이도 이에

---

3   후한의 유수는 낙양을 도읍으로 정하고, 종전에 洛陽으로 쓰던 것을 雒陽으로 고쳤다. 후한은 화덕(火德)을 숭상하였기 때문에 불을 이기는 물이 들어가는 낙(洛)자를 피하여 바꾼 것이다.《자치통감》에는 이 시기부터 낙양을 雒陽으로 쓰고 있다.

4   천자는 자기 직계로 네 조상의 사당을 만들게 되어 있다.

5   유수의 아버지는 남돈 현령이었던 유흠(劉欽)이고, 할아버지는 거록 도위 유회(鉅鹿 都尉 劉回), 증조는 울림 태수(鬱林 太守) 유외, 고조는 용릉절후 유매(劉買)이다.

6   통감필법에 의하면 윤정월 을사일로 보아야 할 것이다. 그러나 후한 광무 건무 3년 정월에는 윤달이 없고 2월에 윤달이 있을 뿐이다. 그런데 다음 6항에 2월이라고 되어 있으므로 무엇인가 착간이 있는 듯하다. 여러 가지 상황으로 보아 이달은 2월이어야 맞고 다음 6항에 나오는 윤월은 윤2월로 보아야 할 것이다. 그러므로 여기서 윤은 이(二)의 잘못이고, 2월 을사일은 18일이다.

병사를 다 풀어서 크게 싸웠다.

해가 기울 때쯤 도적들의 기세가 쇠퇴하자 복병들이 갑자기 일어났는데, 입은 옷이 같아서 서로 뒤섞여 혼란스럽게 되니 적미는 식별해내지 못하였고, 그 무리들이 드디어 놀라서 붕괴되었다. 그들을 추격하여 효저(崤底, 하남성 洛寧縣)의 서북쪽 효곡(崤谷)의 밑에서 대파하고 남녀 8만 명을 항복시켰다.

황제가 황제의 새서[7]를 풍이에게 내려 보내 풍이를 위로하고 말하였다.

"처음에는 비록 회계(回溪, 하남성 민지현 남쪽)에서 날개를 접었으나, 끝내는 민지(澠池, 하남성 민지현)에서 날개를 떨쳤으니, '동우(東隅)에서 이를 잃어버렸지만 상유(桑榆)에 이를 얻었다.'[8]는 경우라고 말할 수 있겠소. 바야흐로 공로와 줄 상을 논하여 큰 공훈이라고 평가하여 보답하겠소."

적미의 나머지 무리들은 동쪽으로 가서 의양(宜陽)을 향하였다. 갑진일(27일)에 황제가 친히 6군을 이끌고 엄중히 경계하여 진을 치게 해 놓고서 그들을 기다렸다. 적미는 갑자기 많은 군사를 만나자 놀라서 말할 바를 알지 못하였고 마침내 유공(劉恭)을 파견하여 항복을 받아달라고 빌며 말하였다.

"저 유분자는 백만 무리를 거느리고 폐하께 항복하겠는데, 어떻게 대우하시겠습니까?"

7　편지에 특별히 황제의 도장을 찍은 것으로, 그만큼 중요하다는 것을 표시하는 것이며 칭찬하는 의미가 담겨 있다.

8　《회남자(淮南子)》에서 인용한 말로, 동우는 동쪽 귀퉁이라는 뜻으로 아침을, 상유는 해가 서쪽으로 기울어져서 나무 끝에 걸려 있는 모습이 저녁을 말한다.

황제가 대답하였다.

"너희들을 죽이지 않는 것으로 대우할 뿐이다."

병오일(29일)에 유분자와 승상 서선(徐宣) 이하 30여 명이 육단(肉袒)[9]을 하고 항복하면서 얻었던 전국새(傳國璽)[10]와 인수(印綬)[11]를 바쳤다. 무기와 갑옷을 의양의 서쪽에 쌓아놓으니 그 높이가 웅이산(熊耳山, 하남성 의양현 서쪽의 산)과 같았다. 적미의 무리들은 아직도 10여만 명이 있었는데, 황제가 현(縣)[12]의 주방에 명령을 내려 모두에게 식사를 주도록 하였다.

다음날 아침 병력과 병마를 낙수(雒水)[13]에 가서 벌려놓고 유분자의 군신들에게 늘어서서 이것을 보게 하였다. 황제가 번숭(樊崇) 등에게 말하였다.

"투항한 것에 후회함이 없을 수 있겠소? 짐은 지금 경들로 하여금 그대들의 본영으로 돌려보내어 병사를 가다듬어 전고를 울리며 서로 공격하게 하여 승부를 결정하게 할 것이며 억지로 항복하게 하고 싶지 않소."

---

9 팔을 소매에서 빼서 어깨를 드러낸 것을 말한다. 죄인이라는 표시이다.

10 나라를 다른 사람에게 전해 주는데 쓰이는 국새이다. 여기서는 왕망이 망하면서 수습하였던 인새이다.

11 관직을 가진 사람의 직위에 해당하는 인새와 그에 딸린 인수를 말한다. 여기서는 적미들이 갖고 있던 관직을 표시하는 인수를 말한다.

12 의양현을 말한다.

13 유수는 원래 낙수(洛水)이던 것을 낙수(雒水)로 고쳤다. 앞에서 설명한 대로 후한은 화덕(火德)을 숭상하였으므로 낙수(洛水)에는 불을 끄는 물이 들어간 글자를 지명으로 썼기 때문에 이를 바꾼 것이다.

서선(徐宣) 등이 머리를 조아리며 말하였다.

"신들이 장안의 동도문(東都門)을 빠져 나오면서 군신들이 계책을 의논하였는데, 성스러운 은덕을 가진 분에게 귀순하기로 하였습니다. 백성이란 그들과 더불어서 성과를 같이 즐길 수는 있지만, 그들과 더불어서 시작할 때 같이 도모하기는 어려운 법입니다. 그러므로 많은 사람들에게 알리지 아니하였을 뿐입니다. 오늘 항복할 수 있다면 호랑이의 입을 떠나서 자애로운 어머니에게 가는 것과 같으니, 진실로 기쁘고 반가운 일이며 한스러워 할 것이 없습니다."

황제가 말하였다.

"경은 이른바 '쇠 가운데서 조금 강하고, 보통사람 가운데서 좀 나은 사람이라.'고 하겠소."

무신일(20일)에 의양에서 돌아왔다. 황제가 번숭 등에게 각기 처자와 더불어 낙양에 살게 하고, 그들에게 전지(田地)와 주택을 내려주었다.

그 후에 번숭과 봉안(逢安)이 반란을 일으켜서 목이 베어졌고, 양음(楊音)과 서선은 향리(鄕里)에서 죽었다. 황제는 유분자를 가련하게 생각하여 조왕(趙王)[14]의 낭중(郎中)으로 삼았다. 후에 병이 들어 눈이 멀었는데 형양(滎陽, 하남성 형양현)에 있는 균수관(均輸官)[15]의 땅을 하사하여 그 조세를 받아서 죽을 때까지 먹고살게 하였다. 유공(劉恭)

---

14 유수의 숙부 유량(劉良)이다. 유분자는 그 나라의 낭중이 된 것이다.

15 균수란 관청 이름이며 사농(司農)에 속하였다. 환관(桓寬)의 《염철론(塩鐵論)》에 '군국의 제후들은 각기 그 지역의 방물(方物)을 공물로 운반하고 왕래하는데 물건이 많아서 고생스럽고 싫어했지만 그 비용을 보상해주지 않아서 군국에는 균수관을 두어 서로 이어가면서 운반하게 하니 이를 균수라고 한다고 하였다.

은 경시(更始)를 위하여 원수를 갚겠다고 하고 사록(謝祿)[16]을 죽이고, 스스로 감옥으로 들어갔는데, 황제는 용서해주고 목을 베지 않았다.

---

16 사록은 적미(赤眉) 정권의 우대사마(右大司馬)였는데, 경시제(更始帝) 유현(劉玄)을 목 졸라 죽였고, 유공(劉恭)은 그 시체를 거두어 주었다. 이 사건은 광무 건무 25년(25년)에 있었던 일로, 《자치통감》 권40에 실려 있다.

군사세력들의 끊임없는 발호

6   2월[17]에 유영[18]이 동헌(董憲)을 세워서 해서왕(海西國 ; 낭야군 해서현)으로 삼았다. 유영은 복륭(伏隆)이 극(劇, 산동성 昌樂縣)으로 갔다는 소식을 듣고, 또 사신을 보내어 장보(張步)를 세워 제왕(齊王)으로 삼았다. 장보는 왕이라는 작위를 탐냈지만 미루면서 결정하지 못하였다.

복륭은 비유를 들어 일깨우면서 말하였다.

"고조는 천하 사람들과 약속하기를 유씨가 아니면 왕으로 삼지 않겠다고 하였소. 지금 그대는 10만 호의 채읍을 갖는 후작의 작위를 얻을 수 있을 뿐이오."

장보는 복륭을 그곳에 머물게 하고 함께 두 주[19]를 지키고자 하였

---

17 앞에서 설명한 것처럼 날짜를 기록할 때 착간이 있었던 것 같다. 앞의 4항의 윤월을 윤2월로 본다면 윤2월 다음에 2월이 올 수 없다. 착간의 가능성은 두 가지이다. 하나는 앞의 4번 기사와 이 기사가 바뀌었거나, 아니면 앞 기사의 윤월에서 '윤'자는 2월의 잘못이고, 이 기사의 2월 앞에 '윤'자가 탈락된 것이다. 어느 경우가 정확한지 분명하지 않다.

18 이때 유영(劉永)은 호릉(湖陵, 산동성 魚台縣)으로 도망갔다.

19 산동성을 중심으로 한 동부 지역인 청주(靑州)와 서주(徐州)를 말한다.

지만 복륭이 이 말을 듣지 않고 낙양으로 돌아가서 보고하게 해달라고
요구하니, 장보가 드디어 복륭을 잡아 두고 유영이 내려주는 봉작을 받
았다.

복륭이 몰래 사자를 보내어 편지를 올렸다.

"신 복륭은 사자의 임무를 받들고 왔으나, 아무런 성과를 얻지 못하
였고 흉악한 반역자들에게 붙잡힌바 되었습니다. 비록 어려움에 처해
있기는 하지만 목숨을 바치는 것을 돌아보지 않겠습니다.

또 이곳의 관리와 백성들은 장보가 반란하였다는 것을 알아서 마음
속으로 귀부하지 않고 있으니 바라건대 때맞추어 군사를 진격시키시
고, 신 복륭을 염두에 두지 마십시오. 신 복륭은 살아서 대궐에 돌아
가서 유사에게 목 베임 당하고자 하니 이것이 그 큰 소원입니다. 만약
구적(寇賊)의 손에 죽는다면 부모 형제들을 오래 폐하께 폐를 끼치게
하여 주십시오.[20] 폐하께서는 황후와 태자와 더불어 만국을 다스리는
영원한 복을 하늘과 더불어 끝없이 누리소서!"

황제는 복륭의 상주문을 받고 그의 아버지 복담(伏湛)을 불러 눈물
을 흘리며 그의 편지를 보여 주고 말하였다.

"허락하지 않았던 것을 한스럽게 생각하지만 급히 가서 복륭을 구해
오겠소."

그 뒤에 장보가 드디어 그를 죽였다.

황제는 바야흐로 북쪽으로는 어양(漁陽, 북경시 密雲縣)이 걱정스러
웠고, 남쪽으로는 양(梁)과 초(楚) 지역에 일이 있었기 때문에 장보는
전적으로 제(齊) 지역의 땅을 모으고 12개 군[21]을 점거할 수 있었다.

---

20 부탁한다는 말이다.

7   황제가 회현(懷縣, 하남성 武陟縣)에 행차하였다.

8   오한(吳漢)이 경감(耿弇)과 개연(蓋延)을 거느리고 지(軹, 하남성 濟源縣)의 서쪽에서 청독(靑犢)[22]을 쳐서 대파하고 그들을 항복시켰다.

9   3월 임인일(16일)에 사직(司直) 복담(伏湛)을 대사도로 삼았다.

10   탁군(涿郡, 하북성 탁현) 태수 장풍(張豐)이 반란을 일으키고, 스스로 무상(無上)대장군이라고 하면서 팽총(彭寵)[23]과 군사를 연합하였다. 주부(朱浮)[24]는 황제가 친히 팽총을 정벌하지 않았기 때문에 상소문을 올려 구원해 주기를 요구하였다.

조서를 내려서 회답하였다.

"왕년에는 적미가 장안에서 발호하였기에 나는 그들이 먹을 곡식이 없어지면 반드시 동쪽으로 갈 것이라고 판단하였었는데 과연 그들이 귀부하였소. 이번에 반란한 야만인들을 헤아려 보건대 형세로 보아 오래 온전할 수 없을 것이며, 그 가운데서 반드시 내부적으로 서로 목을 베는 사람이 있게 될 것이오. 지금은 군사 물자가 아직 채워지지 않았으니 그러므로 후에 보리를 거둬들일 때까지 기다릴 뿐이오."

---

21 성양군(城陽郡) · 낭사군(琅邪郡) · 고밀군(高密郡) · 교동군(膠東郡) · 동래군(東萊郡) · 북해군(北海郡) · 제군(齊郡) · 천승군(千乘郡) · 제남군(濟南郡) · 평원군(平原郡) · 태산군(泰山郡) · 치천군(淄川郡)이다.

22 반란 집단이다.

23 이때 어양, 즉 북경시 밀운현에 있었다.

24 이때 유주(유주 하북성의 북부 지역) 자사였다.

주부가 있던 성[25] 안에서는 양식이 다 떨어지자 사람들이 서로 잡아
먹었는데 마침 경황(耿況)[26]이 기병을 파견하여 와서 구원하게 되어
주부는 마침내 몸을 빼내어 달아날 수 있었고, 계성은 드디어 팽총에게
항복하였다.

팽총은 스스로 연왕(燕王)이라고 부르면서 우북평(右北平, 하북성 豊
潤縣)과 상곡(上谷, 하북성 懷萊縣)에 속한 여러 현을 공격하여 뽑아버
리고, 흉노에게 뇌물을 주면서 병사를 빌려 도와달라고 하였다. 또한
남쪽으로 장보[27]와 부평(富平)과 획색(獲索)에 있는 여러 도적들과 관
계를 맺으면서 모두 이들과 더불어 왕래하였다.

11   황제가 스스로 군사를 거느리고 등봉(鄧奉)을 정벌하려고 도양(堵
陽, 하남성 方城縣)에 이르렀다. 등봉은 도망하여 육양(淯陽, 하남성 남양
현 南綠陽村)으로 돌아갔고, 동흔(董訢)은 항복하였다. 여름, 4월에 황제
가 등봉을 추격하여 소장안(小長安, 용양 근처)에 이르러서 그들과 싸워
대파시켰다. 등봉이 육단(肉袒)을 하고 주호(朱祜)를 통하여 항복하였
다. 황제는 등봉이 옛 공신[28]이었음을 가련하게 생각하였고, 또한 틈이
생긴 것은 오한 때문이어서[29] 모두 그들을 용서하여 주고자 하였다.

잠팽(岑彭)과 경감(耿弇)이 간하였다.

---

25 계성(薊城) 즉 지금의 북경시 대흥현(大興縣)이다.

26 상곡(上谷) 태수였다.

27 제왕을 자처하는 사람이다.

28 등신(鄧晨)의 조카이다.

29 이 사건은 광무 건무 2년(26년)에 있던 일로,《자치통감》권40에 실려 있다.

"등봉은 은혜를 배반하고 반역하였으며, 포학한 군사를 가지고 1년을 지냈으며, 폐하께서 이미 이곳에 오셨는데도 후회하고 잘할 줄을 모르고, 친히 진을 치고 있다가 군사가 패하자 마침내 항복한 것입니다. 만약에 등봉의 목을 베지 않으시면 악한 사람을 징계할 수 없을 것입니다."

이에 그의 목을 베고 주호의 직위를 회복시켜 주었다.

12 연잠(延岑)[30]은 이미 적미가 격파되자 바로 주목과 태수를 임명하여 관중 지역을 점거하려고 하였다. 그때 관중에는 많은 도적들이 여전히 성행하고 있었는데, 연잠은 남전(藍田)을 점거하였고, 왕흠(王歆)은 하규(下邽)를 점거하였으며, 방단(芳旦)은 신풍(新豊)을 점거하였고, 장진(蔣震)은 패릉(霸陵)을 점거하였고, 장한(張邯)은 장안(長安)을 점거하였고, 공손수(公孫守)는 장릉(長陵)을 점거하였고, 양주(楊周)는 곡구(谷口)를 점거하였고, 여유(呂鮪)는 진창(陳倉)을 점거하였고, 각굉(角閎)은 견(汧)을 점거하였고, 낙연(駱延)은 주질(盩厔)을 점거하였고, 임량(任良)은 호(鄠)를 점거하였고, 여장(汝章)은 괴리(槐里)를 점거[31]하였는데 각기 장군이라고 하였으니, 이들 중에서 군사를 많이 갖고 있는 사람은 1만여 명이었고, 적은 사람도 수천 명이었는데, 돌아가면서 서로 공격하였다.

풍이는 한편으로 싸우고 한편으로는 나아가서 상림원(上林苑)에다 군대를 주둔시켰다. 연잠이 장한과 임량을 끌어들여 함께 풍이를 공격

---

30 한중군에 있던 반란 집단이다.

31 이상의 반란 집단이 근거로 삼은 지역은 대부분 섬서성에 위치한다.

하였지만 풍이가 이들을 쳐서 대파하니, 여러 군영과 보루에서 연잠에게 귀부하였던 사람들이 모두 항복해오자 연잠이 드디어 무관(武關, 장안을 벗어나는 관문으로 섬서성 商縣의 경계 지역)에서부터 남양(南陽, 하남성 남양시)으로 달아났다.

그때 백성들은 주리고 배가 고파서 황금 1근으로 콩 5되를 바꾸었고, 길이 끊겨서 맡긴 운송 수단이 도착하지 아니하여 풍이의 군사들도 모두 과실을 가지고 양식으로 삼았다. 조서를 내려서 남양 사람 조광(趙匡)을 우부풍으로 삼아 군사를 거느리고 풍이를 돕게 하였고, 아울러 이불솜과 곡식을 운송하게 하였다.

풍이의 군사들은 곡식이 점차로 풍성해지자 이에 명령을 좇지 않는 호걸들의 목을 베고, 공로를 세우고 항복하고 귀부하여 공로를 세운 사람에게 포상(襃賞)하였으며 여러 군영의 우두머리들을 경사(京師)로 보내고, 그 무리들을 흩어서 본래의 직업으로 복귀하게 하여 관중 지역에서 위엄 있게 행동하였다. 오직 여유와 장한, 장진은 사신을 파견하여 촉(蜀)[32]에 항복하였지만 그 나머지는 모두 평정되었다.

13 　오한은 표기(驃騎)대장군 두무(杜茂) 등 일곱 명의 장군을 인솔하여 광락(廣樂, 하남성 虞城縣의 서쪽)에서 소무(蘇武)를 포위하였더니 주건(周建)[33]이 10여만 명을 모아서 그를 구하였다. 오한이 그들을 맞아 싸웠는데, 불리하게 되어 말에서 떨어져 무릎을 다쳐 군영으로 돌아왔고 주건 등은 드디어 병사를 연결하여서 성 안으로 들어가 버렸다.

---

32 공손술이 이곳에 근거하여 있었다.
33 소무와 주건은 모두 유영(劉永) 진영의 대장군과 장군이다.

제장들이 오한에게 말하였다.

"커다란 적이 앞에 있는데, 공께서 다치셔서 누워있게 되었으니, 여러 사람들이 마음속으로 벌벌 떨고 있습니다."

오한은 마침내 불끈하여 상처를 싸매고 일어나서 소를 잡아 병사들에게 먹이고 그들을 위로하고 격려하니 저절로 사기가 배가되었다. 다음날 아침 소무와 주건이 병사들을 내어 오한의 군사를 포위하였다. 오한이 분발하여 공격하여 그들을 대파하니 소무는 도망하여 호릉으로 돌아갔다.

수양(睢陽, 하남성 상구시) 사람들이 그 성에서 반란을 일으키고 유영(劉永)을 영접하였는데 개연(蓋延)이 제장들을 거느리고 그곳을 포위하였다. 오한도 두무와 진준(陳俊)에게 광락에 남아 지키게 하고, 스스로 군사를 거느리고 개연을 도와 수양을 포위하였다.

14 거가(車駕)[34]가 소(小)장안에서 군사를 이끌고 돌아와서 잠팽(岑彭)에게 부준(傅俊), 장궁(臧宮), 유굉(劉宏) 등 3만여 명을 이끌고 남쪽으로 가서 진풍(秦豊)[35]을 치게 하였다. 5월 기유(24일)일에 거가가 궁궐로 돌아왔다.

15 을묘일 그믐에 일식이 있었다.

16 6월 임술일(7일)에 크게 사면하였다.

---

34 황제가 탄 수레를 말한다. 실제로는 황제를 가리킨다.

35 반란 집단의 수령이다.

17 연잠이 남양(南陽)을 공격하여[36] 몇 개의 성을 빼앗았는데 건위 (建威)대장군 경감(耿弇)이 그들과 양현(穰縣, 하남성 鄧縣의 동남쪽)에 서 싸워서 그들을 대파하였다. 연잠은 몇 명의 기병과 함께 동양(東陽, 하남성 등현 穰城의 동남쪽)으로 달아나서 진풍(秦豊)과 결합하였는데, 진풍은 딸을 그의 아내로 삼게 하였다.

건의(建義)대장군 주호(朱祜)가 채준(祭遵) 등을 거느리고 연잠과 동양에서 싸워서 그를 격파하니 연잠이 달아나서 진풍에게 돌아갔다. 주호는 드디어 남쪽으로 가서 잠팽 등의 군사와 합하였다.

연잠의 호군(護軍) 등중황(鄧仲況)이 군사를 가지고 음현(陰縣, 호북 성 광화현)을 점거하였는데, 유흠(劉歆)의 손자 유공(劉龔)이 그의 모사 (謀士)가 되었다. 전에 시중이었던 부풍(扶風, 장안시 서쪽) 사람 소경(蘇 竟)이 편지를 써서 그에게 유세하니 등중황과 유공이 항복하였다. 소 경은 끝까지 그 공로를 자랑하려고 하지 않고 몸을 숨겨서 도를 즐기 며 자기 집에서 살다가 삶을 끝냈다.

진풍은 등(鄧, 하남성 등현)에서 잠팽을 막고 있었는데, 가을, 7월에 잠팽이 그를 격파하였다. 나아가서 여구(黎丘)에서 진풍을 포위하고 별도로 적노(積弩)장군 부준(傅俊)을 파견하여 병사를 거느리고 강동 (江東, 강소성의 남부) 지역을 경략하게 하니, 양주(揚州) 지역이 전부 평 정되었다.

18 개연(蓋延)[37]이 수양(睢陽, 하남성 상구시)을 100일 동안 포위하고

---

36 관중 지역의 반란 집단의 수령 연잠이 하남성으로 진출하려고 남양성을 공 격한 것이다.

있었는데 유영(劉永)과 소무(蘇茂), 주건(周建)이 갑자기 빠져 나와 장차 찬(酇, 하남성 永城縣)으로 달아나려고 하였다. 개연이 급히 추격하니 유영의 장수 경오(慶吾)가 유영의 목을 베고 항복하였다. 소무와 주건은 수혜(垂惠, 안휘성 蒙城縣)로 달아나서, 함께 유영의 아들 유우(劉紆)를 세워 양왕(梁王)이라고 하였다. 교강(佼彊)[38]은 달아나 서방(西防, 산동성 單縣)을 지키고 있었다.

19 겨울, 10월 임신일(19일)에 황상이 용릉(舂陵, 호북성 襄陽縣)에 행차하여 원묘(園廟)[39]에서 제사지냈다.

20 경감(耿弇)이 조용히 황제에게 말하기를 '북쪽으로 가서 상곡(上谷, 하북성 懷來縣)[40] 지역에 있는 군사 가운데 아직 징발하지 않은 자를 거두어 어양(漁陽, 북경시 密雲縣)에서 팽총(彭寵)을 평정하고, 탁군(涿郡, 하북성 탁현)에서 장풍(張豐)을 잡으며, 돌아오면서 부평(富平)과 획색(獲索)[41]을 잡고, 동쪽으로 장보(張步)를 공격하여 제(齊) 지역의 땅을 평정하겠다.'고 자청하였다. 황제는 그의 뜻을 장하게 여겨 이를 허락하였다.

---

37 후한의 호아(虎牙)대장군이다.

38 유영 휘하의 장군이다.

39 유수의 조상인 용릉절후 이후 4세대의 사당이 있다.

40 경감의 아버지 경황(耿況)이 상곡 태수이다.

41 부평과 획색은 모두 반란 집단이다.

21   11월 을미일(12일)에 황제가 용릉에서 돌아왔다.

22   이 해에 이헌(李憲)이 황제를 칭하고 백관을 두었는데, 아홉 개의 성곽42을 갖고 있었으며 그 무리가 10만여 명이었다.

23   황제가 태중대부 내흡(來歙)에게 말하였다.

"지금 서주(西州)43가 아직도 귀부하고 있지 않고, 자양(子陽)44이 황제를 칭하는데, 길은 막히고 멀리 떨어져 있어서 제장들은 관동(關東) 지역에만 힘을 쓰고 있으니, 서주 지역에 대한 방략을 생각해 보아도 어디에 있는지45 모르겠구려."

내흡이 말하였다.

"신은 일찍이 외효(隗囂)를 장안에서 만나 본 일이 있습니다. 그 사람이 처음 군사를 일으켰을 때는 한의 부흥을 명목으로 삼았습니다. 신이 바라건대 위엄 있는 명령을 받들어서 단청(丹靑) 같은 신의(信義)46를 열어 보인다면 외효는 반드시 손을 묶고 스스로 귀부할 것입니다. 그렇게만 된다면 공손술은 스스로 망할 형세에 놓이게 되어 도모한다는 이야기를 하기에도 부족할 것입니다."

---

42 안휘성 여강군(廬江郡)의 12개 현 중 이헌이 9개를 점령하였다.

43 외효가 서주에 있었으므로 외효를 가리킨다.

44 공손술을 말한다. 자양은 공손술의 자이다.

45 원문은 미지소재(未知所在)에 그치고 있으나 다른 판본에 재(在) 밑에 내하(奈何)가 있는 것도 있으므로 이것으로 해석하였다.

46 성인의 말씀을 말한다.

황제는 그럴 것이라고 생각하고 비로소 내흡을 외효에게 사자로 가게 하였다.

외효는 이미 한나라에 공로를 세웠고 또한 등우(鄧禹)가 주는 작위와 관직을 받았기 때문에[47] 그의 심복들 가운데 논의하는 사람들은 대부분 경사와 사자를 교환하라고 권고하니, 외효는 이에 상주문을 받들고서 궁궐로 왔다. 황제는 특별한 예의로써 회답을 하였고, 말할 때에는 자(字)를 불렀으며,[48] 적국(敵國)을 대하는 의례[49]를 사용하였으니 그를 위로하고 추천하는 것이 아주 두텁다는 것을 나타내기 위함이었다.

---

47 등우가 외효를 서주대장군에 임명하였다. 이 사건은 광무제 건무 원년(25년)에 있었던 일로,《자치통감》권40에 실려 있다.

48 외효의 자는 계맹(季孟)인데, 자를 부르는 것은 친함과 존경의 뜻을 갖고 있다.

49 의례에서 상대방을 동등한 입장이나 지위라고 생각하고 취하는 의식이다.

전국 제패의 기틀을 잡은 유수

광무제 건무 4년(戊子, 28년)⁵⁰

1   정월 갑신일(2일)에 크게 사면하였다.

2   2월 임자일(1일)에 황상이 회(懷, 하남성 武陟縣)에 행차하였고, 임
신일(11일)에 낙양으로 돌아왔다.

3   연잠(延岑)이 다시 순양(順陽, 하남성 淅川縣의 동쪽)을 노략질하
니 등우를 파견하여 군사를 거느리고 그를 격파하게 하였다. 연잠은 한
중(漢中, 섬서성 南鄭縣)으로 달아났고, 공손술은 연잠을 대사마로 삼고
여녕왕(汝寧王)으로 책봉하였다.

---

50 이 해는 성가(成家) 용흥(龍興) 4년, 연왕(燕王) 팽총(彭寵) 3년, 초(楚) 여왕
(黎王) 진풍(秦豊) 5년, 해서왕(海西王) 동헌(董憲) 2년, 주(周) 성왕(成王) 전
융(田戎) 5년, 제왕(齊王) 장보(張步) 2년, 양왕(梁王) 유우(劉紆) 2년, 무안왕
(武安王) 연잠(延岑) 2년이다.

4   전융(田戎)은 진풍(秦豐)[51]이 격파되었다는 소문을 듣고, 두렵고 무서워서 항복하려고 하였다. 그의 처남 신신(辛臣)이 팽룡과 장보, 동헌, 공손술 등이 가지고 있는 군국의 지도를 그려서 전융에게 보여주며 말하였다.

"낙양(雒陽)의 땅은 손바닥만 할 뿐이니 또한 갑옷을 어루만지면서 그 변화하는 상황을 보는 것만 못하오."

전융이 말하였다.

"진왕(秦王)처럼 강한 세력을 가지고도 오히려 정남(征南)장군[52]에게 포위된 바 있으니, 나는 항복하기로 결정하였소."

이에 신신을 남겨두어 이릉(夷陵)을 지키게 하고 스스로 군사를 거느리고 장강을 따라 면수(沔水)로 거슬러 올라가서 여구(黎丘, 호북성 宜城縣의 동북쪽)로 갔다.

신신은 뒤에 전융의 진기한 보배를 훔쳐서 샛길로 먼저 가서 잠팽(岑彭)에게 항복하였고 편지를 써서 전융을 부르며 말하였다.

"의당 때맞추어 항복해야 하고 전에 세웠던 계책에 구애받지 마시오."

전융은 신신이 자기를 팔아먹을 것이라고 의심하고 거북을 구워서 점을 쳐 보았더니[53] 항복하는 징조는 중간이 잘렸다.[54] 드디어 다시

---

51 전융은 성주왕(成周王)으로 이릉에 근거를 두고 있었고, 진풍은 초여왕(楚黎王)이다.

52 잠팽을 말한다.

53 은대 이후로 거북의 껍질을 불에 구워서 갈라지는 모습을 보고 점을 치는 방법이다.

54 항복하는 것이 어떠냐는 질문을 하고 점을 친 것이다. 그런데 결과는 거북의 등의 중간이 갈라졌으므로 불길한 징조이다. 즉 항복하는 것은 좋지 않다는 점괘이다.

반란하여 진풍과 합하였지만 잠팽이 이를 쳐서 깨뜨리니 전융은 도망하여 이릉으로 돌아갔다.

5 여름, 4월 정사일(7일)에 황상이 업(鄴, 하북성 臨漳縣)에 행차하였다가 기사일(19일)에 임평(臨平, 하남성 鹿邑縣)에 행차하여 오한(吳漢)과 진준(陳俊), 왕량(王梁)을 파견하여 임평에서 오교(五校)[55] 집단을 격파하게 하였다. 격현(鬲縣, 산동성 陵縣)의 다섯 족속이 함께 수장(守長)[56]을 내쫓고 성을 점거하여 반란을 일으켰는데 제장들이 다투어 그들을 공격하려고 하였다.

오한이 말하였다.

"격현에서 반란이 일어나게 한 것은 수장의 죄이다. 감히 덮어놓고 가벼이 병사를 진격시키는 사람은 목을 벨 것이다."

마침내 격문을 군에 보내어 그 수장을 잡아들이게 하고 사람을 시켜서 사과하게 하니 성 안에 있던 다섯 족속들은 크게 기뻐하고 바로 서로 이끌면서 항복하였다. 제장들이 마침내 탄복하며 말하였다.

"싸우지 않고 성을 떨어뜨렸으니, 많은 사람들이 미치지 못하는 것이다!"[57]

6 5월에 황상이 원지(元氏, 하북성 원지현)에 행차하였다. 신사일(1일)에 노노(盧奴, 하북성 定縣)에 행차하여 장차 친히 팽총(彭寵)을 정

---

55 반란 집단이다.

56 격현을 지키는 우두머리를 말하며, 정식 관직은 아니다.

57 그 능력이 보통사람이 따라가지 못할 정도로 훌륭하다는 말이다.

벌하려 하였다. 복심(伏諶)이 간하였다.

"지금 연주(兗州, 산동성 동부)·예주(豫州, 하남성)·청주(靑州, 산동반도)·기주(冀州, 하북성 중부)는 중원 지역에 있는 큰 고을인데 구적(寇賊)들이 종횡으로 돌아다니고 아직 교화를 따르지 아니하고 있습니다. 어양(漁陽, 북경시 密雲縣)은 변새 밖의 황무지인데, 어찌 먼저 도모할 만하겠습니까? 폐하께서는 가까운 곳을 버리시고 먼 곳에 힘쓰시고 쉬운 것을 버리고 어려운 것을 구하시니, 진실로 신이 당혹스러워 하는 바입니다."

황상이 이에 돌아왔다.

7   황제가 건의(建議)대장군[58] 주호(朱祜)와 건위(建威)대장군 경감(耿弇), 정로(征虜)장군 채준(祭遵), 교기(驍騎)장군 유희(劉喜)를 파견하여 탁군(涿郡, 하북성 탁현)에서 장풍(張豐)을 토벌하게 하였다. 채준이 먼저 도착하여 급히 장풍을 공격하여 사로잡았다.

애초에 장풍은 방술(方術)을 좋아하였는데, 어떤 도사[59]가 장풍에게 마땅히 천자가 되어야 할 것이라고 말하고, 다섯 색깔로 된 주머니에 돌을 넣어서 장풍의 팔에 묶어주고 말하였다.

"돌 속에는 옥새(玉璽)가 있다."

장풍이 이 말을 믿고 끝내 반란을 일으켰다. 이미 잡혀 목이 베이게 되었는데도 여전히 말하였다.

---

58 建義大將軍이 맞다.

59 서도에서는 방사(方士), 동도에서는 도사(道士)라고 하는데 모두 예언하는 사람이다.

"팔목에 묶여있는 돌에는 옥새가 있다."

옆에 있는 사람들이 송곳으로 그것을 깨뜨리자 장풍이 마침내 속은 것을 알고 하늘을 우러러보며 탄식하고 말하였다.

"죽게 되어도 한스러울 것이 없다."

황상이 경감에게 조서를 내려 나아가서 팽총(彭寵)을 치라고 하였다. 경감은 아버지 경황(耿況)과 팽총이 한나라를 도운 공로가 같고,[60] 또 형제 가운데 경사에 와있는 사람이 없었으므로[61] 감히 단독으로 나아가지 못하고 낙양으로 가게 해달라고 청하였다. 조서를 내려 회보하였다.

"장군은 온 집안을 다 동원하여 나라를 위하여 일하였고 그 공로와 효과는 뚜렷하게 드러나 있는데 무엇을 의심하여 징소해 주기를 청구하는 것이오?"

경황이 이 소식을 듣고 다시 경감의 동생 경국(耿國)을 파견하여 들어가서 황제를 모시게 하였다.

그때 채준은 양향(良鄉, 하북성 房山縣)에 주둔하고 있었고, 유희는 양향(陽鄉, 하북성 탁현의 동쪽 25km 지점에 있는 양향정)에 주둔하고 있었는데 팽총이 흉노의 병사들을 이끌고 이들을 치려고 하였다. 경황이 그의 아들 경서(耿舒)에게 흉노의 병사들을 습격하여 격파하고 두 왕을 죽이게 하니 팽총이 마침내 물러나 달아났다.

---

60 회양왕 경시 2년(24년)에 팽총과 경황은 각기 어양 태수와 상곡 태수를 맡고 있었는데, 이때 어려운 처지의 유수를 도왔다. 이 사건은 《자치통감》 권39에 실려 있다.

61 당시 장군이 전선에 나가면 가족 중 몇 명은 도읍에 머물러 인질 역할을 해야 했다.

8   6월 신해일(2일)에 거가가 궁궐로 돌아왔다.

9   가을, 7월 정해일(8일)에 황상이 초(譙, 안휘성 亳縣)까지 행차하였고, 포로(捕虜)장군 마무(馬武)와 기(騎)도위 왕패(王霸)를 파견하여 유우(劉紆)와 주건(周建)을 수혜(垂惠, 안휘성 蒙城縣)에서 포위하게 하였다.

10   동헌(董憲)[62]의 장수 분휴(賁休)가 난릉(蘭陵, 산동성 峰縣)을 가지고 항복하였다. 동헌이 이 소식을 듣고, 담(郯, 산동성 郯城縣)에서부터 와서 그곳을 포위하였다. 개연(蓋延)과 평적(平狄)장군인 산양(山陽) 사람 방맹(龐萌)이 초(楚)에 있었는데, 가서 그를 구원하게 해달라고 요청하였다.

황제가 칙령을 내려서 말하였다.

"곧바로 가서 담(郯)을 친다면 난릉의 포위가 스스로 풀릴 것이다."

개연 등은 분휴의 성곽이 위태롭기 때문에 드디어 먼저 그곳으로 달려갔다. 동헌이 그들을 맞아 싸우다가 겉으로 패하여 물러나는 것처럼 하였는데 개연 등이 그 기회를 이용하여 포위를 뽑아버리고 성으로 들어갔다. 다음날 동헌이 대대적으로 병사를 내어 포위망을 합치니 개연 등이 두려워하여 급히 돌격해 나아가서 포위를 뚫고 달아났고, 이어 가서 담을 공격하였다.

이에 황제가 그들을 나무라며 말하였다.

"잠시 먼저 담으로 가고자 한 것은 그가 생각하지 못한 것이었기 때문이다. 지금 이미 패하여 달아났으니, 적들의 계책은 이미 수립되었을

---

62 해서왕을 자칭하는 사람이다.

것이다. 포위가 어떻게 풀릴 수 있겠는가?"

개연 등이 담으로 갔으나, 결국 함락시키지 못하였지만 동헌이 드디어 난릉을 함락시키고 분휴를 죽였다.

11   8월 무오일(10일)에 황상이 수춘(壽春, 안휘성 壽縣)에 가서 양무(揚武)장군인 남양(南陽, 하남성 남양시) 사람 마성(馬成)을 파견하여 주로(誅虜)장군인 남양 사람 유융(劉隆) 등 세 장군을 인솔하고서, 회계(會稽, 강소성 소주시), 단양(丹陽, 안휘성 宣城縣), 구강(九江, 안휘성 구강현), 육안(六安, 안휘성 육안현) 등 네 군의 군사를 징발하여 이헌(李憲)을 치게 하였다. 9월에 서(舒, 안휘성 노강현, 노강의 치소)에서 이헌을 포위하였다.

왕망 말년에 천하가 크게 어지럽게 되자 임회(臨淮, 안휘성 盱眙縣) 대윤(大尹)인 하남(河南, 하남성 낙양시) 사람 후패(侯霸)가 홀로 그의 군 전부를 잘 보전하였다. 황제는 후패를 징소하여 수춘에서 만나보고 상서령에 임명하였다. 그때 조정에는 옛날의 전장(典章)이 없었고, 또한 옛 정부에 있었던 신하가 적었지만 후패는 고사(故事)를 명확히 익히고 있어서 유문(遺文)들을 수집하여 전 시대에 잘 다스렸던 정치와 법도를 조목별로 상주하여 이를 시행하게 하였다.

겨울, 10월 갑인일(17일)에 거가가 궁궐로 돌아왔다.

12   외효(隗囂)[63]가 마원(馬援)으로 하여금 가서 공손술(公孫述)을

---

63 이때 외효는 감숙성 통위현(通渭縣)인 천수(天水)에서 서주(西州)대장군으로 있었다.

만나 보게 하였다. 마원은 원래 공손술과 같은 마을[64]에서 살아 서로 잘 지냈으므로 그가 도착하기만 하면 마땅히 손을 내밀어 악수하며 평생을 같이 살아온 사람처럼 환영하여야 한다고 생각했다. 그러나 공손술은 계단에 위병들을 잔뜩 벌려놓고 나서야 마원을 끌어 들어오게 하였고, 서로 절하고 예의를 마친 다음에 나가서 관사(館舍)로 가도록 하였다.

다시 마원을 위하여 도포단의(都布單衣)와 교양관(交讓冠)[65]을 만들어주고, 종묘에 백관들을 모아놓고 옛날에 사귀던 친구의 자리를 세워놓고는 공손술이 난기(鸞旗)와 모기(旄騎) 속에서 경필(警蹕)[66]을 하면서 수레에 올라 경쇠[磬]라는 악기소리를 좇아 굽실굽실하는 사람들 속으로 들어왔다. 예향(禮饗) 이하는 관속(官屬)이 아주 많았는데, 마원을 후작에 봉하고 대장군의 직위를 주려고 하였다.

빈객들은 모두 머무르는 것을 즐겨 하였지만 마원이 이들에게 깨닫게 말하였다.

"천하의 자웅이 아직 정해지지 않았는데, 공손술이 토포(吐哺)[67]하고 달려가서 나라의 선비를 영접하여 함께 성패에 관하여 꾀하지 아니

---

64 이들의 고향은 무릉(茂陵), 즉 섬서성 홍평현(興平縣)이다.

65 도포는 포(布)의 이름이고, 단의는 평민이 조회에 참석할 때 입는 옷이며 교양관도 평민이 쓰는 관이다.

66 난기와 모기는 황제의 의장에 필요한 여러 가지 장식이며, 경필은 황제가 출두하는 거리에서 계엄하는 것을 말한다.

67 주공은 주나라의 재상으로 있었는데, 밥을 먹는 도중에 빈객이 오면 밥을 삼킬 사이가 없어서 그 자리에서 밥을 토해버리고 빈객을 만났으며, 어떤 경우에는 밥 한 그릇을 먹는 사이에 세 번이나 이같이 토포하였다는 말이 있다.

하고, 도리어 주변에다 꾸미는 일을 하고 있으니 마치 인형놀이를 하는 것 같은데, 이 사람이 어찌 오래 천하의 선비들을 생각하겠느냐?"

이어서 돌아가겠다고 작별하면서 외효에게 말하였다.

"자양(子陽)[68]은 우물 밑에 사는 개구리일 뿐이어서 망령스럽게 스스로를 높이고 크다고 하고 있소. 오로지 동쪽[69]에다 뜻을 두는 것만 못합니다."

외효가 이에 마원으로 하여금 편지를 받들고 낙양으로 가게 하였다. 마원이 처음 도착하였는데 한참 있다가 중황문(中黃門)으로 인도하여 들어가게 하였다. 황제는 선덕전(宣德殿) 남쪽의 주랑에 있었는데, 다만 책(幘)[70]만 쓰고 앉아서 맞이하여 웃으며 마원에게 말하였다.

"경께서는 두 명의 황제[71] 사이에서 노닐고 계시군요. 지금 경을 만나보니 사람을 크게 부끄럽게 하는구려!"

마원이 머리를 조아리며 사과하였고, 이어서 말하였다.

"오늘날의 세상은 임금이 신하를 선택할 뿐만 아니라, 신하도 역시 임금을 선택합니다. 신과 공손술은 같은 현 사람이어서 어려서부터 서로 잘 알고 있습니다. 신이 전에 촉으로 갔었는데, 공손술이 계단에 창을 든 위사를 늘어놓은 다음에 신을 앞으로 나아가게 하였습니다. 신은 지금 멀리서 왔는데, 폐하께서는 어찌 자객이나 간사한 사람이 아니라는 것을 알고 쉽고 간단하게 맞는 것이 이와 같습니까?"

---

68 공손술의 자이니 공손술을 말한다.

69 유수가 있는 낙양을 말한다.

70 일반인들이 쓰는 관을 말한다.

71 공손술과 자기 유수를 말한다.

황제가 다시 웃으면서 말하였다.

"경은 자객이 아니고 세객(說客)일 뿐이라고 생각되오."

마원이 말하였다.

"천하가 반복하여 뒤집혀서 이름을 도용하는 자가 헤아릴 수 없이 많은데, 이제 폐하께서 큰 도량을 가지셨음을 보니 마치 고조에 딱 들어맞으셔서 제왕이란 스스로 진정한 모습을 가지고 있다는 것을 알았습니다."

13　태부 탁무(卓茂)가 죽었다.

14　11월 병신일(19일)에 황상이 완(宛, 하남성 남양시)으로 행차하였다. 잠팽(岑彭)이 진풍(秦豐)[72]을 공격하여 3년 동안에 참수한 것이 9만여 급이었다. 진풍의 나머지 병력은 1천 명 정도로 줄어들었고, 먹을 것도 다 떨어졌다.

　12월 병인일(20일)에 황제가 여구(黎丘, 호북성 宜城縣)에 행차하였고, 사자를 파견하여 진풍을 초대하였으나 진풍은 항복하려고 하지 아니하였다. 이에 주호(朱祜) 등에게 잠팽을 대신하여 여구를 포위하게 하고 잠팽과 부준(傅俊)에게 남쪽으로 가서 전융(田戎)을 치게 하였다.

15　공손술이 병사 수십만 명을 모으고 양곡을 한중에다 쌓아놓았다. 또한 10층짜리 누선(樓船)[73]을 만들고 천하 각 주의 목과 군의 태수들

---

72 이때 진풍은 여구에 있었다.

73 여러 층의 누각을 설치한 큰 배를 말한다.

의 인장을 많이 새겼다. 장군 이육(李育)과 정오(程烏)를 파견하여 수만 명의 무리를 거느리고 나아가서 진창(陳倉, 섬서성 寶鷄市)에 주둔하게 하고, 여유(呂鮪)[74]에게로 가서 장차 삼보 지역을 경략하려고 하였다. 풍이가 이를 맞아 쳐서 대파하니 이육과 정오는 모두 한중으로 달아났다. 풍이는 돌아와서 여유를 격파하니, 군영과 보루에 있다가 항복한 사람이 아주 많았다.

이때 외효가 병사를 파견하여 풍이를 도와 공로를 세웠으므로 사자를 보내 상황을 보고하였는데, 황제가 손수 편지를 써서 회답하였다.

"덕과 의를 사모하고 즐겨서 서로 결합하고 받아들이기를 생각하였소. 옛날에 문왕은 천하를 셋으로 나누고도 오히려 은(殷)나라를 섬겼소.[75] 그러나 노마(奴馬)와 연도(鉛刀)[76]로는 억지로 지탱할 수 없으니 자주 백락(伯樂)[77]이 한 번 돌아보는 정도의 값을 받고 싶소.

장군이 남쪽으로는 공손술의 병사를 막고, 북쪽으로는 강족과 호족

---

74 진창에 근거를 둔 반란 집단이다.

75 공자가 이르기를 '천하를 셋으로 나누어 그 둘을 갖고도 은나라에 복종하며 섬겼는데, 이러한 주나라의 덕을 지덕(至德)이라고 할 것이다.'고 한 것을 인용하였다.

76 노마는 제일 쓸모없는 말을 말하며 연도는 납으로 만든 칼로 예리하지 못한 것이다.

77 《전국책》에 나오는 말이다. 어떤 사람이 준마(駿馬)를 팔려고 시장에 내놓았는데 3일 동안 아무도 그 말에 주의를 기울이지 않았다. 그래서 백락을 찾아가서 말하기를 '내게는 준마가 있어서 이를 팔려고 3일 동안 시장에 내놓았으나, 아무도 말을 하려고 하지 않았습니다. 그러니 그대가 가서 한 번 보고 돌아가면서 뒤를 보기만 한다면 내가 말 값의 10분의 1을 주겠소.'라고 하였다. 그래서 백락이 그대로 하였더니 하루 동안에 말의 값이 10배나 올랐다.

의 소란을 통제하고 있으니, 이리하여서 풍이가 서쪽을 정벌하는데 수천 수백 명을 가지고서 삼보 지역에서 머뭇거릴 수가 있었소. 장군의 원조가 미약했더라면 함양(咸陽)은 이미 다른 사람에게 점령되었을 것이오.

만약 자양(子陽)[78]이 한중에 가게 된다 하여도 삼보에서는 장군의 군사를 이용하여 그들의 기치와 엇비슷하게 되어 대항해 주기를 원하고 있소. 만약에 이 말처럼 해준다면 그것이 바로 지혜 있는 사람이 공로를 계산하여 땅을 나누어줄 시기일 것이오. 관중(管仲)이 말하기를 '나를 낳은 사람은 부모이지만 나를 완성시킨 사람은 포자(鮑子)라.'[79] 고 하였소. 오늘 이후부터는 손수 편지를 써서 서로 소식을 들려주고, 옆의 사람이 중간에서 말을 만들지 않게 하여 주시오."

그 후에 공손술이 자주 장수를 파견하여 틈틈이 나왔으나, 외효가 번번이 풍이와 세력을 합쳐서 함께 그들을 꺾어 좌절시켰다. 공손술이 사자를 파견하여 대사공과 부안왕(扶安王)의 인수를 외효에게 주었다. 외효는 그의 사자의 목을 베고 군사를 내어 그를 쳤는데, 이러한 연고로 촉 지역의 병사들은 다시 북쪽으로 나오지 못하였다.

16   태산(泰山) 지역의 호걸이 대부분 장보(張步)와 군사를 연합하였다. 오한이 강노(强弩)대장군 진준(陳俊)을 추천하여 태산 태수로 삼아 장보의 군사를 쳐서 깨뜨리게 하니, 드디어 태산 지역을 평정하였다.

---

78 공손술의 자이다.

79 관중과 포숙은 좋은 친구였다. 이 일은《사기》에 기록되어 있다.

팽총의 죽음

광무제 건무 5년(己丑, 29년)⁸⁰

1   봄, 정월 계사일(17일)에 거가가 궁궐로 돌아왔다.

2   황제가 내흡(來歙)으로 하여금 지절을 가지고 마원을 농우(隴右) 지역까지 호송하도록 하였다. 외효가 마원과 함께 잠자리를 같이 하고 함께 일어나면서 동부 지역에서의 일에 관하여 물었더니 말하였다.

"전에 조정에 도착하였더니 황상이 나를 이끌어 만나 본 것이 수십 차례인데 만날 때마다 맘 편히 이야기를 하면서 아침부터 저녁까지 보냈는데, 재주가 있고 밝으며 용기가 있고 지략이 있어서 다른 사람이 대적할 수 있는 사람이 아닙니다.

또한 마음을 열어놓고 진실성을 보이며 숨기고 감추는 바가 없었고,

---

80 이 해는 연왕 팽총(燕王 彭寵) 4년, 초(楚) 여왕 진풍(黎王 秦豊) 6년, 해서왕 동헌(海西王 董憲) 3년, 주(周) 성왕 전융(成王 田戎) 6년, 제왕 장보(齊王 張步) 3년, 양왕 유우(梁王 劉紆) 3년, 황제 이헌(李憲) 3년, 동평왕 방맹(東平王 龐萌) 원년, 한제 노방(漢帝 盧芳) 원년이다.

활달한 성격에 커다란 부분을 중시하니 대략 고조와 같습니다. 경학도 넓게 살펴보았고, 정사를 처리하는데도 문화로 구별하니 앞 시대의 사람들 가운데 이에 비교될 사람이 없습니다.”

외효가 말하였다.

“경이 생각하건대 고제와는 이떻다고 생각하시오?”

마원이 말하였다.

“같지는 않습니다. 고제는 되는 것도 없고, 안 되는 것도 없었지만[81] 지금 황상은 관리들이 할 사무를 좋아하며 또 움직이는데 절도가 있고, 또한 술 마시기를 좋아하지 않습니다.”

외효는 속으로 기쁘지는 않았지만 말하였다.

“경의 말대로라면 도리어 더 나을 것 같군![82]”

3   2월 병오일(1일)에 크게 사면하였다.

4   소무(蘇茂)[83]가 오교(五校)[84]의 군사를 거느리고 수혜(垂惠, 안휘성 蒙城縣)에서 주건(周建)을 구원하였다. 마무(馬武)가 소무와 주건에게 패배하여 달아나며 왕패(王霸)의 진영을 지나면서 큰 소리로 부르며 구원해 주기를 청하였다. 왕패가 말하였다.

“적의 병사들이 왕성하여 나가게 되면 반드시 우리 둘이 다 패할 것

---

81 공자가 자기가 하는 행동에 관하여 한 말이다.

82 유수가 유방보다 낫다는 뜻이다.

83 양왕 유우(梁王 劉紆)의 장수이다.

84 반란 집단이다.

인데 쇠뇌의 힘에 달렸을 뿐이오."[85]

이에 군영의 문을 닫고 성벽을 굳게 하였다.

군리(軍吏)들이 모두 이들과 싸우자고 하였는데, 왕패가 말하였다.

"소무의 군사들은 정예의 병사들이고, 그 무리도 또한 많아서 우리의 관리와 병사들이 마음속으로 두려워하고 있다. 포로(捕虜)장군[86]과 내가 서로 믿는다고 하지만 두 군대는 하나같지 않을 것이니 이것은 패하는 길이다. 지금 군영의 문을 닫고 굳게 지켜서 서로 원조하는 사이가 아니라는 것을 보여주면 적들은 반드시 이긴 기세를 타고 가볍게 지나갈 것이며 포로장군의 병사들도 구해줄 사람이 없다는 것을 알면 그 싸우는 힘은 스스로 배가 될 것이다. 이와 같이 하면 소무의 무리들은 피로하게 될 것이고, 우리가 그들이 지친 틈을 탄다면 마침내 이길 수 있을 것이다."

소무와 주건이 과연 모두 나와서 마무를 공격하였고 서로 맞붙어 싸운 지 오래되자 왕패의 군사들 가운데에서 장사 수십 명이 머리를 깎고 싸우기를 청하였고, 왕패가 마침내 군영의 문 뒤를 연 다음 정예의 기병을 내보내어 그들의 배후를 습격하게 하였다. 소무와 주건이 앞뒤로 적을 만나니 놀라고 어지러워져서 패하여 도망하였고, 왕패와 마무도 각기 진영으로 돌아갔다.

소무와 주건이 다시 병사를 모아서 도전하였으나, 왕패는 굳게 지키며 누워서 나가지 아니하고, 바야흐로 병사들에게 잔치를 베풀고 노래

---

85 밖으로 나가면 패배할 것이므로 성 안에서 멀리 쏠 수 있는 쇠뇌의 힘에 의지할 수밖에 없다는 뜻이다.

86 이때 마무가 포로장군이었다.

를 부르게 하였다. 소무가 비 오듯이 화살을 군영 속으로 쏘아댔고, 왕패 앞에 있는 술독에 맞았지만 왕패는 편안하게 앉은 채 움직이지 않았다. 군리(軍吏)들이 모두 말하였다.

"소무를 전에도 이미 격파한 바가 있으니, 지금도 쉽게 이길 수 있습니다."

왕패가 말하였다.

"그렇지 않다. 소무는 멀리서 온 객병이니 양식이 부족할 것이다. 그러므로 자주 도전을 하여 일시에 승리를 얻으려는 것이다. 지금 군영의 문을 닫아걸고 병사들을 쉬게 하는데 이것이 바로 '싸우지 않고도 다른 사람의 군사를 굴복시키는 것이라.'[87]는 것이다."

소무와 주건은 이미 싸울 수 없게 되자 마침내 군사를 이끌고 자기의 군영으로 돌아갔다. 그날 밤 주건의 조카 주송(周誦)이 반란을 일으켜 성문을 닫고 그들에게 항거하였는데 주건은 길에서 죽었고, 소무는 하비(下邳, 강소성 睢寧縣)로 달아나서 동헌(董憲)과 합쳤으며, 유우(劉紆)는 교강(佼彊)에게로 도망하였다.

5 을축일(20일)에 황상이 위군(魏郡, 하북성 臨漳縣)으로 행차하였다.

6 팽총(彭寵)[88]의 처가 자주 악몽을 꾸었고, 또한 괴이한 변고를 많이 보았다. 점을 치는 사람과 천기를 살피는 사람이 모두 병란이 안에

---

87 《손자병법》에 나오는 말이다. 손자는 '백전백승이란 잘하는 것 가운데서 제일 잘한 것은 아니다. 싸우지 않고 다른 사람의 병사를 굴복시키는 것이 잘한 것 가운데 제일 잘한 것이다.'라고 했다.

88 연왕이며, 어양에 근거를 두고 있다.

서 일어나게 될 것이라고 말하였다. 팽총은 자후란경(子后蘭卿)이 한 나라에 인질로 갔다가 돌아오자 그를 믿지 아니하여서 병사를 거느리고 밖에 나가 있게 하고 중앙에는 친한 사람이 없게 하였다.

팽총이 편실(便室)에서 재계(齋戒)하고 있었는데 창두(蒼頭)[89] 자밀(子密) 등 세 사람이 팽총이 누워 잠자는 틈을 이용하여 함께 그를 침상에 묶어놓고 밖에 있는 관리에게 말하였다.

"대왕께서 재계(齋戒)하고 계시니 관리들 모두 쉬도록 하라."

거짓으로 팽총의 명령이라고 하여 노비들을 잡아서 묶어 각기 한 곳에 가두었다.

또한 팽총의 명령이라고 하여 그의 처도 불러들였는데, 그의 처가 들어갔다가 놀라서 말하였다.

"노예들이 반란을 일으켰구나."

노비들은 이에 그녀의 머리를 잡고 뺨을 때렸다. 팽총이 급히 불러서 말하였다.

"빨리 제장[90]들이 행장을 꾸리게 재촉하시오."

이에 두 명의 노비는 팽총의 처를 데리고 들어가 보물을 빼앗으면서 노비 한 명을 남겨두어 팽총을 지키게 하였다.

팽총이 지키는 노비에게 말하였다.

"너는 어린아이이지만 내가 평소 아꼈다. 지금은 자밀이 너를 협박하고 겁준 것일 뿐이다. 나의 포박을 풀어주면 딸 팽주(彭珠)를 너의 처

---

89 진(秦)나라 때 평민을 검수라 부르고 노예를 창두라고 불렀다.

90 자기를 묶은 노비를 가리킨 말이다. 팽총은 급하게 되자 노비를 제장으로 불렀다.

로 삼게 하고 집안의 재물은 모두 네게 줄 것이다."

어린 노복은 속으로 그를 풀어 주려고 문 밖을 살피다가 자밀이 그 말소리를 들은 것으로 보고 끝내는 감히 풀어주지 못하였다.

이에 금과 옥, 의복을 거두어서 팽총이 있는 곳으로 와서 그것을 짐으로 꾸리고 말 6필에 안장을 채우고 팽총의 처로 하여금 두 개의 비단 포대를 만들게 하였다. 날이 어두워진 밤에 팽총의 손을 풀어주고 성문 장군에게 알리는 글을 쓰게 하였다.

"지금 자밀 등을 파견하여 자후란경이 있는 곳으로 가게 하니 이들을 잡아 두려고 생각하지 마라."

편지를 다 쓰자 팽총과 그의 처의 목을 베어 머리를 자루 속에 넣고서 바로 그 글을 가지고 달려 성을 빠져나갔고 이어서 궁궐로 갔다.

다음날 아침에 합문(閤門)이 열리지 않자 관속들이 담장을 넘어서 들어가서 팽총의 시체를 보고 놀라고 두려워하였다. 그의 상서인 한립(韓立) 등이 함께 팽총의 아들 팽오(彭午)를 세워 왕으로 삼았는데 국사(國師) 한리(韓利)가 팽오의 목을 베고 채준(祭遵)에게 가서 항복하고, 그의 종족을 다 죽였다. 황제는 자밀을 불의후(不義侯)에 책봉하였다.

❖ 권덕여(權德輿)[91]가 평론하였습니다.

"백통(伯通)[92]은 명령을 배반하였고, 자밀은 자기의 주군을 시해하였으니, 똑같이 난을 일으킨 것이지만 그 죄는 서로 덮어질

---

91 당나라 (751년~818년) 덕종·헌종 때의 정치가로 문집 50권을 남겼다.

92 팽총의 자이다.

수 없는 것이므로 의당 각기 법에 맡겨 제왕의 법도를 밝혀서 보여야 할 것인데, 도리어 5등에 해당하는 작위를 주었고, 그것도 '불의(不義)'라는 이름을 붙였다.

또 '불의한 사람'을 들어서 후작을 줄 수는 없다. 이러하지만 후작을 줄 수 있었으니 한나라시대의 작위는 받기를 권고할 만한 것이 못된다. 《춘추》에 제표(齊豹)가 도둑질한 것[93]과 세 명의 반란을 일으킨 자의 이름[94]을 직접 썼던 의미는 이 사건과 다를 것이 없다."

7   황제는 부풍(扶風) 사람 곽급(郭伋)을 어양 태수로 삼았다. 곽급은 흩어지고 혼란스러운 상황이 일어난 뒤를 이어받았으나 백성을 잘 기르고 병사를 훈련시켜서 위엄과 신의를 열어 보이니, 도적들이 녹아 흩어지고 흉노도 그 흔적을 멀리 하였다. 5년 동안 직책을 가지고 있었는데, 인구가 배나 늘었다.

8   황제는 광록대부(光祿大夫) 번굉(樊宏)에게 부절(符節)을 가지고 상곡(上谷)에서 경황(耿況)을 맞이하게 하면서 말하였다.

"변방에 있는 군[95]은 춥고 고생스러우니 오래 거주하기에는 적당하

---

93 위(衛)나라의 사구(司寇)인 제표가 사사로운 원한으로 위후(衛侯)의 형 맹집(孟縶)을 살해하였는데, 《춘추》에서는 이것을 도둑질하였다고 썼다.

94 세 명의 이름은 기원전 522년에 주(邾)나라의 서기(庶其)가 칠성(漆城)과 여구(閭丘)를 바치고 노나라에 투항했고, 기원전 537년에 거(莒)나라의 모이(牟夷)가 모루(牟婁)와 자성(玆城)을 바치고 노나라에 투항했으며, 기원전 481년에 소주(小邾)나라의 사(射)가 구역(句繹)을 바치고 투항하였다.

지 못하오."

경황이 경사에 이르자 저택을 내려주며 봉조청(奉朝請)[96]으로 삼고, 모평후(牟平侯)에 봉하였다.

오한(吳漢)[97]은 경감(耿弇)과 왕상(王常)을 인솔하고 부평(富平)과 획색(獲索) 같은 도적을 평원(平原, 산동성 평원현)에서 쳐서 대파하였다. 나머지 무리들을 추격하여 토벌하며 발해(勃海, 하북성 南皮縣)에 이르렀는데 항복한 사람이 4만여 명이었다. 황상은 이어서 경감에게 조서를 내려 나아가 장보(張步)를 토벌하게 하였다.

9　평적(平敵)[98]장군 방맹(龐萌)은 사람됨이 공손하고 순종하여 황제가 그를 믿고 아껴서 항상 칭찬하여 말하였다.

"6척 밖에 안 되는 고아를 부탁할 수 있고, 백 리 되는 땅의 운명을 기탁할 수 있는 사람[99]은 방맹 바로 이 사람이다."

개연(蓋延)과 함께 동헌(董憲)을 치게 하였다.

그때 조서가 다만 개연에게만 내려지고 방맹에게는 도착하지 아니하자, 방맹은 개연이 자기를 속이고 있다고 여기고 스스로 의심하여서 개연의 군사를 도리어 습격하여 격파하였다. 동헌과 연합하고 스스로

---

95 상곡군은 낙양에서 동북쪽으로 2천 리 떨어졌다고 《군국지(郡國志)》에 기록되어 있다.

96 조정에서 의식을 행할 때 임시로 임명하였던 관직이다.

97 이때 오한은 대사마였다.

98 앞에서는 평적(平狄)장군으로 되어 있다.

99 6척 고아란 어린 임금이고, 100리 땅이란 제후인데 《논어》에 나온다.

동평왕(東平王)이라고 하면서 도향(桃鄕, 산동성 濟寧縣)의 북쪽에 주둔하였다.

황제가 이 소식을 듣고, 크게 화가 나서 스스로 군사를 거느리고 방맹을 토벌하면서 제장들에게 편지를 보냈다.

"내가 일찍이[100] 방맹을 사직의 신하라고 하였는데, 장군들이 그렇게 말한 것을 비웃지 않을 수 있을 것인가? 이 늙은 도적은 마땅히 멸족시켜야 할 것이니, 그대들은 각기 병마(兵馬)를 챙겨서 수양(睢陽, 하남성 商丘市)으로 모이라."

방맹이 팽성(彭城, 강소성 徐州市)을 공격하여 뽑아버리고 장차 초군(楚郡) 태수 손맹(孫萌)을 죽이려고 하였다. 그 군의 관리 유평(劉平)이 태수의 몸 위에 엎어져 흐느껴 울면서 그를 대신하여 죽겠다고 하여 몸에 일곱 군데의 상처를 입었다. 방맹이 의롭다고 생각하여 그를 놓아주었다. 태수는 이미 기절하였다가 다시 소생하였는데, 목이 말라 마실 것을 찾자 유평은 자기 몸의 상처에서 나오는 피를 기울여 그에게 마시게 하였다.

10   잠팽(岑彭)이 이릉(夷陵, 호북성 宜昌縣)을 공격하여 뽑아버리니, 전융(田戎)이 도망하여 촉으로 들어가자 그의 처자와 병사 수만 명을 다 붙잡았다. 공손술(公孫述)은 전융을 익강왕(翼江王)으로 삼았다.

잠팽이 촉을 토벌하려고 모의하였는데, 강폭이 좁고 곡식도 적으며 물길이 험하여 조운(漕運)하기도 어려워서 위로(威虜)장군 풍준(馮駿)

---

100 어떤 판본에는 甞을 常으로 쓴 것도 있는데, 여기서는 甞으로 썼으므로 '일찍이'라고 해야 한다.

을 남겨두어 강주(江州)에 진을 치게 하고, 도위 전홍(田鴻)은 이릉에 진을 치게 하며, 영군(領軍) 이현(李玄)은 이도(夷道, 호북성 宜都縣)에 진을 치게 하였다. 스스로는 병사를 이끌고 돌아와 진향(津鄉, 호북성 江陵縣의 부근)에 주둔하였는데, 이는 형주(荊州)의 요충지에 해당하여서 여러 만이(蠻夷) 가운데 항복한 자에게 알려 그들의 군장(君長)으로 책봉해 달라는 상주문을 올리겠다고 하였다.

11   여름 4월에 가물고, 황충의 피해가 있었다.

12　　외효(隗囂)[101]가 반표(班彪)에게 물었다.

"과거에 주(周)나라가 망하고 전국시대에 여러 나라들이 아울러서 다투다가 수세대가 지난 다음에야 안정되었소. 생각하건대 합종과 연횡하는 일들이 장차 오늘날에도 다시 일어나겠소? 또 장차 운을 이어받아 번갈아 가며 일어나는 것이 한 사람에게 있겠소?"

반표가 말하였다.

"주나라가 일어나고 망했던 것과 한나라와는 아주 다릅니다. 옛날 주나라는 작위(爵位)를 5등[102]으로 나누었고, 제후들이 스스로 정치를 하게 되어 줄기와 뿌리가 벌써 쇠약해졌는데 가지와 잎이 무성하게 되었으니[103] 그러므로 마지막에는 합종과 연횡하는 일이 벌어지게 되는 형세와 운수가 그러했습니다.

---

101 이때 외효는 서주(西州)대장군이었다.

102 공(公)·후(侯)·백(伯)·자(子)·남작(男爵)을 말한다.

103 뿌리와 줄기란 주나라 왕실, 중앙을 말하고, 가지와 잎이란 지방 또는 제후를 말한다.

한나라는 진(秦)나라의 제도를 이어받아서 바꾸어 군현(郡縣)제도를 세웠으며, 군주는 오직 자기만의 위엄을 갖고 있고, 신하는 백 년 정도 가는 권한을 갖는 일이 없었습니다. 성제(成帝)시대에 이르러서 외가(外家)의 힘을 빌리게 되어 애제(哀帝)·평제(平帝)[104]의 조정이 단명하였고, 나라의 후사는 세 번이나 끊겼으니 그러므로 왕(王)씨가 조정을 멋대로 다루다가 이름과 지위를 훔칠 수가 있었고 위험한 일이 위에서부터 일어났지만 상처는 아래 사람들에게 이르지 아니하였습니다.[105] 이리하여서 왕망이 진짜로 황제[106]에 즉위한 뒤에 천하 사람들은 웅크리고서 탄식하지 않는 사람이 없었습니다.

10여 년간 내외가 소란스러워졌고, 먼 곳이나 가까운 곳에서 모두 군사를 일으켜서 이름을 빌려 쓰니 구름처럼 모여들고, 모두 유(劉)씨라고 말하였으니 서로 상의를 하지 않고도 같은 말을 했습니다. 바야흐로 지금의 영웅호걸들이 한 주 정도의 지역을 갖고 있지만 모두 6국[107]처럼 대대로 내려온 대업(大業)의 기틀을 갖고 있지 않습니다. 백성들이 노래하고 우러러 바라고 있으니, 한나라는 반드시 부흥된다는 것을 이미 알 수 있습니다."

외효가 말하였다.

"선생이 주나라와 한나라의 형세에 대하여 말한 것은 좋지만 다만

---

104 성제는 유오(劉驁), 애제는 유흔(劉欣), 평제는 유기자(劉箕子)이다.

105 한나라 조정은 위에서는 잘못하였지만 아래의 백성들에게는 죄짓지 않았다는 뜻이다.

106 왕망은 처음에 섭(攝)황제에 올랐다가, 가(假)황제를 거쳐 나중에는 진(眞)황제에 올랐다.

107 전국시대에 서로 쟁패하였던 초·연·제·한·위·조를 말한다.

어리석은 사람들이 유씨라는 성의 명호에 익숙해 있는 것을 보았기 때문에 한 왕조가 부흥된다고 하는 것은 거친 이야기입니다. 옛날에 진나라가 그 나라의 사슴을 잃어버리자 유계(劉季)가 쫓아가서 그 한쪽 다리를 잡았습니다.[108] 그때 백성들이 다시 한나라가 있을 것이라는 것을 알았을까요?"

반표가 마침내 그를 위하여 《왕명론(王命論)》을 지어 넌지시 바로 잡아주었다.

"옛날에 요임금이 순임금에게 선양을 하면서 '하늘의 운수가 네 몸에 있다'고 하였다. 또 순임금 역시 우임금에게 천명을 말하였다. 후직(后稷)과 설(契)[109] 시절에 이르러서도 모두가 당(唐), 우(虞)를 보좌하였지만 탕(湯)임금과 무왕 때에 이르러서야 천하를 갖게 되었다.

유씨는 요임금의 자리를 이어받았고, 요임금은 화덕(火德)에 근거하였는데, 한나라가 이를 이어서 적제(赤帝)의 아들이라는 표시를 갖고 있었으니[110] 그러므로 귀신이 복을 내려주는 바가 되었고, 천하 사람들이 귀부하여 갔다. 여기서부터 말한다면 운세에 아무런 근본이 없거나 공덕이 기록되지 않은 것이 보이지 않으니 특히 일어나서 이러한 지위에 있을 수 있게 된 것이다.

세속에서는 고조(高祖)가 포의(布衣)[111]의 신분에서 일어났다고 보

---

108 유계는 유방의 자인데, 사슴을 잡는 것을 정권을 얻는 것으로 회자되었다.

109 은나라의 시조이다. 설은 하나라의 우임금과 같은 시대에 살았지만 때가 되지 않아서 요임금과 순임금을 보좌하였던 것이다.

110 진나라 2세 황제 원년(기원전 209년)에 적제(赤帝)의 아들 유방이 백제(白帝)의 아들 백사(白蛇)를 죽이는 사건이 있었는데, 이는 《자치통감》 권7에 기록되었다.

는 것은 그 연고를 다 알지 못한 것이고, 천하를 얻은 것을 사슴을 쫓는 데 비유하고는 그가 다행스럽게 재빨리 그것을 잡았다고 한다. 신성한 그릇은 천명을 갖고 있어서 지혜나 힘으로 찾을 수 없다는 것을 모른 것이다.

슬프다![112] 이 시대에 난신적자(亂臣賊子) 같은 자들이 많이 나타나게 한 까닭이다. 무릇 주려서 허덕이는 사람이 천하에 널려 있고, 배고프고 추워서 떠는 사람이 도로에서 바라는 것은 한 푼의 돈뿐인데, 그러나 끝내 구렁텅이에서 굴러다니며 죽는 것은 무엇 때문인가? 가난하고 궁핍한 것도 운명을 타고난 것이다. 하물며 천자와 같은 귀한 신분이나 사해와 같이 많은 부유함과 신명(神明)이 내려주는 운명을 아무 곳에서나 얻을 수 있겠는가?

그러므로 비록 어려운 고비를 만나서 그 권력의 칼자루를 훔쳐서, 예컨대 용기에 있어서는 한신(韓信)이나 영포(英布) 같고, 강하기로는 항량(項梁)과 항적(項籍) 같으며, 성공하기로는 왕망(王莽)과 같다고 하여도 그러나 끝내는 목이 베이거나, 팽(烹)[113]을 당하게 되어 젓 담가져서 몸이 갈기갈기 찢기게 되었다. 또한 하물며 시시하여 오히려 앞에서 예시한 몇몇 사람들 정도에도 미치지 못하면서 암암리에 천자의 자리를 차지하려고 들다니!

옛날에 진영(陳嬰)의 어머니는 진영의 집안이 대대로 가난하였으므

---

111 고조는 한 고조 유방을 말하며, 포의란 평민을 말한다.

112 즉 앞에서 말한 바, 유방이 한 나라를 세운 것은 재빨리 사슴의 다리 하나를 잡았기 때문이라는 말을 가리킨다.

113 옛날 형벌의 하나로, 솥에 죄인을 넣고 삶는 것을 말한다.

로, 갑자기 부귀하게 되면 상서롭지 못하다고 하여 진영에게 왕이 되는 것을 중지시켰다.[114] 왕릉(王陵)의 어머니는 한왕(漢王)이 반드시 천하를 얻을 것을 알고 칼에 엎어져 죽으면서 왕릉을 굳게 격려하였다.[115]

무릇 보통 여자의 밝음으로도 오히려 사리가 어디에 이를 것을 추리할 수 있고, 화가 되고 복이 되는 기틀을 살펴서 무궁한 역사 속에서 종족과 제사를 온전히 보존하게 하여서 이를《춘추(春秋)》[116]에 길이 쓰이게 하였는데, 하물며 대장부의 경우에서야!

이러한 연고로 가난해질 것이냐 현달(顯達)할 것이냐 하는 것은 천명에 있는 것이지만 길할 것이냐 흉할 것이냐는 사람에게서 나오는 것이니 진영의 어머니는 폐하게 될 세력을 알았고, 왕릉의 어머니는 흥할 사람을 알아보았으며 이 두 사람을 살펴보면 제왕의 몫은 결정되어 있다.

그 위에 고조는 관대하고 밝으며, 어질고 용서할 줄 알고, 사람됨을 볼 줄 알아서 잘 맡겨 부리며, 밥을 먹다가도 먹던 음식을 뱉으면서도 장자방의 계책을 받아들이었다.[117] 발을 씻다가도 얼른 일어나서 역생(酈生)의 말을 듣고 읍하는 예를 차렸다.[118] 군사들의 대오 속에서 한

---

114 진나라 2세 황제 2년(기원전 208년)의 일로,《자치통감》권9에 실려 있다.

115 한 고조 원년(기원전 206년)의 일로,《자치통감》권9에 실려 있다.

116 역사책이라는 의미이다.

117 장자방은 장량이다. 유방은 장량이 와서 헌책을 하자 그 계책을 듣는 것이 급하여 식사 도중에 입에 들어있던 밥을 뱉고 경청하였다. 이 사건은 고조 3년(기원전 204년)에 일어났고,《자치통감》권10에 실려 있다.

118 역생이 유방을 찾아갔을 때 발을 씻고 있다가 얼른 일어나서 예를 차렸다. 이 사건은 진나라 2세 황제 3년(기원전 207년)에 있었고,《자치통감》권8에 실려 있다.

신(韓信)을 들어냈고 망명한 사람 가운데서 진평을 거두어 들였다. 영웅들이 그들의 힘을 다 펼치고, 수많은 계책을 다 들어 썼으니 이것은 고조의 큰 지략이며, 황제의 대업을 이룩한 까닭이다.

만약 이에 신령한 상서로움이나 영험한 징조에 부응한 것을 든다면 그러한 일이 아주 많다. 그런고로 회음후(淮陰侯)와 유후(曆侯)[119]가 이것을 '하늘이 내려 준 것이지 사람이 한 것이 아니라.'고 말한 것이다. 영웅은 진실로 깨닫고 초월하여 멀리까지 보며 깊숙이 들어가서 깊게 알아서 왕릉과 진영이 자기 분수를 밝힌 것을 받아들였고, 한신과 영포가 가졌던 야심을 끊어버리고, '사슴을 쫓아가 잡으면 된다는 말도 안되는 소리'를 막아 버렸다. 신기(神器)[120]는 하늘이 내려주는 것이라는 것을 살피고, 바랄 수 없는 것을 탐내어 앞서 예시한 두 어머니의 비웃음을 사지 않는다면 복된 일이 자손에게 전하여질 것이고, 하늘이 주는 녹봉을 영원히 향유할 것이다."

외효는 이 말을 듣지 아니하였다.

반표는 드디어 그곳[121]을 피하여 하서(河西, 감숙성의 중서부 일대) 지역으로 갔는데 두융(竇融)이 그를 종사(從事)로 삼고 아주 예의를 갖추며 중하게 생각하였다. 반표는 드디어 두융을 위하여 계책을 세우고 그로 하여금 오로지 뜻을 다하여 한나라를 섬기게 하였다.

13 처음에 두융 등이 황제의 위엄과 덕에 관한 소문을 듣고, 마음속

---

119 회음후는 한신이고, 유후는 장량이다.

120 신이 내려주는 그릇이라는 말로 황제를 말한다.

121 이때 천수(天水), 즉 감숙성 감곡현(甘谷縣)의 동쪽에 있었다.

으로 동쪽으로 귀부하고 싶었지만 자기가 점거하고 있는 하서 지역은 멀리 떨어져 있어 스스로 연락을 할 수 없어서 마침내 외효로부터 건무정삭(建武正朔)[122]을 받게 되니 외효는 그에게 장군의 인수를 임시로 주었다.

외효가 겉으로는 사람들이 바라는 것에 순응하는 것 같았으나, 속으로는 다른 마음을 품고 있어서 변사(辯士) 장현(張玄)으로 하여금 두융 등에게 유세하게 하였다.

"경시(更始)가 한 일은 이미 성공하였으나, 곧바로 다시 멸망하고 말았으니, 이것은 똑 같은 성(姓)은 다시 일어나지 못한다는 표본이오.[123] 지금 바로 군주를 모신다면 서로 소속을 갖게 되어서 하루아침에 구속되고 통제를 받게 되어 스스로 칼자루를 잃게 되니 뒤에 가서도 위험스럽고 실패할 것이며, 비록 후회를 한다고 하여도 따라잡지 못할 것이오.

바야흐로 지금은 호걸들이 다투어 쫓고 있으며, 자웅은 아직 결정되지 아니하였으니 마땅히 각자 땅을 점거하고서 농(隴)과 촉(蜀)[124]과

---

122 정삭은 한 해의 정월을 어느 달로, 초하루를 어느 날로 잡느냐 하는 기준이 되는 달력이다. 이는 전통시대의 정통황제의 제왕이 시행할 수 있는 권한이다. 유수가 사용하는 연호인 건무 연간에 확정된 정삭을 받았다는 것은 유수를 정통황제로 수용한 것을 의미한다.

123 유방이 일으킨 한나라는 유씨의 나라였고, 이를 멸망시킨 것은 왕망이었다. 그러나 왕망이 망하자 마치 천하의 주인은 유씨 이외의 다른 성을 가진 사람이 될 수 없다는 의미로 해석될 수 있었다. 그러나 왕망 다음에 유현이 등장하였지만 망했다. 이것으로 보아 유씨 성을 가진 사람만이 천하의 주인이 된다는 통념은 없다고 해석할 수 있다는 말이었다. 이는 자기도 천하의 주인이 될 수 있다는 의미를 품고 있는 것이다.

124 농서에는 외효가 있고, 촉은 공손술이 점거하고 있다.

더불어 합종하여야 할 것이오. 아주 잘 되면 전국시대의 6국과 같은 상황이 될 수 있을 것이고, 아주 못하게 되어도 위타(尉佗)[125]같은 상황을 잃지 않을 것입니다."

두융 등이 호걸들을 소집하여 이것을 가지고 의논하게 하였는데 그 가운데 좀 아는 사람은 모두 말하였다.

"지금 황제의 성명이 참위서에 보이고 있습니다. 전 시대의 박물도술사(博物道術士)인 곡자운(谷子雲)과 하하량(夏賀良)[126] 등이 모두 한나라는 다시금 천명을 받을 조짐이 있다고 말하였습니다. 그러므로 유자준(劉子駿)이 그 이름을 고쳐서[127] 그 점괘에 부응하기를 기대하였습니다.

왕망의 말년에 이르자 서문군혜(西門君惠)가 유자준을 황제로 세우려고 모의하였다가 일이 발각되어 피살되었습니다. 그때 나가면서 구경하는 사람들에게 말하였습니다. '도참서는 잘못되지 않았다. 유수는 진짜로 너희들의 주인이니라.'[128] 이 일은 모두 근래에 드러난 것이어서 많은 사람들이 다 같이 본 것입니다.

하물며 지금 황제를 칭한 몇몇 사람들 가운데, 낙양(雒陽)에 있는 유

---

125 위타가 남해를 근거지로 하였던 사건은 고제 11년(기원전 196년)에 일어난 일로,《자치통감》권12에 실려 있다.

126 자운은 곡영의 호인데, 전한 성제 2년(기원전 15년)에 양주자사였던 곡영의 말이 나오는데,《자치통감》권23에 실려 있다. 또한 하하량의 일은 전한 애제 건평 2년(기원전 5년)에 있었고,《자치통감》권34에 실려 있다.

127 자준은 유흠의 호이다. 그는 이름을 성제 수화(綏和) 2년(기원전 7년)에 유수(劉秀)로 고쳤으며,《자치통감》권33에 실려 있다.

128 이 사건은 회양왕 경시 원년(23년)의 일로,《자치통감》권39에 실려 있다.

수가 점령한 토지가 제일 넓고, 갑옷을 입은 병사들도 제일 강하며, 호령도 가장 분명합니다. 부명(符命)을 보거나 사람들이 하는 일을 보아도 다른 성을 가진 사람은 아마도 그에 해당할 수는 없을 것입니다."

여러 사람들이 논의하였는데, 어떤 이는 동의하고 어떤 이는 이의를 제기하였다.

두융이 드디어 정책을 결정하여 동쪽으로 귀부하기로 하고, 장사(長史) 유균(劉鈞) 등을 파견하여 편지를 받들고 낙양으로 가게 하였다. 이보다 먼저 황제가 또한 사자를 파견하여 두융에게 편지를 보내 그를 초대하였는데, 유균을 길에서 만나 바로 함께 돌아왔다.

황제가 유균을 만나 대단히 환영하였는데, 예를 치르고 잔치를 끝내고 마침내 돌아가게 하면서 두융에게 새서(璽書)를 보냈다.

"지금 익주(益州, 사천성)에는 공손자양(公孫子陽)이 있고, 천수(天水, 감숙성 甘谷의 동쪽)에는 외(隗) 장군이 있소. 바야흐로 촉과 한이 서로 공격하고 있으니, 승패의 권한은 장군에게 있어서 발을 들어 오른쪽에 놓느냐 왼쪽에 놓느냐에 따라 바로 힘이 달라지도록 되어 있소.[129] 이러한 것으로 말한다면 서로 후하게 대하느냐 하는 것을 어찌 양으로 계산할 수 있겠소?

제환공이나 진문공 같은 분을 세우고자 한다면 우리 미약한 나라를 도와서 마땅히 힘써 이 위대한 공로와 업적을 이룩하여야 하겠지요. 천하를 셋으로 나누어 정족(鼎足)[130]을 하고자 한다면 연횡하거나 합종하는 것도 또한 마땅히 때에 맞게 정해야 할 것이오.

---

129 왼편을 들면 촉이 강하게 되고, 오른편을 들면 한이 강하게 된다는 뜻이다.

130 정족은 다리가 셋인 솥이다. 이는 천하를 셋으로 나눈다는 의미를 지닌 말이다.

천하는 아직 합병되지 않았으며, 나와 그대는 멀리 떨어져 있어서 서로 간에 병탄할 수 없는 나라입니다. 지금 논의하는 사람 가운데는 반드시 임효(任囂)가 위타(尉陀)를 교사하여 7군(郡)[131]을 견제하였던 계책을 갖고 있는 사람이 있을 것입니다. 제왕이 된 사람은 토지를 나누어 가질 수 있지만[132] 백성을 나누는 일은 없으니, 스스로 자기에게 적당한 일을 선택할 뿐이겠지요."

이어서 두융에게 양주목(涼州牧, 양주는 감숙성)의 관직을 수여하였다. 새서가 하서(河西)에 도착하니 두융이 점거하고 있는 하서의 관원들이 모두 놀라면서 '천자는 만 리 밖의 일까지 꿰뚫어본다.'[133]고 하였다.

14　　주호(朱祜)가 급히 여구(黎丘, 호북성 宜城縣)[134]를 공격하였고, 6월에 진풍(秦豐)이 궁색하게 포위되어 있다가 나와서 항복하니 함거(檻車)에 실어서 낙양으로 호송하였다. 오한(吳漢)[135]은 주호가 조명(詔命)을 무시하고 진풍의 항복을 받았다고 탄핵하였더니 황상은 진풍의 목을 베고 주호에게 죄를 주지 아니하였다.

---

131 고제 11년(기원전 196년)에 위타가 근거한 7군은 창오군(蒼梧郡)·욱림군(郁林郡)·합포군(合浦郡)·교지군(交趾郡)·구진군(九眞郡)·남해군(南海郡)·목남군(日南郡)이며, 《자치통감》 권12에 실려 있다.

132 봉건제 하에서 분봉(分封)을 의미하는 말이다.

133 장현(張玄)이 두융에게 조타의 계책을 쓰라고 건의하였는데, 이것을 만리 밖 낙양에 있는 유수가 본 것처럼 말하였기 때문이다.

134 여기에 초(楚)의 여왕(黎王)인 진풍이 있었고, 주호는 4년간이나 포위하고 있었다.

135 오한은 대사마, 즉 최고지휘관의 자리에 있었다.

제에서 경감에게 패한 장보

15   동헌(董憲)과 유우(劉紆),[136] 소무(蘇茂), 교강(佼彊)이 하비(下邳,
강소성 宿遷의 서북쪽)를 떠나 난릉(蘭陵, 산동성의 嶧縣)으로 돌아와서
소무와 교강으로 하여금 방맹(龐萌)을 도와 도성(桃城, 산동성 濟寧縣의
북쪽으로 10㎞ 지점)을 포위하게 하였다.

황제가 그때 몽현(蒙縣, 하남성 商丘市의 동북쪽)에 행차하였었는데,
이 소식을 보고 받고서 치중(輜重)을 그곳에 놓아두고, 스스로 경무장
한 병사를 인솔하고 밤낮을 쉬지 않고 달려갔다. 항보(亢父, 산동성 濟寧
縣 남쪽 25㎞ 지점)에 도착하자, 어떤 사람이 백관들이 피곤하니 멈추어
자고 가는 것이 좋겠다고 하였다. 황상은 듣지 아니하고 다시 10리를
더 가서 임성(任城, 산동성 제녕현)에 유숙하였는데 도성(桃城)까지는
60리 떨어진 곳이었다.

다음날 아침에 제장들이 진격하게 해달라고 청하였고, 방맹 등도 역
시 군사를 추슬러서 도전하였는데, 황제는 제장들로 하여금 나가지 못
하게 명령을 내리고 병사들에게 쉬며 무기를 다듬게 하면서 그들의 예

---

136 동헌은 해서왕(海西王)이었고, 유우는 양왕(梁王)이었다.

봉을 꺾었다. 그때 오한 등이 동군(東郡, 하남성 濮陽縣)에 있었는데, 말을 달려가서 그들을 불러오게 하였다.

방맹 등이 놀라면서 말하였다.

"수백 리를 밤낮으로 달려왔으므로 도착하자마자 당연히 전투를 해야 했을 터인데 성문을 굳게 닫고 임성에 틀어박혀 있으면서 다른 사람을 성 아래까지 다가오게 하고 있으니 정말로 갈 수 없단 말인가?"

이에 모든 병사를 다 내어 도성을 공격하였다.

성 안에서는 거가가 이르렀다는 소식을 듣고 여러 사람들이 마음을 더욱 굳게 다 잡았고, 방맹 등이 20여 일 동안 공격을 하였지만 많은 사람들을 피곤하게만 했을 뿐 떨어뜨릴 수가 없었다. 오한·왕상(王常)·개연(蓋延)·왕량(王梁)·마무(馬武)·왕패(王霸) 등도 모두 도착하자 황제가 마침내 많은 군사를 인솔하고 나아가 도성을 구원하였는데 스스로 육박전을 벌여서 그들을 대파하였다. 방맹과 소무, 교강은 밤중에 도망하여 동헌을 좇았다.

가을, 7월 정축일(4일)에 황제가 패현(沛縣, 강소성 패현)에 행차하였다가 더 나아가서 호릉(湖陵, 산동성 魚台縣)까지 행차하였다. 동헌과 유우는 그의 병사 수만 명을 모두 창려(昌慮, 산동성 滕縣의 동남쪽)에 주둔시켰는데, 동헌은 오교(五校)[137]의 나머지 도적 집단을 유인하여 불러 이들과 함께 건양(建陽, 산동성 嶧縣)에서 항거하며 지켰다.

황제가 번현(蕃縣, 산동성 滕縣)까지 갔는데, 동헌이 있는 곳과 백여 리 정도 떨어져 있는 곳이어서 제장들이 진격하자고 청하였다. 황제가 허락하지 아니하고 오교의 무리들이 식량이 궁핍하여 마땅히 물러갈

───────

137 반란 집단이다.

것을 알고서 각 보루에 칙령을 내려 그들이 피폐해지기를 기다리게 하
였다.

얼마 후 오교의 무리가 과연 군사를 이끌고 물러갔다. 황제가 이에
친히 나아가 사방에서 동헌을 공격하였고, 사흘 만에 그들을 대파하자
교강이 그의 무리를 거느리고 항복하였고, 소무는 장보(張步)[138]에게
로 도망하였으며 동헌과 방맹은 담현(郯縣, 산동성 郯城縣)으로 달아나
서 지켰다.

8월 기유일(6일)에 황제가 담현으로 행차하여서 오한을 남겨두어 그
곳을 공격하게 하고, 거가는 팽성(彭城, 강소성 서주시)과 하비를 경략하
였다. 오한이 담현을 뽑아버리니, 동헌과 방맹은 달아나서 구현(朐縣,
강소성 東海縣의 동남쪽)을 지켰다. 유우는 가야할 곳을 알지 못하였는
데 그의 군사 고호(高扈)가 그를 목 베어 가지고 와서 항복하였다. 오한
이 나아가서 구현을 포위하였다.

16   겨울, 10월에 황제가 노(魯) 지역에 행차하였다.

17   장보[139]는 경감(耿弇)이 도착할 것이라는 보고를 받고, 그의 대장
군 불읍(費邑)에게 역하(歷下, 산동성 歷城縣)에 진을 치게 하고, 또 축
아(祝阿, 산동성 長淸縣)에 병사를 주둔시키게 하며, 별도로 태산(泰山)
과 종성(鍾城, 산동성 禹縣의 동남쪽)에 군영 수십 곳을 벌려놓고 경감을
기다리게 하였다.

---

138 제왕(齊王)이다.

139 제왕(齊王)인 장보는 이때 극현(劇縣) 즉, 산동성 창악현(昌樂縣)에 있었다.

경감이 황하를 건너서 먼저 축아를 쳤는데, 아침부터 성을 공격하여서 해가 아직 점심때가 되지 아니하여 뽑아버렸다. 그러므로 포위망의 한쪽 귀퉁이를 열어서 그 무리들이 달아나서 종성으로 돌아가게 하였다. 종성 사람들은 축아가 이미 붕괴되었다는 소식을 듣고 크게 두려워하고 드디어 성벽을 다 비우고 달아났다.

불읍이 동생 불감(費敢)에게 군사를 나누어 보내주어서 거리(巨里, 산동성 역성현의 서쪽에 있는 성)를 지키게 하였다. 경감은 군사를 진격시켜 먼저 거리를 위협하면서 엄격히 군대 안에 명령을 내려 공격도구를 수리하도록 재촉하고, 여러 부대에 칙령을 내려서 3일 뒤에 모든 힘을 다하여 거리성을 공격하겠다고 하면서 몰래 포로로 잡힌 사람을 풀어주어 도망하여 돌아가게 하였는데 경감은 그 내용이 불읍에게 전해질 것을 기대한 것이었다.

불읍은 그날이 되자 과연 스스로 정예의 병사 3만여 명을 거느리고 와서 그곳을 구원하였다. 경감은 기뻐하며 제장들에게 말하였다.

"내가 공격도구를 수리하게 한 까닭은 그를 유인하고자 함이었을 뿐이었다. 들에 있는 군사를 치지 않고 어찌 성을 도모하겠는가?"

즉시 3천 명을 나누어 거리성을 지키게 하고, 스스로 정예의 병사를 인솔하고 산등성이로 올라가 높은 지대를 타고서 그들과 싸워 대파하였고 진지에 가서 불읍의 목을 베었다. 그리하고서 그의 수급을 거두어 성에 있는 사람들에게 보이니, 성 안에서는 흉흉하여 두려워하였다.

불감의 무리들이 모두 도망하여 장보에게로 갔다. 경감은 다시 그들이 쌓아놓은 곡식을 다 거두고 병사를 풀어 아직 항복하지 않은 여러 사람들을 치게 하였는데 40여 개의 군영을 평정하니 드디어 제남(濟南) 지역이 평정되었다.

그때 장보는 극읍(劇邑)을 도읍으로 정하고 그 동생 장람(張藍)에게 정예의 병사 2만 명을 거느리고 서안(西安, 산동성 淄博市에서 서쪽으로 15㎞ 지점)을 지키게 하고, 여러 군의 태수들은 군사를 합하여 1만여 명으로 임치(臨菑, 산동성 치박시)를 지키게 하였는데, 서로의 거리는 40리였다.

경감은 획중(畫中)[140]으로 진군하였는데, 이곳은 두 성 사이에 있었다. 경감은 서안성이 작지만 견고하고, 또 장람의 병사는 정예병이며, 임치는 명성은 비록 크게 나 있었지만 실제로는 쉽게 공격할 수 있다고 보고서 제장들에게 5일 뒤에 모여 서안성을 공격하자고 칙령을 내렸다. 장람이 이 소식을 듣고, 밤낮으로 경계하며 지켰다.

기약한 날이 되어서 밤중에 경감은 제장들에게 모두 잠자리에서 식사를[141] 하게 하고, 날이 밝을 즈음에는 임치성에 도착하였다. 호군(護軍) 순량(荀梁) 등이 이를 가지고 다투며 생각하였다.

"임치를 공격하면 서안에서는 반드시 이들을 구원하려고 할 것이고, 서안을 공격하면 임치에서는 구원할 수 없을 것이니, 서안을 공격하느니만 못하다."

경감이 말하였다.

"그렇지 않소. 서안에서는 우리가 그들을 공격하고자 한다는 소문을 듣고 밤낮으로 방비를 하면서 바야흐로 스스로를 걱정하고 있는데, 어

---

140 畫中은 읍의 명칭이고 胡麥의 번자(翻字)이므로 획으로 읽어야 한다. 옛날 성은 서안성의 동남쪽에 있으며 홰수(澅水)가 그곳으로 흐르기 때문에 생긴 지명이다.

141 욕식(蓐食)이라는 말로, 일어나서 침구를 정리하지 않은 채 식사하게 하였다는 뜻이다.

느 틈에 다른 사람을 구원한단 말이오! 임치에서는 생각지도 않았는데 우리가 도착하였으니, 반드시 놀라고 소란스러워질 것이어서 우리가 공격하여 하루만이면 반드시 뽑아버릴 것이오. 임치를 뽑아버리면 바로 서안성은 고립되고 극현과는 멀리 떨어져 있기 때문에 반드시 다시 도망갈 것이니 이른바 '하나를 쳐서 둘을 얻는다.'고 하는 것이오.

만약에 먼저 서안을 공격한다면 갑자기 함락시키지 못할 것이고, 모여 있는 병사들이 성벽을 굳게 할 것이어서 사상자가 반드시 많을 것이오. 설사 이를 뽑아버릴 수 있다고 하여도 장람이 군사를 이끌고 임치로 달아나서 군사를 합하고 세력을 합쳐 우리의 허실을 볼 것인데, 우리가 적지로 깊이 들어가고 뒤로는 보급되는 것이 없다면 10일이나 한 달 사이에 싸우지도 못하고 피곤하게 될 것이오."

드디어 임치를 공격하였다.

한나절 만에 그곳을 뽑아버리고 그 성에 들어가서 점거하였다. 장람이 이 소식을 듣고 두려워하여 드디어 그 무리를 이끌고 도망하여 극현으로 달아났다.

경감은 이에 군대 안에 명령을 내려 노략질을 할 수 없게 하면서 장보가 오기를 기다렸다가 마침내 이를 붙잡겠다고 하여 장보를 아주 화나게 하려 하였다. 장보가 이 소식을 듣고 크게 웃으면서 말하였다.

"우래(尤來)와 대동(大肜)[142]의 10만여 무리를 가지고 내가 바로 그들의 진영으로 가서 격파하겠다. 지금 대경(大耿)[143]의 병사는 저쪽보다 적고, 또한 모두가 피로할 것인데 어찌 두려워할 만하겠는가?"

---

142 우래와 대동은 모두 반란 집단이다

143 경감이 경황(耿況)의 장자여서 대경(大耿)이라고 불렀다.

마침내 그의 세 동생인 장람·장홍(張弘)·장수(張壽)와 옛날 대동 세력의 우두머리였던 중이(重異) 등의 군사와 더불어 20만 명이라고 겉으로 말하면서 임치에 있는 큰 성의 동쪽에 이르러서 장차 경감을 공격하려 하였다. 경감이 편지를 올려서 말하였다.

"신은 임치를 점거하여 참호를 깊이 파고, 성의 보루를 높이 쌓았습니다. 장보는 극현에서 와서 공격하는 것이므로 피로하고 주리고 목말라 할 것입니다. 진격하려고 하면 그들을 유인하여 공격하겠으며 달아나려고 하면 쫓아가며 그들을 치겠습니다. 신은 군영에 의지하여 싸울 것이니, 아주 날카롭기가 백배나 될 것이고, 편안한 군대를 데리고 피로한 군대를 기다리고, 알찬 군대를 가지고 겉껍질만 남은 군대를 치는 것이니 10여 일 안에 장보의 머리를 얻을 수 있을 것입니다."

이에 경감은 먼저 치수(淄水)로 나가서 중이의 군사와 만났다. 돌격부대가 멋대로 치닫게 하려고 하였지만 경감은 그들의 예봉이 꺾일까 두려워하여 장보에게 감히 전진하지 못하게 하니 그러므로 약함을 보여서 저들의 기세를 올려주고서 이에 병사를 이끌고 작은 성으로 돌아와 안에 병사를 포진시키고, 도위 유흠(劉歆)[144]과 태산(泰山) 태수 진준(陳俊)으로 하여금 군사를 나누어 성 아래에 진을 치게 하였다.

장보는 기세가 등등하여 곧바로 경감의 군영을 공격하여 유흠 등과 만나 전투하게 되었다. 경감은 왕궁의 무너진 망대[145]에 올라가서 이들을 관망하다가 유흠 등이 교전하는 것을 보자 마침내 스스로 정예의 병사들을 이끌고 동쪽 성 아래에서 장보의 진영을 가로질러 돌격하

---

144 왕망 시절의 유흠이 아니다.

145 임치는 제(齊)나라의 도읍지였으므로 망대가 있었다.

여 그들을 대파하였다. 날아든 화살이 경감의 다리를 맞혔는데 패도(佩刀)로 이것을 잘라 버려서 주위에는 아는 사람이 아무도 없었다. 저녁이 되어 싸움을 멈추었고, 경감은 다음날 아침에도 다시 병사를 챙겨서 나갔다.

이때 황제는 노(魯) 지역에 있었는데, 경감이 장보의 공격을 받는다는 소식을 듣고, 스스로 가서 구원하였다. 아직 도착하지 않았는데, 진준이 경감에게 말하였다.

"극현에 있는 야만인들의 병력이 아주 많으니, 군영의 문을 닫고 병사를 쉬게 하면서 황상께서 오시기를 기다립시다."

경감이 말하였다

"승여(乘輿)[146]가 도착하면 신하 된 사람은 마땅히 소를 잡고 술을 빚어 백관을 대접하여야 할 것인데, 도리어 도적 같은 야만인들을 군부(君父)에게 남겨주려는 것이오?"

이에 병사를 내어 크게 싸웠다. 아침부터 저녁까지 싸워서 다시 그들을 대파하였다. 무수한 사람을 죽이거나 다치게 하니 골짜기와 참호에 시체가 가득하였다.

경감은 장보가 피곤하여 장차 퇴각할 것을 알고, 미리 좌우 날개에 군사를 매복시켜서 그들을 기다리게 하였는데, 인정시(人定時)[147]에 장보가 과연 병사를 이끌고 도망하였고, 매복하였던 병사들이 일어나서 종횡으로 공격하여 거말수(鉅昧水, 산동성 壽光縣의 경계 지역)까지

---

146 황제가 탄 수레인데, 대화할 때 황제라는 용어를 직접 쓰지 않기 때문에 황제라는 뜻으로 쓴 것이다.

147 사람이 제자리로 돌아갈 때라는 말로 어두워진 이후를 말한다.

추격하였으며 80~90리에는 시체들이 서로 이어져 있었고, 얻은 치중 만 2천여 수레였다. 장보가 극현으로 돌아갔는데 그의 형제들은 각기 병사를 나누어서 흩어졌다.

그 뒤 며칠이 지나 거가가 임치(臨菑)에 이르러 친히 군사들을 위로 하였고, 여러 신하들도 많이 모였다. 황제가 경감에게 말하였다.

"옛날에 한신(韓信)이 역하(歷下, 산동성 歷城縣)를 격파시켜 한 왕조 의 기초를 열었는데,[148] 지금은 장군께서 축아(祝阿)를 공격하여 업적 을 드러냈으며 이것들은 모두 제(齊) 지역의 서쪽 경계 지역이니 그 공 로는 족히 서로 비슷하오. 그러나 한신은 이미 항복한 것을 공격하였지 만,[149] 장군은 홀로 적군을 공격하여 뽑아버렸으니, 그 공로를 세우기 가 또한 한신보다 어려웠을 것이오.

또한 전횡(田橫)은 역생(酈生)을 삶아 죽였는데,[150] 전횡이 항복하 자 고제(高帝)는 위위(衛尉)에게 조서를 내려 원수 갚는 일을 허락하지 아니하였소. 장보가 전에 역시 복륭(伏隆)을 살해하였는데, 만약 장보 가 와서 귀순한다면 나는 마땅히 대사도(大司徒)[151]에게 그 원한을 풀 어버리라고 조서를 내릴 것이니, 또한 일이 더욱 아주 비슷하오.

장군이 전에 남양(南陽)에서 이 커다란 계책을 세웠지만[152] 항상 대

---

148 《자치통감》 권11, 태조 고황제 5년에 있었던 일이다.

149 괴철이 유세하여 항복시킨 것을 한신이 공경하였었다.

150 원문에는 형(亨)으로 되어 있으나 팽(烹)으로 보아야 하고, 이 사건은 자치통 감 권11, 태조 5년조에 보인다. 역이기의 동생 역상(酈商)을 말한다.

151 이때 대사도는 복륭의 아버지인 복담(伏湛)이었고, 복륭이 죽은 것은 광무제 건무 3년의 일로 《자치통감》 권41에 실려 있다.

152 광무제 건무 3년에 경감이 유수를 좇아 용릉(舂陵)에 갔을 때 제(齊) 지역을

단히 엉성하여 계책대로 맞아떨어지기가 어렵다고 생각하였으나, 뜻을 가진 사람의 일은 끝내 성공되는 것이구려!"

황제가 나아가서 극현까지 행차하였다.

경감이 다시 장보를 추격하니, 장보는 평수(平壽, 산동성 濰縣)로 도망하였는데 소무(蘇茂)가 1만여 명을 거느리고 와서 그를 구원하였다. 소무가 장보를 나무라며 말하였다.

"남양의 병사들은 정예부대이고 연잠은 잘 싸웠지만 경감은 그들을 도망치게 하였는데,[153] 대왕은 어찌하여 그의 군영을 공격했단 말이오? 이미 나 소무를 부르기로 하였다면 좀 더 기다릴 수가 없었습니까?"

장보가 말하였다.

"부끄럽고 부끄럽소. 할 말이 없구려!"

황제는 사신을 파견하여 장보와 소무에게 누구든 상대의 목을 베어서 항복시키는 자를 열후로 책봉하겠다고 말하였다.

장보는 드디어 소무의 목을 베어 가지고 경감의 군문에 와서 어깨를 드러내고 항복하였다. 경감은 그를 전거(傳車)에 실어서 행재소[154]로 보내고, 병사를 챙겨 들어가서 그 성을 점거하여 12개 군의 기고(旗鼓)를 세워놓고 장보의 병사들에게 명령하여 각기 자기 군 사람들이 있는 깃발 아래로 가도록 하였다. 무리들은 오히려 10여만 명이 넘었고 치중은 7천여 수레가 있었는데 모두 해산하여 향리로 돌아가게 하였다.

평정하자는 건의를 하였는데, 이 내용이 《자치통감》 권41에 실려 있다.

153 광무제 건무 3년의 일이다.

154 황제가 임시로 머무는 곳을 말한다.

장보의 세 동생들도 각기 스스로를 포박해서 있는 곳의 감옥으로 들어갔지만 조서를 내려 이들을 모두 사면하고 장보를 안구후(安丘侯)로 책봉하여 처자와 더불어 낙양에 살게 하였다.

이에 낭야(琅邪, 산동성 諸城縣)가 아직 평정되지 않았으므로 황상은 진준(陳俊)을 옮겨서 낭야 태수로 삼았는데 처음에 그 경계 지역으로 들어가니 도적들이 모두 흩어졌다.

경감은 다시 병사를 이끌고 성양(城陽, 산동성 莒縣)에 이르러서 오교(五校)의 나머지 무리들을 항복시켜 제 지역을 모두 평정시키고 군사를 떨치면서 경사로 돌아왔다. 경감이 장수가 되어서 평정한 군이 무릇 46개였고, 도륙시킨 성이 3백 개였지만 한 번도 꺾여본 일이 없었다.

18   처음으로 태학(太學)을 세웠다. 거가는 궁궐로 돌아와서 태학에 행차하여 고대의 전범이나 제도를 상고하여 그대로 본받게 하였는데, 예악(禮樂)을 닦고 밝게 하니, 문물을 빛나게 하여 장관이었다.

19   11월에 대사도 복담(伏湛)이 면직되었고, 후패(侯霸)를 대사도로 삼았다. 후패는 태원(太原, 산서성 태원시) 사람 민중숙(閔仲叔)의 명성을 듣고 그를 벽소(辟김)[155]하였는데, 도착하자 후패는 정사에 관하여서는 상의를 하지 않고 다만 수고하였다고 위로할 뿐이었다.

민중숙이 한스러워하며 말하였다.

"처음에 훌륭한 명령을 받자 한편으로 기쁘고 한편으로 두려웠습니다. 이제 밝으신 공을 뵈오니, 기쁨과 두려움은 모두 없어졌습니다.

---

155 관부를 열 수 있는 관리가 인재를 불러 채용하는 것을 말한다.

저 민중숙은 물어보기에 부족한 사람이었다면 벽소한 것이 마땅하지 않습니다. 벽소해 놓고도 묻지 않는다면 사람을 잃는 것입니다."

드디어 인사하고 나가서 자신을 탄핵하는 글을 던지고 떠나버렸다.

각양각색의 사람들

20   처음에 오원(五原, 내몽고 包頭의 서북쪽) 사람인 이흥(李興)과 수욱(隨昱), 삭방(朔方, 내몽고 伊盟의 서북) 사람 전삽(田颯), 대군(代郡, 하북성 蔚縣) 사람인 석유(石鮪)와 민감(閔堪)이 각기 군사를 일으키고 스스로 장군이라고 불렀다.

흉노의 선우[156]가 사신을 보내어 이흥 등과 더불어 화친을 맺고, 노방(盧芳)[157]을 한(漢) 지역으로 돌려보내서 황제로 삼으려고 하였다. 이흥 등이 병사를 이끌고 선우의 조정에 가서 노방을 영접하였고, 12월에 이들이 함께 변새 지역으로 들어와서 구원현(九原縣)에 도읍을 정하고 오원, 삭방, 운중(雲中, 내몽고 托克托縣), 정양(定襄, 내몽고 和林格爾縣), 안문(鴈門, 산서성 右玉縣)의 다섯 군을 노략질하고 아울러 태수와 현령을 두고, 흉노의 병사와 함께 침략하여 북방 변새를 고생스럽게 하였다.

---

156 20대 시도고약제(尸道皐若鞮) 선우인 난제여(欒提輿)이다.

157 이 사람은 유문백(劉文伯)을 자처하였다.

21   풍이가 관중을 통치하면서 전후하여 3년이 되자 상림원(上林苑)이 도시가 되었다. 어떤 사람이 장문(章文)을 올려서 말하였다.

"풍이의 위세와 권력이 아주 무거워져서 백성들이 그에게로 마음을 모으고, 함양왕(咸陽王)이라고 부릅니다."

황제가 이 장문을 풍이에게 보이니 풍이는 황공하고 두려워서 편지를 올려서 사죄하였다.

조서로 회답하였다.

"장군은 국가(國家)[158]의 입장에서 본다면, 의(義)로는 군신관계에 있고, 은혜로는 부자와 같은데 무엇을 꺼리고 무엇을 의심하여서 두려운 생각을 갖는다는 말이오."

22   외효(隗囂)[159]는 자기 스스로를 자랑스럽게 생각하고 지혜가 있음을 수식하며 매번 자기 자신을 서백(西伯)[160]에 비교하다가 제장들과 의논하면서 왕이라고 부르고자 하였다.

정흥(鄭興)이 말하였다.

"옛날에 문왕(文王)은 천하를 셋으로 나누어 그 가운데 둘을 차지하고 있었는데[161]도 오히려 은(殷)나라에 복종하고 섬겼습니다. 무왕(武王)은 800명의 제후와 꾀하지 아니하고 함께 모였는데도[162] 오히려

---

158 황제를 가리키는 말이다. 즉 유수가 자기 자신을 가리킨 말이다.

159 이때 서주(西州)대장군이었다.

160 주나라의 문왕을 말한다.

161 《논어》에 이러한 말이 나온다.

162 무왕이 맹진(孟津)에서 병사를 점검하니 기약하지 않았는데도 800명의 제

병사를 돌아가게 하고 때를 기다렸습니다. 고제(高帝)께서는 여러 해 정벌을 하시고도 패공(沛公)이라는 이름을 가지고 군사를 지휘하였습니다.

지금 훌륭하신 덕은 비록 밝다고는 하지만 대대로 내려온 주나라 종족 같은 지위를 갖지 못하였고, 위엄과 지략이 떨쳤다고는 하지만 아직은 고조의 공로만큼은 갖지 못하였습니다. 아직 할 수 없는 일을 들어 올리고자 한다면 빠르게 화환(禍患)을 불러올 것이니 할 수 없는 것이 아닌지요?"

외효는 마침내 그만 두었다.

그 뒤 또다시 직위를 넓게 벌려놓아서 스스로를 높이니 정흥이 말하였다.

"무릇 중랑장(中郎將)과 태중대부(太中大夫)[163] 그리고 사지절(使持節)이란 관직은 모두 제왕의 기구이니 신하가 만들 수 있는 것이 아닙니다. 실제적인 이익은 없으면서 명분상 손해만 있으며, 황상을 높이지 않겠다는 뜻이 들어 있습니다."

외효는 이것이 곤란하다고 생각하여 그만두었다.

그때 관중 지역의 장수들이 자주 편지를 올려서 촉은 공격할 수 있을만한 상태라고 말하였는데, 황제가 이 편지를 외효에게 보였고, 이 기회를 통하여 촉을 공격하게 하여 그의 믿음을 보이도록 하였다. 외효는 편지를 올려서 삼보 지역의 군사는 단순하고 미약하며, 유문백(劉文伯)[164]이 변경에 버티고 있으니, 아직은 촉을 도모하기에는 마땅치 않

후가 왔었다.

163 중랑장는 궁정금위부사령관, 태중대부는 중급 국무관에 해당하는 직책이다.

다는 말을 잔뜩 늘어놓았다.

황제는 외효가 양다리 걸치기를 하면서 천하가 통일되는 것을 원치 않는다는 것을 알았고 이에 그에 대한 예의를 조금씩 줄이면서 군신간의 의례를 바로 잡았다.[165] 황제는 외효가 마원(馬援), 내흡(來歙)과 서로 잘 지내는 사이이므로 자주 내흡과 마원으로 하여금 사자로 왕래하게 하여[166] 그에게 권하여 입조(入朝)하도록 하면서 높은 작위를 주겠다는 것을 허락하였다.

외효는 연이어 사신을 파견하여 깊이 겸손한 말을 유지하면서 아무런 공덕을 세우지 못하였으니, 사방이 평정되기를 기다렸다가 물러나서 향리에 살겠다고 말하였다. 황제는 다시 내흡을 파견하여 외효에게 아들을 파견하여 입시(入侍)하라고 말하게 하였다. 외효는 유영(劉永)과 팽총(彭寵)이 모두 이미 파멸되었다는 소문을 듣고 마침내 장자 외순(隗恂)을 파견하여 내흡을 좇아서 대궐에 가게 하였는데 황제는 호기(胡騎)교위로 임명하고 전강후(鐫羌侯)로 책봉하였다.

정흥은 외순을 통하여 고향으로 돌아가서 부모를 안장하도록 해달라고 청하였는데, 외효는 들어주지 아니하고, 정흥을 이사시키고 그의 녹질과 예우를 더하여 주었다. 정흥이 들어가 보고서 말하였다.

"지금 부모를 아직 장사지내지 못하여 물러나기를 비는 것입니다. 만약에 품계를 올리고, 이사시키는 것으로 중간에 바꾸어서 머무르게

---

164 노방이 유문백이라고 자처하였는데, 외효는 이 말을 그대로 사용하였다.

165 유수가 처음에는 상대국에 대한 예의를 사용하였으나, 지금부터는 그에 대한 예의를 깎아내린 것이다.

166 이때 외효는 천수(天水), 즉 감숙성 감곡(甘谷)의 동쪽에 있었다.

하려고 한다면 이는 부모를 가지고 미끼로 삼는 것일 것이니 아주 예의가 없는 짓인데, 장군께서는 어찌 그런 사람을 쓰려고 하십니까? 바라선대 내 처자를 여기에 미물게 하고 나 홀로 장사지내러 가기를 원하오니 장군께서는 또 무엇을 의심하실 것입니까?"

외효는 이에 그의 처자와 더불어 동쪽으로 함께 가게 하였다.

마원도 역시 가속을 거느리고 외순을 좇아서 낙양으로 돌아갔는데, 그가 거느린 빈객이 너무 많아서 상림원 안에서 둔전(屯田)을 하겠다고 청하였으며 황제는 이를 허락하였다.

외효의 장수인 왕원(王元)은 천하에서 누가 실패하고 성공할 것인지를 아직 알 수 없다고 생각하여 마음을 오로지 하여 안의 일을 받아들이기를 원치 아니하고, 외효에게 유세하였다.

"옛날에 경시 황제가 서쪽으로 가서 도읍을 정하자 사방에서 이에 호응하였으며, 천하 사람들이 다 옹옹(喁喁)[167]하면서 태평세월이라고 하였습니다. 어느 날 아침에 파괴되어 실패하니 장군들은 거의 편안히 있을 곳이 없게 되었습니다.[168]

지금 남쪽에는 자양(子陽)[169]이 있고, 북쪽에는 유문백이 있으며, 강호해대(江湖海岱)[170]에는 왕이나 공이 10여 명입니다. 유생들의 논설을 끌어들여 보면 천승(千乘)의 기업[171]을 버리고, 이리저리 위태로

---

167 물고기가 입을 위로 벌리고 있는 모습을 형용한 것이다.

168 광무 건무 원년(서기 24년)의 일로《자치통감》권40에 실려 있다.

169 공손술을 말한다.

170 강과 호수, 바다와 산으로 천하를 말한다.

171 유생이라 함은 정흥, 반표 같은 사람을 말하며 천승의 기업은 제후를 말한다.

운 나라를 여행하며 만 가지가 다 온전하기를 구하고 있으니 이것은 넘어진 수레의 궤적을 좇아가는 것입니다.

지금 천수(天水)[172] 지역은 완전하고 부유하며 병사와 전마(戰馬)도 가장 강하니 저 왕원이 청컨대 한 덩어리의 진흙으로 삼으시어 대왕을 위하여 동쪽으로 함곡관(函谷關)을 봉쇄하게 하십시오.[173] 이것이 만 세에 한 번 오는 때입니다. 만약에 계책이 이러한 데까지 이르지 않는 다면 또한 병사와 전마를 기르고 험한 곳을 점거하여 스스로 지키고 날짜를 보내며 오래 버티면서 사방의 변화 모습을 기다리십시오. 제왕 이 되고자 기도하다 이루지 못하면 아무리 안 되어도 패권을 쥐기에는 충분합니다. 요컨대 물고기는 연못을 벗어날 수 없으니, 신룡(神龍)이 라도 세력을 잃으면 지렁이와 같아집니다."[174]

외효는 마음으로 왕원의 계책이 그러할 것으로 생각하고, 비록 아들 을 인질로 파견하였지만 오히려 그 지역이 험액(險阨)한 곳을 짊어지 고 한 방면에서라도 전적으로 통제하고자 하였다.

신도강(申屠剛)이 간하였다.

"어리석은 제가 듣기로는 사람들이 귀부한다는 것은 하늘이 준 것이 고, 사람들이 배반한다는 것은 하늘이 떠난 것이라고 합니다. 본 왕조 [175]는 진실로 하늘이 복을 주고 있는 것이고 사람의 힘으로 한 것이 아 닙니다. 지금 새서(璽書)가 자주 도착하였는데, 나라를 위탁하고 신임

---

172 감숙성 감곡현으로 외효의 근거지이다.

173 간단히 처리할 수 있는 일이라는 뜻이다.

174 《노자(老子)》와 《신자(愼子)》의 말을 인용한 것이다.

175 유수가 세운 후한 왕조를 말한다.

을 보내면서 장군과 더불어 길흉을 함께 하고자 하였습니다.

포의를 입은 사람에게도 오히려 죽을 때까지 배반하지 않겠다고 허락한 신의를 갖는 것인데, 하물며 만승(萬乘)을 가진 제왕에게서야 어떠하겠습니까? 지금 무엇을 두려워하고 무슨 이익을 보려고 하여 이처럼 오래 의심을 하십니까? 갑자기 비상한 변화가 일어나게 되면 위로는 충효를 위반하게 되고, 아래로는 지금의 시대에 부끄러운 상황이 됩니다.

무릇 아직 일어나지 않았는데 미리 말하는 것은 진실로 항상 헛된 것이지만 그 일이 이미 이르렀을 때에는 또한 좇아갈 길이 없습니다. 이리하여 충성스럽게 말하고, 지극하게 간언하오니 바라건대 채택하여 주시기를 희망하오며, 진실로 바라건대 어리석은 늙은이의 말을 곱씹어 보십시오."

외효는 받아들이지 않았다. 이에 유사(游士)와 장자(長者)[176]들은 조금씩 떠났다.

23　왕망시대 말년에 교지(交趾) 지역에 있는 여러 군들은 경계선을 폐쇄하고 스스로를 지켰다.[177] 잠팽(岑彭)은 평소 교주목 등양(鄧讓)과 후덕하게 잘 지냈으므로 등양에게 편지를 보내서 국가의 위엄과 덕을 다 진술하였다. 또 편장군 굴충(屈充)을 파견하여 강남 지방에 격문을 보내고 조명(詔命)을 널리 전파하게 하였다.

---

176 유사는 주인을 잡지 못하고 떠돌아다니는 선비를, 장자는 점잖은 사람을 말한다.

177 전한 무제 원정 6년(기원전 111년)에 교지 지역에 7개 군을 설치하여 관할하였다. 이 사건은《자치통감》권20에 실려 있다.

이에 등양은 강하(江夏, 호북성 黃岡縣) 태수 후등(侯登)과 무릉(武陵, 호남성 常德市) 태수 왕당(王堂), 장사국(長沙國, 호남성 장사시) 재상 한복(韓福), 계양(桂陽, 호남성 郴縣) 태수 장륭(張隆), 영릉(零陵, 호남성 영릉현) 태수 전흡(田翕), 창오(蒼梧) 태수 두목(杜穆), 교지 태수 석광(錫光) 등과 함께 서로 이끌어 주면서 사신을 파견하여 공물을 헌납하였다.[178] 이들을 모두 열후로 책봉하였다.

석광이라는 자는 한중 사람으로 교지에 살면서 백성들과 이적들에게 예(禮)와 의(義)를 가르쳤다. 황제는 다시 완(宛, 하남성 南陽市) 사람 임연(任延)을 구진(九眞) 태수로 삼았는데, 임연은 백성들에게 농사짓는 법과 시집가고 장가드는 방법을 가르쳤다. 그러므로 영남(嶺南) 지방에 중화의 풍속이 생긴 것은 이 두 명의 태수에게서 비롯되었다.

24　이 해에 조서를 내려서 처사(處士)인 태원(太原, 산서성 태원시) 사람 주당(周黨)과 회계(會稽, 강소성 吳縣) 사람인 엄광(嚴光) 등을 징소하여 경사에 이르게 하였다. 주당이 들어와 조현하면서 엎드려 있기만 하고 머리를 조아리며 여쭙지를 아니하면서[179] 스스로 자기가 뜻하는 바를 지키게 해달라고 진술하였다.

박사 범승(范升)이 상주하여 말하였다.

"엎드려 태원 사람 주당과 동해(東海, 산동성 郯城縣)의 왕량(王良),

---

178 지방의 군에는 태수를 두는데, 왕을 책봉한 봉국(封國)에서는 재상이 직접 통치하는 일을 맡는다. 그러므로 군의 태수와 봉국의 재상이 그 지역의 책임자이다.

179 조알(朝謁)이라고 하는 의식인데, 반드시 절을 하고 머리를 조아리며 자기의 성명을 스스로 말해야 한다.

산양(山陽, 산동성 金鄕縣)의 왕성(王成) 등을 보건대, 두터운 은혜를 입었고, 사자(使者)가 세 번 초빙하자 마침내 수레를 타려고 하였습니다. 궁궐의 계단¹⁸⁰까지 와서 황제를 조정에서 알현하였지만 주당은 예로 무릎을 꿇지 아니하고 엎드려 있기만 하였고 머리를 조아리며 이름을 대지 않으니, 교만하고 사납습니다. 동시에 모두 보내버려야 합니다.

주당 등은 글로는 의로움을 풀어나갈 수 없고, 무예에 있어서도 임금을 위하여 죽을 수 없는 사람이며, 화려한 명성만을 낚아서 거의 삼공의 자리에까지 올라갔습니다. 신이 바라건대 그들과 더불어 운대(雲臺)¹⁸¹ 아래에서 나라가 나아갈 길을 시험적으로 도모해보고자 합니다.

만약에 신의 말만도 못하다면 허망한 죄에 해당합니다. 감히 사사로이 헛된 이름을 도적질하여 위로 과장하고 높은 자리를 구한 것이니 모두 큰 불경죄에 해당합니다."

편지를 올리니 조서를 내려서 말하였다.

"옛날부터 밝은 임금과 성스러운 군주가 다스리던 때에는 반드시 모실 수 없는 선비가 있었으니 백이(伯夷)와 숙제(叔齊)¹⁸²는 주(周)나라의 곡식을 먹지 아니하였다. 태원 사람 주당이 짐의 녹을 받지 아니하였으니 또한 각기 나름대로의 의지를 가진 것이다. 그에게 비단 40필

---

180 폐(陛)라고 하는데, 섬돌이나 계단을 말하지만 황제가 거처하는 곳의 계단으로 다른 사람은 다닐 수 없는 곳이다. 그리하여 황제를 부를 때에 폐하라고 한다.

181 한나라 궁중에 있던 높은 대로, 여기에는 책과 진기한 물건들이 소장되어 있었다.

182 은나라 고죽국의 두 왕자로 주나라가 세워지자 수양산에 들어가서 주나라 땅에서 나는 곡식을 먹지 않았다.

을 하사하고 파직하라."

황제는 젊어서 엄광과 같이 공부를 하였는데, 즉위하자 그의 모양을 그려서 그를 찾아보게 하였더니 제(齊)나라에서 찾아내 여러 차례 징소하자 마침내 도착하였고 간의대부(諫議大夫)를 제수하였으나 받으려 하지 않고 떠나가서 부춘산(富春山, 절강성 富陽縣의 서북쪽) 산속에서 농사를 짓고 낚시를 하며 살다가 자기 집에서 목숨을 마쳤다.

왕량은 후에 패군(沛郡) 태수와 대사도부의 사직(司直)을 거쳤는데, 자기 자리에 있을 때에 공손하고 검소하였고 베 이불을 덮고 질그릇을 사용하였으며, 처자는 관청청사에 들어온 일이 없었다. 그 뒤에 병이 들어 고향으로 돌아갔는데, 1년 뒤에 다시 징소하였다. 형양(滎陽, 하남성 형양현)에 이르렀는데, 병이 위독하여 길을 더 나갈 수 없어서 그의 친구 집을 지나가게 되었다.

그의 친구가 그를 만나려 하지 않고 말하였다.

"충성스러운 말이나 기이한 꾀를 내지 못하면서 높은 자리를 차지하고서 어찌 그렇게 가고 오며 불안해하면서도 꺼리거나 번거롭다고 하지 않는가!"

드디어 그를 물리쳤다. 왕량은 부끄러워서 그 뒤로는 연이어 징소하였는데도 응하지 아니하고 자기 집에서 죽었다.

25 원제(元帝) 시절,[183] 사차왕(莎車王)[184] 연(延)이 일찍이 아들을 경

---

183 전한 11대 황제 유석(劉奭)으로 기원전 48년부터 기원전 33년까지 재위하였다.

184 사차국은 신강성 사차현에 있다.

사에 보내어 시중을 들게 하며[185] 중국을 사모하고 즐겼다. 왕망의 혼란시대에 이르자, 흉노들이 침략하여 서역(西域)을 소유하였는데, 오직 연만이 그들에게 복속하려고 하지 아니하였고 아들들에게 항상 칙령을 내려 말하였다.

"마땅히 대대로 한나라를 받들어야 하고 그들에게 죄짓는 일을 하지 마라!"

연이 죽고 그의 아들 강(康)이 왕이 되었다.

강은 이웃나라 병사들을 거느리고 흉노에 대항하여 옛날 도호(都護)의 관리와 병사와 그 처자들 1천여 명을 옹위(擁衛)하면서 격문을 하서(河西, 감숙성 중서부 지역)로 보내어 중국의 동정을 물었다. 두융(竇融)[186]이 마침내 승제(承制)[187]하여 강을 세워 한나라의 사차건공회덕왕(莎車建功懷德王) 겸 서역대도위(西域大都尉)로 삼았는데 55개의 나라가 모두 그의 소속이 되었다.＊

---

185 실제로는 인질의 성격을 가진 것이다.

186 이때 양주(涼州) 자사였다.

187 제(制)는 황제의 명령이다. 황제의 명령에 의하여 일정한 범위에서 관직을 임명하거나 조치를 취하는 것을 말한다.

한기33

전국 통일의 기도

유수의 통일 기도

세조 광무황제 건무 6년(庚寅, 30년)[1]

1   봄, 정월 병진일(16일)에 용릉향(舂陵鄉)을 장릉현(章陵縣, 호북성 棗陽縣)[2]으로 바꾸고, 대대로 요역(徭役)을 면제하여 풍현(豐縣)과 패현(沛縣)[3]처럼 하였다.

2   오한(吳漢)[4] 등이 구현(朐縣, 강소성 東海縣의 남쪽)을 뽑아버리고 동헌(董憲)과 방맹(龐萌)[5]의 목을 베니, 장강과 회수, 효산(崤山)의 동부 지역이 모두 평정되었다. 제장들이 경사로 돌아오니 연회를 베풀고

---

1   이 해는 성가 용흥(成家 龍興) 6년, 해서왕 동헌(海西王 董憲) 4년, 한제 노방(漢帝 盧芳) 2년, 동평왕 방맹(東平王 龐萌) 2년, 삭녕왕 외효(朔寧王 隗囂) 원년이다.
2   유수의 고향이어서 행정 단위의 급수를 향에서 현으로 높였다.
3   풍현과 패현은 모두 강소성에 있으며 전한 고제 유방의 고향이다.
4   오한은 이때 대사마였다.
5   동헌은 해서왕이었고, 방맹은 동평왕이었다.

상을 내렸다.

황제는 전쟁 속에서 고생스런 일이 쌓이고, 외효(隗囂)가 아들을 보내어 궁궐에서 시중을 들게 하였으며,[6] 공손술(公孫述)은 변방 귀퉁이를 점거하고서 이어서 제장들에게 말하였다.

"또한 마땅히 이 두 사람[7]은 고려의 대상 밖에 두어야 할 뿐이오."

이어 낙양에서 제장들을 쉬게 하였고, 군사를 나누어 하내(河內)에 두면서 자주 편지를 농(隴)과 촉(蜀)[8]에 전하여 그들에게 어느 것이 화가 되고 복이 되는지를 알려주었다.

공손술은 여러 차례 중국(中國)[9]으로 편지를 보내 스스로 부명(符命)[10]을 갖고 있다고 하면서 무리들을 유혹하려고 기도하였다. 황제가 공손술에게 편지를 보내서 말하였다.

"도참서에서 공손(公孫)이라고 한 것은 바로 선제(宣帝)[11]를 가리키는 것이오. 한나라를 대신할 사람의 성(姓)은 '당도(當塗)'이고, 그 이름은 '고(高)'요. 그대가 어찌 당도고라는 사람이란 말이오. 마침내 손바닥에 있는 글씨를[12] 상서로운 징표로 삼고 있으나, 왕망(王莽)[13] 같은

---

6 인질의 성격으로 아들을 궁궐로 보낸 것이다.

7 외효와 공손술이다.

8 농 지역은 외효가, 촉 지역은 공손술이 점거하고 있었다.

9 중국은 국호가 아니고, 중원 지역의 나라라는 뜻으로 후한, 즉 유수의 정권을 말한다.

10 천명을 가진 흔적을 말한다. 부(符)는 딱 들어맞는다는 뜻이므로 천명이 자기에게 내렸다는 것을 보여주는 딱 들어맞는 증거가 있다는 의미이다.

11 전한 10대 황제 유순(劉詢)이다. 원래 유순은 공손병기(公孫病己)라는 부명을 가졌었다.

사람의 방법으로 어찌 효과를 보겠소?

그대는 나의 난신적자(亂臣賊子)는 아니지만 갑작스럽게 이 시대의 사람들이 모두 군왕이 되고자 하는 것처럼 했을 뿐이겠지요. 그대의 세월은 이미 지나가 버렸고,[14] 처자들은 약하고 어리니 마땅히 일찍 계책을 확정하여야 하지요. 천하의 신기(神器)[15]는 힘으로 다툴 수 있는 것이 아니니 마땅히 세 번 생각하기 바라오."

쓰기를 '공손황제'라고 썼다. 공손술은 회답하지 아니하였다.

그의 기도위인 평릉(平陵, 섬서성 함양시 동북쪽) 사람 형한(荊邯)이 공손술에게 말하였다.

"한나라 고조는 군사들의 대열 속에서 일어났으나 군사는 깨지고 자신은 곤욕을 치른 것이 여러 번이었습니다. 그러나 군대가 패배하였다가도 다시 합쳐졌고, 상처가 아물면 다시 싸웠습니다. 왜 그랬겠습니까? 앞으로 가서 죽을힘을 다해 싸워서 성공하는 것이 물러나다 멸망하는 길로 나가는 것보다 더 낫기 때문이었습니다.

외효는 좋은 운수를 만나서 옹주(雍州, 감숙성의 동부 지역) 일대를 잘라 소유하였고, 병사도 강하고 선비들도 귀부하여 위엄이 효산의 동쪽까지 뻗쳤습니다. 경시(更始)가 하는 정치가 혼란하게 되어 다시금 천하 사람들을 잃어버리니 많은 사람들이 목을 내밀고 있고, 사방이 와해

---

12 공손술이 자기 손바닥에 '公孫帝'라고 써놓고 자기 손에 쓰인 글이 기이하다고 하였다.

13 왕망은 자기가 부명(符命)을 받았다고 하면서 오위장을 천하에 파견한 일이 있다.

14 늙었다는 말이다.

15 황제의 자리를 말한다.

되었지만 외효는 이러한 때 위기를 밀어내고 승리의 기운을 타고 천명을 다투려고 하지 아니하고 물러나서 서백(西伯)[16]과 같은 일을 하면서 스승의 말씀을 존중하고 처사들을 손님이나 친구로 받아들이고, 무기를 뉘어두고 전투를 중지하며 겸손한 말로 한나라를 섬기니, 정말로 스스로 문왕이 다시 나온 것 같았습니다.

한나라 황제로 하여금 관(關)·농(隴) 지역에 대한 걱정을 풀어주고 오로지 힘을 다하여 동쪽을 정벌하여 천하를 넷으로 나누면 그 셋을 갖게 하였습니다. 간사(間使)를 보내서[17] 두 마음을 품은 사람을 징소하고,[18] 서주(西州)에 사는 호걸들이 모두 효산의 동쪽에 마음을 두게 하였으니 천하를 다섯으로 나눈다면 그 넷을 갖게 하였습니다. 만약에 군사를 천수(天水, 감숙성 甘谷縣의 동쪽)로 거동하면 반드시 궤멸시킬 것이고, 천수가 평정되면 천하를 아홉으로 나누어 그 여덟을 소유하게 됩니다.

폐하께서는 양주(梁州, 사천성과 섬서성의 남부 지역)의 땅을 가지고 안으로는 만승(萬乘)[19]인 황실을 봉양해야 하고, 밖으로는 3군에 군사물자를 보내야 되니 백성들은 근심하고 곤궁하게 되어서 위의 명령을 감당하지 못할 것이니, 장차 왕씨[20]가 스스로 붕괴된 것 같은 변란이 있

---

16 주나라 문왕을 말한다.

17 내흡(來翕)과 마원(馬援)을 말한다.

18 왕준(王遵)·정흥(鄭興)·두림(杜林)·우감(牛邯) 등을 말한다.

19 천자를 의미하는 말이다. 춘추시대에 천자가 전차 1만 대를 가졌던 데서 비롯된 말이며, 이에 비해 제후는 천승이라 부른다.

20 왕망을 말한다.

을 것입니다.

신의 어리석은 계책으로 생각하기는 천하의 희망이 마땅히 아직은 끊어지지 않게 되어야 하니 호걸들은 오히려 초청하여 유인할 수 있을 것이고, 이때를 이용하여 급히 국내의 정예 병사들을 발동하고, 전융 (田戎)에게 강릉(江陵, 호북성 강릉현)을 점거하고 강남(江南)이 모이는 곳으로 다가가서 무산(巫山)의 굳건한 곳에 의지하여 보루를 쌓고 굳게 지키면서 오(吳, 강소성)와 초(楚, 안휘성과 호북성)에 격문을 보내면 장사(長沙)의 이남 지역은 바람을 좇아 무너질 것입니다.

연잠(延岑)이 한중을 나와서 삼보 지역을 평정하면 천수(天水)와 농서(隴西, 감숙성 臨洮縣)는 손을 모으며 스스로 항복할 것입니다. 이와 같이 하면 해내가 진동하여 흔들릴 것이니 큰 이익을 바라볼 수 있습니다.”

공손술이 여러 신하들에게 물었더니, 박사 오주(吳柱)가 말하였다.

“무왕(武王)이 은나라를 정벌하면서 800명의 제후가 기약하지 아니하고도 같은 말을 하였지만 그러나 오히려 군사를 돌려서 천명을 기다렸습니다.[21] 주위 사람들의 도움을 받지 아니하고 천리 밖까지 군사를 내보내려고 하는 사람이 있다는 말을 들은 일이 없습니다.”

형한이 말하였다.

“지금 동제(東帝)[22]는 한 자 되는 땅을 다스릴 권력도 없었지만, 오

---

21 무왕이 주(紂)를 정벌할 때 맹진에 도착하니 제후들은 기약하지 않고도 모인 사람이 800명이었고, 모두 ‘주(紂)는 정벌될 수 있습니다.’라고 하였지만 무왕은 ‘너희들은 아직 천명을 모른다.’고 하면서 돌아왔다.

22 공손술의 입장에서 보면 동쪽에서 황제를 칭하는 사람이므로 광무제 유수를 말한다.

합지줄 같은 군사를 몰아서 말을 타고 적들을 함락시키는데도 그가 향하는 곳은 번번이 평정하였습니다. 빨리 기회를 타서 그들과 더불어 공로를 나누지 아니하고 앉아서 무왕이 한 이야기만 하고 있으니 이것은 다시 외효가 서백이 되려고 하는 것을 본뜬 것입니다."

공손술은 형한의 말이 그럴듯하다고 보고, 북군(北軍) 가운데 둔전하고 있는 병사와 산동 지역에서 온 객병(客兵)을 모두 발동하고 연잠과 전융에게 나누어서 두 길로 나아가 한중에 있는 제장들과 세력을 합치려고 하였다. 촉 사람들과 그의 동생 공손광(公孫光)은 당연히 나라를 텅 비우면서 천 리나 되는 먼 곳으로 나가 한 번에 성패를 결판지어서는 안 된다고 생각하여 이 문제를 고집스럽게 싸우듯 말리자 마침내 공손술이 그쳤다. 연잠과 전융은 또한 자주 병사를 달라고 청하면서 공로를 세우고자 하였으나, 공손술이 끝내 의심하고 들어주지 아니하였고 오직 공손씨만이 일을 맡을 수가 있었다.

공손술은 동전(銅錢)을 폐지하고 철전(鐵錢)을 설치도록 하였는데, 물건과 돈이 돌지 않아서 백성들이 고통스러워했다. 정치는 가혹하고 세세한 것이어서 작은 일까지 살피니, 마치 청수(淸水, 감숙성 천수현) 현령 시절처럼 일을 하였을 뿐이었다.

군현의 관직 이름을 바꾸기를 좋아하였다. 젊었을 때 일찍이 낭관(郞官)[23] 노릇을 한 일이 있어서 한 왕조의 고사를 익혔으므로 출입할 때에는 법가(法駕)를 하고, 난기(鸞旗)와 모기(旄騎)[24]를 사용하였다. 또

---

23 공순술의 아버지 공손인(公孫仁)이 하남군 도위(都尉)를 지냈으므로 임자령(任子令)에 의하여 관직을 얻었다.

24 모두 황제의 의장이다. 난기는 비단으로 수를 놓은 깃발을 말하고, 모기는 의장하는 말에 털로 장식을 하는 것을 말한다.

그의 두 아들을 세워서 왕으로 삼고, 건위군(犍爲郡, 사천성 宜賓縣)과 광한군(廣漢郡, 사천성 梓潼縣)에 있는 각 현을 식읍으로 주었다.

어떤 이가 간하였다.

"성패를 알 수 없는 처지이고, 무사들은 이슬을 맞고 있으나 먼저 왕으로 삼아 아들을 아끼니 큰 뜻이 없음을 보이는 것입니다."

공손술은 이 말을 좇지 아니하였고, 이로 말미암아서 대신들 모두가 원망하였다.

3 풍이(馮異)[25]가 장안에서 들어와 조현하니 황제가 공경들에게 말하였다.

"이 사람은 내가 군사를 일으킬 때 주부(主簿)였는데, 나를 위하여 가시덤불 같은 길을 헤치고 관중 지역을 평정하였다."

이미 이를 끝내고 나니 진귀한 보배와 돈과 비단을 하사하고 조서를 내렸다.

"창졸간에 쑤어준 무루정(蕪蔞亭)에서의 콩죽과 호타하(滹沱河)에서의 보리밥은[26] 후의여서 오래도록 갚아도 다 갚지 못할 것이오."

풍이가 머리를 조아리고 감사드리며 말하였다.

"신이 듣건대 관중(管仲)이 환공(桓公)에게 '바라건대 주군께서는 신이 허리띠를 쏘아 맞춘 일을 잊지 마시고, 신은 함거에 갇혔던 것을 잊지 않겠습니다.'라고 말하였다지만,[27] 제(齊)나라는 그에게 의지하였

---

25 이때 풍이는 정서대장군이었다.

26 이 사건은 유수가 경시 2년(24년)에 한단에서 도망 나올 때의 일이며,《자치통감》권39에 실려 있다.

습니다. 신이 지금 또한 바라건대 국가(國家)[28]께서는 하북 지역에서의 어려웠던 일을 잊지 마십시오. 소신은 건거향(巾車鄕)에서 베풀어 주신 은혜[29]를 잊지 않겠습니다.”

열흘 정도 머물다가 처자와 함께 서쪽으로 돌아갔다.

4   신도강(申屠剛)과 두림(杜林)이 외효가 있는 곳에서 오니, 황제는 모두를 시어사(侍御史)로 삼았다. 정흥(鄭興)을 태중대부(太中大夫)로 삼았다.

5   3월에 공손술이 전융으로 하여금 강관(江關, 사천성 奉節縣의 동쪽)을 빠져나가서 그들의 옛 무리들을 불러 모아 형주(荊州)를 빼앗게 하고자 하였으나 이기지 못하였다.

황제가 이에 외효에게 조서를 내려 천수(天水)에서부터 촉을 치고 싶다고 하였다. 외효가 편지를 올려서 말하였다.

“백수(白水, 섬서성 백수현의 경계 지역에 있는 강)는 험하고 막혀있으며

---

27 춘추시대 제나라 환공과 그의 재상 관중과의 사이에 있었던 일이다. 기원전 7세기에 제나라에 내란이 일어났을 때 거(莒)로 도망하였던 강소백(姜小白, 후에 환공임)과 노(魯)로 도망하였던 강규(姜糾)가 제나라로 돌아오는데, 강규(姜糾)의 부하였던 관중이 강소백의 길을 막으려고 매복하였다가 강소백의 대구(帶鉤)를 활로 쏘아 맞춰서 강소백은 죽지 않았다. 뒤에 강소백이 즉위하자 노나라에서 관중을 함거에 태워 제나라로 돌려보냈다. 그런데 결국 강소백은 관중을 재상으로 임명하여 제나라가 패권을 장악하였다.

28 황제라는 용어를 직접 쓰지 않고 황제를 지칭하는 국가란 용어를 썼다.

29 경시 원년(23년)에 풍이가 유수의 건거향에서 병사들에게 잡혔을 때 유수가 은혜를 베풀었다. 이 사건은 《자치통감》 권39에 실려 있다.

잔도(棧道)와 관각(館閣)[30]도 파괴되고 끊어졌습니다. 공손술의 성정이 엄격하고 혹독하여 위아래 사람들이 서로 걱정하고 있으니, 그 죄악이 완전히 드러나기를 기다렸다가 공격하십시오. 이것이 적극 호응하는 세력을 불러들이는 것입니다."

황제는 끝내 그를 써먹을 수 없는 사람이란 것을 알고서 토벌할 것을 모의하였다.

---

30 잔도는 험한 산골짜기를 갈 수 있도록 나무를 절벽에 꽂아서 만든 길이며, 관각은 험지에 군량미를 쌓아둔 곳이다.

외효의 반란

6 여름, 4월 병자일(8일)에 황상이 장안에 행차하여 원릉(園陵)을 배알하였다. 경감과 개연 등 일곱 장군들을 파견하여 농도(隴道)에서 부터 촉을 치게 하였는데, 먼저 중랑장 내흡(來歙)이 새서를 받들고 가서 외효에게 내려주어 뜻을 유시하게 하였다. 외효가 다시 의심스럽고 어렵다는 이유를 많이 만들어내니 일은 오래 미루어지면서 결정되지 아니하였다.

내흡이 드디어 화가 나서 외효를 책망하며 말하였다.

"국가에서는 그대에게 선과 악을 알게 하고, 그만둘 것과 일으킬 것을 깨닫게 하였고, 그러므로 손수 편지를 써서 뜻을 밝힌 것이오. 족하[31]는 충성을 미루려고 이미 백춘(伯春)[32]을 인질로 파견하였음에도 도리어 망령되게 미혹시키려는 말을 사용하고 있으니, 그것은 전 가족을 죽이는 계책일 것이오."

이어 앞으로 나아가서 외효를 칼로 찌르려고 하였다.

---

31 귀하와 비슷한 존칭어로 같은 급의 사람에게 붙이는 말이다.

32 외효의 아들 외순(隗恂)의 자이다.

외효가 일어나서 들어가니 그의 부대에서 병사를 챙겨 내흡을 막 죽이려 하였는데, 내흡이 천천히 의장과 부절(符節)을 가지고 수레에 올라서 떠나자 외효가 우한(牛邯)에게 병사를 거느리고 그를 포위하고 지키게 하였다.

외효의 장수 왕준(王遵)이 간하였다.

"군숙(君叔)[33]은 비록 단 한 대의 수레로 먼 길을 온 사자이지만 폐하의 외사촌형입니다. 그를 죽인다고 하여도 한나라에는 아무런 손해가 될 것이 없고, 그 일로 인해 이쪽은 멸족할 것입니다. 옛날 송나라에서 초나라의 사신을 잡아두었다가 마침내 해골을 쪼개서 불을 때고 자식을 바꾸어 먹어야 하는 화를 입었습니다.[34] 작은 나라도 오히려 욕보일 수 없는 것인데, 하물며 만승(萬乘)의 군주의 경우이고, 또 백춘의 목숨이 달린 경우에서이겠습니까?"

내흡의 사람됨은 신의가 있었고 말과 행동의 차이가 없었는데, 왕래하여 유세하면 모든 사람이 눌리고 엎어지게 되었다. 서주(西州, 감숙성의 동부 지역)의 사대부들은 모두 그를 두텁게 신임하였고, 많은 사람들이 그렇게 말하니, 그러므로 죽음을 면하고 동쪽으로 돌아갈 수 있었다.

5월 기미일(21일)에 거가가 장안에서부터 도착하였다.[35]

---

33 내흡의 자이다.

34 기원전 6세기 춘추시대에 초나라 왕이 신무외(申無畏)를 사신으로 삼아 제나라에 파견하였는데, 중간에 있는 송나라에서 그를 잡아 죽였다. 이에 초나라가 송나라를 쳐서 도읍지를 포위하고 9개월간이나 있으니 그 성안에서는 양식이 떨어져서 사람의 뼈로 불을 때고, 자식을 바꾸어 잡아먹는 지경이 되었다. 이 사건은 《춘추좌전》에 실려 있다.

35 유수가 장안에 갔다가 돌아온 것이다.

외효가 드디어 군사를 발동하여 반란을 일으키고, 왕원(王元)에게 농지(隴坻, 감숙성 청수현의 북쪽)를 점거하고 나무를 베어서 길을 막게 하였다. 그래서 제장들이 외효와 싸웠으나 대패하여 각기 병사를 이끌고 농(隴)으로 내려왔더니, 외효가 급하게 이들을 추격하자 마무(馬武)[36]가 정예의 기병을 선발하여 후면에서 막으면서 수천 명을 죽이자 여러 부대는 마침내 돌아올 수 있었다.

7   6월 신묘일(24일)에 조서를 내려서 말하였다.

"무릇 관청을 벌려놓고 관리를 두는 것은 백성을 위하려는 것이다. 지금 백성들이 어려움을 만나서 호구(戶口)가 줄었는데도 현관(縣官)[37]에 있는 이직(吏職)을 설치한 것이 오히려 번거롭다. 사예(司隸)와 주목(州牧)들에게 각기 거느리는 부서를 실제 상황을 보아 이원(吏員)[38]의 숫자를 줄이고, 현이든 봉국이든 장리(長吏)[39]를 두기에는 부족한 곳은 이를 합병하라."

이에 400여 개의 현을 합병하여 줄이고, 이직을 줄여서 열에 하나만 두었다.

8   9월 그믐 병인일에 일식이 있었다. 집금오(執金吾)[40] 주부(朱浮)

---

36 이때 마무는 후한의 포로장군이었다.

37 정부기관을 말한다. 경우에 따라서는 황제를 지칭하기도 한다.

38 실무를 담당하는 관원을 이(吏)라 하며 이 관리를 몇 명 둘 것인가 하는 숫자를 따로 정하게 되어있다. 따라서 이원은 관리의 정원이다.

39 장(長)급 관리로 현의 현령, 군의 태수, 주의 주목 같은 관리를 말한다.

가 상소를 올렸다.

"옛날 요임금과 순임금의 태평성대 시절에도 오히려 관리를 3년에 한 번씩 고핵(考覈)[41]하였습니다. 위대한 한나라가 일어나서 역시 공적과 효과를 쌓아 이직은 모두 오래 유지하여 장자나 장손에게까지 이르도록 되었습니다.[42] 당시 이직을 가졌던 사람들이 어찌 모두 능히 잘 다스린다고 하겠으며, 의논하는 무리들이 어찌 여러 가지 말들이 많지 않았겠습니까?

대개 천지와 같은 큰 공적은 갑자기 세울 수 없으며, 이룩하기 어려운 업적은 여러 세월을 쌓아야 한다고 생각됩니다. 그러나 최근에 수재(守宰)[43]들이 자주 바뀌는 상황이 나타나서 새로운 사람을 맞아들여서 일을 대신하게 하느라 도로에서 피곤하고 수고로운 일이 벌어집니다.[44] 그들이 사무를 살핀 날짜가 얼마 되지 아니하여 그 직책을 명확하게 보기가 부족한데 이들에게 엄격하고 절실한 책임이 덧붙여지니 사람들은 스스로를 보전할 수 없고 탄핵될 것에 쫓기며 풍자되고 웃음거리가 되는 것을 두려워합니다. 그러므로 다투어 거짓으로 꾸며 헛된 칭찬을 받으려고 하니, 이는 해와 달이 제 갈 길을 잃는 것에 이르게 된 까닭입니다.

---

40 수도 지역 경비사령관에 해당하는 직책이다.

41 업적을 평가하는 것이다.

42 일정한 직책을 맡아 후손들에게까지 이어지면 그 직책을 성(姓)으로 쓰는 경우가 생겼다. 예컨대 창(倉)씨나 고(庫)씨와 같은 경우이다.

43 지방의 수령과 재상을 말하는데, 군의 태수와 봉국의 재상을 합쳐 부른 것이다.

44 수재가 바뀔 때마다 업무를 인계인수하거나 길에서 영접하거나 환송해야 하기 때문이다.

무릇 만물도 갑자기 자라면 반드시 일찍 꺾이며, 공로도 갑자기 이룬 사람은 반드시 빨리 깨지고 맙니다. 만약 장구하게 쌓아온 업적을 꺾어버리고 속히 이루는 공로를 만들려고 한다면 이것은 폐하의 복이 되지 못합니다. 바라건대 폐하께서는 1년 이상은 놀도록 내버려두는데 뜻을 두시고, 1세대 다음에 치세가 될 것을 바라시면[45] 천하 사람들이 참으로 행복한 일일 것입니다."

황제는 그 말을 받아들이고, 이로부터 주목과 군수를 바꾸는 일이 자못 드물어졌다.

9   12월 임진일(27일)에 대사공 송홍(宋弘)이 면직되었다.

10   계사일(28일)에 조서를 내려서 말하였다.

"근래 군사 활동이 해제되지 아니하여 쓸 물건이 부족하였던 고로 10분의 1세를 시행하였다. 지금은 저축한 양식이 조금 쌓였으니, 군과 봉국들이 전조(田租)를 거둘 때는 30분의 1을 세로 하여 옛날 제도처럼 하라."

11   제장들이 농으로 내려감에 황제는 경감에게 칠(漆, 섬서성 邠縣)에 진을 치게 하고, 풍이는 순읍(栒邑, 섬서성 순읍현)에 진을 치며, 채준(祭遵)은 견(汧, 섬서성 농현의 남쪽에 있는 강)에 진을 치고, 오한 등은 돌아와서 장안에 주둔하라는 조서를 내렸다. 풍이가 군사를 이끌고 가다가

---

45 공자는 '왕자(王者)가 나타나면 반드시 1세대 이후에 인(仁)하여질 것이다.'라고 하였으며, 1세대는 30년을 말한다.

아직 순읍에 이르지 아니하였는데, 외효가 이긴 기세를 틈타 왕원(王元)과 행순(行巡)에게 2만여 명을 거느리고 농으로 내려가게 하면서 군사를 나누어 행순을 파견하여 순읍을 빼앗게 하니, 풍이가 바로 병사들에게 말을 달려 먼저 그곳을 점령하라고 하였다.

제장들이 말하였다.

"호로 같은 저 군사들은 왕성하고 이긴 기세를 타고 있어서 그들과 맞서 칼날을 가지고 다툴 수 없으니 마땅히 가는 것을 중지하고 편리한 곳에 진을 쳤다가 천천히 방략을 생각하여야 할 것입니다."

풍이가 말하였다.

"호로 같은 군사들은 경계 지역에 와서 습관적으로 작은 이익에 도취되어서 깊숙이 들어오려고 할 것인데 만약 저들이 순읍을 차지한다면 삼보 지역이 동요할 것이다. 무릇 공격하기에는 부족하더라도 지키는 데는 여유가 있다.[46] 지금 먼저 가서 성을 점거하는 것은 편안히 있으면서 피곤한 사람들을 기다리려는 것이며 전투를 하기 위한 것은 아니다."

몰래 가서 성문을 닫고 기고(旗鼓)를 다 뉘어 놓았다.

행순은 알지 못하고 그곳으로 달려왔다. 풍이가 그들이 생각하지 못한 상태에서 갑자기 북을 울리며 깃발을 세우고 나아갔다. 행순의 군대가 놀라서 혼란에 빠져서 도망하였고 추격하여 그들을 대파하였다. 채준 역시 견(汧)에서 왕원을 깨뜨렸다. 이에 북지(北地, 감숙성 慶陽縣 서북쪽에 있는 馬嶺鎭)의 여러 호강(豪强) 세력의 우두머리인 경정(耿定) 등이 모두 외효를 배반하고 항복하였다.

---

46 《손자병법》에 나오는 말이다.

풍이에게 조서를 내려 의거(義渠, 감숙성 경양현)[47]로 나아가 진을 치고 노방(盧芳)의 장수 가람(賈覽)과 흉노의 오건일축왕(奧鞬日逐王)을 격파하게 하니, 북지와 상군(上郡, 섬서성 부시현), 안정(安定, 감숙성 固原縣)이 모두 항복하였다.

12   두융이 다시 동생 두우(竇友)를 파견하여 편지를 올려 말하였다.

"신은 다행히도 먼저 돌아가신 황후[48]의 말족(末族)으로 대대로 이천석의 벼슬을 하였으며, 신은 다시 임시로 장수를 역임하면서 나라의 한 귀퉁이를 지켰으니 그러므로 유균(劉鈞)을 파견하여 구두로 속마음을 말씀드리면서[49] 스스로 속에 있는 것을 다 드러냈고 조금도 남긴 것이 없습니다.

그런데 새서를 내리시어 촉과 한의 두 군주와 천하를 셋으로 나누어 정족(鼎足)의 권한을 가지려한 것[50]과 임효(任囂)와 위타(尉陀)가 모략한 것을 매우 칭찬하였으니 가만히 스스로 가슴 아프게 생각하였습니다.

신 두융은 비록 무식하고 무지하지만 이해관계가 있을 때나 순역(順逆)의 갈림길에서 어찌 진정한 옛 주인을 배반하고 간사하고 거짓된 자를 섬기며, 충성스럽고 올곧은 절개를 버리고 기울고 뒤집히는 일을

---

47 이때에는 노방 유문백의 관할 구역이었다.

48 전한 문제 유항의 정처인 두(竇)황후의 일로,《자치통감》권13 문제 원년에 실려 있다.

49 광무제 건무 5년(29년)의 일로,《자치통감》권41에 실려 있다.

50 광무 5년(29년)에 유수는 공손술과 외효와 천하를 삼분하려 하였다.

할 것이며, 이미 완성된 터전을 버리고, 희망도 없는 이익을 구하겠습니까?

이 세 가지는 비록 미친 녀석에게 묻는다고 하여도 오히려 거취를 어떻게 할지 알 것인데, 신이 홀로 어떻게 다른 마음을 갖겠습니까? 삼가 동생 두우를 파견하여 대궐에 가서 구두로 저의 지성을 말씀드리게 하나이다."

두우가 고평(高平, 감숙성 고원현)에 이르렀는데, 마침 외효가 반란을 일으켜서 길이 막히자 마침내 사마 석봉(席封)을 파견하여 샛길로 가서 편지를 전달하게 하였다. 황제는 다시 석봉을 파견하여 두융과 두우에게 편지를 내렸는데, 위로하려는 뜻을 매우 두텁게 하기 위한 것이었다.

두융이 이에 외효에게 편지를 보내서 말하였다.

"장군께서는 친히 액운을 만나고, 국가가 이롭지 못한 때에 절개를 지키고 돌아가지 아니하며 본 왕조를 이어서 섬겼습니다. 저 두융 등이 그 높은 의로움에 즐거이 탄복하여서 장군에게 부림을 받고자 하였던 까닭은 바로 이것 때문이었습니다.

그러나 원망하고 분노하는 사이에 절개를 바꾸고 도모하는 바를 고치며 이미 성공한 것을 버리고 성공하기 어려운 것을 만들어 백 년 동안 쌓아온 것을 하루아침에 훼손시키는 것이니 어찌 애석하지 아니합니까? 아마 이것은 일을 맡은 사람이 공로를 탐하고 꾀를 건의하여 이 지경에 이른 것일 것입니다.

오늘날 서주 지역에서의 형세는 급박하고 백성들과 병사들도 흩어지니 다른 사람을 보필하는 것은 쉽지만 스스로 세력을 세우기란 어렵습니다. 계책을 세웠다가 만약에 길을 잃고 돌이킬 수 없게 되거나, 갈 길을 수소문하여도 오히려 미로에 빠지게 되면 남쪽으로 가서 자양(子陽)[51]과 합치거나 아니면 북쪽으로 유문백(劉文伯)에게 들어가야 할 것뿐입니다. 무릇 헛된 교제관계를 믿고 강적을 쉽게 생각하고, 먼 곳에 있는 사람이 구원해줄 것으로 믿고 가까운 데 있는 적을 가벼이 생각하는 것에서는 그 이로움이 보이지 않습니다.

군사를 일으킨 이래로 성곽은 모두 폐허가 되었고, 산 백성들은 구렁텅이에서 뒹굴고 있습니다. 다행스럽게도 천운이 조금 돌아온 것에 힘입었다 하여, 장군께서 그 어려움을 다시금 거듭 하시니, 이는 쌓여 있는 병통도 끝까지 치료가 되지 아니하고, 어린애와 고아들이 장차 다시 떨어지게 하는 것이니, 이는 코를 시큰거리게 할 만하다고 말할 수 있습니다. 보통사람도 오히려 차마 못하겠거늘 하물며 어진 분의 경우 어떠하겠습니까?

저 두융은 듣건대 충성은 아주 쉽지만 적당한 때를 찾는다는 것은 실로 어렵습니다. 다른 사람을 걱정하는 것이 너무 지나쳐 덕을 베풀고서도 원망을 사는데, 또한 이러한 말로 죄를 얻는다는 것을 아십시오.”

외효는 받아들이지 아니하였다.

두융이 이에 다섯 군[52]의 태수들과 함께 병사와 전마를 챙기고 상소를 올려서 군사를 발동할 시기를 알려달라고 청하니, 황제는 그를 매우 칭찬하였다. 두융이 바로 여러 군의 태수와 함께 군사를 거느리고 금성(金城)으로 들어가서 외효의 무리인 선령(先零)의 강(羌)족인 봉하(封

51　공손술을 말한다.

52　무위군(武威郡)·주천군(酒泉郡)·장액군(張掖郡)·돈황군(敦煌郡)·금성군(金城郡)이다.

何) 등을 쳐서 이를 대파하였다. 이어서 황하 지역을 아우르고 위엄과 무력을 떨치고 거가가 도착하기를 엿보며 기다렸다. 그때에는 대군이 아직 나아가지 않았으므로 두융이 마침내 군사를 이끌고 돌아갔다.

황제는 두융의 신뢰와 공적이 드러났으므로 더욱 그를 칭찬하고 두융의 아버지의 분묘를 잘 수리하고 태뢰(太牢)로 제사지내게 하였으며 53 자주 가벼운 차림의 사신을 보내어 사방에서 올라온 진기한 선물을 보냈다.

양통(梁統)은 오히려 여러 사람이 마음으로 의심할까봐 두려워서 마침내 사람을 시켜 장현(張玄)[54]을 칼로 찔러죽이고 드디어 외효와의 관계를 끊고, 외효가 내려준 장군의 인수[55]를 모두 풀었다.

---

53 태뢰란 소·양·돼지를 각 한 마리씩 잡아 제사지내는 것을 말한다. 두융의 조상묘는 섬서성 함양에 있다.

54 양통은 무위군 태수이며, 장현은 외효가 보낸 사절이다.

55 광무제 건안 5년(29년)에 있었던 일로《자치통감》권41에 실려 있다.

13 　이에 앞서 마원(馬援)은 외효가 한나라에 대하여 두 마음을 가졌다는 소식을 듣고, 자주 편지를 보내어 그를 책망하면서 비유하였는데, 외효는 그 편지를 보고 더욱 화가 났다.

　외효가 군사를 일으켜서 반란하자 마원이 마침내 편지를 올려서 말하였다.

　"신은 외효와는 본래 착실한 친구여서 처음에 신을 동쪽으로 파견하면서 신에게 말하기를 '본래 한나라를 위하고자 하니 바라건대 족하[56]가 가서 관찰하고 그대의 뜻이 좋다고 하면 바로 마음을 다할 것이다.'라고 하였습니다. 신이 돌아가서 붉은 마음으로 보고를 하면서 실로 그를 좋게 인도하려고 하였지 감히 의롭지 않은 것으로 속이려 하지 아니하였습니다.

　그러나 외효는 간사한 마음을 끼고 주인을 도적질하고 증오하며 원망스럽고 독살스러운 마음은 드디어 신에게 돌아왔습니다. 신이 말을 하지 않으면 황상께서는 보고를 받을 수 없을 것이니 바라건대 행재소

56　귀하와 같이 상대를 존중하는 말이다.

(行在所)[57]에 나아가서 외효를 멸망시킬 수 있는 술책을 모두 진술하고자 하오니 들어주십시오."

황제가 이에 그를 불렀고, 마원은 계책을 다 말하였다.

황제는 이로 인하여 마원에게 돌격기병 5천 명을 거느리고 가서 외효의 장수 고준(高峻)과 임우(任禹)의 무리에게 유세하고, 강(羌)족의 수령에게까지 내려가서 어떤 것이 화가 되고 어떤 것이 복이 되는지를 말하여 외효의 곁가지 무리들을 떨어뜨려놓게 하였다.

마원이 또 편지를 써서 외효의 장수 양광(楊廣)에게 보내 외효에게 권고하여 알리도록 하였다.

"나 마원이 가만히 보건대 사해는 이미 평정되었고 수많은 백성들도 같은 마음인데, 계맹(季孟)[58]이 문을 걸어 잠그고 대항하며 배반하여 천하의 표적이 되었으니, 늘 해내에 있는 사람들이 이를 갈면서 서로 도륙할 것을 두려워하였으니 그런고로 계속하여 편지를 보내어 측은한 걱정을 전달하였습니다.

마침내 계맹이 나 마원에게 죄를 돌리고 또 왕유옹(王游翁)[59]의 아첨하고 사악한 이야기를 받아들였으며, 이어서 스스로 함곡관에서 서쪽 지역은 발을 들기만 하면 평정할 수 있다고 하였다는 소식을 들었습니다. 오늘의 입장에서 보면 필경 어떻게 되겠습니까?

나 마원은 일찍이 하내(河內, 하남성 武陟縣)에 이르러 백춘(伯春)[60]

---

57 임금이 임시로 가 있는 곳을 말한다.

58 외효의 자이다.

59 왕원의 자가 유옹이다.

60 외효의 아들 외순(隗恂)의 자이다. 외순은 인질로 왔다가 그의 아버지 외효가

이 있는 곳을 지나가다 문안하면서, 그의 노복 길(吉)이 서쪽 지방에서 돌아온 것을 보았는데, '백춘의 어린 동생 외중서(隗仲舒)가 길(吉)을 멀리서 바라보면서 백춘의 안부를 물으려고 하였으나 끝내는 말할 수가 없어 아침저녁으로 울기만 한다.'고 하였습니다. 또한 '가족들이 슬프고 근심에 싸여있는 상황은 말할 수조차 없다.'고 하였습니다.

무릇 원수는 찌를 수는 있어도 훼멸시킬 수는 없는 것인데, 나 마원이 이 소식을 듣고 나도 모르는 사이에 눈물이 떨어졌습니다. 나 마원은 평소 계맹이 효성스럽고 우애 있는 사람이어서 증자(曾子)나 민자건(閔子騫)도 이를 넘어설 수 없는 것으로 알았습니다. 무릇 그 부모에게 효성스러운 사람이 어찌 그의 아들에게 자애롭지 않겠습니까? 아들이 세 개의 나무를 부여잡고 있는데,[61] 펄펄 뛰며 멋대로 행동하다가 스스로 국[62]을 나누어 먹는 일이 있을 수 있겠습니까?

계맹은 평생 스스로 말하기를 '많은 병사를 가지고 있는 까닭은 부모의 국가를 보전하고 그 분묘를 완전하게 보존하기 위한 것이라.'고 하였고, 또 말하기를 '진실로 사대부를 후대하려는 것뿐이다.'라고 하였습니다. 그러나 지금 온전하게 하고자 하였던 것은 곧 깨져버리고 망하게 되었으며, 완전하게 하고자 하였던 것은 장차 다치고 훼손되게 되었고, 두텁게 해주고자 하였던 것은 장차 도리어 박절하게 되었습니다.

반란을 일으키자 하내 지역에 구금되어 있었다.

61 나무로 만든 형틀을 말한다.

62 항우가 유방의 아버지를 인질로 삼고 유방에게 항복하지 않으면 아버지를 삶아 죽이겠다고 위협하였다. 이에 유방은 그 국물을 나누어 달라고 하면서 거절한 고사가 있다. 여기서도 아들이 삶아 죽이는 형벌을 받을 수 있다는 말을 한 것이다.

계맹은 일찍이 자양(子陽)을 멸시하여 그의 작위를 받지 아니하였지만[63] 지금은 다시금 녹록하게 그에게 가서 귀부하였으니, 장차 체면을 유지하기가 어렵게 되었군요! 만약 그가 다시 중요한 인질을 보내라고 하면 어디에서 아들을 얻어서 주겠습니까?

과거에 자양은 다만 왕상(王相)의 자리를 가지고 대우하려 하였지만 춘경(春卿)[64]이 이를 거절하였는데, 지금 늙어서 귀부하여 다시 머리를 숙이고 어린아이들과 함께 마구간에서 밥을 먹으며 원망스러운 집안의 조정에서 어깨를 맞대고 있겠다는 말입니까!

지금 국가[65]가 춘경을 기다리는 뜻이 깊으니, 의당 우유경(牛孺卿)에게 여러 원로와 유지들과 함께 계맹을 설득하도록 하고 만약에 계획을 좇지 아니하면 정말로 목을 길게 빼고 떠날 수 있을 것입니다. 앞에다 여지도(輿地圖)를 펼쳐놓고 천하의 군국(郡國) 106곳을 보면, 아주 작은 두 지역[66]을 가지고 어찌 제하(諸夏)의 104곳을 감당하려고 하는 것입니까?

춘경께서는 계맹을 섬기고 있는데 밖으로는 군신의 의를 갖고 있고, 안으로는 붕우의 도를 갖고 있습니다. 군신관계를 가지고 말한다면 진실로 마땅히 간쟁을 해야 하고, 붕우관계를 가지고 말한다면 마땅히 절차탁마해야 할 것입니다. 어찌 그가 성공할 수 없다는 것을 알고도 다

---

63 자양은 공손술의 자이고, 계맹이 공손술에게서 작위를 받지 않으려 한 일은 건무 4년(28년)이고, 이는《자치통감》권41에 실려 있다.

64 양광의 자이다.

65 황제인 유수를 가리킨다.

66 외효가 점거하고 있는 농서와 천수를 말한다.

만 위축되어 말하지 못하고 손을 꼬고 있다가 멸족의 길을 좇는다는 말입니까?

오늘에 이르러서 계책을 완성하면 특히 오히려 훌륭할 것이지만, 이 시기를 지나치면 맛이 없어질 것입니다. 또한 내군숙(來君叔)[67]은 천 하에서 믿을만한 선비이고 조정에서도 그를 중히 생각하고 있고, 그의 뜻은 여전히 늘 오직 서주(西州)[68]만을 위하여 말하고 있습니다. 또 나 마원도 조정과 상의하였는데, 더욱 이 문제에서 신의를 세우고 있으니 반드시 약속을 저버리지 아니할 것입니다. 나 마원은 오래 머물러 있을 수가 없으니 바라건대 급히 회답하여 주십시오."

양광이 끝내 대답하지 아니하였다.

제장들은 매번 의심스러운 문제를 논의할 때에는 다시금 마원을 불 러서 의견을 청하며 모두 그를 존경하고 중히 생각하였다.

14   외효는 상소문을 올려 사과하면서 말하였다.

"관리와 백성들은 많은 군사들이 갑자기 이르렀다는 소식을 듣고 놀 랍고 두려워서 스스로 구원하려고 하니, 신 외효는 이를 금지시킬 수 없었습니다. 군사들은 큰 승리를 하였지만 감히 신하의 절도를 폐하지 는 않았으며, 친히 뒤쫓아서 돌아오게 하였습니다.

옛날 우순(虞舜)이 아버지를 섬길 때 큰 지팡이로 때리려 하면 도망 하였고, 작은 지팡이로 때리려 하면 맞았다고 합니다.[69] 신은 비록 민

---

67 군숙은 내흡의 자이다.

68 외효가 점거하고 있는 곳이다.

69 《공자가어》에 나오는 말이다.

첩하지는 못하지만 감히 이러한 의를 잊지 않았습니다. 이제 신에 관한 일은 본조(本朝)에 달려 있으니, 죽음을 내리면 죽고, 형을 가하면 형을 받겠으며 만약에 다시금 마음을 씻을 기회를 얻는다면 죽은 뼈라도 썩지 않을 것입니다.”

유사는 외효의 언사가 오만하다고 하면서 그의 아들을 죽이기를 청하였지만 황제는 차마 죽일 수 없어서 다시 내흡(來歙)에게 견(汧)으로 가게 하여 외효에게 편지를 내려 말하였다.

“옛날에 시(柴)장군이 말하기를 ‘폐하는 관대하고 어지시어 제후들이 비록 도망하여 반란하였다가도 돌아온 뒤에는 번번이 지위와 명칭을 회복시켜 주시고 목을 베지 아니 하였습니다.’[70]라고 하였소. 지금 만약에 손을 모으고 다시 외순(隗恂)의 동생을 파견하여 궁궐로 돌아오게 하면 작위와 녹질을 온전하게 할 것이며 커다란 복을 가질 것이오. 내 나이가 바로 마흔 살이 되는데, 전쟁터에서 10여 년을 보낸 터라 실속 없는 헛된 말을 싫어하니 원치 않으면 회답하지 마시오.”

외효는 황제도 그가 속이는 것을 알아챘다는 것을 알고 마침내 사신을 파견하여 공손술에게 신하가 되기로 하였다.

15 흉노와 노방(盧芳)이 노략질하는 것을 쉬지 않았으므로 황제는 귀덕후(歸德侯) 유삽(劉颯)으로 하여금 흉노에게 사신으로 가서 옛날과 같은 우호관계[71]를 회복하게 하도록 하였다. 선우[72]는 교만하여 비

---

70 한 고제 때 유방의 대장군인 시무(柴武)가 한신에게 보낸 편지에서 한 말이다.

71 경시 2년 유삽이 흉노에게 사신으로 갔었는데, 이는《자치통감》권39에 실려 있다.

록 사신을 보내서 회답을 해왔지만 노략질하고 횡포를 부리는 것은 옛날과 같았다.

광무제 건무 7년(辛卯, 31년)[73]

1   봄, 3월 군과 봉국에 있는 경거(輕車), 기사(騎士), 재관(材官)을 철폐하고[74] 다시 민오(民伍)로 회복시켰다.

2   공손술은 외효를 삭녕왕(朔寧王)으로 삼고,[75] 군사를 파견하여 왕래하면서 그를 위하여 원조하는 세력이 되었다.

3   그믐 계해일에 일식이 있었다. 조서를 내려 백관들은 각기 봉사(封事)[76]를 올리되, 그 올리는 글에는 '성(聖)'이라는 말을 쓰지 말라고 하였다. 태중대부 정흥(鄭興)이 상소문을 올렸다.

"무릇 나라에 선정을 베푸는 일이 없으면 견책하는 뜻을 해와 달로 보여줍니다. 중요한 것은 사람의 마음에 달려 있으니, 사람을 골라서

---

72 흉노의 20대 호도이시도고약제(呼都而尸道皐若鞮) 선우이다.

73 이 해는 성나라 용흥 7년이고, 삭녕왕 외효 2년이다.

74 지방의 군과 봉국에 소속되어 있던 전차부대·기병부대·강궁부대를 철폐한 것이다. 경거와 기사는 평지에서 사용하는 것이고, 재관은 산악 지대에서 사용한다.

75 공손술이 북방 지역을 조용하게 하려는 것이었다.

76 임금이 직접 보도록 밀봉하여 올리는 상주문을 말한다.

그에 적당한 위치에 두어야 합니다.

지금 공경대부들은 어양(漁陽, 북경시 密雲縣) 태수 곽급(郭伋)을 추천하여 대사공을 시키는 것이 좋겠다고 하지만 때에 맞추어 확정하지 아니하였습니다. 그래서 길거리에는 유언비어가 나도는데, 모두가 이르기를 '조정에서는 공신을 임용하고자 한다.'고 합니다. 공신이 채용되면 사람과 그 지위가 적당하지 아니하게 됩니다. 바라건대 폐하께서는 자기의 생각을 굽히시고 많은 사람의 뜻을 좇으셔서 여러 신하들이 겸양하고 선한 일을 하는 공로를 이룩하게 하십시오.

최근 몇 년 동안 일식이 그믐날에 많이 있었습니다. 정해진 때보다 앞질러 합쳐진 것이니 모두 달의 운행이 빠른 때문입니다. 해란 임금의 상징이며, 달은 신하의 상징입니다. 임금이 급하게 생각하면 신하는 촉박하게 되니 그런 고로 달의 운행이 빨라진 것입니다. 지금 폐하께서는 고명하시나 여러 신하들은 황망하고 불안하니, 의당 부드러운 정치를 유념하시며, 뜻을 〈홍범(洪範)〉[77]의 법도에 내려주십시오."

황제는 몸소 부지런히 정사를 살폈지만, 자못 엄격하고 급하여 다치게 하는 부분이 있었던 연고로 정홍이 상주하여 이를 언급하였던 것이다.

4   여름, 4월 임오일(19일)에 크게 사면하였다.

5   5월 무술일(6일)에 전(前)장군[78] 이통(李通)을 대사공으로 임명

---

77 《상서》의 〈홍범〉을 말한다.

78 과거의 장군이라는 의미가 아닌, 전장군·후장군 하는 직책으로서의 전장군이다.

하였다.

6   대사농 강풍(江馮)이 말씀을 올렸다.

"마땅히 사예교위에게 삼공을 감독하여 살피게 하여야 합니다."

사공부의 연리 진원(陳元)[79]이 상소하였다.

"신이 듣건대 신하를 스승으로 생각하신 분은 황제가 되었고, 신하를 손님으로 대접한 분은 패자(霸者)가 된다고 하였습니다. 그러므로 무왕은 태공(太公)[80]을 스승으로 삼았고, 제 환공(桓公)은 이오(夷吾)[81]를 중부(仲父)라고 하였으며, 가까이로 고제께서는 상국(相國)을 우대하는 예의를 베푸셨고,[82] 태종은 재보(宰輔)에게 권력을 빌려주었습니다.[83]

망한 신(新) 왕조의 왕망에 이르러 한나라가 중간에 쇠퇴한 틈을 타서 나라의 권력을 조정하다가 천하를 훔쳤습니다. 하물며 자기 스스로에게 말하기를, 여러 신하를 믿지 못하니 공보(公輔)의 책임을 빼앗고 재상의 위엄을 덜어내며 숨겨진 것을 드러내는 것을 '밝다'고 하였으며, 다른 사람의 과실을 들추어내는 것을 '곧다'고 하였다가 마침내 부하가 자기의 윗사람을 고발하고, 아들이나 동생이 그의 아버지나 형이 반란을 일으킨다고 고발하기에 이르렀습니다. 법망은 조밀하고 준엄

---

79 왕망 시절의 압난장군 진흠(陳欽)의 아들이다.

80 강태공을 말한다.

81 춘추시대 제 환공의 재상인 관중을 말한다.

82 유방은 소하에게 보검을 차고 신발을 신은 채 전에 오를 수 있게 하였다.

83 문제는 재상 신도가에게 권력을 사용하게 하였다.

하여 대신은 어떻게 손을 놀려야할지 모를 지경이었지만 그러나 동충(董忠)이 모의하는 것[84]을 금지할 수 없었고, 자신은 세상에서 주륙되었습니다.

바야흐로 지금 사방이 아직도 소란하며 천하가 통일되지 아니하였으니, 백성들은 보고 들으려고 모두가 귀와 눈을 크게 하고 있습니다. 폐하께서 의당 문왕과 무왕의 성스러운 법도를 닦으시고 조상들이 남기신 품덕을 이어받으셔서 아래에 있는 병사들에게 마음을 쓰시며, 몸을 낮추어 현명한 사람을 대우하셔야 하니 진실로 유사에게 공보의 명칭을 가진 사람을 살피게 하는 것은 마땅하지 않습니다."

황제는 이 의견을 좇았다.

7 주천(酒泉, 감숙성 주천현) 태수 축증(竺曾)이 자기 동생의 원수를 갚으려고 사람을 죽이고 스스로 사직하고 군에서 떠났다. 두융(竇融)[85]은 승제(承制)[86]하여 축증을 무봉(武鋒)장군으로 삼고, 다시 신융(辛肜)을 주천 태수로 삼았다.

8 가을에 외효가 보병과 기병 3만 명을 거느리고 안정군(安定郡, 감숙성 固原縣)을 침범하여 음반(陰槃, 섬서성 長武縣의 서쪽)에 이르렀는데, 풍이(馮異)가 제장들을 거느리고 이를 막았다. 외효는 또 별장(別

---

84 동충은 회양왕 경시 원년(23년)에 신 왕조의 대사마로 반란을 획책하였다. 이 사건은《자치통감》권39에 실려 있다.

85 양주(涼州) 자사였다.

86 황제의 명령을 위임받아서 일을 처리하는 것을 말한다.

將)에게 농으로 내려가 견(汧)에서 채준(祭遵)을 공격하게 하였지만 모두 아무런 이득 없이 돌아갔다.

황제는 장차 스스로 외효를 정벌하려고 하여 먼저 두융과 군사를 출동시킬 날짜를 기약하였으나, 마침 비를 만나 길이 끊어졌고, 또한 외효의 군사도 이미 퇴각하였으므로 이에 중지하였다.

황제는 내흡에게 편지를 가지고 왕준(王遵)[87]을 초청하게 하였는데 왕준이 항복해오자 태중대부에 임명하고 향의후(向義侯)로 책봉하였다.

9   겨울에 노방이 어떤 사건으로 그의 오원(五原, 내몽고 包頭市의 서북쪽) 태수 이흥(李興) 형제를 주살하였다. 그들의 삭방(朔方, 내몽고 伊盟의 서북쪽) 태수 전삽(田颯)과 운중(雲中, 내몽고 托克托縣) 태수 교호(喬扈)가 각기 그 군을 가지고 항복하니, 황제는 원래대로 그 직책을 관장하게 하였다.

10   황제는 도참(圖讖)[88]을 좋아하여 정흥(鄭興)과 더불어 교사(郊祀)에 관한 일을 상의하며 말하였다.

"내가 도참을 가지고 이를 결단하려고 하는데, 어떠한가?"

대답하였다.

"신은 도참을 하지 않습니다."

황제가 화가 나서 말하였다.

"경이 도참을 하지 않다니, 이를 비난하는 것인가?"

---

87 외효의 부하이다.

88 예언서를 말한다.

정흥이 황공해하며 말하였다.

"신은 책에서 아직 배우지를 못하였으며, 비난한 바는 없습니다."

황제의 마음이 마침내 풀어졌다.

11   남양(南陽, 하남성 남양시) 태수 두시(杜詩)의 정치는 깨끗하고 공
평하였으며, 이로운 일을 일으키고 해로운 일을 제거하니, 백성들이 편
하게 생각하였다. 또한 제방을 쌓아 못을 만들고 전토를 넓혀 군 안에
서는 집집마다 풍족하여서 당시의 사람들은 소신신(召信臣)[89]에 비유
하였다. 남양에서는 그 때문에 말을 하기를 '전에는 소부(召父)가 있었
는데, 뒤에는 두모(杜母)가 있다.'[90]고 하였다.

---

89 전한 원제 경녕(竟寧) 원년(기원전 23년)에 하남 태수였던 사람으로 치적에서
   제일이었다. 이 일은《자치통감》권29에 실려 있다.

90 소신신을 아버지에 비유하고, 두시를 어머니에 비유한 말이다.

외효에 대한 대대적인 공격

광무제 건무 8년(壬辰, 32년)⁹¹

1   봄에 내흡이 2천여 명을 거느리고 산을 깎아 길을 내어 반수(番
須, 섬서성 隴縣의 서북쪽)⁹²와 회중(回中, 섬서성 隴縣의 서북쪽)에서 지
름길로 약양(略陽, 감숙성 泰安縣)을 습격하고, 외효의 수장(守將)인 금
량(金梁)의 목을 베었다.

외효가 크게 놀라서 말하였다.

"어찌 그가 귀신같은가?"⁹³

황제가 약양을 얻었다는 보고를 받고 아주 기뻐하며 말하였다.

"약양은 외효가 의지하고 있는 요새인데 그 중심이 이미 파괴되었으
니, 그 곁가지를 제압하는 것은 쉬울 것이다."

---

91 공손술의 성가 용흥(成家 龍興) 8년이다.

92 호삼성은 番의 음은 반(盤)이라고 하였으므로 반으로 읽는다.

93 이때 외효는 약양에서 30km 정도 떨어진 기현(冀縣), 즉 감숙성 감곡현(甘谷
縣)에 주둔하고 있었는데 매우 빨리 왔기 때문에 한 말이다.

오한[94] 등 제장들은 내흡이 약양을 점거하였다는 소식을 듣고 다투 듯 그곳으로 달려갔다. 황상은 외효가 믿는 곳을 잃었고, 그의 중요한 성을 잃었으므로 그 형세를 보면 반드시 모든 정예의 군사를 다 가지고 공격해 올 것이니 시일을 오래 끌고 있으면서 포위하고 있다가 성이 뽑혀지지 않으면 사졸들은 둔해지고 피로하게 될 것이므로 위태로워진 틈을 타서 나아갈 수 있다고 생각하였다. 모두 오한을 뒤따라가서 돌아오게 하였다.

외효는 과연 왕원(王元)에게 농저(隴坻, 감숙성 淸水縣의 북쪽)를 막게 하고, 행순(行巡)에게 반수구(番須口)를 지키게 하며, 왕맹(王孟)에게 계두도(雞頭道, 감숙성 平涼縣)를 막게 하며, 우한(牛邯)에게 와정(瓦亭, 감숙성 평량현의 서남쪽)에 진을 치게 하였다.

외효는 스스로 그의 대군(大軍) 수만 명을 거느리고 약양을 포위하였는데, 공손술이 장수 이육(李育)과 전감(田弇)을 파견하여 이를 돕게 하였으며, 산을 깎고 제방을 쌓고 물을 흘려서 성 안으로 댔다. 내흡은 장사들과 더불어 죽음을 각오하고 굳게 지켰는데, 화살이 다 떨어지자 집을 헐고 나무를 잘라서 무기를 만들었다. 외효는 정예의 군사를 다 동원하며 그곳을 공격하였지만 몇 달이 지나도 떨어뜨리지 못하였다.

여름, 윤4월에 황제가 스스로 외효를 정벌하려 하자 광록훈인 여남(汝南, 하남성 여남현) 사람 곽헌(郭憲)이 간하였다.

"동쪽 지역이 처음으로 안정되었으니, 거가가 멀리까지 정벌을 나가는 것은 옳지 않습니다."

이에 수레에 가서 패도(佩刀)를 꺼내어 수레 끄는 끈을 잘랐다.

---

94 오한은 이때 대사마였다.

황제는 이 말을 좇지 아니하고 서쪽으로 나아가서 칠(漆, 섬서성 邠縣)에 이르렀다. 제장들 대부분 제왕이 친히 거느린 군사는 중요하니 마땅히 험하고 막힌 곳으로 멀리 들어가서는 안 된다고 하여 계책을 미루고 결정하지 못하였다. 황제가 마원을 불러서 물었다.

마원은 이 기회에 외효의 장수들이 흙이 무너지는 형세에 처해 있으므로 군사가 전진하면 반드시 깨뜨릴 수 있는 상황이라고 말하였다. 또 황제 앞에 쌀을 산과 골짜기처럼 쌓아놓고, 그림을 그려 형세를 지적하면서 여러 군사들이 좇아갈 길을 열어 보여주고, 오고감을 분석하여 일목요연하게 알 수 있게 하였다.

황제가 말하였다.

"저 야만인들이 바로 내 눈앞에 있구나!"

다음날 아침 드디어 진군하여 고평(高平, 감숙성 固原縣)의 제일성(第一城)에 도착하였다.

두융(竇融)은 다섯 군의 태수와 강족(羌族)과 소월지(小月氏) 등의 보병과 기병 수만 명과 치중 5천여 대를 거느리고서 황제의 대군과 만났다. 이때에는 군사 활동을 시작한 초기여서 제장들이 조회를 할 때 대부분 예의를 차리는 일이 엄숙하지 아니하였는데 두융은 먼저 종사관(從事官)을 파견하여 황제를 알현할 때의 의례를 물었다. 황제는 이 소식을 듣고 그것을 훌륭한 일이라고 생각하고 백관들에게 이 사실을 선포하고서 최고 수준의 연회를 베풀고 특별한 예의[95]로 두융 등을 기다렸다.

드디어 함께 진군하여 여러 길로 나누어 농(隴) 지역으로 올라갔다.

---

95 다른 신하에 대한 예의보다 훨씬 대우하는 예의를 말한다.

왕준(王遵)으로 하여금 편지를 써서 우한(牛邯)[96]을 불러들이게 하여 그곳을 떨어뜨리고 우한을 태중대부(太中大夫)로 임명하였다. 이에 외효의 대장 13명과 16개의 속현 그리고 그 무리 10만여 명이 모두 항복하였다.

외효는 처자를 거느리고 서성(西城, 감숙성 天水현의 서남쪽)으로 달아나서 양광(楊廣)을 좇았고 전감(田弇)과 이육(李育)은 상규(上邽, 감숙성 천수현의 동남쪽)[97]를 지키니 약양의 포위는 풀렸다. 황제는 내흡에게 위로하며 상을 내려주고, 보통 좌석과 떨어진 자리에 혼자 앉게 하여 제장들보다 위에 있게 하였으며, 내흡의 처에게 비단 1천 필을 내려주었다.

나아가서 상규에까지 행차하여 조서를 내려 외효에게 알렸다.

"만약에 손을 모으고 스스로 오면 너희 부자가 서로 만나볼 수 있게 할 것이고 별다른 일이 없을 것임을 보장하노라. 만약에 끝내 경포(黥布)처럼 되고 싶거든[98] 또한 스스로의 생각에 맡기노라."

외효가 끝내 항복하지 아니하니 이에 그의 아들 외순(隗恂)의 목을 베었다. 오한과 잠팽에게 서성을 포위하게 하고, 경감과 개연은 상규를 포위하였다.

네 현을 채읍으로 주면서 두융을 책봉하여 안풍후(安豐侯)로 삼았고, 그의 동생 두우(竇友)를 현친후(顯親侯)로 삼았으며, 다섯 군의 태

---

96 외효의 부하인 우한은 와정에 주둔하여 있었다.

97 공손술의 부하들이 이곳으로 물러난 것이다.

98 경포는 고제 12년(기원전 195년)에 스스로 황제가 되려고 하였는데, 이 사건은 《자치통감》 권12에 실려 있다.

수들도 모두 열후로 책봉하고,[99] 각자 서쪽에 있는 진수 지역으로 돌아가게 하였다. 두융은 오랫동안 한쪽 방면을 전담하였으므로 두렵고 스스로 불안하여 자주 편지를 올려서 자기를 대신할 사람을 보내달라고 청구하였다. 조서를 내려서 회답하였다.

"나와 장군은 좌우의 손과 같을 뿐인데, 자주 겸양하며 물러나겠다고 고집하니 어찌 사람의 속마음을 알아주지 못하오. 부지런히 병사와 백성들을 위무하고 멋대로 부곡을 떠나지 마시오."

영천(潁川, 하남성 禹縣)에서 도적이 무리를 지어 일어나 여러 속현을 침입하여 함락시켰는데, 하동(河東, 산서성 夏縣) 지역을 수비하는 군사들도 반란을 일으키니 경사 지역에서 소동이 벌어졌다.[100] 황제가 이 보고를 받고 말하였다.

"나는 곽자횡(郭子橫)[101]의 말을 받아들이지 않은 것을 후회하노라."

가을, 8월에 황제가 상규에서 밤낮으로 말을 동쪽으로 달렸다. 잠팽에게 편지를 보내서 말하였다.

"만약 두 성이 떨어지면 바로 병사를 거느리고 남쪽으로 가서 야만인 촉을 공격할 수 있을 것이오. 사람이란 고생하면 만족할 줄 모르는 법이니, 이미 농을 평정하고 나서는 다시 촉을 바라보게 될 것이오. 한 번씩 군사를 발동할 때마다 머리카락과 수염이 희어지는 것이오."

---

99 축증(竺曾)은 조의후(助義侯), 양통(梁統)은 성의후(成義侯), 사포(史苞)는 포의후(褒義侯), 고균(庫鈞)은 보의후(輔義侯), 신동(辛彤)은 부의후(扶義侯)로 책봉했다.

100 수도인 낙양에서 영천까지는 110km이고, 하동까지도 110km이다.

101 자횡은 곽헌의 자이다. 곽헌은 황제에게 정벌하러 낙양을 떠나지 말라고 권고하였다.

9월 을묘일(1일)에 거가가 환궁하였다. 황제가 집금오인 구순(寇恂)에게 말하였다.

"영천은 경사에서 아주 가까우니 마땅히 때맞추어 평정해야 할 것이오. 오직 생각해보건대 다만 경만이 능히 이들을 평정할 수 있을 뿐이니 9경의 신분을 가지고 다시 나아가서 나라를 걱정하면 좋겠소."

대답하였다.

"영천에 사는 사람들이 폐하께 농·촉에 일이 있다는 사실을 들었고, 그런 고로 미치고 교활한 사람들이 그 사이를 틈타서 서로 잘못을 저질렀을 뿐입니다. 만약에 승여(乘輿)가 남쪽으로 향해 간다는 소식을 들으면 도적들은 반드시 황공하고 두려워서 돌아가다 죽을 것이니 신이 바라건대 정예의 병사를 데리고 선봉에 서서 달려가겠습니다."

황제가 그의 말을 좇았다.

경신일(6일)에 거가가 남쪽으로 정벌을 떠나니 영천에 있던 도적들이 모두 항복하였다. 구순에게 끝내 그 군의 벼슬을 주지 아니하였더니, 백성들이 길을 막고 말하였다.

"바라건대 폐하께서 구군(寇君)을 1년만 다시 빌려주십시오."[102]

이에 구순을 장사현(長社縣, 하남성 長葛縣)에 머물게 하면서 관리와 백성을 누르고 위무하면서 나머지 사람들의 항복을 받도록 하였다.

동군(東郡, 하남성 濮陽縣)과 제음(濟陰, 산동성 定陶縣)에서 도적이 또 일어나니, 황제는 이통(李通)과 왕상(王常)을 파견하여 이들을 쳤다. 동광후(東光侯) 경순(耿純)이 일찍이 동군 태수였었는데, 그때 위(衛) 지역[103]에서 위엄과 신망이 드러났으므로 사신을 파견하여 태중

---

102 구순이 전에 영천 태수를 지냈는데 다시 1년만 영천 태수로 삼아달라는 말이다.

대부로 임명하고, 그에게 대군(大軍)과 동군에서 만나도록 하였다.

동군에서 경순이 경계 지역에 들어 왔다는 소문을 듣자, 도적 9천여 명이 모두 경순에게 나아가 항복하니 대군은 싸우지도 않고 돌아왔다. 새서를 내려서 다시 경순을 동군 태수로 삼았다. 무인일(24일)에 거가 가 영천에서 돌아왔다.

2　　안구후(安丘侯) 장보(張步)가 처자를 거느리고 도망하여 임회(臨淮, 안휘성 肝眙縣)로 달아나서 동생 장홍(張弘), 장람(張藍)과 함께 그 가 옛날에 데리고 있던 무리들을 불러들여 배를 타고 바다로 나아가려 고 하였다. 낭야(琅邪) 태수 진준(陳俊)이 쫓아가 토벌하여 그들의 목 을 베었다.

3　　겨울, 10월 병오일(22일)에 황상이 회현(懷縣, 하남성 武陟縣)에 행 차하였다. 11월 을축일(12일)에 낙양으로 돌아왔다.

4　　양광(楊廣)이 죽자 외효는 궁지에 몰려서 어려워졌는데, 그의 대 장 왕첩(王捷)이 따로 융구(戎丘, 서성의 서북쪽)에 있다가, 성 위에 올라 가서 한나라 군사들에게 소리쳤다.

"외왕(隗王)[104]을 위하여 성을 지키고 있는 사람인데, 모두 반드시 죽을지언정 두 마음을 품지 않을 것이니 바라건대 여러 군사들이 속히 물러나면 자살하여 이를 증명할 수 있게 해주시오."

---

103 춘추전국시대 위(衛)나라가 있던 지역으로 그 도읍지는 복양(濮陽)이다.

104 외효를 말한다.

드디어 자살하여 죽었다.

처음에 황제는 오한에게 칙령을 내려서 말하였다.

"여러 군에서 온 갑졸(甲卒)들은 단지 앉아서 양식만 소비할 뿐이며, 만약 도망하는 사람이라도 있게 되면 많은 사람의 마음을 다치게 하여 패배하게 될 것이오. 마땅히 모두 해산시켜야 하오."

오한 등이 힘을 합하여 외효를 공격하는 것을 탐내서 끝내 그들을 보낼 수 없었는데, 날로 양식은 적어지고 관리와 병사들도 피로해져서 도망하는 사람이 많아졌다.

잠팽이 곡수(谷水)를 막아 서성(西城)에 물을 대자 성은 물에 잠기지 않은 것이 1장(丈)여 정도였다. 마침 왕원(王元), 행순(行巡), 주종(周宗)이 촉의 구원병 5천여 명을 거느리고 높은 지대를 타고 올라가 갑자기 들이닥쳐서 북을 울리며 큰 소리로 외쳤다.

"백만 명의 무리들이 방금 도착하였다."

한나라 군사들이 크게 놀라 진지를 다 갖추지도 못하였는데, 왕원의 포위를 가르고 결사적으로 싸워 드디어 성 안으로 들어가서 외효를 영접하여 기현(冀縣, 감숙성 감곡현)으로 돌아갔다.

오한의 군사는 식량이 떨어지자 이에 치중을 다 태워버리고 병사를 이끌고 농으로 내려갔는데, 개연과 경감도 서로 좇아서 퇴각하였다. 외효는 군사를 내어 여러 군영의 후미를 공격하였지만 잠팽이 뒤에서 이들을 막아 제장들은 이에 전군(全軍)이 고스란히 동쪽으로 돌아올 수 있었고, 오직 채준(祭遵)만이 견(汧)에 주둔하면서 물러나지 아니하였다. 오한 등은 다시 장안에 주둔하였고, 잠팽이 진향(津鄉, 호북성 江陵縣)으로 돌아갔다. 이에 안정·북지·천수·농서가 다시 외효에게 돌아가게 되었다.

교위인 태원(太原) 사람 온서(溫序)가 외효의 장수 구우(苟宇)에게 잡혔는데, 구우가 여러 가지 예를 들면서 그를 항복시키려고 하였다. 온서가 크게 화가 나서 구우 등을 질책하며 말하였다.

"야만인이 어찌 한나라의 장수를 감히 협박하는가?"

이어서 부절을 가지고 여러 명을 쳐 죽였다.

구우의 무리들이 다투어 그를 죽이려고 하자 구우가 중지시키며 말하였다.

"이 사람은 의로운 선비이다. 절개를 지켜 죽으려고 하니, 그에게 칼을 내려주는 것이 옳다."

온서가 칼을 받자, 입에 수염을 물고 주위 사람들을 돌아보고 말하였다.

"이미 도적에게 죽임을 당하고 나서라도 내 수염으로 땅을 더럽히지 않게 하리라!"

드디어 칼에 엎어져서 죽었다. 종사관 왕충(王忠)이 그의 영구를 가지고 낙양으로 돌아오니, 조서를 내려 묘지를 하사하고 그의 세 아들에게 벼슬을 주어 낭관으로 삼았다.

5 12월에 고구려(高句麗)왕[105]이 사신을 파견하여 조공하였는데, 황제가 그 왕의 호칭을 회복시켰다.[106]

6 이 해에 홍수가 있었다.

---

105 고구려의 3대 대무신왕(大武神王) 고무휼(高無恤)이다.

106 왕망이 고구려후(高句麗侯)라고 폄하하였었는데 다시 왕의 칭호를 사용하게 한 것이다. 이 내용은 《삼국사기》에도 등재되어 있다.

양주로 가는 길의 개척

광무제 건무 9년(癸巳, 33년)[107]

1   봄, 정월에 영양성후(潁陽成侯)[108] 채준(祭遵)이 군진(軍陣)에서 죽었다. 풍이에게 조서를 내려 그의 군영을 함께 거느리게 하였다. 채준의 사람됨은 청렴하고 검소하며 조심스럽고 자기를 극복하고 공적인 일을 받들었으며, 상으로 내려준 것을 모두 사졸들에게 나누어주었다. 군기를 엄정하게 단속하여 부대가 있는 곳의 관리와 백성들은 군사들이 있는지를 알지 못하였다.

  병사를 뽑는 것도 모두 유가(儒家)의 방법으로 하였으며, 술자리를 마주하여 음악을 듣는 경우에도 반드시 아가(雅歌)를 듣거나 투호(投壺)[109]를 하였다. 죽음이 닥치자 유언을 내려서 소박하게 장사지내라

---

107 이 해는 한제 노방(漢帝 盧芳) 5년이며, 공손술의 성가 용흥(成家 龍興) 9년이고, 삭녕왕(朔寧王) 외효 4년이다.

108 채준은 영양후였는데 죽은 후에 시호를 성후라고 하였다.

109 아가는 《이아(爾雅)》에 나오는 시를 노래로 부르는 것인데, 유가의 전통적인 음악이다. 투호도 《예기(禮記)》〈투호경(投壺經)〉에 나오는 놀이로 고대인들이

고 훈계하였으며, 집안일에 관하여 물었으나 끝내 말하지 아니하였다.

황제가 몹시 안타깝게 애도하였는데, 채준의 영구가 하남에 이르자 거가는 소복을 입고 친히 그곳을 바라보고 통곡하며 애통해 하였고, 돌아오는 길에 성문까지 행치하여 운구하는 수레가 지나는 것을 보고는 흐르는 눈물이 그칠 줄을 몰랐다. 상례를 마치자 다시 친히 태뢰(太牢)[110]로 제사지냈다.

대장추(大長秋)[111]와 알자, 하남윤에게 조서를 내려서 상례를 맡아 처리하게 하고 대사농에게 경비를 지급하게 하였다. 장사를 지내게 되자 거가가 다시 그곳에까지 갔고 장사를 치르고 나자 또 그의 무덤에 가서 그의 부인과 집안사람들을 보고 위문하였다.

그 뒤에 조회를 열었는데, 황제는 매번 탄식하여 말하였다.

"어디에서 나라를 걱정하고 공적인 것을 존중하는 사람 가운데 채 정로(祭 征虜)[112] 같은 사람을 얻겠는가?"

위위(衛尉) 요기(銚期)가 말하였다.

"폐하께서 지극히 어지시어 채준을 애도하며 생각하는 것이 그치지 아니하니 여러 신하들은 각기 부끄럽고 두려움을 품게 되었습니다."[113]

황제가 비로소 그쳤다.

연회 때 항아리에 화살을 던져 넣어 많이 넣는 사람이 이기는 게임이다.

110 소·양·돼지를 한 마리씩 잡아서 드리는 최고의 성대한 제사이다.

111 대장추는 황궁 관리 책임자에 해당하는 직책이다.

112 채준은 정로장군이었으므로 성과 직책을 묶어서 호칭한 것이다.

113 채준 만한 사람이 없다는 말은 간접적으로 많은 신하를 나무라는 것으로 들릴 수 있다. 그러기 때문에 신하들이 부끄럽고 두려워하였다고 말한 것이다.

2   외효가 병이 들었고 또한 굶다가 콩과 쌀가루로 만든 마른 음식
114을 먹다가 화가 나고 분해하다가 죽었다. 왕원(王元)과 주종(周宗)
이 외효의 어린 아들 외순(隗純)을 세워서 왕으로 삼고, 군사를 모아서
기현(冀縣, 감숙성 감곡현)을 점거하였다. 공손술이 장수 조광(趙匡)과
전감(田弇)을 파견하여 외순을 돕게 하였다. 황제가 풍이에게 그를 치
게 하였다.

3   공손술이 그의 익강왕(翼江王) 전융(田戎)과 대사도 임만(任滿),
남군(南郡, 호북성 江陵縣) 태수 정범(程汎)을 파견하여 수만 명을 거느
리고 강관(江關, 사천성 奉節縣)으로 내려가게 하여 풍준(馮駿)115 등의
군사를 격파하고 드디어 무현(巫縣)과 이도(夷道, 호북성 宜都縣), 이릉
(夷陵, 宜昌市)을 뽑아버렸다. 이어서 형문(荊門, 산이름으로 호북성 의도
현과 의창시의 북쪽)과 호아(虎牙, 산이름으로 호북성 의도현과 의창시의 북
쪽)를 점거하고 강수(江水, 장강)를 가로질러 부교와 관루(關樓)를 만들
고, 찬주(欑柱)를 세워서 물길을 끊고,116 군영을 만들어 산을 타고서
육로를 막으며 한나라 군사에 대항하였다.

4   여름, 6월 병술일(6일)에 황제가 구지(緱氏, 하남성 偃師縣의 남쪽)
에 행차하였다가 환원관(環轅關, 언사현의 동남쪽에 있는 관문)에 올랐다.

---

114 군대가 야전에서 먹도록 만든 비상식량이다.

115 건무 5년(29년)에 정남대장군 잠팽(岑彭)이 풍준에게 강주에 남아서 지키게
    하였다.

116 대나무 기둥을 강에 박아서 배가 다니지 못하게 한 것이다.

5   오한이 왕상(王常) 등 네 장군의 군사 5만여 명을 인솔하고 노방(盧芳)의 장수 가람(賈覽)과 민감(閔堪)을 고류(高柳, 산서성 陽高縣)에서 공격하였는데 흉노가 이들을 구원해주자 한나라 군사가 불리해졌다. 이에 흉노는 도리어 강성하여졌고, 노략질하며 횡포를 부리는 일이 날로 늘어났다. 주호에게 조서를 내려 상산(常山, 하북성 元氏縣)에 주둔하게 하고, 왕상은 탁군(涿郡)에 주둔하게 하며, 파간(破姦)장군 후진(侯進)은 어양(漁陽, 북경시 密雲縣)에 주둔하게 하고, 토로(討虜)장군 왕패(王霸)를 상곡(上谷, 하북성 懷來縣) 태수로 삼아서 흉노에 대비하게 하였다.

6   황제가 내흡에게 제장들을 모두 감독하고 보호하며 장안에 주둔하도록 하고, 태중대부 마원(馬援)을 그의 부사로 삼았다. 내흡이 편지를 올려서 말하였다.

"공손술은 농서(隴西)와 천수(天水)를 울타리로 삼아 가리고 있으므로 숨을 쉬면서 연명을 할 수 있었지만 이제 이 두 군이 평정되었으니 공손술의 지모와 계획은 궁지에 달하였습니다. 마땅히 병사와 전마를 더욱 많이 선발하고 식량을 많이 쌓아놓아야 할 것입니다. 지금 서주(西州, 감숙성의 동부 지역)[117]가 이제 막 격파되었기에 병사들이 피곤하고 주렸을 것이므로 만약 재물과 곡식을 가지고 불러 모은다면 그 무리들은 모을 수 있을 것입니다. 신이 알기로는 국가가 제공해야 할 일은 하나가 아니어서 쓸 것이 부족하겠지만 그러나 부득이합니다."

황제가 그렇다고 생각하였다.

---

117 외효세력의 근거지를 말한다.

이에 견(汧, 섬서성 隴縣의 남쪽 지역)에다 곡식 6만 곡(斛)을 쌓아놓으라고 조서를 내렸다. 가을, 8월에 내흡이 풍이 등 다섯 장수를 인솔하고 천수에서 외순을 토벌하였다.

7   표기장군 두무(杜茂)가 가람(賈覽)과 번치(繁峙, 산서성 渾源縣)에서 싸웠는데, 두무의 군사가 여러 번 패하였다.

8   여러 강족이 왕망 연간의 말년에 요새의 안쪽으로 들어와 살면서 금성(金城, 감숙성 蘭州市)의 속현들을 대부분 소유하였다. 외효가 이를 토벌할 수 없었기 때문에 위로하면서 받아들이고 그 무리들을 징발하여 한나라에 맞섰던 것이다.

사도부의 연리 반표(班彪)가 말씀을 올렸다.

"지금 양주(涼州)의 부(部)에는 모두 항복한 강족들이 있습니다. 강족 오랑캐들은 머리를 묶지 않고 옷깃을 왼쪽으로 여미어서 한인(漢人)들과 섞여 살고 있지만 습관과 풍속이 아주 다르고, 언어도 통하지 않은 데다 자주 하급 관리와 교활한 사람들이 이들을 침탈하여서 끝내 분노하게 되고 편히 살 길이 없어지기 때문에 반란하기에 이르렀습니다. 무릇 만이들이 침입하고 반란을 일으키는 것은 모두 이 때문입니다.

옛 제도에 익주(益州)의 부(部)에는 만이(蠻夷)기도위를 두었으며, 유주(幽州)의 부에는 영오환(領烏桓)교위를 두었고, 양주(涼州)의 부에는 호강(護羌)교위를 두었는데, 이들은 모두 부절을 가지고 관장하고 보호하면서 그들의 맺힌 원망을 처리하고 절기마다 순행하면서 그들의 아프고 고통스러운 것을 물어 보았습니다.

또한 자주 통역관을 파견하여 그들의 동정을 잘 알게 하여서 요새 밖의 강이(羌夷)들을 하급 관리의 귀나 눈으로 삼으니, 주와 군에서는 이들을 통하여 경비할 수 있었습니다. 지금 마땅히 옛 제도를 회복시켜서 위엄과 방어의 뜻을 밝히십시오."

황제가 이를 좇았다. 우한(牛邯)을 호강교위로 삼았다.

9   도적이 음(陰)귀인[118]의 어머니 등(鄧)씨와 그녀의 동생 음흔(陰訢)을 죽였다. 황제는 이를 아주 가슴 아프게 생각하고 귀인의 동생 음취(陰就)를 선은후(宣恩侯)로 삼았다. 다시 음취의 형인 시중 음흥(陰興)을 불러서 그에게 작위를 책봉하려고 하여 인수를 그의 앞에다 놓았다.

음흥이 굳게 사양하면서 말하였다.

"신은 아직도 먼저 적의 진지를 함락시키는 공로를 세우지 못하였는데, 한 집안에서 여러 명이 나란히 작위와 봉토를 받는다는 것은 천하 사람들이 쳐다보게 하는 것이니 진실로 원하는 바가 아닙니다."

황제는 그를 가상히 생각하여 그의 뜻을 빼앗지 아니하였다.

귀인이 그 연고를 물었더니, 음흥이 말하였다.

"무릇 외척 집안이 고생하는 것은 겸손하고 물러날 줄 모르는 것 때문이오. 딸을 후왕(侯王)에게 배필로 보내려고 하고, 공주를 며느리로 맞아들이려고 곁눈질하는 것은 어리석은 내 마음으로는 실로 불안합니다. 부귀란 끝이 있는 것이니 사람은 마땅히 만족할 줄 알아야 하고, 지나치게 사치한 것은 더욱 보고 듣는데서 꺼리는 바가 됩니다."

귀인이 그 말에 감동하여 깊이 스스로를 낮추고 끝내 종친을 위하여

---

118 유수의 원래 부인이다.

자리를 요구하지 아니하였다.

10   황제가 구순(寇恂)을 불러 다시 돌아오게 하고, 어양 태수 곽급
(郭伋)을 영천(潁川) 태수로 삼았다. 곽급이 산적(山賊) 조굉(趙宏)과
소오(召吳) 등 수백 명을 불러서 항복하게 하여 모두 고향으로 보내어
농사짓게 하였다. 이어서 명령을 전횡하였던 것을 스스로 탄핵하였으
나,[119] 황제가 이를 허물로 여기지 않았다.

　뒤에 조굉과 소오 등의 무리가 곽급의 위엄과 신망을 소문으로 듣
고, 멀리는 강남에서 혹은 유주와 기주로부터 와서 약속을 하지 않았는
데도 모두 다 항복하였고, 도로에는 왕래하는 것이 끊이지 아니하였다.

11   사차왕(莎車王)[120] 강(康)이 죽고, 동생 현(賢)이 즉위하였는데,
구미왕(拘彌王)[121]과 서야왕(西夜王)을 공격하여 죽이고 강의 두 아들
에게 그곳에서 왕 노릇하게 하였다.

광무제 건무 10년(甲午, 34년)[122]

---

119 황제에게 품신하지 않고 항복한 자들을 멋대로 조치한 것에 대하여 책임지
　　려는 것이었다.

120 사차는 신강성 사차현(莎車縣)에 있는 소왕국이다.

121 구미는 신강성 우전현(于田縣)에 있는 소왕국이다.

122 이 해는 한제 노방(漢帝 盧芳) 6년이며, 공손술의 성가 용흥(成家 龍興) 10년
　　이고, 삭녕왕 외순(朔寧王 隗純) 원년이다.

1 　봄, 정월에 오한이 다시 포로장군 왕패(王霸) 등 네 장군과 6만 명을 이끌고 고류(高柳, 산서성 陽高縣)를 나가서 가람(賈覽)[123]을 쳤는데, 흉노의 기병 수천 명이 그들을 구원하러 왔으나 평성(平城, 산서성 大同市) 아래에서 계속 싸워 그들을 격파하여 달아나게 하였다.

2 　하양절후(夏陽節侯)[124] 풍이 등이 조광, 전감(田弇)[125]과 싸웠는데 또 1년이 되어서 그들의 목을 모두 베었다. 외순(隗純)[126]은 아직 떨어지지 아니하였는데, 제장들은 또한 돌아가서 군사 활동을 좀 쉬고 싶어 하였지만 풍이가 굳은 태도를 견지하고 움직이지 않자 함께 낙문(落門)[127]을 공격하였다가 아직 뽑아버리지 못하였다. 여름에 풍이가 군대의 진중에서 죽었다.

3 　가을, 8월 기해일(25일)에 황상이 장안에 행차하였다.

4 　애초 외효의 장수인 안정(安定, 감숙성 固原縣) 사람 고준(高峻)이 군사를 대동하고 고평(高平)의 제일(第一)[128]을 점거하고 있었는데,

---

123 흉노의 지원을 받는 노방(盧芳)의 부하 장수이다.

124 풍이의 작위는 하양후인데, 그가 죽고 나서 시호를 절후라고 하였다.

125 외효(隗囂)의 부하 장수로 지금은 외효의 아들 외순의 부하 장수이다.

126 외효의 아들이다.

127 외순이 기거하는 기현(冀縣)의 낙문으로 지금의 감숙성 감곡현(甘谷縣)에 있다.

128 고평은 감숙성 고원현으로 안정군의 치소가 있다. 제일은 고평의 첫 번째 성이다.

건위(建威)대장군 경감 등이 이를 포위하였지만 1년이 되어도 뽑아버리지 못하였다.

황제가 스스로 장차 이를 정벌하려고 하자 구순이 간하였다.

"장안(長安)은 가는 길의 중간쯤이어서[129] 응대하고 받아들이기가 가깝고 편할 것이니 안정(安定, 감숙성 固原縣)과 농서(隴西, 감숙성 臨洮縣)에서는 반드시 떨리고 두려운 마음을 품었을 것입니다. 이곳에서 한 번 여유 있게 계시면 사방을 제압할 수 있습니다. 지금 병사와 말들이 피곤해 있으니, 바야흐로 험하고 막힌 곳을 밟고 간다는 것은 만승(萬乘)이신 황제의 위신을 굳게 하는 일이 아닙니다. 작년에 영천(潁川)에서 일어났던 사건[130]을 지극히 경계로 삼을 만합니다."

황제는 이 말을 좇지 아니하고 나아가서[131] 견(汧, 섬서성 농현의 서쪽)까지 행차하였다.

고준이 오히려 떨어지지 않자 황제가 구순을 파견하여 그를 항복시키게 하였다. 구순이 새서를 받들고 제일성으로 가니, 고준이 군사(軍師) 황보문(皇甫文)을 파견하여 나와서 보게 하였는데, 언사와 예의에서 조금도 굴함이 없었다. 구순이 화가 나서 장차 그를 죽이려 하였다.

제장들이 간하였다.

"고준의 정병은 1만 명인데, 대부분 강노(强弩)를 갖고 있고, 서쪽으로 농도(隴道)[132]를 막고 있어서 몇 년을 계속하여도 떨어뜨리지 못하

---

129 장안의 위치가 수도 낙양과 고평의 중간 지점이다.

130 하남성 우현에서 일어난 반란 사건을 말한다.

131 다른 판본에는 이 사건은 무술(戊戌)일에 일어난 것으로 기록되어 있다. 무술은 27일이므로 이것이 맞다면 앞의 기사와 배열이 바뀌었다.

였습니다. 이제 그를 항복시키려고 하면서 도리어 그 사자를 죽인다면 옳지 않음이 없을까요?"

구순은 이에 응답하지 아니하고 드디어 그의 목을 베고 그 부사(副使)를 보내어 고준에게 말하게 하였다.

"군사가 예의가 없어서 이미 그를 죽였도다. 항복하고 싶으면 급히 항복하라. 원치 않으면 굳게 지키라."

고준은 두렵고 무서워서 그날로 성문을 열고 항복하였다.

제장들이 모두 축하하며 이어서 말하였다.

"감히 묻건대, 그들의 사자를 죽이고도 그들의 성을 항복시켰으니, 어떤 이유에서 입니까?"

구순이 말하였다.

"황보문은 고준의 심복이고, 계책을 취하고 있는 사람이다. 지금 왔지만 말 속에 숨겨진 뜻을 보면 굴복하지 않았으니 반드시 항복할 마음이 없었다. 그를 온전하게 해준다면 황보문은 그의 계책을 찾을 수 있겠지만 그를 죽였으니 그의 간담이 없어진 것이다. 이리하여서 항복했을 뿐이다."

제장들이 모두 말하였다.

"생각이 미치지 못하였습니다."

5   겨울, 10월에 내흡과 제장들이 낙문(落門)을 공격하여 격파하고 주종(周宗)·행순(行巡)·구우(苟宇)·조회(趙恢) 등이 외순을 거느리고 항복하였지만, 왕원(王元)은 촉으로 도망[133] 하였다.

---

132 농(隴), 즉 감숙성으로 가는 길을 말한다.

여러 외(隗)씨 성을 가진 사람들을 경사의 동쪽으로 옮겨 살게 하였다. 그 후에 외순과 그의 빈객들이 도망하여 흉노 지역으로 갔지만 무위(武威, 감숙성 무위현)에 이르렀지만 잡아서 이를 주살하였다.

6   선령(先零)의 강족은 여러 종족들과 더불어 금성(金城, 감숙성 蘭州市)과 농서(隴西)를 노략하였는데, 내흡이 개연 등을 인솔하고 진격하여 그들을 대파하였고, 목을 베거나 포로로 잡은 수가 수천 명이었다. 이에 창고를 열어서 주리고 궁핍한 사람들을 구제하니 농우(隴右)[134] 지역이 드디어 안정되었고, 양주(涼州)에도 통로가 열렸다.

7   경인일(17일)에 거가가 궁궐로 돌아왔다.

---

133 공손술에게로 간 것이다.

134 농산의 서쪽을 말한다. 이곳은 서주(西州)이며, 감숙성의 동쪽이다.

광무제 건무 11년(乙未, 35년)[135]

1   봄, 3월 기유일(9일)에 황제가 남양(南陽)에 행차하였다가 돌아오는 길에 장릉(章陵)에 행차하였고, 경오일(20일)에 거가가 환궁하였다.

2   잠팽이 진향(津鄕, 호북성 江陵縣의 동쪽)에 주둔하여 자주 전융(田戎)[136] 등을 공격하였으나 이기지 못하였다. 황제는 오한을 파견하여 주로(誅虜)장군 유륭(劉隆) 등 세 장수를 인솔하고 형주(荊州, 호북성과 호남성) 지역의 군사 무릇 6만여 명과 기마 5천 필을 징발하여 잠팽과 형문(荊門, 호북성 형문현의 남쪽)에서 회합하도록 하였다.

   잠팽은 전선(戰船) 수천 척에다 싣고 왔는데, 오한은 여러 군에서 온 수병(水兵)들이 양곡을 소비하는 것이 많을 것이라고 생각하여 이를 혁파하려고 하였다. 잠팽은 촉[137]의 군사가 많아 이들을 보낼 수 없다

---

135 이 해는 한제 노방(漢帝 盧芳) 7년, 공손술의 성가 용흥(成家 龍興) 11년이다.
136 공손술의 부하 장수이다.

고 생각하였으므로 편지를 올려서 상황을 보고하였다.

황제가 잠팽에게 회보하였다.

"대사마는 보병과 기병을 사용하는데 익숙하지만 수전(水戰)을 잘 이해하지 못하니 형문(荊門)에서 할 일 한 가지는 정남공(征南公)[138]으로 말미암은 것을 중하게 생각하는 것뿐이니라."

윤월(윤3월)에 잠팽이 군대의 진중에 명령을 내려서 부교(浮橋)를 공격할 사람을 모집하여 먼저 부교에 오르는 사람에게 으뜸가는 상을 주겠다고 하였다. 이에 편장군 노기(魯奇)가 응모하여 앞장섰는데, 그때 동쪽에서 바람이 미친 듯이 급하게 불었고 노기의 배가 물을 거슬러 위로 올라가서 곧바로 부교에 부딪쳤으나 찬주[139]가 있어서 도리어 배를 움직이지 못하여 노기의 배는 갈 수 없었다. 노기 등은 이 형세를 이용하여 결사적으로 싸움을 치렀고, 이를 이용하여 불화살을 날려 불태우니 바람은 미친 듯이 불고 불길은 커져서 부교에 세운 누각이 불에 타서 무너졌다.

잠팽의 모든 군사들이 순풍을 타고서 나란히 나아가니 나아가는 앞에는 아무 것도 없었고, 촉병(蜀兵)은 큰 혼란에 빠져 물에 빠져 죽은 사람이 수천 명이었으며, 임만(任滿)의 목을 베고, 정범(程汎)을 생포하였으며, 전융이 도망하자 강주(江州, 사천성 巴縣)를 지켰다.

잠팽은 유륭을 올려서 남군(南郡, 호북성 강릉현) 태수로 삼게 하고 스

---

137 공손술이 있는 지역이다.

138 '정남'은 정남군을 말하고 '공'은 상대를 높이는 말이며 이를 합쳐 부른 것이므로 정남장군인 잠팽을 지칭한다.

139 적의 배가 접근하는 것을 막으려고 물속에 박아둔 말뚝이다.

스로는 보위(輔威)장군 장궁(臧宮)과 교기(驍騎)장군 유흠(劉歆)을 인솔하고 멀리까지 가서 강관(江關, 사천성 봉절현의 동쪽)으로 들어갔다. 군중(軍中)에 노략질을 할 수 없게 명령을 내리니 지나가는 곳에 사는 백성들은 모두 소를 잡고 술을 담아 가지고 와서 환영하며 위로하였지만 잠팽은 다시 물리치고 받지 아니하였다. 백성들은 크게 기뻐하며 다투어 문을 열고 항복하였다.

잠팽에게 조서를 내려 익주목(益州牧)의 직책을 수행하게 하고,[140] 떨어뜨린 군이 있으면 번번이 그 군의 태수 일을 임시로 수행하게 하였고,[141] 잠팽이 만약 그 군의 경계선에서 나가게 되면 바로 태수의 명칭을 뒤따르는 장군에게 주었다. 관속 가운데서 사람을 선발하여 익주의 장리(長吏) 일을 맡게 하였다.[142]

잠팽이 강주(江州)에 이르니 그 성은 방비가 굳고 양식도 많아서 빠른 시일에 뽑아버리기가 어려워 풍준(馮駿)을 남겨두어 그곳을 지키게 하였다. 스스로는 병사를 이끌고 이로운 형세를 타고서 바로 점강(墊江, 사천성 合川縣)을 향하여 가서 평곡(平曲)[143]을 공격하여 깨뜨리고, 그곳의 쌀 수십만 석을 거두어들였다. 오한은 이릉(夷陵, 호북성 宜昌市)에 머물다가 숨겨놓은 배를 타고 뒤를 이어서 나아갔다.

---

140 수직(守職), 즉 임시직책이므로 관직명은 수익주목(守益州牧)이다.

141 행직(行職), 즉 임시로 맡은 직책으로 관직명은 행태수사(行太守事)이다.

142 장리는 장급 관리이다. 주의 주목, 군의 태수, 현의 현령을 말하는데, 여기서는 수주중장리라고 하였으므로 이들 장급관리를 모두 수직(守職), 즉 임시직으로 임명한 것이다.

143 정확하지는 않지만 정황상 합천현의 동쪽에 있는 용동타(龍洞沱)로 추측된다.

3   여름에 선령의 강족이 임도(臨洮, 감숙성 岷縣)[144]를 노략질하였
다. 내흡이 마원을 추천하여 농서 태수로 삼아 선령의 강족을 공격하게
하여 대파하였다.

4   공손술은 왕원(王元)[145]을 장군으로 삼고 영군(領軍)[146] 환안(環
安)과 함께 하지(河池, 감숙성 휘현)에서 대항하게 하였다.

  6월에 내흡이 개연 등과 함께 나아가서 왕원과 환안을 공격하여 대
파하고, 드디어 하변(下辨, 감숙성 成縣)에서 승리하고 이긴 기세를 타
고 전진하였다. 촉 사람들이 크게 두려워하여 자객으로 하여금 내흡을
칼로 찌르게 하였는데, 아직 절명하지 아니하였으므로 말을 달려 개연
을 부르게 하였다. 개연이 와서 내흡을 보고 엎드려 슬픔에 잠겨서 우
러러 얼굴을 보지 못하였다.

  내흡이 개연을 꾸짖어 말하였다.

  "호아(虎牙)장군인 그대가 어찌하여 감히 그런 행동을 한단 말이오!
지금 사자인 내가 자객의 칼을 맞아서 나라에 보답을 할 수 없게 되어
거경(巨卿)[147]을 불러서 내 군사에 관한 일을 부탁하고자 하는데, 도리
어 어린아이나 여자처럼 눈물을 흘린단 말이오! 칼이 비록 내게 있으
나 무기를 꺼내 공의 목을 벨 수가 없구려!"

---

144 호삼성의 음주는 '洮'의 음은 '韜'라고 했으므로 '도'로 표기하였다.
145 왕원은 건무 10년(34년)에 영삭(寧朔)대군이 와해될 때 공손술에게로 도망
   하였다.
146 군사를 관장한다는 의미이므로 직책이다. 또 영군장군의 약어일 수도 있다.
147 개연의 자이다.

개연은 눈물을 거두고 억지로 일어나 그의 교훈을 받았다.

내흡이 스스로 표문을 써서 말하였다.

"신이 밤중에 사람들이 모두 잠든 틈에 모르는 어떤 사람에게 상해를 받았는데 급소를 맞았습니다. 신은 감히 이를 애석하게 생각하지는 않지만 진실로 제 직책을 다하지 못한 것을 한스럽게 생각하며 조정의 수치라고 생각합니다.

무릇 나라를 다스리는 데는 현명한 사람을 얻는 것을 근본으로 삼는 것인데, 태중대부 단양(段襄)은 정직하여 일을 맡길 만하니 바라건대 폐하께서 잘 살펴 주십시오. 또한 신의 형제들은 불초하여 끝내 죄를 입을까 두려우니 폐하께서 슬프고 가련하게 생각하시어 자주 가르치고 감독하여 주십시오."

쓰기를 마치자 붓을 던지고 칼을 뽑아 절명하였다.[148]

황제는 보고를 받고 크게 놀랐고, 편지를 살피면서 눈물을 흘렸다. 양무(揚武)장군 마성(馬成)에게 중랑장(中郎將)의 직책을 맡아 그를 대신하게[149] 하였다. 내흡의 영구가 낙양으로 돌아오니 승여[150]는 상복을 입고 조문하고 장례에 참석하였다.

5   조왕(趙王) 유량(劉良)이 황제를 따라서 내흡의 영구를 보내고 돌아오는 길에 하성문(夏城門)[151]으로 들어오다가 중랑장 장한(張邯)과

---

148 자객에게 칼을 맞았는데 그 칼이 내흡의 몸에 꽂혀 있었다.

149 수직(守職)이다. 이것도 다른 사람의 직책을 대신 수행하는 것이다.

150 황제가 타는 수레이지만 실제는 황제를 가리킨다.

151 낙양에는 열두 개의 문이 있는데, 하문은 해방(亥方, 북서 방향에서 북쪽으로

길을 가지고 다투었는데 이때 장한에게 수레를 돌리라고 질책했고, 또한 성문을 지키는 사람을 힐책하여 수십 보나 앞서 가게 하였다.

사예교위 포영(鮑永)이 탄핵하는 상주문을 올렸다.

"조왕 유량이 번신(藩臣)으로서의 예의를 갖추지 못하여 큰 불경죄를 지었습니다."

유량이 아주 높은 황제의 친척인데도 포영이 그를 탄핵하니 조정이 숙연하였다. 포영은 부풍(扶風) 사람 포회(鮑恢)를 도관종사(都官從事)[152]로 벽소하였는데, 포회 역시 강직하고 곧은 사람이어서 강하고 귀한 사람을 겁내지 아니하였다. 황제는 항상 말하였다.

"귀척(貴戚)들은 또 손을 감추고 저 두 포씨를 피해야 할 것이야."

포영이 각 현을 순회하다가 패릉(霸陵)[153]에 이르렀는데, 길을 가다가 경시의 묘를 지나게 되자 내려서 절하고 곡을 하여[154] 그 애도함을 극진히 표하고 떠나갔다. 서쪽으로 가서 부풍에 이르러서는 소를 잡아 구간(苟諫)[155]의 무덤에 제사지냈다.

황제가 이 소식을 듣고, 마음속으로 불평하면서 공경들에게 물었다.

기울어진 방향)에 위치한 문이다.

152 사예교위에게는 종사사(從事史)가 열두 명이 있는데 그 가운데 도관종사는 백관의 범법자를 살피는 직책을 갖고 있었다.

153 섬서성 서안시 동쪽에 전한 5대 황제인 유항 문제(劉恒 文帝)의 묘가 있다.

154 포영은 경시 유현(更始 劉玄)의 부하였다. 광무제 건무 2년(26년)조를 참고하시오.

155 경시 2년(24년)에 왕망이 포영의 아버지인 포선(鮑宣)을 죽이자, 상당(上黨) 도위인 노평(路平)이 포영을 죽이려하자, 상당 태수인 구간이 이를 보호하였던 일로《자치통감》권39에 실려 있다.

"명령을 받들고 일을 하는 도중에 이처럼 하였으니 어떠하오?"

태중대부 장담(張湛)이 대답하였다.

"어질다는 것은 실천하는 것을 최고로 삼고, 충성스럽다는 것은 의로운 것을 제일로 칩니다. 어진 사람은 옛 사람을 버리지 않고 충성스러운 사람은 임금을 저버리지 않는 것이니 그는 실천함이 대단히 높은 사람입니다."

황제는 이에 속마음을 풀었다.

6   황제 스스로가 장차 공손술을 정벌하려고 하였는데, 가을, 7월에 장안에 도착하였다.

7   공손술은 그의 장수 연잠(延岑), 여유(呂鮪), 왕원(王元), 공손회(公孫恢)에게 병사들을 다 모아 광한(廣漢, 사천성 遂寧縣)과 자중(資中, 資陽縣)에서 막게 하고 또 장수 후단(侯丹)을 파견하여 2만 여명을 인솔하고 황석(黃石, 사천성 涪陵縣)에서 막게 하였다.

잠팽은 장궁에게 항복한 졸병 5만 명을 거느리고 부수(涪水)에서부터 평곡(平曲, 사천성 合川縣 동쪽)으로 올라가서 연잠을 막게 하였는데, 스스로는 병사를 나누어 강에서 배를 타고 내려가 강주(江州)로 돌아왔다가 도강(都江, 현재의 지명이 불명확함)을 거슬러 올라가서 후단을 습격하여 대파하였다. 이어서 밤낮으로 배나 빠르게 2천여 리를 가서 지름길로 무양(武陽, 사천성 팽산시)을 뽑아버렸다. 정예기병에게 달려가서 광도(廣都, 사천성 성도시)를 치게 하니 성도(成都)까지는 수십 리 정도 떨어졌는데, 그 형세는 마치 비바람과 같아서 이르는 곳에서는 모두가 달아나고 흩어졌다.

처음에 공손술은 한나라의 군사가 평곡에 있다는 소식을 들었던 연고로 많은 병사를 보내어 그를 맞이했다. 잠팽이 무양에 이르러서 연잠군의 후방을 포위하게 되자 촉 지역에서는 깜짝 놀랐다. 공손술도 크게 놀라서 지팡이로 땅을 치면서 말하였다.

"이 무슨 귀신이란 말인가?"

연잠은 원수(沅水)[156]에 많은 군사를 모아놓고 있었다. 장궁의 무리는 많지만 먹을 것이 적었으며 운반해오는 곡식도 도착하지 아니하여서 항복한 자들은 모두가 자기들의 군읍으로 흩어지고 배반하였고, 다시금 모여 보호하면서 어느 편이 성공하고 패배할 것인가를 관망하였다.

장궁은 군사를 이끌고 돌아가려고 하였으나, 배반할까봐 두려웠다. 마침 황제가 알자를 파견하여 병사를 거느리고 잠팽에게로 가고 있었는데 말 700필이 있었다. 장궁은 황제의 제(制)[157]를 고쳐 이를 거두어 자기에게 덧붙이고 밤낮으로 군사를 진격시켰는데, 기치를 많이 내걸고 산에 올라가서 전고를 울리며 시끄럽게 하며 오른쪽에는 보군(步軍)을, 왼쪽에는 기병(騎兵)을 배치하여 배를 중간에 두고 전진하였으며, 그 함성소리가 산골짜기를 뒤흔들었다.

연잠은 뜻하지 않게 졸지에 한나라 군사가 이르니, 산에 올라가서 이를 바라보고 크게 놀라고 두려웠다. 장궁은 이어서 멋대로 공격하여 그들을 대파하니 목을 베이거나 물에 빠져 죽은 사람이 1만여 명이었

---

156 이때 상황으로 보아 무양과 성도 사이에 있는 황룡계(黃龍溪)이거나 혹은 부하(府河)일 것이다.

157 황제가 내린 명(命)이다. 황제가 내린 명은 제(制), 영(令)은 조(詔)라고 한다.

고, 이 때문에 물이 흐려졌다. 연잠이 성도로 도망하니 그 무리들은 모두 항복하였으며 그들의 병사와 전마, 진귀한 보배를 다 얻었다. 이로부터 이긴 기운을 타고 북쪽으로 쫓아 올라가니 항복한 자가 10만 명을 헤아렸다. 군사들이 양향(陽鄕, 사천성 綿竹縣의 동쪽)에 이르자 왕원이 그의 무리를 다 들어서 항복하였다.

황제가 공손술에게 편지를 보내어 어느 것이 화가 되고 복이 되는지를 열거하고 단청(丹靑)[158]의 믿음을 보여 주었다. 공손술이 편지를 살펴보고 크게 탄식하고 친한 사람들에게 보여 주었다. 태상 상소(常少)와 광록훈 장륭(張隆)이 모두 공손술에게 항복을 권고하였다. 공손술이 말하였다.

"흥망은 천명이다. 어찌 항복하는 천자가 있다는 말이냐!"

주위에서는 감히 다시 말하지 못하였다. 상소와 장륭이 근심하다 죽었다.

8   황제가 장안에서 돌아왔다.

9   겨울, 10월에 공손술이 자객을 도망한 노복으로 속여 잠팽에게 가서 항복하였다가 밤중에 잠팽을 찔러 죽이게 하였다. 태중대부이며 감군(監軍)인 정흥(鄭興)이 그의 군영을 지휘하면서 오한이 오기를 기다렸다가 넘겨주었다.

잠팽은 군사를 관장하는 것이 정제(整齊)하여 조금도 법을 어기는

---

158 붉고 푸른색으로 그림을 그리는 것인데, 여기에서는 눈에 드러나는 것을 말한다.

일이 없었다. 공곡왕(邛榖王) 임귀(任貴)[159]가 잠팽의 위엄과 신망을
보고받고 수천 리 밖에서 사자를 파견하여 영접하며 항복하였는데 마
침 잠팽이 해를 입자 황제는 임귀가 바친 물건들을 모두 잠팽의 처자
에게 주었다. 촉 사람들은 그를 위하여 사당을 세우고 제사지냈다.

10 마성(馬成) 등이 하지(河池)를 격파하고 드디어 무도(武都)를 평
정하였다. 선령에 살던 여러 강족 수만 명이 모여 살면서 노략질하다가
호문(浩亹, 청해성 樂都縣)의 요새에서 항거하였다. 마성과 마원(馬援)
은 깊숙이 들어가서 토벌하고 공격하여 그들을 대파하고 항복한 강족
을 옮겨서 천수(天水)와 농서(隴西), 부풍(扶風)에 살게 하였다.

이때 조정의 신하들은 금성(金城)의 파강현(破羌縣, 청해성 湟源縣)
서쪽은 길도 멀고 침략을 받는 일이 많아서 상의하여 이곳을 버리자고
하였다. 마원이 말씀을 올렸다.

"파강현의 서쪽에 있는 성은 대부분 튼튼하여 쉽게 의지할 수 있으
며, 그곳의 전토도 비옥하며 관개하여 물이 유통됩니다. 만약 강족들을
황중(湟中)에 있게 하여도 그 해로움이 없어지는 것이 아닐 터이니 버
릴 수는 없습니다."

황제가 이 의견을 좇았다.

백성으로 돌아온 사람이 3천여 명이나 되자 마원은 그곳에 장리(長
吏)를 두고, 성곽을 수선하게 하며 감시초소를 만들고, 해자를 만들게
하여 농사를 짓거나 목축을 하도록 권고하니 군 안에서는 즐겨 일에

---

159 임귀가 건무 원년(25년)에 공손술에게 항복한 사건은 《자치통감》 권40에 실
려 있다.

종사하였다. 또 요새 밖에 있는 저족(氐族)과 강족을 불러 위로하니 모두가 와서 항복하여 귀부하였으며 마원은 다시 그들이 후왕(侯王)과 군장(君長)들의 직위를 회복시켜 주도록 상주하니 황제가 이를 좇았다. 이에 마성의 군대를 철수시켰다.

11   12월에 오한이 이릉(夷陵)에서부터 3만 명을 거느리고 장강을 거슬러 올라가서 공손술을 토벌하였다.

12   곽급(郭伋)은 병주(幷州, 산서성 일대)목(牧)이었는데 경사를 지나가면서 황제가 그에게 현재의 정치에서 잘한 것과 잘못한 것을 물으니, 곽급이 말하였다.

"여러 직책의 사람을 뽑아 보충할 때 마땅히 천하의 현명하고 준수한 인물을 선발하여야 할 것이고, 마땅히 남양(南陽)[160] 사람만 오로지 채용해서는 안 될 것입니다."

이때 높은 지위에 있는 사람은 대부분 유수의 고향의 옛 친구였으므로 곽급이 이를 말한 것이다.*

---

160 남양은 황제 유수의 고향이다.

❖ 황제 계보도

후한

① 광무제 유수
(光武帝 劉秀)

② 효명제 유장
(孝明帝 劉莊)

③ 효장제 유달
(孝章帝 劉炟)

④ 효화제 유조　　청하효왕 유경　　천승정왕 유항　　제북혜왕 유수
(孝和帝 劉肇)　(清河孝王 劉慶)　(千乘貞王 劉伉)　(濟北惠王 劉壽)

⑤ 효상제 유륭　⑥ 효안제 유호　　낙안이왕 유총　⑦ 소제 북향후 유의
(孝殤帝 劉隆)　(孝安帝 劉祜)　(樂安夷王 劉寵)　(少帝 北鄕侯 劉懿)

　　　　　　　⑧ 효순제 유보　　발해효왕 유홍
　　　　　　　(孝順帝 劉保)　(渤海孝王 劉鴻)

　　　　　　　⑨ 효충제 유병　⑩ 효질제 유찬
　　　　　　　(孝沖帝 劉炳)　(孝質帝 劉纘)

하간효왕 유개
(河間孝王 劉開)

여오후 유익
(蠡吾侯 劉翼)

해독정후 유숙
(解瀆亭侯 劉淑)

⑪ 효환제 유지
(孝桓帝 劉志)

해독정후 유장
(解瀆亭侯 劉萇)

⑫ 효령제 유굉
(孝靈帝 劉宏)

⑬ 소제 홍농왕 유변
(少帝 弘農王 劉辯)

⑭ 효헌제 유협
(孝獻帝 劉協)

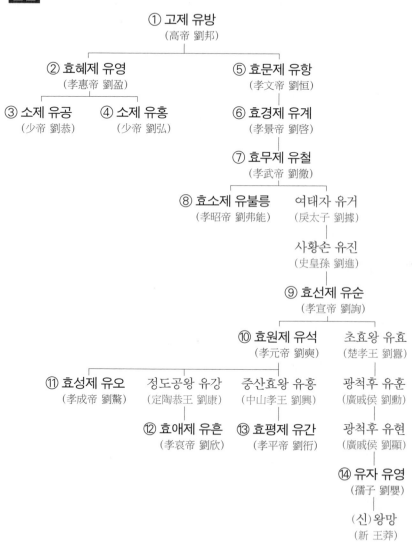

① 고제 유방
(高帝 劉邦)

② 효혜제 유영
(孝惠帝 劉盈)

⑤ 효문제 유항
(孝文帝 劉恒)

③ 소제 유공
(少帝 劉恭)

④ 소제 유홍
(少帝 劉弘)

⑥ 효경제 유계
(孝景帝 劉啓)

⑦ 효무제 유철
(孝武帝 劉徹)

⑧ 효소제 유불릉
(孝昭帝 劉弗能)

여태자 유거
(戾太子 劉據)

사황손 유진
(史皇孫 劉進)

⑨ 효선제 유순
(孝宣帝 劉詢)

⑩ 효원제 유석
(孝元帝 劉奭)

초효왕 유효
(楚孝王 劉囂)

⑪ 효성제 유오
(孝成帝 劉驁)

정도공왕 유강
(定陶恭王 劉康)

중산효왕 유흥
(中山孝王 劉興)

광척후 유훈
(廣戚侯 劉勳)

⑫ 효애제 유흔
(孝哀帝 劉欣)

⑬ 효평제 유간
(孝平帝 劉衎)

광척후 유현
(廣戚侯 劉顯)

⑭ 유자 유영
(孺子 劉嬰)

(신) 왕망
(新 王莽)

資治通鑑 卷037

【漢紀二十九】
起屠維大荒落(己巳) 盡閼逢閹茂(甲戌) 凡六年.

❖ 王莽中 始建國 元年 (己巳, 9年)

1　　春 正月 朔 莽帥公侯卿士奉皇太后璽韍上太皇太后 順符命 去漢號焉.

初 莽娶故丞相王訢孫宜春侯咸女爲妻 立以爲皇后 生四男 宇・獲前誅死 安頗荒忽 乃以臨爲皇太子 安爲新嘉辟. 封宇子六人皆爲公. 大赦天下.

莽乃策命孺子爲定安公 封以萬戶 地方百里 立漢祖宗之廟於其國 與周後並行其正朔・服色 以孝平皇后爲定安太后. 讀策畢 莽親執孺子手 流涕歔欷曰“昔周公攝位 終得復子明辟 今予獨迫皇天威命 不得如意！”哀嘆良久. 中傅將孺子下殿 北面而稱臣. 百僚陪位 莫不感動.

又按金匱封拜輔臣 以太傅・左輔王舜爲太師 封安新公 大

司徒平晏爲太傅 就新公 少阿‧羲和劉秀爲國師 嘉新公 廣漢
梓潼哀章爲國將 美新公 是爲四輔 位上公. 太保‧後承甄邯
爲大司馬 承新公 丕進侯王尋爲大司徒 章新公 步兵將軍王邑
爲大司空 隆新公 是爲三公. 太阿‧右拂‧大司空甄豐爲更始
將軍 廣新公 京兆王興爲衛將軍 奉新公 輕車將軍孫建爲立國
將軍 成新公 京兆王盛爲前將軍 崇新公 是爲四將. 凡十一公.
王興者 故城門令史 王盛者 賣餅 莽按符命求得此姓名十餘人
兩人容貌應卜相 徑從布衣登用 以示神焉.

　是日 封拜卿大夫‧侍中‧尙書官凡數百人 諸劉爲郡守者皆
徙爲諫大夫. 改明光宮爲定安館 定安太后居之 以大鴻臚府爲
定安公第 皆置門衛使者監領. 敕阿乳母不得與嬰語 常在四壁
中 至於長大 不能名六畜 後莽以女孫宇子妻之.

　莽策命羣司各以其職 如典誥之文. 置大司馬司允‧大司徒
司直‧大司空司若 位皆孤卿. 更名大司農曰羲和 後更爲納言
大理曰作士 太常曰秩宗 大鴻臚曰典樂 少府曰共工 水衡都尉
曰予虞 與三公司卿分屬三公. 置二十七大夫 八十一元士 分主
中都官諸職. 又更光祿勳等名爲六監 皆上卿. 改郡太守曰大尹
都尉曰大尉 縣令‧長曰宰. 長樂宮曰常樂室 長安曰常安. 其
餘百官‧宮室‧郡縣盡易其名 不可勝紀.

　封王氏齊縗之屬爲侯 大功爲伯 小功爲子 緦麻爲男 其女皆
爲任. 男以“睦”女以“隆”爲號焉.

　又曰“漢氏諸侯或稱王 至於四夷亦如之 違於古典 繆於一
統. 其定諸侯王之號皆稱公 及四夷僭號稱王者皆更爲侯.”於

是漢諸侯王二十二人皆降爲公 王子侯者百八十一人皆降爲子
其後皆奪爵焉.

2   莽又封黃帝 · 少昊 · 顓頊 · 帝嚳 · 堯 · 舜 · 夏 · 商 · 周
及皋陶 · 伊尹之後皆爲公 · 侯 使各奉其祭祀.

3   莽因漢承平之業 府庫百官之富 百蠻賓服 天下晏然 莽一
朝有之 其心意未滿 陋小漢家制度 欲更爲疏闊. 乃自謂黃帝 ·
虞舜之後 至齊王建孫濟北王安失國 齊人謂之王家 因以爲氏
故以黃帝爲初祖 虞帝爲始祖. 追尊陳胡公爲陳胡王 田敬仲曰
齊敬王 濟北王安爲濟北愍王. 立祖廟五 · 親廟四. 天下姚 ·
嬀 · 陳 · 田 · 王五姓皆爲宗室 世世復 無有所與. 封陳崇 · 田
豐爲侯 以奉胡王 · 敬王後.
    天下牧 · 守皆以前有翟義 · 趙朋等作亂 領州郡 懷忠孝 封
牧爲男 守爲附城.
    以漢高廟爲文祖廟. 漢氏園寢廟在京師者 勿罷 祠薦如故.
諸劉勿解其復 各終厥身 州牧數存問 勿令有侵冤.

4   莽以劉之爲字"卯 · 金 · 刀"也 詔正月剛卯 · 金刀之利
皆不得行 乃罷錯刀 · 契刀及五銖錢 更作小錢 徑六分 重一銖
文曰"小錢直一"與前"大錢五十"者爲二品 並行. 欲防民盜
鑄 乃禁不得挾銅 · 炭.

5　　夏 四月 徐鄕侯劉快結黨數千人 起兵於其國. 快兄殷 故
漢膠東王 時爲扶崇公. 快擧兵攻卽墨 殷閉城門 自繫獄. 吏民
拒快. 快敗走 至長廣死. 莽赦殷 益其國滿萬戶 地方百里.

6　　莽曰 "古者一夫田百畝 什一而稅 則國給民富而頌聲作.
秦壞聖制 廢井田 是以兼幷起 貪鄙生 强者規田以千數 弱者
曾無立錐之居. 又置奴婢之市 與牛馬同闌 制於民臣 顓斷其命
繆於 '天地之性人爲貴' 之義. 減輕田租 三十而稅一 常有更賦
罷癃咸出 而豪民侵陵 分田劫假. 厥名三十稅一 實什稅五也.
故富者犬馬餘菽粟 驕而爲邪 貧者不厭糟糠 窮而爲姦. 俱陷于
辜 刑用不錯. 今更名天下田曰 '王田' 奴婢曰 '私屬' 皆不得賣
買. 其男口不盈八而田過一井者 分餘田予九族·鄰里·鄕黨.
故無田·今當受田者 如制度. 敢有非井田聖制·無法惑衆者
投諸四裔 以御魑魅 如皇始祖考虞帝故事!"

7　　秋 遣五威將王奇等十二人班符命四十二篇於天下 德祥五
事 符命二十五 福應十二. 五威將奉符命 賚印綬 王侯以下及
吏官名更者 外及匈奴·西域·徼外蠻夷 皆卽授新室印綬 因
收故漢印綬. 大赦天下.
　　五威將乘乾文車 駕坤六馬 背負鷩鳥之毛 服飾甚偉. 每一將
各置五帥 將持節 帥持幢. 其東出者至玄菟·樂浪·高句驪·
夫餘 南出者踰徼外 歷益州 改句町王爲侯 西出至西域 盡
改其王爲侯 北出至匈奴庭 授單于印 改漢印文 去璽曰章.

8　　冬 雷 桐華.

9　　以統睦侯陳崇爲司命 主司察上公以下. 又以說符侯崔發
等爲中城 · 四關將軍 主十二城門及繞雷 · 羊頭 · 肴黽 · 汧隴
之固 皆以五威冠其號.

10　　又遣諫大夫五十人分鑄錢於郡國.

11　　是歲 眞定 · 常山大雨雹.

❖ 王莽中 始建國 2年 (庚午, 10年)

1　　春 二月 赦天下.

2　　五威將帥七十二人還奏事 漢諸侯王爲公者悉上璽綬爲民
無違命者. 獨故廣陽王嘉以獻符命 魯王閔以獻神書 中山王成
都以獻書言莽德 皆封列侯.

　　❖ 班固論曰

　　　昔周封國八百 同姓五十有餘 所以親親賢賢 關諸盛衰
深根固本 爲不可拔者也. 故盛則周 · 召相其治 致刑錯

衰則五伯扶其弱 與共守 天下謂之共主 強大弗之敢傾.
歷載八百餘年 數極德盡 降爲庶人 用天年終. 秦訕笑三
代 竊自號爲皇帝 而子弟爲匹夫 內無骨肉本根之輔 外
無尺土藩翼之衛 陳·吳奮其白梃 劉·項隨而斃之. 故
曰周過其曆 秦不及期 國勢然也.

漢興之初 懲戒亡秦孤立之敗 於是尊王子弟 大啓九
國. 自鴈門以東盡遼陽 爲燕·代 常山以南 太行左轉 渡
河·濟 漸于海 爲齊·趙 轂·泗以往 奄有龜·蒙 爲
梁·楚 東帶江·湖 薄會稽 爲荊·吳 北界淮瀨 略廬·
衡 爲淮南 波漢之陽 互九嶷 爲長沙. 諸侯比境 周匝三
垂 外接胡·越. 天子自有三河·東郡·穎川·南陽 自
江陵以西至巴·蜀 北自雲中至隴西 與京師·內史 凡
十五郡 公主·列侯頗邑其中. 而藩國大者夸州兼郡 連
城數十 宮室·百官同制京師 可謂矯枉過其正矣. 雖然
高祖創業 日不暇給 孝惠享國又淺 高后女主攝位 而海
內晏如 亡狂狡之憂 卒折諸呂之難 成太宗之業者 亦賴
之於諸侯也.

然諸侯原本以大末 流濫以致溢 小者淫荒越法 大者睽
孤橫逆以害身喪國 故文帝分齊·趙 景帝削吳·楚 武帝
下推恩之令而藩國自析. 自此以來 齊分爲七 趙分爲六
梁分爲五 淮南分爲三. 皇子始立者 大國不過十餘城. 長
沙·燕·代雖有舊名 皆亡南北邊矣. 景遭七國之難 抑
損諸侯 減黜其官. 武有衡山·淮南之謀 作左官之律 設

附益之法 諸侯惟得衣食稅租 不與政事. 至於哀‧平之
際 皆繼體苗裔 親屬疏遠 生於帷牆之中 不爲士民所尊
勢與富室亡異. 而本朝短祚 國統三絶. 是故王莽知漢中
外殫微 本末俱弱 無所忌憚 生其姦心 因母后之權 假
伊‧周之稱 顓作威福廟堂之上 不降階序而運天下. 詐
謀既成 遂據南面之尊 分遣五威之吏 馳傳天下 班行符
命. 漢諸侯王厥角稽首 奉上璽韍 惟恐在後 或乃稱美頌
德以求容媚 豈不哀哉！

3   國師公劉秀言“周有泉府之官 收不售 與欲得 卽《易》所
謂‘理財正辭 禁民爲非’者也.”莽乃下詔曰“《周禮》有賖貸
《樂語》有五均 傳記各有筭焉. 今開賖貸‧張五均‧設諸筭者
所以齊衆庶 抑幷兼也.”遂於長安及洛陽‧邯鄲‧臨菑‧宛‧
成都立五均司市‧錢府官. 司市常以四時仲月定物上中下之
賈 各爲其市平. 民賣五穀‧布帛‧絲綿之物不售者 均官考檢
厥實 用其本賈取之 物貴過平一錢 則以平賈賣與民 賤減平者
聽民自相與市. 又民有乏絶欲賖貸者 錢府予之 每月百錢收息
三錢.

又以《周官》稅民 凡田不耕爲不殖 出三夫之稅 城郭中宅不
樹藝者爲不毛 出三夫之布 民浮游無事 出夫布一匹 其不能出
布者冗作 縣官衣食之. 諸取金‧銀‧連‧錫‧鳥‧獸‧魚‧
鱉於山林‧水澤及畜牧者 嬪婦桑蠶‧織絍‧紡績‧補縫 工
匠‧醫‧巫‧卜‧祝及他方技 商販‧賈人 皆各自占所爲於其

在所之 縣官除其本 計其利十一分之 而以其一爲貢 敢不自占
自占不以實者 盡沒入所采取而作縣官一歲.

羲和魯匡復奏請榷酒酤 莽從之. 又禁民不得挾弩 · 鎧 犯者
徙西海.

4　　初 莽旣班四條於匈奴 後護烏桓使者告烏桓民 毋得復與
匈奴皮布稅. 匈奴遣使者責稅 收烏桓酋豪 縛 倒懸之. 酋豪兄
弟怒 共殺匈奴使. 單于聞之 發左賢王兵入烏桓 攻擊之 頗殺
人民 敺婦女弱小且千人去 置左地 告烏桓曰 “持馬畜皮布來
贖之！” 烏桓持財畜往贖 匈奴受 留不遣.

及五威將帥王駿等六人至匈奴 重遺單于金帛 諭曉以受命
代漢狀 因易單于故印. 故印文曰 “匈奴單于璽” 莽更曰 “新匈
奴單于章.” 將率旣至 授單于印紱 詔令上故印紱. 單于再拜
受詔. 譯前 欲解取故印紱 單于擧掖授之. 左姑夕侯蘇從旁謂
單于曰 “未見新印文 宜且勿與.” 單于止 不肯與. 請使者坐穹
廬 單于欲前爲壽. 五威將曰 “故印紱當以時上.” 單于曰 “諾.”
復擧掖授譯 蘇復曰 “未見印文 且勿與.” 單于曰 “印文何由變
更！” 遂解故印紱奉上將帥 受著新紱 不解視印. 飮食至夜 乃
罷. 右帥陳饒謂諸將帥曰 “曩者姑夕侯疑印文 幾令單于不與
人. 如令視印 見其變改 必求故印 此非辭說所能距也. 旣得而
復失之 辱命莫大焉！ 不如椎破故印以絕禍根.” 將帥猶與 莫
有應者. 饒 燕士 果悍 卽引斧椎壞之. 明日 單于果遣右骨都侯
當白將帥曰 “漢單于印言‘璽’不言‘章’又無‘漢’字 諸王已

下乃有‘漢’言‘章’. 今卽去‘璽’加‘新’與臣下無別. 願得故印.”將帥示以故印 謂曰“新室順天製作 故印隨將帥所自爲破壞. 單于宜承天命 奉新室之制！”當還白 單于知已無可奈何 又多得賂遺 卽遣弟右賢王輿奉馬牛隨將帥入謝 因上書求故印. 將帥還左犂汙王咸所居地 見烏桓民多 以問咸 咸具言狀. 將帥曰“前封四條 不得受烏桓降者. 亟還之！”咸曰“請密與單于相聞 得語 歸之.”單于使咸報曰“當從塞內還之邪 從塞外還之邪？”將帥不敢顓決 以聞. 詔報“從塞外還之.”莽悉封五威將爲子 帥爲男 獨陳饒以破璽之功 封威德子.

單于始用夏侯藩求地 有拒漢語 後以求稅烏桓不得 因寇略其人民 釁由是生 重以印文改易 故怨恨. 乃遣右大且渠蒲呼盧訾等十餘人將兵衆萬騎 以護送烏桓爲名 勒兵朔方塞下 朔方太守以聞. 莽以廣新公甄豐爲右伯 當出西域. 車師後王須置離聞之 憚於供給煩費 謀亡入匈奴 都護但欽召置離 斬之. 置離兄輔國侯狐蘭支將置離衆二千餘人 亡降匈奴. 單于受之 遣兵與狐蘭支共入寇 擊車師 殺後城長 傷都護司馬 及狐蘭兵復還入匈奴.

時戊己校尉刁護病 史陳良・終帶・司馬丞韓玄・右曲候任商相與謀曰“西域諸國頗背叛 匈奴大侵 要死 可殺校尉 帥人衆降匈奴.”遂殺護及其子男・昆弟 盡脅略戊己校尉吏士男女二千餘人入匈奴. 單于號良・帶曰烏賁都尉.

5　　冬 十一月 立國將軍孫建奏“九月 辛巳 陳良・終帶自稱

廢漢大將軍 亡入匈奴. 又今月癸酉 不知何一男子遮臣建車前
自稱'漢氏劉子輿 成帝下妻子也. 劉氏當復 趣空宮！'收繫男
子 卽常安姓武字仲. 皆逆天違命 大逆無道. 漢氏宗廟不當在
常安城中 及諸劉當與漢俱廢. 陛下至仁 久未定 前故安衆侯
劉崇等更聚衆謀反 今狂狡之虜復依託亡漢 至犯夷滅連未止者
此聖恩不蚤絶其萌芽故也. 臣請漢氏諸廟在京師者皆罷 諸劉
爲吏者皆罷 待除於家."莽曰"可. 嘉新公·國師以符命爲予
四輔 明德侯劉龔·率禮侯劉嘉等凡三十二人 皆知天命 或獻
天符 或貢昌言 或捕告反虜 厥功茂焉. 諸劉與三十二人同宗共
祖者 勿罷 賜姓曰王."唯國師以女配莽子 故不賜姓.

6　　定安公太后自劉氏之廢 常稱疾不朝會. 時年未二十 莽敬
憚傷哀 欲嫁之 乃更號曰黃皇室主 欲絶之於漢 令孫建世子盛
飾 將醫往問疾. 后大怒 答鞭其傍侍御 因發病 不肯起. 莽遂不
復強也.

7　　十二月 雷.

8　　莽恃府庫之富 欲立威匈奴 乃更名匈奴單于曰"降奴服
于"下詔遣立國將軍孫建等率十二將分道並出 五威將軍苗
訢·虎賁將軍王況出五原 厭難將軍陳欽·震狄將軍王巡出雲
中 振武將軍王嘉·平狄將軍王萌出代郡 相威將軍李棽·鎮遠
將軍李翁出西河 誅貉將軍楊俊·討穢將軍嚴尤出漁陽 奮武將

軍王駿‧定胡將軍王晏出張掖 及偏裨以下百八十人 募天下囚
徒‧丁男‧甲卒三十萬人 轉輸衣裘‧兵器‧糧食 自負海江‧
淮至北邊 使者馳傳督趣 以軍興法從事. 先至者屯邊郡 須畢具
乃同時出 窮追匈奴 內之丁令. 分其國土人民以爲十五 立呼韓
邪子孫十五人皆爲單于.

9　莽以錢幣訖不行 復下書曰"寶貨皆重則小用不給 皆輕則
傶載煩費 輕重大小各有差品 則用便而民樂."於是更作金‧
銀‧龜‧貝‧錢‧布之品 名曰寶貨. 錢貨六品 金貨一品 銀
貨二品 龜貨四品 貝貨五品 布貨十品 凡寶貨五物‧六名‧
二十八品. 鑄作錢布 皆用銅 殽以連‧錫. 百姓潰亂 其貨不行.
莽知民愁 乃但行小錢直一與大錢五十 二品並行 龜‧貝‧布
屬且寢. 盜鑄錢者不可禁 乃重其法 一家鑄錢 五家坐之 沒入
爲奴婢. 吏民出入持錢 以副符傳 不持者廚傳勿舍 關津苛留.
　公卿皆持以入宮殿門 欲以重而行之. 是時百姓便安漢五銖
錢 以莽錢大小兩行 難知又數變改 不信 皆私以五銖錢市買
訛言大錢當罷 莫肯挾. 莽患之 復下書"諸挾五銖錢‧言大錢
當罷者 比非井田制 投四裔！"及坐賣買田宅‧奴婢‧鑄錢
自諸侯‧卿大夫至于庶民 抵罪者不可勝數. 於是農商失業 食
貨俱廢 民人至涕泣於市道.

10　莽之謀簒也 吏民爭爲符命 皆得封侯. 其不爲者相戲曰
"獨無天帝除書乎？"司命陳崇白莽曰"此開姦臣作福之路而

亂天命 宜絕其原."莽亦厭之 遂使尙書大夫趙並驗治 非五威將率所班 皆下獄.

初 甄豐·劉秀·王舜爲莽腹心 倡導在位 襃揚功德 安漢·宰衡之號及封莽母·兩子·兄子 皆豐等所共謀 而豐·舜·秀亦受其賜 並富貴矣 非復欲令莽居攝也. 居攝之萌 出於泉陵侯劉慶·前輝光謝囂·長安令田終術. 莽羽翼已成 意欲稱攝 豐等承順其意 莽輒復封舜·秀·豐等子孫以報之. 豐等爵位已盛 心意旣滿 又實畏漢宗室·天下豪桀 而疏遠欲進者並作符命 莽遂據以卽眞 舜·秀內懼而已. 豐素剛強 莽覺其不說 故託符命文 徙豐爲更始將軍 與賣餠兒王盛同列 豐父子默默. 時子尋爲侍中·京兆大尹·茂德侯 卽作符命 新室當分陝 立二伯 以豐爲右伯 太傅平晏爲左伯 如周·召故事. 莽卽從之 拜豐爲右伯. 當述職西出 未行 尋復作符命 言故漢氏平帝后黃皇室主爲尋之妻. 莽以詐立 心疑大臣怨謗 欲震威以懼下 因是發怒曰"黃皇室主天下母 此何謂也！"收捕尋. 尋亡 豐自殺. 尋隨方士入華山 歲餘 捕得 辭連國師公秀子隆威侯棻·棻弟右曹·長水校尉·伐虜侯泳 大司空邑弟左關將軍·掌威侯奇 及秀門人侍中·騎都尉丁隆等 牽引公卿黨·親·列侯以下 死者數百人. 乃流棻于幽州 放尋于三危 殛隆于羽山 皆驛車載其尸傳致云.

11　　是歲 莽始興神仙事 以方士蘇樂言 起八風臺 臺成萬金 又種五粱禾於殿中 先以寶玉漬種 計粟斛成一金.

1 　遣田禾將軍趙並發戍卒屯田五原·北假 以助軍糧.

2 　莽遣中郎將藺苞·副校尉戴級將兵萬騎 多齎珍寶至雲中
塞下 招誘呼韓邪諸子 欲以次拜爲十五單于. 苞·級使譯出塞
誘呼右犁汙王咸·咸子登·助三人. 至則脅拜咸爲孝單于 助
爲順單于 皆厚加賞賜 傳送助·登長安. 莽封苞爲宣威公 拜爲
虎牙將軍 封級爲揚威公 拜爲虎賁將軍. 單于聞之 怒曰"先單
于受漢宣帝恩 不可負也. 今天子非宣帝子孫 何以得立！"遣
左骨都侯·右伊秩訾王呼盧訾及左賢王樂將兵入雲中益壽塞
大殺吏民. 是後 單于歷告左右部都尉·諸邊王入塞寇盜 大輩
萬餘 中輩數千 少者數百 殺鴈門·朔方太守·都尉 略吏民畜
產 不可勝數 緣邊虛耗.

　是時諸將在邊 以大衆未集 未敢出擊匈奴. 討濊將軍嚴尤諫
曰"臣聞匈奴爲害 所從來久矣 未聞上世有必征之者也. 後世
三家周·秦·漢征之 然皆未有得上策者也. 周得中策 漢得下
策 秦無策焉. 當周宣王時 獫狁内侵 至於涇陽 命將征之 盡境
而還. 其視戎狄之侵 譬猶蚊蝱 敺之而已 故天下稱明 是爲中
策. 漢武帝選將練兵 約齎輕糧 深入遠戍 雖有克獲之功 胡輒
報之. 兵連禍結三十餘年 中國罷耗 匈奴亦創艾 而天下稱武
是爲下策. 秦始皇不忍小恥而輕民力 築長城之固 延袤萬里 轉
輸之行 起於負海 疆境旣完 中國内竭 以喪社稷 是爲無策. 今

天下遭陽九之厄 比年饑饉 西北邊尤甚. 發三十萬衆 具三百日
糧 東援海・代 南取江・淮 然後乃備. 計其道里 一年尙未集
合 兵先至者聚居暴露 師老械弊 勢不可用 此一難也. 邊旣空
虛 不能奉軍糧 內調郡國 不相及屬 此二難也. 計一人三百日
食 用糒十八斛 非牛力不能勝 牛又當自齎食 加二十斛 重矣.
胡地沙鹵 多乏水草 以往事揆之 軍出未滿百日 牛必物故且盡
餘糧尙多 人不能負 此三難也. 胡地秋冬甚寒 春夏甚風 多齎
釜鍑・薪炭 重不可勝 食糒飮水 以歷四時 師有疾疫之憂 是
故前世伐胡不過百日 非不欲久 勢力不能 此四難也. 輜重自隨
則輕銳者少 不得疾行 虜徐遁逃 勢不能及. 幸而逢虜 又累輜
重 如遇險阻 銜尾相隨 虜要遮前後 危殆不測 此五難也. 大用
民力 功不可必立 臣伏憂之. 今旣發兵 宜縱先至者 令臣尤等
深入霆擊 且以創艾胡虜."莽不聽尤言 轉兵穀如故 天下騷動.

　咸旣受莽孝單于之號 馳出塞歸庭 具以見脅狀白單于 單于
更以爲於粟置支侯 匈奴賤官也. 後助病死 莽以登代助爲順單
于.

　吏士屯邊者所在放縱 而內郡愁於徵發 民棄城郭 始流亡爲
盜賊 幷州・平州尤甚. 莽令七公・六卿號皆兼稱將軍 遣著武
將軍逯並等鎭名都 中郎將・繡衣執法各五十五人 分鎭緣邊大
郡 督大姦猾擅弄兵者. 皆乘便爲姦於外 撓亂州郡 貨賂爲市
侵漁百姓. 莽下書切責之曰"自今以來 敢犯此者 輒捕繫 以名
聞！"然猶放縱自若. 北邊自宣帝以來 數世不見煙火之警 人
民熾盛 牛馬布野 及莽撓亂匈奴 與之搆難 邊民死亡係獲 數

年之間 北邊虛空 野有暴骨矣.

3　　太師王舜自莽簒位後 病悸浸劇 死.

4　　莽爲太子置師·友各四人 秩以大夫. 以故大司徒馬宮等
爲師疑·傅丞·阿輔·保拂 是爲四師 故尚書令唐林等爲胥
附·奔走·先後·禦侮 是爲四友. 又置師友·侍中·諫議·
《六經》祭酒各一人 凡九祭酒 秩皆上卿.
　　遣使者奉璽書·印綬·安車·駟馬迎龔勝 卽拜爲師友祭
酒. 使者與郡太守·縣長吏·三老·官屬·行義·諸生千人以
上入勝里致詔. 使者欲令勝起迎 久立門外. 勝稱病篤 爲牀室
中戶西·南牖下 東首加朝服拖紳. 使者付璽書 奉印綬 內安
車·駟馬 進謂勝曰"聖朝未嘗忘君 制作未定 待君爲政 思聞
所欲施行 以安海內."勝對曰"素愚 加以年老被病 命在朝夕
隨使君上道 必死道路 無益萬分！"使者要說 至以印綬就加
勝身 勝輒推不受. 使者上言"方盛夏暑熱 勝病少氣 可須秋涼
乃發."有詔許之. 使者五日壹與太守俱問起居 爲勝兩子及門
人高暉等言"朝廷虛心待君以茅土之封 雖疾病 宜動移至傳舍
示有行意 必爲子孫遺大業."暉等白使者語 勝自知不見聽 卽
謂暉等"吾受漢家厚恩 無以報 今年老矣 且暮入地 誼豈以一
身事二姓 下見故主哉！"勝因敕以棺斂喪事"衣周於身 棺周
於衣. 勿隨俗動吾冢·種柏·作祠堂！"語畢 遂不復開口飲
食 積十四日死. 死時 七十九矣.

是時淸名之士 又有琅邪紀逡 齊薛方 太原郇越・郇相 沛唐林・唐尊 皆以明經飭行顯名於世. 紀逡・兩唐皆仕莽 封侯 貴重 歷公卿位. 唐林數上疏諫正 有忠直節. 唐尊衣敝・履空 被虛僞名. 郇相爲莽太子四友 病死 莽太子遣使弔以衣衾 其子攀棺不聽 曰“死父遺言‘師友之送 勿有所受.’今於皇太子得託友官 故不受也.”京師稱之. 莽以安車迎薛方 方因使者辭謝曰“堯・舜在上 下有巢・由. 今明主方隆唐・虞之德 小臣欲守箕山之節.”使者以聞. 莽說其言 不強致.

初 隃麋郭欽爲南郡太守 杜陵蔣詡爲兗州刺史 亦以廉直爲名. 莽居攝 欽・詡皆以病免官 歸鄕里 臥不出戶 卒於家. 哀・平之際 沛國陳咸以律令爲尙書. 莽輔政 多改漢制 咸心非之及何武・鮑宣死 咸歎曰“《易》稱‘見幾而作 不俟終日.’吾可以逝矣.”卽乞骸骨去職. 及莽篡位 召咸爲掌寇大夫 咸謝病不肯應. 時三子參・欽・豐皆在位 咸悉令解官歸鄕里 閉門不出入 猶用漢家祖臘. 人問其故 咸曰“我先人豈知王氏臘乎！”悉收斂其家律令・書文 壁藏之. 又 齊栗融・北海禽慶・蘇章・山陽曹竟 皆儒生 去官 不仕於莽.

❖ 班固贊曰

春秋列國卿大夫及至漢興將相名臣 耽寵以失其世者多矣 是故淸節之士 於是爲貴 然大率多能自治而不能治人. 王・貢之材 優於龔・鮑. 守死善道 勝實蹈焉. 貞而

不諒 薛方近之. 郭欽 · 蔣詡 好遯不汙 絶紀 · 唐矣.

5   是歲 瀕河郡蝗生.

6   河決魏郡 泛淸河以東數郡. 先是 莽恐河決爲元城冢墓害
及決東去 元城不憂水 故遂不堤塞.

❖ 王莽中 始建國 4年（壬申, 12年）

1   春 二月 赦天下.

2   厭難將軍陳欽 · 震狄將軍王巡上言 “捕得虜生口驗問 言
虜犯邊者皆孝單于咸子角所爲.” 莽乃會諸夷 斬咸子登於長安
市.

3   大司馬甄邯死.

4   莽至明堂 下書 “以洛陽爲東都 常安爲西都. 邦畿連體 各
有采 · 任. 州從《禹貢》爲九 爵從周氏爲五. 諸侯之員千有八百
附城之數亦如之 以俟有功. 諸公一同 有衆萬戶 其餘以是爲
差. 今已受封者 公侯以下凡七百九十六人 附城千五百一十一
人. 以圖簿未定 未授國邑 且令受奉都內 月錢數千.” 諸侯皆

困乏 至有傭作者.

5   莽性躁擾 不能無爲 每有所興造 動欲慕古 不度時宜 制
度又不定 吏緣爲姦 天下嚄嚄 陷刑者衆. 莽知民愁怨 乃下
詔"諸食王田 皆得賣之 勿拘以法. 犯私買賣庶人者 且一切勿
治."然他政悖亂 刑罰深刻 賦斂重數 猶如故焉.

6   初 五威將帥出西南夷 改句町王爲侯 王邯怨怒不附. 莽諷
牂柯大尹周歆詐殺邯. 邯弟承起兵殺歆 州郡擊之 不能服. 莽
又發高句驪兵擊匈奴 高句驪不欲行 郡強迫 皆亡出塞 因犯法
爲寇. 遼西大尹田譚追擊之 爲所殺. 州郡歸咎於高句驪侯騶
嚴尤奏言"貉人犯法 不從騶起 正有他心 宜令州郡且慰安之.
今猥被以大罪 恐其遂畔 夫餘之屬必有和者. 匈奴未克 夫餘·
濊貉復起 此大憂也."莽不慰安 濊貉遂反 詔尤擊之. 尤誘高
句驪侯騶至而斬焉 傳首長安. 莽大說 更名高句驪爲下句驪.
於是貉人愈犯邊 東·北與西南夷皆亂. 莽志方盛 以爲四夷不
足吞滅 專念稽古之事 復下書"以此年二月東巡狩 具禮儀調
度."旣而以文母太后體不安 且止待後.

7   初 莽爲安漢公時 欲詔太皇太后 以斬郅支功奏尊元帝廟
爲高宗 太后晏駕後 當以禮配食云. 及莽改號太后爲新室文母
絶之於漢 不令得體元帝 墮壞孝元廟 更爲文母太后起廟 獨置
孝元廟故殿以爲文母篹食堂 旣成 名曰長壽宮 以太后在 故未

謂之廟. 莽置酒長壽宮 請太后. 旣至 見孝元廟廢徹塗地 太后驚泣曰"此漢家宗廟 皆有神靈 與何治而壞之！ 且使鬼神無知 又何用廟爲！ 如今有知 我乃人之妃妾 豈宜辱帝之堂以陳饋食哉！"私謂左右曰"此人慢神多矣 能久得祐乎！"飲酒不樂而罷. 自莽簒位後 知太后怨恨 求所以媚太后者無不爲 然愈不說. 莽更漢家黑貂著黃貂 又改漢正朔‧伏臘日. 太后令其官屬黑貂 至漢家正‧臘日 獨與其左右相對飲食.

❖ 王莽中 始建國 5年（癸酉, 13年）

1 　春 二月 文母皇太后崩 年八十四 葬渭陵 與元帝合 而溝絶之. 新室世世獻祭其廟 元帝配食 坐於牀下. 莽爲太后服喪三年.

2 　烏孫大‧小昆彌遣使貢獻. 莽以烏孫國人多親附小昆彌見匈奴諸邊並侵 意欲得烏孫心 乃遣使者引小昆彌使坐大昆彌使上. 師友祭酒滿昌劾奏使者曰"夷狄以中國有禮誼 故詘而服從. 大昆彌 君也 今序臣使於君使之上 非所以有夷狄也. 奉使大不敬！"莽怒 免昌官.

3 　西域諸國以莽積失恩信 焉耆先叛 殺都護但欽 西域遂瓦解.

4　十一月 彗星出 二十餘日 不見.

5　是歲 以犯挾銅炭者多 除其法.

6　匈奴烏珠留單于死 用事大臣右骨都侯須卜當 卽王昭君女伊墨居次云之壻也. 云常欲與中國和親 又素與粟置支侯咸厚善 見咸前後爲莽所拜 故遂立咸爲烏累若鞮單于. 烏累單于咸立 以弟輿爲左谷蠡王. 烏珠留單于子蘇屠胡本爲左賢王 後更謂之護于 欲傳以國. 咸怨烏珠留單于貶己號 乃貶護于爲左屠耆王.

❖ 王莽中 天鳳 元年（甲戌, 14年）

1　春 正月 赦天下.

2　莽下詔 "將以是歲四仲月徧行巡狩之禮 太官齎糒·乾肉內者行張坐臥 所過毋得有所給. 俟畢北巡狩之禮 卽于土中居洛陽之都." 羣公奏言 "皇帝至孝 新遭文母之喪 顔色未復 飲食損少 今一歲四巡 道路萬里 春秋尊 非糒·乾肉之所能堪. 且無巡狩 須闋大服 以安聖體." 莽從之 要期以天鳳七年巡狩厥明年 卽土之中 遣太傅平晏·大司空王邑之洛陽營相宅兆圖起宗廟·社稷·郊兆云.

3 三月 壬申晦 日有食之. 大赦天下. 以災異策大司馬逯並
就侯氏朝位 太傅平晏勿領尚書事. 以利苗男訢爲大司馬. 莽卽
眞 尤備大臣 抑奪下權 朝臣有言其過失者 輒拔擢. 孔仁·趙
博·費興等以敢擊大臣 故見信任 擇名官而居之. 國將哀章頗
不淸 莽爲選置和叔 敕曰 "非但保國將閨門 當保親屬在西州
者." 諸公皆輕賤 而章尤甚.

4 夏 四月 隕霜殺草木 海瀕尤甚. 六月 黃霧四塞. 秋 七月
大風拔樹 飛北闕直城門屋瓦. 雨雹 殺牛羊.

5 莽以《周官》·《王制》之文 置卒正·連率·大尹 職如太守
又置州牧·部監二十五人. 分長安城旁六鄕 置帥各一人. 分三
輔爲六尉郡 河內·河東·弘農·河南·潁川·南陽爲六隊郡.
更名河南大尹曰保忠信卿. 益河南屬縣滿三十 置六郊州長各
一人 人主五縣. 及他官名悉改. 大郡至分爲五 合百二十有五
郡. 九州之內 縣二千二百有三. 又倣古六服爲惟城·惟寧·惟
翰·惟屛·惟垣·惟藩 各以其方爲稱 總爲萬國焉. 其後 歲復
變更 一郡至五易名 而還復其故. 吏民不能紀 每下詔書 輒繫
其故名云.

6 匈奴右骨都侯須卜當·伊墨居次云勸單于和親 遣人之西
虎猛制虜塞下 告塞吏云 "欲見和親侯." 和親侯者 王昭君兄
子歙也. 中部都尉以聞 莽遣歙·歙弟騎都尉·展德侯颯使匈

奴 賀單于初立 賜黃金·衣被·繒帛 紿言侍子登在 因購求陳
良·終帶等. 單于盡收陳良等二十七人 皆械檻付使者 遣廚唯
姑夕王富等四十人送歆·颯. 莽作焚如之刑 燒殺陳良等.

7　　緣邊大饑 人相食. 諫大夫如普行邊兵還 言"軍士久屯寒
苦 邊郡無以相贍. 今單于新和 宜因是罷兵." 校尉韓威進曰
"以新室之威而吞胡虜 無異口中蚤蝨. 臣願得勇敢之士五千人
不齎斗糧 飢食虜肉 渴飲其血 可以橫行！" 莽壯其言 以威爲
將軍. 然采普言 徵還諸將在邊者 免陳欽等十八人 又罷四關鎭
都尉諸屯兵.

　單于貪莽賂遺 故外不失漢故事 然内利寇掠 又使還 知子登
前死 怨恨 寇虜從左地入不絶. 使者問單于 輒曰"烏桓與匈奴
無狀黠民共爲寇入塞 譬如中國有盜賊耳！ 咸初立持國 威信
尚淺 盡力禁止 不敢有二心！" 莽復發軍屯.

8　　益州蠻夷愁擾 盡反 復殺益州大尹程隆. 莽遣平蠻將軍馮
茂發巴·蜀·犍爲吏士 賦斂取足於民 以擊之.

9　　莽復申下金·銀·龜·貝之貨 頗增減其賈直 而罷大·小
錢 改作貨布·貨泉二品並行. 又以大錢行久 罷之恐民挾不止
乃令民且獨行大錢 盡六年 毋得復挾大錢矣. 每壹易錢 民用破
業而大陷刑.＊

資治通鑑 卷038

【漢紀三十】
起旃蒙大淵獻(乙亥) 盡玄黓敦牂(壬午) 凡八年.

❖ 王莽下 天鳳 2年 (乙亥, 15年)

1　春 二月 大赦天下.

2　民訛言黃龍墮死黃山宮中 百姓奔走往觀者有萬數. 莽惡之 捕繫 問所從起 不能得.

3　單于咸旣和親 求其子登尸. 莽欲遣使送致 恐咸怨恨 害使者 乃收前言當誅侍子者故將軍陳欽 以他罪殺之. 莽選辯士濟南王咸爲大使. 夏 五月 莽復遣和親侯歙與咸等送右廚唯姑夕王 因奉歸前所斬侍子登及諸貴人從者喪. 單于遣云‧當子男大且渠奢等至塞迎之. 咸到單于庭 陳莽威德 莽亦多遺單于金珍 因諭說改其號 號匈奴曰"恭奴"單于曰"善于"賜印綬 封

骨都侯當爲後安公 當子男奢爲後安侯. 單于貪莽金幣 故曲聽之 然寇盜如故.

4   莽意以爲制定則天下自平 故銳思於地理 制禮 作樂 講合《六經》之說. 公卿旦入暮出 論議連年不決 不暇省獄訟冤結 民之急務. 縣宰缺者數年守兼 一切貪殘日甚. 中郎將 · 繡衣執法在郡國者 並乘權勢 傳相舉奏. 又十一公士分布勸農桑 班時令按諸章 冠蓋相望 交錯道路 召會吏民 逮捕證左 郡縣賦斂 遞相賕賂 白黑紛然 守闕告訴者多. 莽自見前顓權以得漢政 故務自攬衆事 有司受成苟免. 諸寶物名 · 帑藏 · 錢穀官皆宦者領之 吏民上封事 宦官 · 左右開發 尚書不得知. 其畏備臣下如此. 又好變改制度 政令煩多 當奉行者 輒質問乃以從事 前後相乘 憒眊不渫. 莽常御燈火至明 猶不能勝. 尚書因是爲姦 寢事 上書待報者連年不得去 拘繫郡縣者逢赦而後出 衛卒不交代者至三歲. 穀糶常貴 邊兵二十餘萬人 仰衣食縣官. 五原 · 代郡尤被其毒 起爲盜賊 數千人爲輩 轉入旁郡. 莽遣捕盜將軍孔仁將兵與郡縣合擊 歲餘乃定.

5   邯鄲以北大雨 水出 深者數丈 流殺數千人.

❖ 王莽下 天鳳 3年 (丙子, 16年)

1   春 二月 乙酉 地震 大雨雪 關東尤甚 深者一丈 竹柏或枯.
大司空王邑上書 以地震乞骸骨. 莽不許 曰"夫地有動有震 震
者有害 動者不害.《春秋》記地震《易.繫》坤動. 動靜辟翕 萬物
生焉." 其好自誣飾 皆此類也.

2   先是 莽以制作未定 上自公侯 下至小吏 皆不得俸祿. 夏
五月 莽下書曰"予遭陽九之阨 百六之會 國用不足 民人騷動
自公卿以下 一月之祿十緵布二匹 或帛一匹. 予每念之 未嘗不
戚焉. 今阨會已度 府帑雖未能充 略頗稍給. 其以六月朔庚寅
始 賦吏祿皆如制度." 四輔 · 公卿 · 大夫 · 士下至輿 · 僚 凡
十五等. 僚祿一歲六十六斛 稍以差稱. 上至四輔而爲萬斛云.
莽又曰"古者歲豐穰則充其禮 有災害則有所損 與百姓同憂喜
也. 其用上計時通計 天下幸無災害者 太官膳羞備其品矣 卽有
災害 以什率多少而損膳焉. 自十一公 · 六司 · 六卿以下 各分
州郡 · 國邑保其災害 亦以十率多少而損其祿. 郎 · 從官 · 中
都官吏食祿都內之委者 以太官膳羞備損而爲節. 冀上下同心
勸進農業 安元元焉." 莽之制度煩碎如此 課計不可理 吏終不
得祿 各因官職爲姦 受取賕賂以自共給焉.

3   戊辰 長平館西岸崩 壅涇水不流 毀而北行. 羣臣上壽 以
爲《河圖》所謂 "以土塡水" 匈奴滅亡之祥也. 莽乃遣幷州牧宋
弘 · 游擊都尉任萌等將兵擊匈奴 至邊上屯.

4   秋 七月 辛酉 霸城門災.

5   戊子晦 日有食之. 大赦天下.

6   平蠻將軍馮茂擊句町 士卒疾疫死者什六七 賦斂民財什取
五 益州虛耗而不克 徵還 下獄死. 冬 更遣寧始將軍廉丹與庸
部牧史熊 大發天水·隴西騎士 廣漢·巴·蜀·犍爲吏民十萬
人·轉輸者合二十萬人擊之. 始至 頗斬首數千 其後軍糧前後
不相及 士卒飢疫. 莽徵丹·熊 丹·熊願益調度 必克乃還 復
大賦斂. 就都大尹馮英不肯給 上言"自西南夷反叛以來 積且
十年 郡縣距擊不已. 續用馮茂 苟施一切之政 僰道以南 山險
高深茂 多毆衆遠居 費以億計 吏士罹毒氣死者什七. 今丹·熊
懼於自詭 期會調發諸郡兵穀 復訾民取其什四 空破梁州 功終
不遂. 宜罷兵屯田 明設購賞."莽怒 免英官 後頗覺寤 曰"英
亦未可厚非."復以英爲長沙連率. 越嶲蠻夷任貴亦殺太守枚
根.

7   翟義黨王孫慶捕得 莽使太醫·尚方與巧屠共刳剝之 量度
五臟 以竹筳導其脈 知所終始 云可以治病.

8   是歲 遣大使五威將王駿·西域都護李崇·戊己校尉郭欽
出西域. 諸國皆郊迎 送兵穀. 駿欲襲擊之 焉耆詐降而聚兵自
備 駿等將莎車·龜茲兵七千餘人分爲數部 命郭欽及佐帥何封

別將居後. 駿等入焉耆 焉耆伏兵要遮駿 及姑墨 · 封犁 · 危須
國兵爲反間 還共襲駿等 皆殺之. 欽後至焉耆 焉耆兵未還 欽
襲擊 殺其老弱 從車師還入塞. 莽拜欽爲塡外將軍 封剿胡子
何封爲集胡男. 李崇收餘士 還保龜茲. 及莽敗 崇沒 西域遂絶.

1   夏 六月 莽更授諸侯王茅土於明堂 親設文石之平 陳菁茅
四色之土 告於岱宗 · 泰社 · 后土 · 先祖 · 先妣以班授之. 莽
好空言 慕古法 多封爵人 性實吝嗇 託以地理未定 故且先賦
茅土 用慰喜封者.

2   秋 八月 莽親之南郊 鑄作威斗 以五石銅爲之 若北斗 長
二尺五寸 欲以厭勝衆兵. 旣成 令司命負之 莽出在前 入在御
旁.

3   莽置羲和命士 以督五均 · 六筦. 郡有數人 皆用富賈爲之
乘傳求利 交錯天下. 因與郡縣通姦 多張空簿 府藏不實 百姓
愈病. 是歲 莽復下詔申明六筦 每一筦爲設科條防禁 犯者罪至
死. 姦吏猾民並侵 衆庶各不安生 又一切調上公以下諸有奴婢
者 率一口出錢三千六百 天下愈愁. 納言馮常以六筦諫 莽大怒
免常官. 法令煩苛 民搖手觸禁 不得耕桑 繇役煩劇 而枯旱 ·

蝗蟲相因 獄訟不決. 吏用苛暴立威 旁緣莽禁 侵刻小民 富者
不能自別 貧者無以自存 於是並起爲盜賊 依阻山澤 吏不能禽
而覆蔽之 浸淫日廣. 臨淮瓜田儀等依阻會稽長州 琅邪呂母聚
黨數千人 殺海曲宰 入海中爲盜 其衆浸多 至萬數. 荊州饑饉
民衆入野澤 掘鳧茈而食之 更相侵奪. 新市人王匡‧王鳳爲平
理諍訟 遂推爲渠帥 衆數百人. 於是諸亡命者南陽馬武‧潁川
王常‧成丹等 皆往從之. 共攻離鄉聚 臧於綠林山中 數月間
至七八千人. 又有南郡張霸‧江夏羊牧等與王匡俱起 衆皆萬
人. 莽遣使者卽赦盜賊 還言"盜賊解輒復合 問其故 皆曰'愁
法禁煩苛 不得舉手 力作所得 不足以給貢稅 閉門自守 又坐
鄰伍鑄錢挾銅 姦吏因以愁民.'民窮 悉起爲盜賊." 莽大怒 免
之. 其或順指言"民驕黠當誅"及言"時運適然 且滅不久"莽
說 輒遷官.

❖ 王莽下 天鳳 5年 (戊寅, 18年)

1   春 正月 朔 北軍南門災.

2   以大司馬司允費興爲荊州牧 見 問到部方略 興對曰
"荊‧揚之民 率依阻山澤 以漁采爲業. 間者國張六筦 稅山澤
妨奪民之利 連年久旱 百姓饑窮 故爲盜賊. 興到部 欲令明曉
告盜賊歸田里 假貸犁牛‧種食 闊其租賦 冀可以解釋安集."

莽怒 免興官.

3   天下吏以不得俸祿 並爲姦利 郡尹·縣宰家累千金. 莽乃考始建國二年胡虜猾夏以來諸軍吏及緣邊吏大夫以上爲姦利增産致富者 收其家所有財産五分之四以助邊急. 公府士馳傳天下 考覆貪饕 關吏告其將·奴婢告其主 冀以禁姦 而姦愈甚.

4   莽孫功崇公宗坐自畫容貌 被服天子衣冠 刻三印 發覺 自殺. 宗姊妨爲衛將軍王興夫人 坐祝詛姑 殺婢以絶口 與興皆自殺.

5   是歲 揚雄卒. 初 成帝之世 雄爲郎 給事黃門 與莽及劉秀並列 哀帝之初 又與董賢同官. 莽·賢爲三公 權傾人主 所薦莫不拔擢 而雄三世不徙官. 及莽簒位 雄以耆老久次 轉爲大夫. 恬於勢利 好古樂道 欲以文章成名於後世 乃作《太玄》以綜天·地·人之道 又見諸子各以其智舛馳 大抵詆訾聖人 卽爲怪迂·析辯詭辭以撓世事 雖小辯 終破大道而惑衆 使溺於所聞而不自知其非也 故人時有問雄者 常用法應之 號曰《法言》. 用心於內 不求於外 於時人皆忽之 唯劉秀及范逡敬焉 而桓譚以爲絶倫 鉅鹿侯芭師事焉. 大司空王邑·納言嚴尤聞雄死 謂桓譚曰"子常稱揚雄書 豈能傳於後世乎？"譚曰"必傳 顧君與譚不及見也. 凡人賤近而貴遠 親見揚子雲祿位容貌不能動人 故輕其書. 昔老聃著虛無之言兩篇 薄仁義 非禮學 然後好

之者尙以爲過於《五經》自漢文·景之君及司馬遷皆有是言.
今揚子之書文義至深 而論不詭於聖人 則必度越諸子矣！"

6　　琅邪樊崇起兵於莒 衆百餘人 轉入太山. 羣盜以崇勇猛 皆
附之 一歲間至萬餘人. 崇同郡人逢安·東海人徐宣·謝祿·
楊音各起兵 合數萬人 復引從崇. 共還攻莒 不能下 轉掠靑·
徐間. 又有東海刁子都 亦起兵鈔擊徐·兗. 莽遣使者發郡國兵
擊之 不能克.

7　　烏累單于死 弟左賢王輿立 爲呼都而尸道皋若鞮單于. 輿
旣立 貪利賞賜 遣大且渠奢與伊墨居次云女弟之子醯櫝王 俱
奉獻至長安. 莽遣和親侯歙與奢等俱至制虜塞下 與云及須卜
當會 因以兵迫脅云·當 將至長安. 云·當小男從塞下得脫 歸
匈奴. 當至長安 莽拜爲須卜單于 欲出大兵以輔立之 兵調度亦
不合. 而匈奴愈怒 並入北邊爲寇.

❖ 王莽下 天鳳 6年 (己卯, 19年)

1　　春 莽見盜賊多 乃令太史推三萬六千歲曆紀 六歲一改元
布天下. 下書自言"己當如黃帝仙升天"欲以誑耀百姓 銷解盜
賊. 衆皆笑之.

2　初獻《新樂》於明堂・太廟.

3　更始將軍廉丹擊益州 不能克. 益州夷棟蠶・若豆等起兵殺郡守 越嶲夷人大牟亦叛 殺略吏人. 莽召丹還 更遣大司馬護軍郭興・庸部牧李曅擊蠻夷若豆等・太傅義叔士孫喜清潔江湖之盜賊. 而匈奴寇邊甚 莽乃大募天下丁男及死罪囚・吏民奴 名曰豬突・豨勇 以爲銳卒. 一切稅天下吏民 訾三十取一 縑帛皆輸長安. 令公卿以下至郡縣黃綬皆保養軍馬 多少各以秩爲差 吏盡復以與民. 又博募有奇技術可以攻匈奴者 將待以不次之位 言便宜者以萬數. 或言能度水不用舟楫 連馬接騎 濟百萬師. 或言不持斗糧 服食藥物 三軍不飢. 或言能飛 一日千里 可窺匈奴 莽輒試之 取大鳥翮爲兩翼 頭與身皆著毛 通引環紐 飛數百步墮. 莽知其不可用 苟欲獲其名 皆拜爲理軍 賜以車馬 待發.

初 莽之欲誘迎須卜當也 大司馬嚴尤諫曰"當在匈奴右部兵不侵邊 單于動靜輒語中國 此方面之大助也. 于今迎當置長安槁街 一胡人耳 不如在匈奴有益."莽不聽. 旣得當 欲遣尤與廉丹擊匈奴 皆賜姓徵氏 號二徵將軍 令誅單于輿而立當代之. 出車城西橫廄 未發. 尤素有智略 非莽攻伐四夷 數諫不從 及當出 廷議 尤固言"匈奴可且以爲後 先憂山東盜賊."莽大怒 策免尤.

4　大司空議曹史代郡范升奏記王邑曰"升聞子以人不間於

其父母爲孝 臣以下不非其君上爲忠. 今衆人咸稱朝聖 皆曰公
明. 蓋明者無不見 聖者無不聞. 今天下之事 昭昭於日月 震震
於雷霆 而朝云不見 公云不聞 則元元焉所呼天！ 公以爲是而
不言 則過小矣 知而從令 則過大矣. 二者於公無可以免 宜乎
天下歸怨於公矣. 朝以遠者不服爲至念 升以近者不悅爲重憂.
今動與時戾 事與道反 馳騖覆車之轍 踵循敗事之後 後出益可
怪 晚發愈可懼耳. 方春歲首而動發遠役 蔾藿不充 田荒不耕
穀價騰躍 斛至數千 吏民陷於湯火之中 非國家之民也. 如此
則胡·貉守關 靑·徐之寇在於帷帳矣. 升有一言 可以解天下
倒縣 免元元之急 不可書傳 願蒙引見 極陳所懷." 邑不聽.

5　翼平連率田況奏郡縣訾民不實 莽復三十取一. 以況忠言
憂國 進爵爲伯 賜錢二百萬 衆庶皆詈之. 靑·徐民多棄鄉里流
亡 老弱死道路 壯者入賊中.

6　夙夜連率韓博上言"有奇士 長丈 大十圍 來至臣府 曰欲
奮擊胡虜 自謂巨毋霸 出於蓬萊東南五城西北昭如海瀕 軺車
不能載 三馬不能勝. 卽日以大車四馬 建虎旗 載霸詣闕. 霸
臥則枕鼓 以鐵箸食 此皇天所以輔新室也. 願陛下作大甲·高
車·賁育之衣 遣大將一人與虎賁百人迎之於道. 京師門戶不
容者 開高大之 以示百蠻 鎭安天下." 博意欲以風莽 莽聞 惡
之 留霸在所新豐 更其姓曰巨母氏 謂因文母太后而霸王符也.
徵博 下獄 以非所宜言 棄市.

7   關東饑旱連年 刁子都等黨衆寖多 至六七萬.

❖ 王莽下 地皇 元年 (庚辰, 20年)

1   春 正月 乙未 赦天下. 改元曰地皇 從三萬六千歲曆號也.

2   莽下書曰 "方出軍行師 敢有趨讙犯法者輒論斬 毋須時！" 於是春·夏斬人都市 百姓震懼 道路以目.

3   莽見四方盜賊多 復欲厭之 又下書曰 "予之皇初祖考黃帝定天下 將兵爲大將軍 內設大將 外置大司馬五人 大將軍至士吏凡七十三萬八千九百人 士千三百五十萬人. 予受符命之文 稽前人 將條備焉." 於是置前·後·左·右·中大司馬之位 賜諸州牧至縣宰皆有大將軍·偏·裨·校尉之號焉. 乘傳使者 經歷郡國 日且十輩 倉無見穀以給 傳車馬不能足 賦取道中車馬 取辦於民.

4   秋 七月 大風毀王路堂. 莽下書曰 "乃壬午餔時 有烈風雷雨發屋折木之變 予甚恐焉 伏念一旬 迷乃解矣. 昔符命立安爲新遷王 臨國洛陽 爲統義陽王 議者皆曰 '臨國洛陽爲統 謂據土中爲新室統也 宜爲皇太子.' 自此後 臨久病 雖瘳不平. 臨有兄而稱太子 名不正. 惟卽位以來 陰陽未和 穀稼鮮耗 蠻夷猾

夏 寇賊姦宄 人民征營 無所錯手足. 深惟厥咎 在名不正焉. 其
立安爲新遷王 臨爲統義陽王."

5　莽又下書曰"寶黃廝赤. 其令郞從官皆衣絳."

6　望氣爲數者多言有土功象 九月 甲申 莽起九廟於長安城
南 黃帝廟方四十丈 高十七丈 餘廟半之 制度甚盛. 博徵天下
工匠及吏民以義入錢穀助作者 駱驛道路 窮極百工之巧 功費
數百餘萬 卒徒死者萬數.

7　是月 大雨 六十餘日.

8　鉅鹿男子馬適求等謀擧燕·趙兵以誅莽. 大司空士王丹發
覺 以聞. 莽遣三公大夫逮治黨與 連及郡國豪桀數千人 皆誅
死. 封丹爲輔國侯.

9　莽以私鑄錢死及非沮寶貨投四裔 犯法者多 不可勝行 乃
更輕其法 私鑄作泉布者與妻子沒入爲官奴婢 吏及比伍知而不
擧告 與同罪 非沮寶貨 民罰作一歲 吏免官.

10　太傅平晏死 以予虞唐尊爲太傅. 尊曰"國虛民貧 咎在奢
泰."乃身短衣小褱 乘牝馬·柴車·藉藁 以瓦器飮食 又以歷
遺公卿. 出 見男女不異路者 尊自下車 以象刑赭幡污染其衣.

莽聞而說之 下詔申敕公卿 "思與厥齊." 封尊爲平化侯.

11　汝南郅惲明天文曆數 以爲漢必再受命 上書說莽曰 "上天垂戒 欲悟陛下 令就臣位. 取之以天 還之以天 可謂知命矣！" 莽大怒 繫惲詔獄 踰冬 會赦得出.

1　春 正月 莽妻死 諡曰孝睦皇后. 初 莽妻以莽數殺其子 涕泣失明 莽令太子臨居中養焉. 莽妻旁侍者原碧 莽幸之 臨亦通焉 恐事泄 謀共殺莽. 臨妻愔 國師公女 能爲星 語臨宮中且有白衣會. 臨喜 以爲所謀且成 後貶爲統義陽王 出在外第 愈憂恐. 會莽妻病困 臨予書曰 "上於子孫至嚴 前長孫‧中孫年俱三十而死. 今臣臨復適三十 誠恐一旦不保中室 則不知死命所在！" 莽候妻疾 見其書 大怒 疑臨有惡意 不令得會喪. 旣葬收原碧等考問 具服姦‧謀殺狀. 莽欲秘之 使殺案事使者司命從事 埋獄中 家不知所在. 賜臨藥 臨不肯飮 自刺死. 又詔國師公 "臨本不知星 事從愔起." 愔亦自殺.

2　是月 新遷王安病死. 初 莽爲侯就國時 幸侍者增秩‧懷能生子興‧匡 皆留新都國 以其不明故也. 及安死 莽乃以王車遣使者迎興‧匡 封興爲功脩公 匡爲功建公.

3 卜者王況謂魏成大尹李焉曰"漢家當復興 李氏爲輔."因
爲焉作讖書 合十餘萬言. 事發 莽皆殺之.

4 莽遣太師羲仲景尙‧更始將軍護軍王黨將兵擊靑‧徐賊
國師和仲曹放助郭興擊句町 皆不能克. 軍師放縱 百姓重困.

5 莽又轉天下穀帛詣西河‧五原‧朔方‧漁陽 每一郡以百
萬數 欲以擊匈奴. 須卜當病死 莽以庶女妻其子後安公奢 所以
尊寵之甚厚 終爲欲出兵立之者. 會莽敗 云‧奢亦死.

6 秋 隕霜殺菽 關東大饑 蝗.

7 莽旣輕私鑄錢之法 犯者愈衆 及伍人相坐 沒入爲官奴婢.
其男子檻車 女子步 以鐵瑣琅當其頸 傳詣鍾官以十萬數. 到者
易其夫婦. 愁苦死者什六七.

8 上谷儲夏自請說瓜田儀降之. 儀未出而死 莽求其尸葬之
爲起冢‧祠室 諡曰瓜寧殤男.

9 閏月 丙辰 大赦.

10 郎陽成脩獻符命 言繼立民母 又曰"黃帝以百二十女致神
仙."莽於是遣中散大夫‧謁者各四十五人 分行天下 博采鄕

里所高有淑女者上名.

11　莽惡漢高廟神靈 遣虎賁武士入高廟 拔劍四面提擊 斧壞戶牖 桃湯 · 赭鞭鞭灑屋壁 令輕車校尉居其中.

12　是歲 南郡秦豐聚衆且萬人 平原女子遲昭平亦聚數千人在河阻中. 莽召問羣臣禽賊方略 皆曰"此天囚行尸 命在漏刻." 故左將軍公孫祿徵來與議 祿曰"太史令宗宣 典星曆 候氣變以凶爲吉 亂天文 誤朝廷 太傅平化侯尊 飾虛僞以嫁名位 賊夫人之子 國師嘉信公秀 顚倒《五經》毀師法 令學士疑惑 明學男張邯 · 地理侯孫陽 造井田 使民棄土業 羲和魯匡 設六筦以窮工商 說符侯崔發 阿諛取容 令下情不上通 宜誅此數子以慰天下!"又言"匈奴不可攻 當與和親. 臣恐新室憂不在匈奴而在封域之中也."莽怒 使虎賁扶祿出 然頗采其言 左遷魯匡爲五原卒正 以百姓怨誹故也 六筦非匡所獨造 莽厭衆意而出之.

初 四方皆以飢寒窮愁起爲盜賊 稍稍羣聚 常思歲熟得歸鄉里 衆雖萬數 不敢略有城邑 日闋而已. 諸長吏牧守皆自亂鬬中兵而死 賊非敢欲殺之也 而莽終不諭其故. 是歲 荊州牧發奔命二萬人討綠林賊. 賊帥王匡等相率迎擊於雲杜 大破牧軍 殺數千人 盡獲輜重. 牧欲北歸 馬武等復遮擊之 鉤牧車屛泥 刺殺其驂乘 然終不敢殺牧. 賊遂攻拔竟陵 轉擊雲杜 · 安陸 多略婦女 還入綠林中 至有五萬餘口 州郡不能制. 又 大司馬士按章

豫州 爲賊所獲 賊送付縣. 士還 上書具言狀. 莽大怒 下獄 以
爲誣罔 因下書責七公曰"夫吏者 理也. 宣德明恩 以牧養民
仁之道也. 抑強督姦 捕誅盜賊 義之節也. 今則不然. 盜發不輒
得 至成羣黨遮略乘傳宰士. 士得脫者又妄自言'我責數賊"何
故爲是？"賊曰"以貧窮故耳."賊護出我.'今俗人議者率多若
此. 惟貧困飢寒犯法爲非 大者羣盜 小者偸穴 不過二科 今乃
結謀連黨以千百數 是逆亂之大者 豈飢寒之謂邪！七公其嚴敕
卿大夫・卒正・連率・庶尹 謹牧養善民 急捕殄盜賊！有不同
心幷力疾惡黜賊 而妄曰飢饑寒所爲 輒捕繫 請其罪！"於是
羣下愈恐 莫敢言賊情者 州郡又不得擅發兵 賊由是遂不制.

　唯翼平連率田況素果敢 發民年十八以上四萬餘人 授以庫兵
與刻石爲約. 樊崇等聞之 不敢入界. 況自劾奏 莽讓況"未賜
虎符而擅發兵 此弄兵也 厥罪乏興. 以況自詭必禽滅賊 故且勿
治."後況自請出界擊賊 所嚮皆破. 莽以璽書令況領靑・徐二
州牧事 況上言"盜賊始發 其原甚微 部吏・伍人所能禽也. 咎
在長吏不爲意 縣欺其郡 郡欺朝廷 實百言十 實千言百. 朝廷
忽略 不輒督責 遂至延蔓連州 乃遣將帥 多使者 傳相監趣. 郡
縣力事上官 應塞詰對 共酒食 具資用 以救斷斬 不暇復憂盜
賊・治官事. 將帥又不能躬率吏士 戰則爲賊所破 吏氣浸傷 徒
費百姓. 前幸蒙赦令 賊欲解散 或反遮擊 恐入山谷 轉相告語
故郡縣降賊皆更驚駭 恐見詐滅 因饑饉易動 旬日之間更十餘
萬人 此盜賊所以多之故也. 今洛陽以東 米石二千 竊見詔書欲
遣太師・更始將軍. 二人爪牙重臣 多從人衆 道上空竭 少則無

以威示遠方. 宜急選牧·尹以下 明其賞罰 收合離鄉 小國無城郭者 徙其老弱置大城中 積臧穀食 幷力固守. 賊來攻城 則不能下 所過無食 勢不得羣聚. 如此 招之必降 擊之則滅. 今空復多出將帥 郡縣苦之 反甚於賊. 宜盡徵還乘傳諸使者以休息郡縣 委任臣況以二州盜賊 必平定之."莽畏惡況 陰爲發代 遣使者賜況璽書. 使者至 見況 因令代監其兵 遣況西詣長安 拜爲師尉大夫. 況去 齊地遂敗.

❖ 王莽下 地皇 3年 (壬午, 22年)

1   春 正月 九廟成 納神主. 莽謁見 大駕乘六馬 以五采毛爲龍文衣 著角 長三尺. 又造華蓋九重 高八丈一尺 載以四輪車. 挽者皆呼"登仙"莽出 令在前. 百官竊言"此似輀車 非仙物也."

2   二月 樊崇等殺景尙.

3   關東人相食.

4   夏 四月 遣太師王匡·更始將軍廉丹東討衆賊. 初 樊崇等衆旣浸盛 乃相與爲約"殺人者死 傷人者償創."其中最尊號三老 次從事 次卒史. 及聞太師·更始將討之 恐其衆與莽兵亂

乃皆朱其眉以相識別 由是號曰赤眉. 匡·丹合將銳士十餘萬
人 所過放縱. 東方爲之語曰"寧逢赤眉 不逢太師！太師尚可
更始殺我！"卒如田況之言.

5　莽又多遣大夫·謁者分敎民煑草木爲酪 酪不可食 重爲煩
費.

6　綠林賊遇疾疫 死者且半 乃各分散引去. 王常·成丹西入
南郡 號"下江兵"王鳳·王匡·馬武及其支黨朱鮪·張卬等
北入南陽 號"新市兵". 皆自稱將軍. 莽遣司命大將軍孔仁部
豫州 納言大將軍嚴尤·秩宗大將軍陳茂擊荊州 各從吏士百餘
人 乘傳到部募士. 尤謂茂曰"遣將不與兵符 必先請而後動 是
猶紲韓盧而責之獲也."

7　蝗從東方來 飛蔽天.

8　流民入關者數十萬人 乃置養贍官稟食之 使者監領 與小
吏共盜其稟 飢死者什七八.
　先是 莽使中黃門王業領長安市買 賤取於民 民甚患之. 業以
省費爲功 賜爵附城. 莽聞城中饑饉 以問業. 業曰"皆流民也."
乃市所賣粱飯·肉羹 持入示莽曰"居民食咸如此."莽信之.

9　秋 七月 新市賊王匡等進攻隨 平林人陳牧·廖湛復聚衆

千餘人 號 "平林兵" 以應之.

10   莽詔書讓廉丹曰 "倉廩盡矣 府庫空矣 可以怒矣 可以戰矣！ 將軍受國重任 不捐身於中野 無以報恩塞責！" 丹惶恐夜 召其掾馮衍 以書示之. 衍因說丹曰 "張良以五世相韓 椎秦始皇博浪之中. 將軍之先 爲漢信臣 新室之興 英俊不附. 今海內潰亂 人懷漢德 甚於周人思召公也 人所歌舞 天必從之. 方今爲將軍計 莫若屯據大郡 鎭撫吏士 砥厲其節 納雄桀之士 詢忠智之謀 興社稷之利 除萬人之害 則福祿流於無窮 功烈著於不滅. 何與軍覆於中原 身膏於草野 功敗名喪 恥及先祖哉！" 丹不聽. 衍 左將軍奉世曾孫也.

冬 無鹽索盧恢等擧兵反城附賊 廉丹・王匡攻拔之 斬首萬餘級. 莽遣中郎將奉璽書勞丹・匡 進爵爲公 封吏士有功者十餘人.

赤眉別校董憲等衆數萬人在梁郡 王匡欲進擊之. 廉丹以爲新拔城罷勞 當且休士養威. 匡不聽 引兵獨進 丹隨之. 合戰成昌 兵敗 匡走. 丹使吏持其印・韍・節付匡曰 "小兒可走 吾不可！" 遂止 戰死. 校尉汝雲・王隆等二十餘人別鬭 聞之 皆曰 "廉公已死 吾誰爲生！" 馳奔賊 皆戰死.

國將哀章自請願平山東 莽遣章馳東與太師匡幷力. 又遣大將軍陽浚守敖倉 司徒王尋將十餘萬屯洛陽 鎭南宮 大司馬董忠養士習射中軍北壘. 大司空王邑兼三公之職.

11　　初 長沙定王發生春陵節侯買 買生戴侯熊渠 熊渠生考侯
仁. 仁以南方卑濕 徙封南陽之白水鄕 與宗族往家焉. 仁卒 子
敞嗣 値莽簒位 國除. 節侯少子外爲鬱林太守 外生鉅鹿都尉
回 回生南頓令欽. 欽娶湖陽樊重女 生三男 縯 仲 秀 兄弟早
孤 養於叔父良. 縯性剛毅 慷慨有大節 自莽簒漢 常憤憤 懷復
社稷之慮 不事家人居業 傾身破産 交結天下雄俊. 秀隆准日角
性勤稼穡. 縯常非笑之 比於高祖兄仲. 秀姊元爲新野鄧晨妻
秀嘗與晨俱過穰人蔡少公 少公頗學圖讖 言"劉秀當爲天子."
或曰"是國師公劉秀乎？"秀戲曰"何用知非僕邪？"坐者皆
大笑 晨心獨喜.

　　宛人李守 好星曆·讖記 爲莽宗卿師. 嘗謂其子通曰"劉氏
當興 李氏爲輔."及新市·平林兵起 南陽騷動 通從弟軼謂通
曰"今四方擾亂 漢當復興. 南陽宗室 獨劉伯升兄弟汎愛容衆
可與謀大事."通笑曰"吾意也！"會秀賣穀於宛 通遣軼往迎
秀 與相見 因具言讖文事 與相約結 定謀議. 通欲以立秋材官
都試騎士日 劫前隊大夫甄阜及屬正梁丘賜 因以號令大衆 使
軼與秀歸春陵舉兵以相應. 於是縯召諸豪桀計議曰"王莽暴
虐 百姓分崩. 今枯旱連年 兵革並起 此亦天亡之時 復高祖之
業 定萬世之秋也！"衆皆然之. 於是分遣親客於諸縣起兵 縯
自發春陵子弟. 諸家子弟恐懼 皆亡匿 曰"伯升殺我！"及見
秀絳衣大冠 皆驚曰"謹厚者亦復爲之！"乃稍自安. 凡得子弟
七八千人 部署賓客 自稱"柱天都部."秀時年二十八. 李通未
發 事覺 亡走 父守及家屬坐死者六十四人.

縉使族人嘉招說新市·平林兵 與其帥王鳳·陳牧西擊長聚
進屠唐子鄉 又殺湖陽尉. 軍中分財物不均 衆恚恨 欲反攻諸
劉. 秀斂宗人所得物 悉以與之 衆乃悅. 進拔棘陽 李軼·鄧晨
皆將賓客來會.

12　嚴尤·陳茂破下江兵. 成丹·王常·張卬等收散卒入蔓谿
略鍾·龍間 衆復振. 引軍與荊州牧戰於上唐 大破之.

13　十一月 有星孛於張.

14　劉縉欲進攻宛 至小長安聚 與甄阜·梁丘賜戰. 時天密霧
漢軍大敗. 秀單馬走 遇女弟伯姬 與共騎而奔 前行 復見姊元
趣令上馬 元以手揮曰"行矣 不能相救 無爲兩沒也！"會追兵
至 元及三女皆死 縉弟仲及宗從死者數十人.
　縉復收會兵衆 還保棘陽. 阜·賜乘勝留輜重於藍鄉 引精
兵十萬南度潢淳 臨沘水 阻兩川間爲營 絶後橋 示無還心. 新
市·平林見漢兵數敗 阜·賜軍大至 各欲解去 縉甚患之. 會
下江兵五千餘人至宜秋 縉卽與秀及李通俱造其壁曰"願見下
江一賢將 議大事."衆推王常. 縉見常 說以合從之利 常大悟
曰"王莽殘虐 百姓思漢. 今劉氏復興 卽眞主也 誠思出身爲用
輔成大功."縉曰"如事成 豈敢獨饗之哉！"遂與常深相結而
去. 常還 具爲餘將成丹·張卬言之. 丹·卬負其衆曰"大丈夫
旣起 當各自爲主 何故受人制乎！"常乃徐曉說其將帥曰"王

莽苛酷 積失百姓之心 民之謳吟思漢 非一日也 故使吾屬因此
得起. 夫民所怨者 天所去也 民所思者 天所與也. 舉大事 必當
下順民心 上合天意 功乃可成 若負強恃勇 觸情恣欲 雖得天
下 必復失之. 以秦 · 項之勢 尚至夷覆 況今布衣相聚草澤 以
此行之 滅亡之道也. 今南陽諸劉擧兵 觀其來議者 皆有深計
大慮 王公之才 與之幷合 必成大功 此天所以祐吾屬也！”下
江諸將雖屈強少識 然素敬常 乃皆謝曰“無王將軍 吾屬幾陷
於不義！”卽引兵與漢軍 · 新市 · 平林合. 於是諸部齊心同力
銳氣益壯. 續大饗軍士 設盟約 休卒三日 分爲六部. 十二月 晦
潛師夜起 襲取藍鄉 盡獲其輜重.＊

資治通鑑 卷039

【漢紀三十一】

起昭陽協洽(癸未) 盡閼逢涒灘(甲申) 凡二年.

❖ 淮陽王 更始 元年 (癸未, 23年)

1   春 正月 甲子朔 漢兵與下江兵共攻甄阜·梁丘賜 斬之 殺士卒二萬餘人. 王莽納言將軍嚴尤·秩宗將軍陳茂引兵欲據宛 劉縯與戰於淯陽下 大破之 遂圍宛. 先是 青·徐賊衆雖數十萬人 訖無文書·號令·旌旗·部曲. 及漢兵起 皆稱將軍 攻城略地 移書稱說. 莽聞之 始懼.

　春陵戴侯曾孫玄在平林兵中 號更始將軍. 時漢兵已十餘萬 諸將議以兵多而無所統一 欲立劉氏以從人望. 南陽豪桀及王常等皆欲立劉縯 而新市·平林將帥樂放縱 憚縯威明 貪玄懦弱 先共定策立之 然後召縯示其議. 縯曰 "諸將軍幸欲尊立宗室 甚厚 然今赤眉起青·徐 衆數十萬 聞南陽立宗室 恐赤眉復有所立 王莽未滅而宗室相攻 是疑天下而自損權 非所以破

莽也. 春陵去宛三百里耳 遽自尊立 爲天下準的 使後人得承吾
敝 非計之善者也. 不如且稱王以號令 王勢亦足以斬諸將. 若
赤眉所立者賢 相率而往從之 必不奪吾爵位. 若無所立 破莽
降赤眉 然後舉尊號 亦未晚也."諸將多曰"善！"張卬拔劍擊
地曰"疑事無功 今日之議 不得有二！"衆皆從之. 二月 辛巳
朔 設壇場於淯水上沙中 玄卽皇帝位 南面立 朝羣臣 羞愧流
汗 舉手不能言. 於是大赦 改元 以族父良爲國三老 王匡爲定
國上公 王鳳爲成國上公 朱鮪爲大司馬 劉縯爲大司徒 陳牧爲
大司空 餘皆九卿將軍. 由是豪桀失望 多不服.

2　　王莽欲外示自安 乃染其須髮 立杜陵史諶女爲皇后 置後
宮 位號視公·卿·大夫·元士者凡百二十人.

3　　莽赦天下 詔"王匡·哀章等討靑·徐盜賊 嚴尤·陳茂等
討前隊醜虜 明告以生活·丹靑之信 復迷惑不解散 將遣大司
空·隆新公將百萬之師剿絶之矣."

4　　三月 王鳳與太常偏將軍劉秀等徇昆陽·定陵·郾 皆下
之.

5　　王莽聞嚴尤·陳茂敗 乃遣司空王邑馳傳 與司徒王尋發兵
平定山東. 徵諸明兵法六十三家以備軍吏 以長人巨母霸爲壘
尉 又驅諸猛獸虎·豹·犀·象之屬以助威武. 邑至洛陽 州郡

各選精兵 牧守自將 定會者四十三萬人 號百萬 餘在道者 旌旗・輜重 千里不絶. 夏 五月 尋・邑南出潁川 與嚴尤・陳茂合.

諸將見尋・邑兵盛 皆反走 入昆陽 惶怖 憂念妻孥 欲散歸諸城. 劉秀曰"今兵穀既少而外寇強大 幷力禦之 功庶可立 如欲分散 勢無俱全. 且宛城未拔 不能相救 昆陽卽拔 一日之間 諸部亦滅矣. 今不同心膽 共舉功名 反欲守妻子財物邪！"諸將怒曰"劉將軍何敢如是！"秀笑而起. 會候騎還 言"大兵且至城北 軍陳數百里 不見其後."諸將素輕秀 及迫急 乃相謂曰"更請劉將軍計之."秀復爲圖畫成敗 諸將皆曰"諾."時城中唯有八九千人 秀使王鳳與廷尉大將軍王常守昆陽 夜與五威將軍李軼等十三騎出城南門 於外收兵.

時莽兵到城下者且十萬 秀等幾不得出. 尋・邑縱兵圍昆陽 嚴尤說邑曰"昆陽城小而堅 今假號者在宛 亟進大兵 彼必奔走. 宛敗 昆陽自服."邑曰"吾昔圍翟義 坐不生得以見責讓. 今將百萬之衆 遇城而不能下 非所以示威也. 當先屠此城 蹀血而進 前歌後舞 顧不快邪！"遂圍之數十重 列營百數 鉦鼓之聲聞數十里 或爲地道・衝輣撞城 積弩亂發 矢下如雨 城中負戶而汲. 王鳳等乞降 不許. 尋・邑自以爲功在漏刻 不以軍事爲憂. 嚴尤曰《兵法》'圍城爲之闕'宜使得逸出以怖宛下."邑又不聽.

6　棘陽守長岑彭與前隊貳嚴說共守宛城 漢兵攻之數月 城中

人相食 乃擧城降. 更始入都之. 諸將欲殺彭 劉縯曰"彭 郡之
大吏 執心堅守 是其節也. 今擧大事 當表義士 不如封之."更
始乃封彭爲歸德侯.

7　　劉秀至郾・定陵 悉發諸營兵. 諸將貪惜財物 欲分兵守之.
秀曰"今若破敵 珍寶萬倍 大功可成 如爲所敗 首領無餘 何財
物之有！"乃悉發之. 六月 己卯朔 秀與諸營俱進 自將步騎千
餘爲前鋒 去大軍四五里而陳 尋・邑亦遣兵數千合戰 秀奔之
斬首數十級. 諸將喜曰"劉將軍平生見小敵怯 今見大敵勇 甚
可怪也！ 且復居前 請助將軍！"秀復進 尋・邑兵卻 諸部共
乘之 斬首數百・千級. 連勝 遂前 諸將膽氣益壯 無不一當百
秀乃與敢死者三千人從城西水上衝其中堅. 尋・邑易之 自將
萬餘人行陳 敕諸營皆按部毋得動 獨迎與漢兵戰 不利 大軍不
敢擅相救 尋・邑陳亂 漢兵乘銳崩之 遂殺王尋. 城中亦鼓噪而
出 中外合勢 震呼動天地. 莽兵大潰 走者相騰踐 伏尸百餘里.
會大雷・風・屋瓦皆飛 雨下如注 滍川盛溢 虎豹皆股戰 士卒
赴水溺死者以萬數 水爲不流. 王邑・嚴尤・陳茂輕騎乘死人
渡水逃去 盡獲其軍實輜重 不可勝算 擧之連月不盡 或燔燒其
餘. 士卒奔走 各還其郡 王邑獨與所將長安勇敢數千人還洛陽
關中聞之震恐. 於是海內豪桀翕然響應 皆殺其牧守 自稱將軍
用漢年號以待詔命. 旬月之間 徧於天下.

8　　莽聞漢兵言莽鴆殺孝平皇帝 乃會公卿於王路堂 開所爲平

帝請命金縢之策 泣以示羣臣.

9　劉秀復徇潁川 攻父城不下 屯兵巾車鄉. 潁川郡掾馮異監
五縣 爲漢兵所獲. 異曰"異有老母在父城 願歸 據五城以效功
報德!"秀許之. 異歸 謂父城長苗萌曰"諸將多暴橫 獨劉將
軍所到不虜略 觀其言語舉止 非庸人也."遂與萌率五縣以降.

10　新市・平林諸將以劉縯兄弟威名益盛 陰勸更始除之. 秀
謂縯曰"事欲不善."縯笑曰"常如是耳."更始大會諸將 取縯
寶劍視之. 綉衣御史申徒建隨獻玉玦 更始不敢發. 縯舅樊宏謂
縯曰"建得無有范增之意乎?"縯不應. 李軼初與縯兄弟善 後
更諂事新貴 秀戒縯曰"此人不可復信."縯不從. 縯部將劉稷
勇冠三軍 聞更始立 怒曰"本起兵圖大事者 伯升兄弟也. 今更
始何爲者邪!"更始以稷爲抗威將軍 稷不肯拜. 更始乃與諸
將陳兵數千人 先收稷 將誅之 縯固爭. 李軼・朱鮪因勸更始幷
執縯 卽日殺之. 以族兄光祿勳賜爲大司徒. 秀聞之 自父城馳
詣宛謝. 司徒官屬迎弔秀 秀不與交私語 惟深引過而已 未嘗自
伐昆陽之功 又不敢爲縯服喪 飲食言笑如平常. 更始以是慙 拜
秀爲破虜大將軍 封武信侯.

11　道士西門君惠謂王莽衛將軍王涉曰"讖文劉氏當復興 國
師公姓名是也."涉遂與國師公劉秀・大司馬董忠・司中大贅
孫伋謀以所部兵劫莽降漢 以全宗族. 秋 七月 伋以其謀告莽

莽召忠詰責 因格殺之 使虎賁以斬馬劍剉忠 收其宗族 以醇醢・毒藥・白刃・叢棘幷一坎而埋之 秀・涉皆自殺. 莽以其骨肉・舊臣 惡其內潰 故隱其誅. 莽以軍師外破 大臣內畔 左右亡所信 不能復遠念郡國 乃召王邑還 爲大司馬 以大長秋張邯爲大司徒 崔發爲大司空 司中壽容苗訢爲國師. 莽憂懣不能食 但飲酒 啗鰒魚 讀軍書倦 因馮几寐 不復就枕矣.

12　成紀隗崔・隗義・上邽楊廣・冀人周宗同起兵以應漢 攻平襄 殺莽鎭戎大尹李育. 崔兄子囂 素有名 好經書 崔等共推爲上將軍 崔爲白虎將軍 義爲左將軍. 囂遣使聘平陵方望 以爲軍師. 望說囂立高廟于邑東 己巳 祠高祖・太宗・世宗 囂等皆稱臣執事 殺馬同盟 以興輔劉宗 移檄郡國 數莽罪惡. 勒兵十萬 擊殺雍州牧陳慶・安定大尹王向. 分遣諸將徇隴西・武都・金城・武威・張掖・酒泉・敦煌 皆下之.

13　初 茂陵公孫述爲清水長 有能名 遷導江卒正 治臨邛. 漢兵起 南陽宗成・商人王岑起兵徇漢中以應漢 殺王莽庸部牧宋遵 衆合數萬人. 述遣使迎成等 成等至成都 虜掠暴橫. 述召羣中豪桀謂曰"天下同苦新室 思劉氏久矣 故聞漢將軍到 馳迎道路. 今百姓無辜而婦子係獲 此寇賊 非義兵也."乃使人詐稱漢使者 假述輔漢將軍・蜀郡太守兼益州牧印綬 選精兵西擊成等 殺之 幷其衆.

14 前鍾武侯劉望起兵汝南 嚴尤・陳茂往歸之 八月 望卽皇帝位 以尤爲大司馬 茂爲丞相.

15 王莽使太師王匡・國將哀章守洛陽. 更始遣定國上公王匡攻洛陽 西屏大將軍申屠建・丞相司直李松攻武關 三輔震動. 析人鄧曄・于匡起兵南鄉以應漢 攻武關都尉朱萌 萌降 進攻右隊大夫宋綱 殺之 西拔湖. 莽愈憂 不知所出. 崔發言"古者國有大災 則哭以厭之. 宜告天以求救."莽乃率羣臣至南郊 陳其符命本末 仰天大哭 氣盡 伏而叩頭. 諸生・小民旦夕會哭 爲設飧粥 甚悲哀者 除以爲郞 郞至五千餘人.

莽拜將軍九人 皆以虎爲號 將北軍精兵數萬人以東 內其妻子宮中以爲質. 時省中黃金尙六十餘萬斤 他財物稱是 莽愈愛之 賜九虎士人四千錢 衆重怨 無鬪意. 九虎至華陰回谿 距隘自守. 于匡・鄧曄擊之 六虎敗走 二虎詣闕歸死 莽使使責死者安在 皆自殺 其四虎亡. 三虎收散卒保渭口京師倉.

鄧曄開武關迎漢兵. 李松將三千餘人至湖 與曄等共攻京師倉 未下. 曄以弘農掾王憲爲校尉 將數百人北度渭 入左馮翊界. 李松遣偏將軍韓臣等徑西至新豐擊莽波水將軍 追奔至長門宮. 王憲北至頻陽 所過迎降. 諸縣大姓名各起兵稱漢將 率衆隨憲. 李松・鄧曄引軍至華陰 而長安旁兵四會城下 又聞天水隗氏方到 皆爭欲入城 貪立大功・鹵掠之利. 莽赦城中囚徒 皆授兵 殺豨 飲其血 與誓曰"有不爲新室者 社鬼記之!"使更始將軍史諶將之. 渡渭橋 皆散走 諶空還. 衆兵發掘莽妻・

子·父·祖冢 燒其棺槨及九廟·明堂·辟雍 火照城中.

九月 戊申朔 兵從宣平城門入. 張邯逢兵見殺 王邑·王林·
王巡·豐惲等分將兵距擊北闕下 會日暮 官府·邸第盡奔亡.
己酉 城中少年朱弟·張魚等恐見鹵掠 趨讙並和 燒作室門 斧
敬法闥 呼曰"反虜王莽 何不出降！"火及掖庭·承明 黃皇室
主所居. 黃皇室主曰"何面目以見漢家！"自投火中而死.

莽避火宣室前殿 火輒隨之. 莽紺袀服 持虞帝匕首 天文郎按
式於前 莽旋席隨斗柄而坐 曰"天生德於予 漢兵其如予何！"
庚戌 旦明 羣臣扶掖莽自前殿之漸臺 公卿從官尚千餘人隨之.
王邑晝夜戰 罷極 士死傷略盡 馳入宮 間關至漸臺 見其子侍
中睦解衣冠欲逃 邑叱之 令還 父子共守莽. 軍人入殿中 聞莽
在漸臺 衆共圍之數百重. 臺上猶與相射 矢盡 短兵接. 王邑父
子·豐惲·王巡戰死 莽入室. 下餔時 衆兵上臺 苗訢·唐尊·
王盛等皆死. 商人杜吳殺莽 校尉東海公賓就斬莽首 軍人分莽
身 節解臠分 爭相殺者數十人. 公賓就持莽首詣王憲. 憲自稱
漢大將軍 城中兵數十萬皆屬焉. 舍東宮 妻莽後宮 乘其車服.
癸丑 李松·鄧曄入長安 將軍趙萌·申屠建亦至. 以王憲得璽
綬不上 多挾宮女 建天子鼓旗 收斬之. 傳莽首詣宛 縣於市. 百
姓共提擊之 或切食其舌.

❖ 班固贊曰

　　王莽始起外戚 折節力行以要名譽 及居位輔政 勤勞國

家 直道而行 豈所謂‘色取仁而行違’者邪！ 莽旣不仁
而有佞邪之材 又乘四父歷世之權 遭漢中微 國統三絶
而太后壽考 爲之宗主 故得肆其姦慝以成篡盜之禍. 推
是言之 亦天時 非人力之致矣！ 及其竊位南面 顚覆之
勢險於桀·紂 而莽晏然自以黃·虞復出也 乃始恣睢 奮
其威詐 毒流諸夏 亂延蠻貉 猶未足逞其欲焉. 是以四海
之內 囂然喪其樂生之心 中外憤怨 遠近俱發 城池不守
支體分裂 遂令天下城邑爲虛 害徧生民 自書傳所載亂臣
賊子 考其禍敗 未有如莽之甚者也！ 昔秦燔《詩》·《書》
以立私議 莽誦《六藝》以文姦言 同歸殊塗 俱用滅亡. 皆
聖王之驅除云爾.

16　定國上公王匡拔洛陽 生縛莽太師王匡·哀章 皆斬之. 冬
十月 奮威大將軍劉信擊殺劉望於汝南 幷誅嚴尤·陳茂 郡縣
皆降.

17　更始將都洛陽 以劉秀行司隸校尉 使前整脩宮府. 秀乃致
僚屬 作文移 從事司察 一如舊章. 時三輔吏士東迎更始 見諸
將過 皆冠幘而服婦人衣 莫不笑之. 及見司隸僚屬 皆歡喜不自
勝 老吏或垂涕曰“不圖今日復見漢官威儀！”由是識者皆屬
心焉.

更始北都洛陽 分遣使者徇郡國 曰“先降者復爵位！”使者
至上谷 上谷太守扶風耿況迎 上印綬 使者納之 一宿 無還意.

功曹寇恂勒兵入見使者 請之 使者不與 曰"天王使者 功曹欲
脅之邪！"恂曰"非敢脅使君 竊傷計之不詳也. 今天下初定
使君建節銜命 郡國莫不延頸傾耳 今始至上谷而先墮大信 將
復何以號令他郡乎！"使者不應. 恂叱左右以使者命召況 況
至 恂進取印綬帶況. 使者不得已 乃承制詔之 況受而歸.

宛人彭寵·吳漢亡命在漁陽 鄉人韓鴻爲更始使 徇北州 承
制拜寵偏將軍 行漁陽太守事 以漢爲安樂令.

更始遣使降赤眉. 樊崇等聞漢室復興 卽留其兵 將渠帥二十
餘人隨使者至洛陽 更始皆封爲列侯. 崇等旣未有國邑 而留衆
稍有離叛者 乃覆亡歸其營.

18　王莽廬江連率潁川李憲據郡自守 稱淮南王.

19　故梁王立之子永詣洛陽 更始封爲梁王 都睢陽.

20　更始欲令親近大將徇河北 大司徒賜言"諸家子獨有文叔
可用."朱鮪等以爲不可 更始狐疑 賜深勸之. 更始乃以劉秀行
大司馬事 持節北渡河 鎭慰州郡.

21　以大司徒賜爲丞相 令先入關脩宗廟·宮室.

22　大司馬秀至河北 所過郡縣 考察官吏 黜陟能否 平遣囚徒
除王莽苛政 復漢官名. 吏民喜悅 爭持牛酒迎勞 秀皆不受.

南陽鄧禹杖策追秀 及於鄴. 秀曰"我得專封拜 生遠來 寧欲仕乎？"禹曰"不願也."秀曰"卽如是 何欲爲？"禹曰"但願明公威德加於四海 禹得效其尺寸 垂功名於竹帛耳！"秀笑 因留宿間語. 禹進說曰"今山東未安 赤眉·靑犢之屬動以萬數. 更始旣是常才而不自聽斷 諸將皆庸人屈起 志在財幣 爭用威力. 朝夕自快而已 非有忠良明智·深慮遠圖 欲尊主安民者也. 歷觀往古聖人之興 二科而已 天時與人事也. 今以天時觀之 更始旣立而災變方興 以人事觀之 帝王大業非凡夫所任 分崩離析 形勢可見. 明公雖建藩輔之功 猶恐無所成立也. 況明公素有盛德大功 爲天下所嚮服 軍政齊肅 賞罰明信. 爲今之計 莫如延攬英雄 務悅民心 立高祖之業 救萬民之命 以公而慮 天下不足定也."秀大悅 因令禹常宿止於中 與定計議. 每任使諸將 多訪於禹 皆當其才.

秀自兄縯之死 每獨居輒不御酒肉 枕席有涕泣處 主簿馮異獨叩頭寬譬 秀止之曰"卿勿妄言！"異因進說曰"更始政亂 百姓無所依戴. 夫人久飢渴 易爲充飽. 今公專命方面 宜分遣官屬徇行郡縣 宣佈惠澤."秀納之.

騎都尉宋子耿純謁秀於邯鄲 退 見官屬將兵法度不與他將同 遂自結納.

23　故趙繆王子林說秀決列人河水以灌赤眉 秀不從 去之眞定. 林素任俠於趙·魏間. 王莽時 長安中有自稱成帝子子輿者 莽殺之. 邯鄲卜者王郎緣是詐稱眞子輿 云"母故成帝謳者 嘗

見黃氣從上下 遂任身 趙后欲害之 僞易他人子 以故得全." 林
等信之 與趙國大豪李育 · 張參等謀共立郎. 會民間傳赤眉將
渡河 林等因此宣言 "赤眉當立劉子輿" 以觀衆心 百姓多信之.
十二月 林等率車騎數百晨入邯鄲城 止於王宮 立郎爲天子 分
遣將帥徇下幽 · 冀 移檄州郡 趙國以北 · 遼東以西皆望風響
應.

❖ 淮陽王 更始 2年（甲申, 24年）

1　　春 正月 大司馬秀以王郎新盛 乃北徇薊.

2　　申屠建 · 李松自長安迎更始遷都. 二月 更始發洛陽. 初
三輔豪桀假號誅莽者 人人皆望封侯. 申屠建旣斬王憲 又揚言
"三輔兒大黠 共殺其主." 吏民惶恐 屬縣屯聚 建等不能下. 更
始至長安 乃下詔大赦 非王莽子 他皆除其罪 於是三輔悉平.
　時長安唯未央宮被焚 其餘宮室 · 供帳 · 倉庫 · 官府皆案堵
如故 市里不改於舊. 更始居長樂宮 升前殿 郎吏以次列庭中.
更始羞怍 俯首刮席 不敢視. 諸將後至者 更始問 "虜掠得幾
何？" 左右侍官皆宮省久吏 驚愕相視.
　李松與棘陽趙萌說更始宜悉王諸功臣 朱鮪爭之 以爲高祖約
非劉氏不王. 更始乃先封諸宗室 祉爲定陶王 慶爲燕王 歙爲元
氏王 嘉爲漢中王 賜爲宛王 信爲汝陰王 然後立王匡爲泚陽王

王鳳爲宜城王 朱鮪爲膠東王 王常爲鄧王 申屠建爲平氏王 陳牧爲陰平王 衛尉大將軍張卬爲淮陽王 執金吾·大將軍廖湛爲穰王 尙書胡殷爲隨王 柱天大將軍李通爲西平王 五威中郎將李軼爲舞陰王 水衡大將軍成丹爲襄邑王 驃騎大將軍宗佻爲潁陰王 尹尊爲郾王. 唯朱鮪辭不受 乃以鮪爲左大司馬 宛王賜爲前大司馬 使與李軼等鎭撫關東. 又使李通鎭荊州 王常行南陽太守事. 以李松爲丞相 趙萌爲右大司馬 共秉內任.

更始納趙萌女爲夫人 故委政於萌 日夜飮宴後庭 羣臣欲言事 輒醉不能見 時不得已 乃令侍中坐帷內與語. 韓夫人尤嗜酒 每侍飮 見常侍奏事 輒怒曰“帝方對我飮 正用此時持事來邪！”起 抵破書案. 趙萌專權 生殺自恣. 郎吏有說萌放縱者 更始怒 拔劍斬之 自是無敢復言. 以至羣小·膳夫皆濫授官爵 長安爲之語曰“竈下養 中郎將 爛羊胃 騎都尉 爛羊頭 關內侯.”軍師將軍李淑上書諫曰“陛下定業 雖因下江·平林之勢 斯蓋臨時濟用 不可施之旣安. 唯名與器 聖人所重. 今加非其人 望其裨益萬分 猶緣木求魚 升山采珠. 海內望此 有以窺度漢祚！”更始怒 囚之. 諸將在外者皆專行誅賞 各置牧守 州郡交錯 不知所從. 由是關中離心 四海怨叛.

3   更始徵隗囂及其叔父崔·義等 囂將行 方望以爲更始成敗未可知 固止之. 囂不聽 望以書辭謝而去. 囂等至長安 更始以囂爲右將軍 崔·義皆卽舊號.

4 　耿況遣其子弇奉奏詣長安 弇時年二十一. 行至宋子 會王郎起 弇從吏孫倉·衛包曰"劉子輿 成帝正統 捨此不歸 遠行安之！"弇按劍曰"子輿弊賊 卒爲降虜耳！ 我至長安 與國家陳漁陽·上谷兵馬 歸發突騎 以轔烏合之衆 如摧枯折腐耳. 觀公等不識去就 族滅不久也！"倉·包遂亡 降王郎.

弇聞大司馬秀在盧奴 乃馳北上謁 秀留署長史 與俱北至薊. 王郎移檄購秀十萬戶 秀令功曹令史潁川王霸至市中募人擊王郎 市人皆大笑 擧手邪揄之 霸慚懅而反. 秀將南歸 耿弇曰"今兵從南方來 不可南行. 漁陽太守彭寵 公之邑人 上谷太守卽弇父也. 發此兩郡控弦萬騎 邯鄲不足慮也." 秀官屬腹心皆不肯 曰"死尙南首 奈何北行入囊中！"秀指弇曰"是我北道主人也."

會故廣陽王子接起兵薊中以應郎 城內擾亂 言邯鄲使者方到 二千石以下皆出迎. 於是秀趣駕而出 至南城門 門已閉 攻之 得出 遂晨夜南馳 不敢入城邑 舍食道傍. 至蕪蔞亭 時天寒烈 馮異上豆粥. 至饒陽 官屬皆乏食. 秀乃自稱邯鄲使者 入傳舍 傳吏方進食 從者飢 爭奪之. 傳吏疑其僞 乃椎鼓數十通 紿言"邯鄲將軍至"官屬皆失色. 秀升車欲馳 旣而懼不免 徐還坐 曰"請邯鄲將軍入."久 乃駕去. 晨夜兼行 蒙犯霜雪 面皆破裂.

至下曲陽 傳聞王郎兵在後 從者皆恐. 至滹沱河 候吏還白"河水流澌 無船 不可濟."秀使王霸往視之. 霸恐驚衆 欲且前阻水還 卽詭曰"冰堅可度."官屬皆喜. 秀笑曰"候吏果妄語

也."遂前. 比至河 河冰亦合 乃令王霸護度 未畢數騎而冰解.
至南宮 遇大風雨 秀引車入道傍空舍 馮異抱薪 鄧禹爇火 秀
對竈燎衣 馮異復進麥飯.

進至下博城西 惶惑不知所之. 有白衣老父在道旁 指曰"努
力! 信都郡爲長安城守 去此八十里."秀卽馳赴之. 是時郡
國皆已降王郎 獨信都太守南陽任光 · 和戎太守信都邳肜不肯
從. 光自以孤城獨守 恐不能全 聞秀至 大喜 吏民皆稱萬歲. 邳
肜亦自和戎來會 議者多言可因信都兵自送 西還長安. 邳肜曰
"吏民歌吟思漢久矣 故更始擧尊號而天下響應 三輔淸宮除道
以迎之. 今卜者王郎 假名因勢 驅集烏合之衆 遂振燕 · 趙之地
無有根本之固. 明公奮二郡之兵以討之 何患不克! 今釋此而
歸 豈徒空失河北 必更驚動三輔 墮損威重 非計之得者也. 若
明公無復征伐之意 則雖信都之兵 猶難會也. 何者? 明公旣西
則邯鄲勢成 民不肯捐父母 · 背成主而千里送公 其離散亡逃可
必也!"秀乃止.

秀以二郡兵弱 欲入城頭子路 · 力子都軍中 任光以爲不可.
乃發傍縣 得精兵四千人 拜任光爲左大將軍 信都都尉李忠爲
右大將軍 邳肜爲後大將軍 · 和戎太守如故 信都令萬脩爲偏將
軍 皆封列侯. 留南陽宗廣領信都太守事 使任光 · 李忠 · 萬脩
將兵以從. 邳肜將兵居前 任光乃多作檄文曰"大司馬劉公將
城頭子路 · 力子都兵百萬衆從東方來 擊諸反虜!"遣騎馳至
鉅鹿界中. 吏民得檄 傳相告語. 秀投暮入堂陽界 多張騎火 彌
滿澤中 堂陽卽降 又擊貰縣 降之. 城頭子路者 東平爰曾也 寇

掠河·濟間 有衆二十餘萬 力子都有衆六七萬 故秀欲依之. 昌
城人劉植聚兵數千人據昌城 迎秀 秀以植爲驍騎將軍. 耿純率
宗族賓客二千餘人 老病者皆載木自隨 迎秀於育 拜純爲前將
軍. 進攻下曲陽 降之 衆稍合 至數萬人 復北擊中山. 耿純恐宗
家懷異心 乃使從弟訢宿歸 燒廬舍以絶其反顧之望.

秀進拔盧奴 所過發奔命兵 移檄邊郡共擊邯鄲 郡縣還復響
應. 時眞定王楊起兵附王郎 衆十餘萬 秀遣劉植說楊 楊乃降.
秀因留眞定 納楊甥郭氏爲夫人以結之. 進擊元氏·防子 皆下
之. 至鄗 擊斬王郎將李惲 至柏人 復破郎將李育. 育還保城 攻
之 不下.

5　南鄭人延岑起兵據漢中 漢中王嘉擊降之 有衆數十萬. 校
尉南陽賈復見更始政亂 乃說嘉曰“今天下未定 而大王安守所
保 所保得無不可保乎？”嘉曰“卿言大 非吾任也. 大司馬在
河北 必能相用.”乃爲書薦復及長史南陽陳俊於劉秀. 復等見
秀於柏人 秀以復爲破虜將軍 俊爲安集掾.

秀舍中兒犯法 軍市令潁川祭遵格殺之 秀怒 命收遵. 主簿陳
副諫曰“明公常欲衆軍整齊 今遵奉法不避 是敎令所行也.”乃
貰之 以爲刺姦將軍 謂諸將曰“當備祭遵！ 吾舍中兒犯法尚
殺之 必不私諸卿也.”

6　初 王莽旣殺鮑宣 上黨都尉路平欲殺其子永 太守苟諫保
護之 永由是得全. 更始徵永爲尚書僕射 行大將軍事 將兵安集

河東·幷州 得自置偏裨. 永至河東 擊靑犢 大破之. 以馮衍爲
立漢將軍 屯太原 與上黨太守田邑等繕甲養士 以扞衛幷土.

7　　或說大司馬秀以守柏人不如定鉅鹿 秀乃引兵東北拔廣阿.
秀披輿地圖 指示鄧禹曰"天下郡國如是 今始乃得其一. 子前
言以吾慮天下不足定 何也？"禹曰"方今海內殽亂 人思明君
猶赤子之慕慈母. 古之興者在德薄厚 不以大小也."

8　　薊中之亂 耿弇與劉秀相失 北走昌平 就其父況 因說況擊
邯鄲. 時王郎遣將徇漁陽·上谷 急發其兵. 北州疑惑 多欲從
之. 上谷功曹寇恂·門下掾閔業說況曰"邯鄲拔起 難可信向.
大司馬 劉伯升母弟 尊賢下士 可以歸之."況曰"邯鄲方盛 力
不能獨拒 如何？"對曰"今上谷完實 控弦萬騎 可以詳擇去
就. 恂請東約漁陽 齊心合衆 邯鄲不足圖也！"況然之 遣恂東
約彭寵 欲各發突騎二千匹·步兵千人詣大司馬秀.
　安樂令吳漢·護軍蓋延·狐奴令王梁亦勸寵從秀 寵以爲然
而官屬皆欲附王郎 寵不能奪. 漢出止外亭 遇一儒生 召而食之
問以所聞. 生言"大司馬劉公 所過爲郡縣所稱 邯鄲舉尊號者
實非劉氏."漢大喜 卽詐爲秀書 移檄漁陽 使生齎以詣寵 令具
以所聞說之. 會寇恂至 寵乃發步騎三千人 以吳漢行長史 與蓋
延·王梁將之 南攻薊 殺王郎大將趙閎.
　寇恂還 遂與上谷長史景丹及耿弇將兵俱南 與漁陽軍合 所
過擊斬王郎大將·九卿·校尉以下 凡斬首三萬級 定涿郡·中

山・鉅鹿・淸河・河間凡二十二縣. 前及廣阿 聞城中車騎甚
衆 丹等勒兵問曰"此何兵?"曰"大司馬劉公也." 諸將喜 卽
進至城下. 城下初傳言二郡兵爲邯鄲來 衆皆恐. 劉秀自登西城
樓勒兵問之 耿弇拜於城下 卽召入 具言發兵狀. 秀乃悉召景丹
等入 笑曰"邯鄲將帥數言我發漁陽・上谷兵 吾聊應言'我亦
發之'何意二郡良爲吾來! 方與士大夫共此功名耳." 乃以景
丹・寇恂・耿弇・蓋延・吳漢・王梁皆爲偏將軍 使還領其兵
加耿況・彭寵大將軍 封況・寵・丹・延皆爲列侯.

吳漢爲人 質厚少文 造次不能以辭自達 然沈厚有智略 鄧禹
數薦之於秀 秀漸親重之.

更始遣尙書令謝躬率六將軍討王郎 不能下. 秀至 與之合軍
東圍鉅鹿 月餘未下. 王郎遣將攻信都 大姓馬寵等開門內之.
更始遣兵攻破信都 秀使李忠還 行太守事. 王郎遣將倪宏・劉
奉率數萬人救鉅鹿 秀逆戰於南欒 不利. 景丹等縱突騎擊之 宏
等大敗. 秀曰"吾聞突騎天下精兵 今見其戰 樂可言邪?"

耿純言於秀曰"久守鉅鹿 士衆疲弊 不如及大兵精銳 進攻
邯鄲. 若王郎已誅 鉅鹿不戰自服矣." 秀從之. 夏 四月 留將軍
鄧滿守鉅鹿. 進軍邯鄲 連戰 破之. 郎乃使其諫大夫杜威請降.
威雅稱郎實成帝遺體 秀曰"設使成帝復生 天下不可得 況詐
子輿者乎!"威請求萬戶侯 秀曰"顧得全身可矣!"威怒而
去. 秀急攻之 二十餘日. 五月 甲辰 郎少傅李立開門內漢兵 遂
拔邯鄲. 郎夜亡走 王霸追斬之. 秀收郎文書 得吏民與郎交關
謗毀者數千章. 秀不省 會諸將軍燒之 曰"令反側子自安!"

秀部分吏卒各隸諸軍 士皆言願屬大樹將軍. 大樹將軍者 偏將軍馮異也 爲人謙退不伐 敕吏士非交戰受敵 常行諸營之後. 每所止舍 諸將並坐論功 異常獨屏樹下 故軍中號曰"大樹將軍."

護軍宛人朱祜言於秀曰"長安政亂 公有日角之相 此天命也！"秀曰"召刺姦收護軍！"祜乃不敢復言.

更始遣使立秀爲蕭王 悉令罷兵 與諸將有功者詣行在所 遣苗曾爲幽州牧 韋順爲上谷太守 蔡充爲漁陽太守 並北之部.

蕭王居邯鄲宮 晝臥溫明殿 耿弇入 造牀下請間 因說曰"吏士死傷者多 請歸上谷益兵."蕭王曰"王郎已破 河北略平 復用兵何爲？"弇曰"王郎雖破 天下兵革乃始耳. 今使者從西方來 欲罷兵 不可聽也. 銅馬·赤眉之屬數十輩 輩數十百萬人 所向無前 聖公不能辦也 敗必不久."蕭王起坐曰"卿失言 我斬卿！"弇曰"大王哀厚弇如父子 故敢披赤心."蕭王曰"我戲卿耳 何以言之！"弇曰"百姓患苦王莽 復思劉氏 聞漢兵起莫不歡喜 如去虎口得歸慈母. 今更始爲天子 而諸將擅命於山東 貴戚縱橫於都內 虜掠自恣 元元叩心 更思莽朝 是以知其必敗也. 公功名已著 以義征伐 天下可傳檄而定也. 天下至重公可自取 毋令他姓得之."蕭王乃辭以河北未平 不就徵 始貳於更始.

是時 諸賊銅馬·大肜·高湖·重連·鐵脛·大槍·尤來·上江·青犢·五校·五幡·五樓·富平·獲索等各領部曲 衆合數百萬人 所在寇掠. 蕭王欲擊之 乃拜吳漢·耿弇俱爲大將

軍 持節北發幽州十郡突騎. 苗曾聞之 陰敕諸郡不得應調. 吳
漢將二十騎先馳至無終 曾出迎於路 漢卽收曾 斬之. 耿弇到上
谷 亦收韋順 · 蔡充 斬之. 北州震駭 於是悉發其兵.

秋 蕭王擊銅馬於鄡 吳漢將突騎來會淸陽 士馬甚盛 漢悉上
兵簿於莫府 請所付與 不敢自私 王益重之. 王以偏將軍沛國朱
浮爲大將軍 · 幽州牧 使治薊城. 銅馬食盡 夜遁 蕭王追擊於館
陶 大破之. 受降未盡 而高湖 · 重連從東南來 與銅馬餘衆合.
蕭王復與大戰於蒲陽 悉破降之 封其渠帥爲列侯. 諸將未能信
賊 降者亦不自安 王知其意 敕令降者各歸營勒兵 自乘輕騎
按行部陳. 降者更相語曰 "蕭王推赤心置人腹中 安得不投死
乎!" 由是皆服. 悉以降人分配諸將 衆遂數十萬. 赤眉別帥與
靑犢 · 上江 · 大彤 · 鐵脛 · 五幡十餘萬衆在射犬 蕭王引兵進
擊 大破之. 南徇河內 河內太守韓歆降.

9   初 謝躬與蕭王共滅王郞 數與蕭王違戾 常欲襲蕭王 畏其
兵強而止 雖俱在邯鄲 遂分城而處 然蕭王有以慰安之. 躬勤於
吏職 蕭王常稱之曰 "謝尚書 眞吏也!" 故不自疑. 其妻知之
常戒之曰 "君與劉公積不相能 而信其虛談 終受制矣." 躬不
納. 旣而躬率其兵數萬還屯於鄴. 及蕭王南擊靑犢 使躬邀擊尤
來於隆慮山 躬兵大敗. 蕭王因躬在外 使吳漢與刺姦大將軍岑
彭襲據鄴城. 躬不知 輕騎還鄴 漢等收斬之 其衆悉降.

10   更始遣柱功侯李寶 · 益州刺史李忠將兵萬餘人徇蜀 · 漢

公孫述遣其弟恢擊寶·忠於綿竹 大破走之. 述遂自立爲蜀王 都成都 民·夷皆附之.

11　　冬 更始遣中郎將歸德侯颯·大司馬護軍陳遵使匈奴 授單于漢舊制璽綬 因送云·當餘親屬·貴人·從者還匈奴. 單于輿驕 謂遵·颯曰"匈奴本與漢爲兄弟 匈奴中亂 孝宣皇帝輔立呼韓邪單于 故稱臣以尊漢. 今漢亦大亂 爲王莽所篡 匈奴亦出兵擊莽 空其邊境 今天下騷動思漢 莽卒以敗而漢復興 亦我力也 當復尊我！"遵與相撐拒 單于終持此言.

12　　赤眉樊崇等將兵入潁川 分其衆爲二部 崇與逢安爲一部 徐宣·謝祿·楊音爲一部. 赤眉雖數戰勝 而疲敝厭兵 皆日夜愁泣 思欲東歸. 崇等計議 慮衆東向必散 不如西攻長安. 於是崇·安自武關 宣等從陸渾關 兩道俱入. 更始使王匡·成丹與抗威將軍劉均等分據河東·弘農以拒之.

13　　蕭王將北徇燕·趙 度赤眉必破長安 又欲乘釁幷關中而未知所寄 乃拜鄧禹爲前將軍 中分麾下精兵二萬人 遣西入關 令自選偏裨以下可與俱者. 時朱鮪·李軼·田立·陳僑將兵號三十萬 與河南太守武勃共守洛陽 鮑永·田邑在幷州. 蕭王以河內險要富實 欲擇諸將守河內者而難其人 問於鄧禹. 鄧禹曰"寇恂文武備足 有牧民御衆之才 非此子莫可使也！"乃拜恂河內太守 行大將軍事. 蕭王謂恂曰"昔高祖留蕭何關中 吾

今委公以河內. 當給足軍糧 率屬士馬 防遏他兵 勿令北度而已!"拜馮異爲孟津將軍 統魏郡·河內兵於河上 以拒洛陽. 蕭王親送鄧禹至野王 禹旣西 蕭王乃復引兵而北. 寇恂調穄糧·治器械以供軍 軍雖遠征 未嘗乏絶.

14　隗崔·隗義謀叛歸天水 隗囂恐幷及禍 乃告之. 更始誅崔·義 以囂爲御史大夫.

15　梁王永據國起兵 招諸郡豪桀 沛人周建等並署爲將帥 攻下濟陰·山陽·沛·楚·淮陽·汝南 凡得二十八城. 又遣使拜西防賊帥山陽佼彊爲橫行將軍 東海賊帥董憲爲翼漢大將軍 琅邪賊帥張步爲輔漢大將軍 督靑·徐二州 與之連兵 遂專據東方.

16　邔人秦豐起兵於黎丘 攻得邔·宜城等十餘縣 有衆萬人自號楚黎王.

17　汝南田戎攻陷夷陵 自稱掃地大將軍 轉寇郡縣 衆數萬人.＊

資治通鑑　卷040

【漢紀三十二】
起旃蒙作噩(乙酉)　盡柔兆閹茂(丙戌)　凡二年.

❖ 世祖光武皇帝上之上 建武 元年 (乙酉, 25年)

1　春 正月 方望與安陵人弓林共立前定安公嬰爲天子 聚黨數千人 居臨涇. 更始遣丞相松等擊破 皆斬之.

2　鄧禹至箕關 擊破河東都尉 進圍安邑.

3　赤眉二部俱會弘農. 更始遣討難將軍蘇茂拒之 茂軍大敗. 赤眉衆遂大集 乃分萬人爲一營 凡三十營. 三月 更始遣丞相松與赤眉戰於蓩鄕 松等大敗 死者三萬餘人. 赤眉遂轉北至湖.

4　蜀郡功曹李熊說公孫述宜稱天子. 夏 四月 述卽帝位 號成家 改元龍興 以李熊爲大司徒 述弟光爲大司馬 恢爲大司空.

越巂任貴據郡降述.

5　　蕭王北擊尤來‧大槍‧五幡於元氏 追至北平 連破之 又
戰於順水北 乘勝輕進 反爲所敗. 王自投高岸 遇突騎王豐下馬
授王 王僅而得免. 散兵歸保范陽. 軍中不見王 或云已殺 諸將
不知所爲 吳漢曰 "卿曹努力！王兄子在南陽 何憂無主！" 衆
恐懼 數日乃定. 賊雖戰勝 而憚王威名 夜 遂引去. 大軍復進至
安次 連戰 破之. 賊退入漁陽 所過虜掠. 強弩將軍陳俊言於王
曰 "賊無輜重 宜令輕騎出賊前 使百姓各自堅壁以絶其食 可
不戰而殄也." 王然之 遣俊將輕騎馳出賊前 視人保壁堅完者
敕令固守 放散在野者 因掠取之. 賊至 無所得 遂散敗. 王謂俊
曰 "困此虜者 將軍策也."

6　　馮異遺李軼書 爲陳禍福 勸令歸附蕭王 軼知長安已危 而
以伯升之死 心不自安 乃報書曰 "軼本與蕭王首謀造漢 今軼
守洛陽 將軍鎭孟津 俱據機軸 千載一會 思成斷金. 唯深達蕭
王 願進愚策以佐國安民." 軼自通書之後 不復與異爭鋒 故異
得北攻天井關 拔上黨兩城 又南下河南成皋以東十三縣 降者
十餘萬. 武勃將萬餘人攻諸畔者 異與戰於士鄕下 大破 斬勃
軼閉門不救. 異見其信效 具以白王. 王報異曰 "季文多詐 人
不能得其要領. 今移其書告守‧尉當警備者." 衆皆怪王宣露
軼書 朱鮪聞之 使人刺殺軼 由是城中乖離 多有降者.
　　朱鮪聞王北徵而河內孤 乃遣其將蘇茂‧賈彊將兵三萬餘人

渡鞏河 攻溫 鮪自將數萬人攻平陰以綴異. 檄書至河內 寇恂
卽勒軍馳出 並移告屬縣 發兵會溫下. 軍吏皆諫曰 "今洛陽兵
渡河 前後不絕. 宜待衆軍畢集 乃可出也." 恂曰 "溫 郡之藩蔽
失溫則郡不可守." 遂馳赴之. 旦日 合戰 而馮異遣救及諸縣兵
適至 恂令士卒乘城鼓噪 大呼 言曰 "劉公兵到!" 蘇茂軍聞之
陳動 恂因奔擊 大破之. 馮異亦渡河擊朱鮪 鮪走 異與恂追至
洛陽 環城一帀而歸. 自是洛陽震恐 城門晝閉.

異‧恂移檄上狀 諸將入賀 因上尊號. 將軍南陽馬武先進曰
"大王雖執謙退 奈宗廟社稷何! 宜先卽尊位 乃議征伐. 今此
誰賊而馳騖擊之乎?" 王驚曰 "何將軍出此言! 可斬也!" 乃
引軍還薊. 復遣吳漢率耿弇‧景丹等十三將軍追尤來等 斬首
萬三千餘級 遂窮追至浚靡而還. 賊散入遼西‧遼東 爲烏桓‧
貊人所鈔擊略盡.

都護將軍賈復與五校戰於眞定 復傷瘡甚. 王大驚曰 "我所
以不令賈復別將者 爲其輕敵也. 果然 失吾名將! 聞其婦有孕
生女邪 我子娶之 生男邪 我女嫁之 不令其憂妻子也." 復病尋
愈 追及王於薊 相見甚驩.

還至中山 諸將復上尊號 王又不聽. 行到南平棘 諸將復固請
之 王不許. 諸將且出 耿純進曰 "天下士大夫 捐親戚 棄土壤
從大王於矢石之間者 其計固望攀龍鱗 附鳳翼 以成其所志耳.
今大王留時逆衆 不正號位 純恐士大夫望絕計窮 則有去歸之
思 無爲久自苦也. 大衆一散 難可復合." 純言甚誠切 王深感
曰 "吾將思之."

行至鄗 召馮異 問四方動靜. 異曰“更始必敗 宗廟之憂在於大王 宜從衆議！” 會儒生彊華自關中奉《赤伏符》來詣王曰“劉秀發兵捕不道 四夷雲集龍鬬野 四七之際火爲主.” 羣臣因復奏請. 六月 己未 王卽皇帝位於鄗南 改元 大赦.

7 鄧禹圍安邑 數月未下 更始大將軍樊參將數萬人渡大陽欲攻禹. 禹逆擊於解南 斬之. 王匡·成丹·劉均合軍十餘萬復共擊禹 禹軍不利. 明日 癸亥 匡等以六甲窮日 不出 禹因得更治兵. 甲子 匡悉軍出攻禹. 禹令軍中毋得妄動 旣至營下 因傳發諸將 鼓而並進 大破之. 匡等皆走 禹追斬均及河東太守楊寶 遂定河東 匡等奔還長安.

張卬與諸將議曰“赤眉旦暮且至 見滅不久 不如掠長安 東歸南陽 事若不集 復入湖池中爲盜耳！” 乃共入 說更始 更始怒不應 莫敢復言. 更始使王匡·陳牧·成丹·趙萌屯新豐 李松軍掫 以拒赤眉. 張卬·廖湛·胡殷·申屠建與隗囂合謀 欲以立秋日貙膢時共劫更始 俱成前計. 更始知之 託病不出 召張卬等入 將悉誅之 唯隗囂稱疾不入 會客王遵·周宗等勒兵自守. 更始狐疑不決 卬·湛·殷疑有變 遂突出. 獨申屠建在 更始斬建 使執金吾鄧曄將兵圍隗囂第. 卬·湛·殷勒兵燒門 入戰宮中 更始大敗. 囂亦潰圍 走歸天水. 明旦 更始東奔趙萌於新豐. 更始復疑王匡·陳牧·成丹與張卬等同謀 乃並召入 牧·丹先至 卽斬之. 王匡懼 將兵入長安 與張卬等合.

8 赤眉進至華陰 軍中有齊巫 常鼓舞祠城陽景王 巫狂言
"景王大怒曰'當爲縣官 何故爲賊！'"有笑巫者輒病 軍中驚
動. 方望弟陽說樊崇等曰"今將軍擁百萬之衆 西向帝城 而無
稱號 名爲羣賊 不可以久. 不如立宗室 挾義誅伐 以此號令 誰
敢不從！"崇等以爲然 而巫言益甚. 前至鄭 乃相與議曰"今
迫近長安 而鬼神若此 當求劉氏共尊立之."

先是 赤眉過式 掠故式侯萌之子恭·茂·盆子三人自隨. 恭
少習《尙書》隨樊崇等降更始於洛陽 復封式侯 爲侍中 在長安.
茂與盆子留軍中 屬右校卒史劉俠卿 主牧牛. 及崇等欲立帝 求
軍中景王後 得七十餘人 唯茂·盆子及前西安侯孝最爲近屬.
崇等曰"聞古者天子將兵稱上將軍."乃書札爲符曰"上將軍."
又以兩空札置筒中 於鄭北設壇場 祠城陽景王 諸三老·從事
皆大會 列盆子等三人居中立 以年次探札 盆子最幼 後探 得
符 諸將皆稱臣 拜. 盆子時年十五 被髮徒跣 敝衣赭汗 見衆拜
恐畏欲啼. 茂謂曰"善臧符！"盆子卽齧折 棄之. 以徐宣爲丞
相 樊崇爲御史大夫 逢安爲左大司馬 謝祿爲右大司馬 其餘皆
列卿·將軍. 盆子雖立 猶朝夕拜劉俠卿 時欲出從牧兒戲 俠卿
怒止之 崇等亦不復候視也.

9 秋 七月 辛未 帝使使持節拜鄧禹爲大司徒 封酇侯 食邑萬
戶 禹時年二十四. 又議選大司空 帝以《赤伏符》曰"王梁主衛
作玄武"丁丑 以野王令王梁爲大司空. 又欲以讖文用平狄將
軍孫咸行大司馬 衆咸不悅. 壬午 以吳漢爲大司馬.

初 更始以琅邪伏湛爲平原太守. 時天下兵起 湛獨晏然 撫循百
姓. 門下督謀爲湛起兵 湛收斬之 於是吏民信向 平原一境賴湛
以全. 帝徵湛爲尙書 使典定舊制. 又以鄧禹西征 拜湛爲司直
行大司徒事. 車駕每出征伐 常留鎭守.

10　鄧禹自汾陰渡河 入夏陽 更始左輔都尉公乘歙引其衆十萬
與左馮翊兵共拒禹於衙 禹復破走之.
　宗室劉茂聚衆京·密間 自稱厭新將軍 攻下潁川·汝南 衆
十餘萬人. 帝使驃騎大將軍景丹·建威大將軍耿弇·強弩將軍
陳俊攻之. 茂來降 封爲中山王.

11　己亥 帝幸懷 遣耿弇·陳俊軍五社津 備滎陽以東 使吳漢
率建義大將軍朱祐等十一將軍 圍朱鮪於洛陽. 八月 進幸河陽.

12　李松自撚引兵還 從更始與趙萌共攻王匡·張卬於長安.
連戰月餘 匡等敗走 更始徙居長信宮.
　赤眉至高陵 王匡·張卬等迎降之 遂共連兵進攻東都門. 李
松出戰 赤眉生得松. 松弟況爲城門校尉 開門納之. 九月 赤眉
入長安. 更始單騎走 從廚城門出. 式侯恭以赤眉立其弟 自繫
詔獄 聞更始敗走 乃出 見定陶王祉 祉爲之除械 相與從更始
於渭濱. 右輔都尉嚴本 恐失更始爲赤眉所誅 卽將更始至高陵
本將兵宿衛 其實圍之. 更始將相皆降赤眉 獨丞相曹竟不降 手
劍格死.

13 辛未 詔封更始爲淮陽王 吏民敢有賊害者 罪同大逆 其送
詣吏者封列侯.

14 初 宛人卓茂 寬仁恭愛 恬蕩樂道 雅實不爲華貌 行己在於
淸濁之間 自束髮至白首 與人未嘗有爭競 鄕黨故舊 雖行能與
茂不同 而皆愛慕欣欣焉. 哀·平間爲密令 視民如子 擧善而敎
口無惡言 吏民親愛 不忍欺之. 民嘗有言部亭長受其米肉遺者
茂曰"亭長爲從汝求乎 爲汝有事囑之而受乎 將平居自以恩意
遺之乎？"民曰"往遺之耳."茂曰"遺之而受 何故言邪？"民
曰"竊聞賢明之君 使民不畏吏 吏不取民. 今我畏吏 是以遺之
吏旣卒受 故來言耳."茂曰"汝爲敝民矣！ 凡人所以羣居不亂
異於禽獸者 以有仁愛禮義 知相敬事也. 汝獨不欲脩之 寧能
高飛遠走 不在人間邪！吏顧不當乘威力强請求耳. 亭長素善
吏 歲時遺之 禮也."民曰"苟如此 律何故禁之？"茂笑曰"律
設大法 禮順人情. 今我以禮敎汝 汝必無怨惡 以律治汝 汝何
所措其手足乎！ 一門之內 小者可論 大者可殺也. 且歸念之."
初 茂到縣 有所廢置 吏民笑之 鄰城聞者皆蚩其不能. 河南郡
爲置守令 茂不爲嫌 治事自若. 數年 敎化大行 道不拾遺 遷京
部丞 密人老少皆涕泣隨送. 及王莽居攝 以病免歸. 上卽位 先
訪求茂 茂時年七十餘. 甲申 詔曰"夫名冠天下 當受天下重
賞. 今以茂爲太傅 封襃德侯."

　❖ 臣光曰

孔子稱 "舉善而敎 不能則勸" 是以舜舉臯陶 湯舉伊
尹 而不仁者遠 有德故也. 光武卽位之初 羣雄競逐 四海
鼎沸 彼摧堅陷敵之人 權略詭辯之士 方見重於世 而獨
能取忠厚之臣 旌循良之吏 拔於草萊之中 實諸羣公之首
宜其光復舊物 享祚久長 蓋由知所先務而得其本原故也.

15　諸將圍洛陽數月 朱鮪堅守不下. 帝以廷尉岑彭嘗爲鮪校
尉 令往說之. 鮪在城上 彭在城下 爲陳成敗. 鮪曰 "大司徒
被害時 鮪與其謀 又諫更始無遣蕭王北伐 誠自知罪深 不敢
降！" 彭還 具言於帝. 帝曰 "舉大事者不忌小怨. 鮪今若降 官
爵可保 況誅罰乎！ 河水在此 吾不食言！" 彭復往告鮪 鮪從
城上下索曰 "必信 可乘此上." 彭趣索欲上 鮪見其誠 卽許降.
辛卯 朱鮪面縛 與岑彭俱詣河陽. 帝解其縛 召見之 復令彭夜
送鮪歸城. 明旦 與蘇茂等悉其衆出降. 拜鮪爲平狄將軍 封扶
溝侯 後爲少府 傳封累世.
　帝使侍御史河內杜詩安集洛陽. 將軍蕭廣縱兵士暴橫 詩敕
曉不改 遂格殺廣. 還 以狀聞. 上召見 賜以棨戟 遂擢任之.
　冬 十月 癸丑 車駕入洛陽 幸南宮 遂定都焉.

16　赤眉下書曰 "聖公降者 封爲長沙王 過二十日 勿受." 更
始遣劉恭請降 赤眉使其將謝祿往受之. 更始隨祿 肉袒 上璽綬
於盆子. 赤眉坐更始 置庭中 將殺之 劉恭·謝祿爲請 不能得
遂引更始出. 劉恭追呼曰 "臣誠力極 請得先死！" 拔劍欲自刎

樊崇等遽共救止之. 乃赦更始 封爲畏威侯. 劉恭復爲固請 竟得封長沙王. 更始常依謝祿居 劉恭亦擁護之.

17　劉盆子居長樂宮 三輔郡縣・營長遣使貢獻 兵士輒剽奪之 又數暴掠吏民 由是皆復固守.

百姓不知所歸 聞鄧禹乘勝獨克而師行有紀 皆望風相攜負以迎軍 降者日以千數 衆號百萬. 禹所止 輒停車拄節以勞來之 父老・童稚 垂髮・戴白滿其車下 莫不感悅 於是名震關西.

諸將豪桀皆勸禹徑攻長安 禹曰"不然. 今吾衆雖多 能戰者少 前無可仰之積 後無轉饋之資 赤眉新拔長安 財穀充實 鋒銳未可當也. 夫盜賊羣居無終日之計 財穀雖多 變故萬端 寧能堅守者也! 上郡・北地・安定三郡 土廣人稀 饒穀多畜 吾且休兵北道 就糧養士 以觀其敝 乃可圖也." 於是引軍北至栒邑 所到 諸營保郡邑皆開門歸附.

18　上遣岑彭擊荊州羣賊 下犨・葉等十餘城.

19　十一月 甲午 上幸懷.

20　梁王永稱帝於睢陽.

21　十二月 丙戌 上還洛陽.

22　三輔苦赤眉暴虐 皆憐更始 欲盜出之 張印等深以爲慮 使謝祿縊殺之. 劉恭夜往 收藏其尸. 帝詔鄧禹葬之於霸陵. 中郎將宛人趙憙將出武關 道遇更始親屬 皆裸跣飢困 憙竭其資糧以與之 將護而前. 宛王賜聞之 迎還鄕里.

23　隗囂歸天水 復招聚其衆 興修故業 自稱西州上將軍. 三輔士大夫避亂者多歸囂 囂傾身引接 爲布衣交 以平陵范逡爲師友 前涼州刺史河內鄭興爲祭酒 茂陵申屠剛・杜林爲治書 馬援爲綏德將軍 楊廣・王遵・周宗及平襄行巡・阿陽王捷・長陵王元爲大將軍 安陵班彪之屬爲賓客 由此名震西州 聞於山東. 馬援少時 以家用不足辭其兄況 欲就邊郡田牧. 況曰"汝大才 當晚成. 良工不示人以朴 且從所好." 遂之北地田牧. 常謂賓客曰"丈夫爲志 窮當益堅 老當益壯." 後有畜數千頭 穀數萬斛 旣而歎曰"凡殖財產 貴其能賑施也 否則守錢虜耳!" 乃盡散於親舊. 聞隗囂好士 往從之. 囂甚敬重 與決籌策. 班彪 穉之子也.

24　初 平陵竇融累世仕宦河西 知其土俗 與更始右大司馬趙萌善 私謂兄弟曰"天下安危未可知. 河西殷富 帶河爲固 張掖屬國精兵萬騎 一旦緩急 杜絶河津 足以自守 此遺種處也!" 乃因萌求往河西. 萌薦融於更始 以爲張掖屬國都尉. 融旣到 撫結雄桀 懷輯羌虜 甚得其歡心. 是時 酒泉太守安定梁統・金城太守庫鈞・張掖都尉茂陵史苞・酒泉都尉竺曾・敦煌都

尉辛肜 並州郡英俊 融皆與厚善. 及更始敗 融與梁統等計議曰
"今天下擾亂 未知所歸. 河西斗絶在羌·胡中 不同心戮力 則
不能自守 權鈞力齊 復無以相率 當推一人爲大將軍 共全五部
觀時變動." 議旣定 而各謙讓. 以位次 咸共推梁統 統固辭 乃
推融行河西五郡大將軍事. 武威太守馬期·張掖太守任仲並孤
立無黨 乃共移書告示之 二人卽解印綬去. 於是以梁統爲武威
太守 史苞爲張掖太守 竺曾爲酒泉太守 辛肜爲敦煌太守. 融居
屬國 領都尉職如故 置從事 監察五郡. 河西民俗質樸 而融等
政亦寬和 上下相親 晏然富殖. 脩兵馬 習戰射 明烽燧 羌·胡
犯塞 融輒自將與諸郡相救 皆如符要 每輒破之. 其後羌·胡皆
震服親附 內郡流民避凶饑者歸之不絶.

25　王莽之世 天下咸思漢德 安定三水盧芳居左谷中 詐稱武
帝曾孫劉文伯 云"曾祖母 匈奴渾邪王之姊也." 常以是言誑
惑安定間. 王莽末 乃與三水屬國羌·胡起兵. 更始至長安 徵
芳爲騎都尉 使鎭撫安定以西. 更始敗 三水豪桀共立芳爲上將
軍·西平王 使使與西羌·匈奴結和親. 單于以爲"漢氏中絶
劉氏來歸 我亦當如呼韓邪立之 今尊事我." 乃使句林王將數
千騎迎芳兄弟入匈奴 立芳爲漢帝 以芳弟程爲中郎將 將胡騎
還入安定.

26　帝以關中未定 而鄧禹久不進兵 賜書責之曰"司徒 堯也
亡賊 桀也. 長安吏民遑遑無所依歸 宜以時進討 鎭慰西京 繫

百姓之心." 禹猶執前意 別攻上郡諸縣 更徵兵引穀 歸至大要. 積弩將軍馮愔・車騎將軍宗歆守栒邑 二人爭權相攻 愔遂殺歆 因反擊禹 禹遣使以聞. 帝問使人"愔所親愛爲誰?" 對曰"護軍黃防." 帝度愔・防不能久和 勢必相忤 因報禹曰"縛馮愔者 必黃防也." 乃遣尙書宗廣持節往降之. 後月餘 防果執愔 將其衆歸罪. 更始諸將王匡・胡殷・成丹等皆詣廣降 廣與東歸 至安邑道 欲亡 廣悉斬之.

愔之叛也 引兵西向天水 隗囂逆擊 破之於高平 盡獲其輜重. 於是禹承制遣使持節命囂爲西州大將軍 得專制涼州・朔方事.

27　臘日 赤眉設樂大會 酒未行 羣臣更相辯鬪 而兵衆遂各踊宮 斬關入 掠酒肉 互相殺傷. 衛尉諸葛稺聞之 勒兵入 格殺百餘人 乃定. 劉盆子惶恐 日夜啼泣 從官皆憐之.

28　帝遣宗正劉延攻天井關 與田邑連戰十餘合 延不得進. 及更始敗 邑遣使請降 卽拜爲上黨太守. 帝又遣諫議大夫儲大伯持節徵鮑永 永未知更始存亡 疑不肯從 收繫大伯 遣使馳至長安 詗問虛實.

29　初 帝從更始在宛 納新野陰氏之女麗華. 是歲 遣使迎麗華 與帝姊湖陽公主・妹寧平公主俱到洛陽 以麗華爲貴人. 更始西平王李通先娶寧平公主 上徵通爲衛尉.

30 初 更始以王閎爲琅邪太守 張步據郡拒之. 閎諭降 得贛榆等六縣 收兵與步戰 不勝. 步既受劉永官號 治兵於劇 遣將徇泰山·東萊·城陽·膠東·北海·濟南·齊郡 皆下之. 閎力不敵 乃詣步相見. 步大陳兵而見之. 怒曰"步有何罪 君前見攻之甚!"閎按劍曰"太守奉朝命 而文公擁兵相拒. 閎攻賊耳何謂甚邪!"步起跪謝 與之宴飲 待爲上賓 令閎關掌郡事.

❖ 世祖光武皇帝上之上 建武 2年（丙戌, 26年）

1 春 正月 甲子朔 日有食之.

2 劉恭知赤眉必敗 密敎弟盆子歸璽綬 習爲辭讓之言. 及正旦大會 恭先曰"諸君共立恭弟爲帝 德誠深厚！ 立且一年殺亂日甚 誠不足以相成 恐死而無益 願得退爲庶人 更求賢知 唯諸君省察！"樊崇等謝曰"此者崇等罪也."恭復固請 或曰"此寧式侯事邪？"恭惶恐起去. 盆子乃下牀解璽綬 叩頭曰"今設置縣官而爲賊如故 四方怨恨 不覆信向 此皆立非其人所致. 願乞骸骨 避賢聖路！ 必欲殺盆子以塞責者 無所離死！"因涕泣噓唏. 崇等及會者數百人 莫不哀憐之 乃皆避席頓首曰"臣無狀 負陛下 請自今已後 不敢復放縱！"因共抱持盆子 帶以璽綬 盆子號呼 不得已. 既罷出 各閉營自守. 三輔翕然 稱天子聰明 百姓爭還長安 市里且滿. 後二十餘日 復出 大掠如故.

3 　刀子都爲其部曲所殺 餘黨與諸賊會檀鄉 號檀鄉賊 寇魏郡 · 淸河. 魏郡大吏李熊弟陸謀反城迎檀鄉 或以告魏郡太守穎川銚期 期召問熊 熊叩頭首服 願與老母俱就死. 期曰"爲吏儻不若爲賊樂者 可歸與老母往就陸也！"使吏送出城. 熊行求得陸 將詣鄴城西門 陸不勝愧感 自殺以謝期. 期嗟歎 以禮葬之 而還熊故職. 於是郡中服其威信.

　帝遣吳漢率王梁等九將軍擊檀鄉於鄴東漳水上 大破之 十餘萬衆皆降. 又使梁與大將軍杜茂將兵安輯魏郡 · 淸河 · 東郡悉平諸營保 三郡淸靜 邊路流通.

4 　庚辰 悉封諸功臣爲列侯 梁侯鄧禹 · 廣平侯吳漢皆食四縣. 博士丁恭議曰"古者封諸侯不過百里 強幹弱枝 所以爲治也. 今封四縣 不合法制."帝曰"古之亡國皆以無道 未嘗聞功臣地多而滅亡者也."陰鄉侯陰識 貴人之兄也 以軍功當增封 識叩頭讓曰"天下初定 將帥有功者衆 臣託屬掖廷 仍加爵邑不可以示天下. 此爲親戚受賞 國人計功也."帝從之. 帝令諸將各言所樂 皆占美縣 河南太守穎川丁綝獨求封本鄉. 或問其故 綝曰"綝能薄功微 得鄉亭厚矣！"帝從其志 封新安鄉侯. 帝使郎中魏郡馮勤典諸侯封事 勤差量功次輕重 國土遠近 地勢豐薄 不相踰越 莫不厭服焉. 帝以爲能 尙書衆事皆令總錄之. 故事 尙書郎以令史久次補之 帝始用孝廉爲尙書郎.

5 　起高廟于洛陽 四時合祀高祖 · 太宗 · 世宗 建社稷于宗廟

之右 立郊兆于城南.

6　長安城中糧盡 赤眉收載珍寶 大縱火燒宮室‧市里 恣行
殺掠 長安城中無復人行 乃引兵而西 衆號百萬 自南山轉掠城
邑 遂入安定‧北地. 鄧禹引兵南至長安 軍昆明池 謁祠高廟
收十一帝神主 送詣洛陽 因巡行園陵 爲置吏士奉守焉.

7　眞定王楊造讖記曰"赤九之後 癭楊爲主." 楊病癭 欲以惑
衆 與綿曼賊交通. 帝遣騎都尉陳副‧游擊將軍鄧隆徵之 楊閉
城門不內. 帝復遣前將軍耿純持節行幽‧冀 所過勞慰王‧侯
密敕收楊. 純至眞定 止傳舍 邀楊相見. 純 眞定宗室之出也 故
楊不以爲疑 且自恃衆強 而純意安靜 卽從官屬詣之 楊兄弟並
將輕兵在門外. 楊入 見純 純接以禮敬 因延請其兄弟皆入 乃
閉閤 悉誅之 因勒兵而出. 眞定震怖 無敢動者. 帝憐楊謀未發
而誅 復封其子爲眞定王.

8　二月 己酉 車駕幸脩武.

9　鮑永‧馮衍審知更始已亡 乃發喪 出儲大伯等 封上印綬
悉罷兵 幅巾詣河內 帝見永 問曰"卿衆安在?"永離席叩頭曰
"臣事更始 不能令全 誠慙以其衆幸富貴 故悉罷之." 帝曰"卿
言大." 而意不悅. 既而永以立功見用 衍遂廢棄. 永謂衍曰"昔
高祖賞季布之罪 誅丁固之功 今遭明主 亦何憂哉!"衍曰"人

有挑其鄰人之妻者 其長者罵而少者報之. 後其夫死 取其長者.
或謂之曰‘夫非罵爾者邪？’曰‘在人欲其報我 在我欲其罵人
也！’夫天命難知 人道易守 守道之臣 何患死亡！”

10　　大司空王梁屢違詔命 帝怒 遣尙書宗廣持節卽軍中斬梁
廣檻車送京師. 旣至 赦之 以爲中郞將 北守箕關.

11　　王子 以太中大夫京兆宋弘爲大司空. 弘薦沛國桓譚 爲議
郞·給事中. 帝令譚鼓琴 愛其繁聲. 弘聞之 不悅 伺譚內出 正
朝服坐府上 遣吏召之. 譚至 不與席而讓之 且曰“能自改邪
將令相擧以法乎？”譚頓首辭謝 良久 乃遣之. 後大會羣臣 帝
使譚鼓琴. 譚見弘 失其常度. 帝怪而問之 弘乃離席免冠謝曰
“臣所以薦桓譚者 望能以忠正導主 而令朝廷耽悅鄭聲 臣之罪
也.”帝改容謝之.
　湖陽公主新寡 帝與共論朝臣 微觀其意. 主曰“宋公威容德
器 羣臣莫及.”帝曰“方且圖之.”後弘被引見 帝令主坐屛風後
因謂弘曰“諺言‘貴易交 富易妻’人情乎？”弘曰“臣聞貧賤
之知不可忘 糟糠之妻不下堂.”帝顧謂主曰“事不諧矣！”

12　　帝之討王郞也 彭寵發突騎以助軍 轉糧食 前後不絶 及帝
追銅馬至薊 寵自負其功 意望甚高 帝接之不能滿 以此懷不平.
及卽位 吳漢·王梁 寵之所遣 並爲三公 而寵獨無所加 愈怏
怏不得志 歎曰“如此 我當爲王 但爾者 陛下忘我邪！”

是時北州破散 而漁陽差完 有舊鐵官 寵轉以貿穀 積珍寶 益富強. 幽州牧朱浮 年少有俊才 欲厲風迹 收士心 辟召州中名宿及王莽時故吏二千石 皆引置幕府 多發諸郡倉穀稟贍其妻子. 寵以爲天下未定 師旅方起 不宜多置官屬以損軍實 不從其令. 浮性矜急自多 寵亦狠強 嫌怨轉積. 浮數譖構之 密奏寵多聚兵穀 意計難量. 上輒漏泄令寵聞 以脅恐之. 至是 有詔徵寵 寵上疏 願與浮俱徵 帝不許. 寵益以自疑. 其妻素剛 不堪抑屈 固勸無受徵 曰“天下未定 四方各自爲雄 漁陽大郡 兵馬最精 何故爲人所奏而棄此去乎！”寵又與所親信吏計議 皆懷怨於浮 莫有勸行者. 帝遣寵從弟子后蘭卿喻之. 寵因留子后蘭卿 遂發兵反 拜署將帥 自將二萬餘人 攻朱浮於薊. 又以與耿況俱有重功 而恩賞並薄 數遣使要誘況 況不受 斬其使.

13　延岑復反 圍南鄭. 漢中王嘉兵敗走. 岑遂據漢中 進兵武都 爲更始柱功侯李寶所破 岑走天水. 公孫述遣將侯丹取南鄭 嘉收散卒得數萬人 以李寶爲相 從武都南擊侯丹 不利 還軍河池·下辨 復與延岑連戰. 岑引北 入散關 至陳倉 嘉追擊 破之. 公孫述又遣將軍任滿從閬中下江州 東據扞關 於是盡有益州之地.

14　辛卯 上還洛陽.

15　三月 乙未 大赦.

16　更始諸大將在南方未降者尙多. 帝召諸將議兵事 以檄叩地曰"郾最強 宛爲次 誰當擊之？"賈復率然對曰"臣請擊郾."帝笑曰"執金吾擊郾 吾復何憂！大司馬當擊宛."遂遣復擊郾 破之 尹尊降. 又東擊更始淮陽太守暴汜 汜降.

17　夏 四月 虎牙大將軍蓋延督駙馬都尉馬武等四將軍擊劉永破之 遂圍永於睢陽.
　故更始將蘇茂反 殺淮陽太守潘蹇 據廣樂而臣於永 永以茂爲大司馬・淮陽王.

18　吳漢擊宛 宛王賜奉更始妻子詣洛陽降 帝封賜爲愼侯. 叔父良・族父歙・族兄祉皆自長安來. 甲午 封良爲廣陽王 祉爲城陽王 又封兄縯子章爲太原王 興爲魯王 更始三子求・歆・鯉皆爲列侯.

19　鄧王王常降 帝見之甚歡 曰"吾見王廷尉 不憂南方矣！"拜爲左曹 封山桑侯.

20　五月 庚辰 封族父歙爲泗水王.

21　帝以陰貴人雅性寬仁 欲立以爲后. 貴人以郭貴人有子 終不肯當. 六月 戊戌 立貴人郭氏爲皇后 以其子彊爲皇太子 大赦.

22 丙午 封泗水王子終爲淄川王.

23 秋 賈復南擊召陵‧新息 平之. 復部將殺人於潁川 潁川太守寇恂捕得 繫獄. 時尙草創 軍營犯法 率多相容 恂戮之於市. 復以爲恥 還 過潁川 謂左右曰"吾與寇恂並列將帥 而爲其所陷 今見恂 必手劍之！"恂知其謀 不欲與相見. 姊子谷崇曰"崇 將也 得帶劍侍側. 卒有變 足以相當."恂曰"不然 昔藺相如不畏秦王而屈於廉頗者 爲國也."乃敕屬縣盛供具 儲酒醪 執金吾軍入界 一人皆兼二人之饌. 恂出迎於道 稱疾而還. 復勒兵欲追之 而吏士皆醉 遂過去. 恂遣谷崇以狀聞 帝乃徵恂. 恂至 引見 時賈復先在坐 欲起相避. 帝曰"天下未定 兩虎安得私鬬！今日朕分之."於是並坐極歡 遂共車同出 結友而去.

24 八月 帝自率諸將征五校 丙辰 幸內黃 大破五校於羛陽 降其衆五萬人.

25 帝遣游擊將軍鄧隆助朱浮討彭寵 隆軍潞南 浮軍雍奴 遣吏奏狀. 帝讀檄 怒 謂使吏曰"營相去百里 其勢豈可得相及！比若還 北軍必敗矣."彭寵果遣輕兵擊隆軍 大破之 浮遠 遂不能救.

26 蓋延圍睢陽數月 克之. 劉永走至虞 虞人反 殺其母‧妻 永與麾下數十人奔譙. 蘇茂‧佼彊‧周建合軍三萬餘人救永

延與戰於沛西 大破之. 永‧彊‧建走保湖陵 茂奔還廣樂 延遂
定沛‧楚‧臨淮.

　帝使太中大夫伏隆持節使青‧徐二州 招降郡國. 青‧徐羣
盜聞劉永破敗 皆惶怖請降. 張步遣其掾孫昱隨隆詣闕上書 獻
鰒魚. 隆 湛之子也.

27　堵鄉人董訢反宛城 執南陽太守劉驎. 揚化將軍堅鐔攻宛
拔之 訢走還堵鄉.

28　吳漢徇南陽諸縣 所過多侵暴. 破虜將軍鄧奉謁歸新野 怒
漢掠其鄉里 遂反 擊破漢軍 屯據淯陽 與諸賊合從.

29　九月 壬戌 帝自內黃還.

30　陝賊蘇況攻破弘農 帝使景丹討之. 會丹薨 征虜將軍祭遵
擊弘農‧栢華‧蠻中賊 皆平之.

31　赤眉引兵欲西上隴 隗囂遣將軍楊廣迎擊 破之 又追敗之
於烏氏‧涇陽間. 赤眉至陽城番須中 逢大雪 坑谷皆滿 士多凍
死. 乃復還 發掘諸陵 取其寶貨. 凡有玉匣殮者 率皆如生 賊
遂汙辱呂后尸. 鄧禹遣兵擊之於郁夷 反爲所敗 禹乃出之雲陽.
赤眉復入長安. 延岑屯杜陵 赤眉將逢安擊之. 鄧禹以安精兵在
外 引兵襲長安 會謝祿救至 禹兵敗走. 延岑擊逢安 大破之 死

者十餘萬人.

廖湛將赤眉十八萬攻漢中王嘉 嘉與戰於谷口 大破之 嘉手
殺湛 遂到雲陽就穀. 嘉妻兄新野來歙 帝之姑子也. 帝令鄧禹
招嘉 嘉因歙詣禹降. 李寶倨慢 禹斬之.

32　　冬 十一月 以廷尉岑彭爲征南大將軍. 帝於大會中指王常
謂羣臣曰 “此家率下江諸將輔翼漢室 心如金石 眞忠臣也！”
卽日 拜常爲漢忠將軍 使與岑彭率建義大將軍朱祐等七將軍討
鄧奉‧董訢. 彭等先擊堵鄉 鄧奉救之. 朱祐軍敗 爲奉所獲.

33　　銅馬‧靑犢‧尤來餘賊共立孫登爲天子. 登將樂玄殺登
以其衆五萬餘人降.

34　　鄧禹自馮愔叛後 威名稍損 又乏糧食 戰數不利 歸附者日
益離散. 赤眉‧延岑暴亂三輔 郡縣大姓各擁兵衆 禹不能定.
帝乃遣偏將軍馮異代禹討之 車駕送至河南 敕異曰 “三輔遭王
莽‧更始之亂 重以赤眉‧延岑之醜 元元塗炭 無所依訴. 將軍
今奉辭討諸不軌 營保降者 遣其渠帥詣京師 散其小民 令就農
桑 壞其營壁 無使復聚. 征伐非必略地‧屠城 要在平定安集之
耳. 諸將非不健鬪 然好虜掠. 卿本能御吏士 念自修敕 無爲郡
縣所苦！”異頓首受命 引而西 所至布威信 羣盜多降.

　　❀ 臣光曰

昔周人頌武王之德曰"舖時繹思 我徂惟求定."言王者
之兵志在布陳威德安民而已. 觀光武之所以取關中 用是
道也. 豈不美哉！

35　又詔徵鄧禹還 曰"愼毋與窮寇爭鋒！赤眉無穀 自當來
東. 吾以飽待飢 以逸待勞 折箠笞之 非諸將憂也. 無得復妄進
兵！"
　帝以伏隆爲光祿大夫 復使於張步 拜步東萊太守 幷與新除
靑州牧·守·都尉俱東. 詔隆輒拜令·長以下.

36　十二月 戊午 詔宗室列侯爲王莽所絶者 皆復故國.

37　三輔大饑 人相食 城郭皆空 白骨蔽野 遺民往往聚爲營保
各堅壁淸野. 赤眉虜掠無所得 乃引而東歸 衆尙二十餘萬 隨道
復散. 帝遣破姦將軍侯進等屯新安 建威大將軍耿弇等屯宜陽
以要其還路 敕諸將曰"賊若東走 可引宜陽兵會新安 賊若南
走 可引新安兵會宜陽."馮異與赤眉遇於華陰 相拒六十餘日
戰數十合 降其將卒五千餘人.＊

資治通鑑 卷041

【漢紀三十三】

起強圉大淵獻(丁亥) 盡屠維赤奮若(己丑) 凡三年.

❖ 世祖光武皇帝上之下 建武 3年 (丁亥, 27年)

1　　春 正月 甲子 馮異爲征西大將軍. 鄧禹慙於受任無功 數
以飢卒徼赤眉戰 輒不利 乃率車騎將軍鄧弘等自河北度至湖
要馮異共攻赤眉. 異曰 "異與賊相拒數十日 雖虜獲雄將 餘衆
尚多 可稍以恩信傾誘 難卒用兵破也. 上今使諸將屯澠池 要其
東 而異擊其西 一擧取之 此萬成計也！" 禹 · 弘不從 弘遂大
戰移日. 赤眉陽敗 棄輜重走 車皆載土 以豆覆其上 兵士飢 爭
取之. 赤眉引還 擊弘 弘軍潰亂 異與禹合兵救之 赤眉小卻. 異
以士卒飢倦 可且休 禹不聽 復戰 大爲所敗 死傷者三千餘人
禹以二十四騎脫歸宜陽. 異棄馬步走 上回谿阪 與麾下數人歸
營 收其散卒 復堅壁自守.

2   辛巳 立四親廟於雒陽 祀父南頓君以上至舂陵節侯.

3   壬午 大赦.

4   閏月 乙巳 鄧禹上大司徒·梁侯印綬 詔還梁侯印綬 以爲右將軍.

5   馮異與赤眉約期會戰 使壯士變服與赤眉同 伏於道側. 旦日 赤眉使萬人攻異前部 異少出兵以救之 賊見勢弱 遂悉衆攻異 異乃縱兵大戰. 日昃 賊氣衰 伏兵卒起 衣服相亂 赤眉不復識別 衆遂驚潰 追擊 大破之於崤底 降男女八萬人. 帝降璽書勞異曰"始雖垂翅回谿 終能奮翼澠池 可謂失之東隅 收之桑榆. 方論功賞 以答大勳."

赤眉餘衆東向宜陽. 甲辰 帝親勒六軍 嚴陣以待之. 赤眉忽遇大軍 驚震不知所謂 乃遣劉恭乞降曰"盆子將百萬衆降陛下 何以待之？"帝曰"待汝以不死耳！"丙午 盆子及丞相徐宣以下三十餘人肉袒降 上所得傳國璽綬. 積兵甲宜陽城西 與熊耳山齊. 赤眉衆尙十餘萬人 帝令縣廚皆賜食. 明旦 大陳兵馬臨雒水 令盆子君臣列而觀之. 帝謂樊崇等曰"得無悔降乎？朕今遣卿歸營 勒兵鳴鼓相攻 決其勝負 不欲强相服也."徐宣等叩頭曰"臣等出長安東都門 君臣計議 歸命聖德. 百姓可與樂成 難與圖始 故不告衆耳. 今日得降 猶去虎口歸慈母 誠歡誠喜 無所恨也！"帝曰"卿所謂鐵中錚錚 傭中佼佼者也."戊

申 還自宜陽. 帝令樊崇等各與妻子居雒陽 賜之田宅. 其後樊
崇 · 逢安反 誅 楊音 · 徐宣卒於鄉里. 帝憐盆子 以爲趙王郎中
後病失明 賜滎陽均輸官地 使食其稅終身. 劉恭爲更始報仇 殺
謝祿 自繫獄 帝赦不誅.

6　　二月 劉永立董憲爲海西王. 永聞伏隆至劇 亦遣使立張步
爲齊王. 步貪王爵 猶豫未決. 隆曉譬曰"高祖與天下約 非劉
氏不王 今可得爲十萬戶侯耳！"步欲留隆 與共守二州 隆不
聽 求得反命 步遂執隆而受永封. 隆遣間使上書曰"臣隆奉使
無狀 受執凶逆 雖在困阨 授命不顧. 又 吏民知步反畔 心不附
之 願以時進兵 無以臣隆爲念！臣隆得生到闕廷 受誅有司 此
其大願. 若令沒身寇手 以父母 · 昆弟長累陛下. 陛下與皇后 ·
太子永享萬國 與天無極！"帝得隆奏 召其父湛 流涕示之曰
"恨不且許而遽求還也！"其後步遂殺之. 帝方北憂漁陽 南事
梁 · 楚 故張步得專集齊地 據郡十二焉.

7　　帝幸懷.

8　　吳漢率耿弇 · 蓋延擊青犢於軹西 大破降之.

9　　三月 壬寅 以司直伏湛爲大司徒.

10　　涿郡太守張豐反 自稱天上大將軍 與彭寵連兵. 朱浮以帝

不自征彭寵 上疏求救. 詔報曰"往年赤眉跋扈長安 吾策其無穀必東 果來歸附. 今度此反虜 勢無久全 其中必有內相斬者. 今軍資未充 故須後麥耳！"浮城中糧盡 人相食 會耿況遣騎來救 浮乃得脫身走 薊城遂降於彭寵. 寵自稱燕王 攻拔右北平 · 上谷數縣 賂遺匈奴 借兵爲助 又南結張步及富平 · 獲索諸賊 皆與交通.

11　　帝自將征鄧奉 至堵陽. 奉逃歸淯陽 董訢降. 夏 四月 帝追奉至小長安 與戰 大破之 奉肉袒因朱祜降. 帝憐奉舊功臣 且覆起吳漢 欲全宥之. 岑彭 · 耿弇諫曰"鄧奉背恩反逆 暴師經年 陛下旣至 不知悔善 而親在行陳 兵敗乃降 若不誅奉 無以懲惡！"於是斬之. 復朱祜位.

12　　延岑旣破赤眉 卽拜置牧守 欲據關中. 時關中眾寇猶盛 岑據藍田 王歆據下邽 芳丹據新豐 蔣震據霸陵 張邯據長安 公孫守據長陵 楊周據谷口 呂鮪據陳倉 角閎據汧 駱延據盩厔 任良據鄠 汝章據槐里 各稱將軍 擁兵多者萬餘人 少者數千人 轉相攻擊. 馮異且戰且行 屯軍上林苑中. 延岑引張邯 · 任良共攻異 異擊 大破之 諸營保附岑者皆來降 岑遂自武關走南陽. 時百姓飢餓 黃金一斤易豆五升 道路斷隔 委輸不至 馮異軍士悉以果實爲糧. 詔拜南陽趙匡爲右扶風 將兵助異 幷送縑 · 穀. 異兵穀漸盛 乃稍誅擊豪傑不從令者 襃賞降附有功勞者 悉遣諸營渠帥詣京師 散其眾歸本業 威行關中. 唯呂鮪 · 張邯 · 蔣

震遣使降蜀 其餘悉平.

13　　吳漢率驃騎大將軍杜茂等七將軍 圍蘇茂於廣樂 周建招集
得十餘萬人救之. 漢迎與之戰 不利 墮馬傷骭 還營 建等遂連
兵入城. 諸將謂漢曰"大敵在前 而公傷臥 衆心懼矣！"漢乃
勃然裹創而起 椎牛饗士 慰勉之 士氣自倍. 旦日 蘇茂 · 周建
出兵圍漢 漢奮擊 大破之 茂走還湖陵. 睢陽人反城迎劉永 蓋
延率諸將圍之 吳漢留杜茂 · 陳俊守廣樂 自將兵助延圍睢陽.

14　　車駕自小長安引還 令岑彭率傅俊 · 臧宮 · 劉宏等三萬餘
人南擊秦豐. 五月 己酉 車駕還宮.

15　　乙卯晦 日有食之.

16　　六月 壬戌 大赦.

17　　延岑攻南陽 得數城 建威大將軍耿弇與戰於穰 大破之. 岑
與數騎走東陽 與秦豐合 豐以女妻之. 建義大將軍朱祜率祭遵
等與岑戰於東陽 破之 岑走歸秦豐. 祜遂南與岑彭等軍合.
　　延岑護軍鄧仲況擁兵據陰縣 而劉歆 · 孫龔爲其謀主 前侍中
扶風蘇竟以書說之 仲況與龔降. 竟終不伐其功 隱身樂道 壽終
於家.

秦豐拒岑彭於鄧 秋 七月 彭擊破之. 進圍豐於黎丘 別遣積弩
將軍傅俊將兵徇江東 揚州悉定.

18　蓋延圍睢陽百日 劉永·蘇茂·周建突出 將走酇 延追擊
之急 永將慶吾斬永首降. 蘇茂·周建奔垂惠 共立永子紆爲梁
王. 佼彊奔保西防.

19　冬 十月 壬申 上幸舂陵 祠園廟.

20　耿弇從容言於帝 自請北收上谷兵未發者 定彭寵於漁陽
取張豐於涿郡 還收富平·獲索 東攻張步 以平齊地. 帝壯其意
許之.

21　十一月 乙未 帝還自舂陵.

22　是歲 李憲稱帝 置百官 擁九城 衆十餘萬.

23　帝謂太中大夫來歙曰 "今西州未附 子陽稱帝 道里阻遠
諸將方務關東 思西州方略 未知所在." 歙曰 "臣嘗與隗囂相遇
長安. 其人始起 以漢爲名. 臣願得奉威命 開以丹靑之信 囂必
束手自歸 則述自亡之勢 不足圖也!" 帝然之 始令歙使於囂.
囂旣有功於漢 又受鄧禹爵署 其腹心議者多勸通使京師 囂乃
奉奏詣闕. 帝報以殊禮 言稱字 用敵國之儀 所以慰藉之甚厚.

1　正月 甲申 大赦.

2　二月 壬子 上行幸懷 壬申 還雒陽.

3　延岑復寇順陽 遣鄧禹將兵擊破之. 岑奔漢中. 公孫述以岑
爲大司馬 封汝寧王.

4　田戎聞秦豐破 恐懼 欲降. 其妻兄辛臣圖彭寵 · 張步 · 董
憲 · 公孫述等所得郡國以示戎曰 "雒陽地如掌耳 不如且按甲
以觀其變." 戎曰 "以秦王之强 猶爲征南所圍 吾降決矣！" 乃
留辛臣使守夷陵 自將兵沿江溯沔止黎丘. 辛臣於後盜戎珍寶
從間道先降於岑彭 而以書招戎曰 "宜以時降 無拘前計！" 戎
疑臣賣己 灼龜卜 降兆中坼 遂復反 與秦豐合 岑彭擊破之 戎
亡歸夷陵.

5　夏 四月 丁巳 上行幸鄴 己巳 幸臨平 遣吳漢 · 陳俊 · 王
梁擊破五校於臨平. 鬲縣五姓共逐守長 據城而反 諸將爭欲攻
之. 吳漢曰 "使鬲反者 守長罪也. 敢輕冒進兵者斬！" 乃移檄
告郡使收守長 而使人謝 城中五姓大喜 卽相率降. 諸將乃服
曰 "不戰而下城 非衆所及也！"

6　五月 上幸元氏 辛巳 幸盧奴 將親徵彭寵. 伏湛諫曰"今兗·豫·青·冀 中國之都 而寇賊縱橫 未及從化. 漁陽邊外荒耗 豈足先圖！陛下捨近務遠 棄易求難 誠臣之所惑也！"上乃還.

7　帝遣建義大將軍朱祐·建威大將軍耿弇·征虜將軍祭遵·驍騎將軍劉喜討張豐於涿郡. 祭遵先至 急攻豐 禽之. 初豐好方術 有道士言豐當爲天子 以五彩囊裹石繫豐肘 云"石中有玉璽."豐信之 遂反. 既執 當斬 猶曰"肘石有玉璽."傍人爲椎破之 豐乃知被詐 仰天歎曰"當死無恨！"

上詔耿弇進擊彭寵. 弇以父況與寵同功 又兄弟無在京師者 不敢獨進 求詣雒陽. 詔報曰"將軍擧宗爲國 功傚尤著 何嫌何疑 而欲求徵！"況聞之 更遣弇弟國入侍. 時祭遵屯良鄉 劉喜屯陽鄉 彭寵引匈奴兵欲擊之 耿況使其子舒襲破匈奴兵 斬兩王 寵乃退走.

8　六月 辛亥 車駕還宮.

9　秋 七月 丁亥 上幸譙 遣捕虜將軍馬武·騎都尉王霸圍劉紆·周建於垂惠.

10　董憲將賁休以蘭陵降 憲聞之 自郯圍之. 蓋延及平狄將軍山陽龐萌在楚 請往救之. 帝敕曰"可直往擣郯 則蘭陵自解."

延等以賁休城危 遂先赴之. 憲逆戰而陽敗退 延等因拔圍入
城. 明日 憲大出兵合圍 延等懼 遽出突走 因往攻郯. 帝讓之曰
"間欲先赴郯者 以其不意故耳. 今旣奔走 賊計已立 圍豈可解
乎！"延等至郯 果不能克 而董憲遂拔蘭陵 殺賁休.

11 　八月 戊午 上幸壽春 遣揚武將軍南陽馬成 率誅虜將軍南
陽劉隆等三將軍發會稽 · 丹陽 · 九江 · 六安四郡兵擊李憲. 九
月 圍憲於舒.

　王莽末 天下亂 臨淮大尹河南侯霸獨能保全其郡. 帝徵霸會
壽春 拜尙書令. 時朝廷無故典 又少舊臣 霸明習故事 收錄遺
文 條奏前世善政法度 施行之.

　冬 十月 甲寅 車駕還宮.

12 　隗囂使馬援往觀公孫述. 援素與述同里閈 相善 以爲旣至
當握手歡如平生 而述盛陳陛衛以延援入 交拜禮畢 使出就館.
更爲援制都布單衣 · 交讓冠 會百官於宗廟中 立舊交之位 述
鸞旗 · 旄騎 警蹕就車 磬折而入 禮饗官屬甚盛 欲授援以封侯
大將軍位. 賓客皆樂留 援曉之曰"天下雄雌未定 公孫不吐哺
走迎國士 與圖成敗 反修飾邊幅 如偶人形 此子何足久稽天下
士乎！"因辭歸 謂囂曰"子陽 井底蛙耳 而妄自尊大 不如專
意東方."

　囂乃使援奉書雒陽. 援初到 良久 中黃門引入. 帝在宣德殿
南廡下 但幘 坐 迎笑 謂援曰"卿遨遊二帝間 今見卿 使人大

憨." 援頓首辭謝 因曰 "當今之世 非但君擇臣 臣亦擇君矣. 臣與公孫述同縣 少相善 臣前至蜀 述陛戟而後進臣. 臣今遠來陛下何知非刺客姦人 而簡易若是 ! " 帝復笑曰 "卿非刺客 顧說客耳." 援曰 "天下反覆 盜名字者不可勝數 今見陛下恢廓大度 同符高祖 乃知帝王自有眞也."

13　太傅卓茂薨.

14　十一月 丙申 上行幸宛. 岑彭攻秦豐三歲 斬首九萬餘級豐餘兵裁千人 食且盡. 十二月 丙寅 帝幸黎丘 遣使招豐 豐不肯降 乃使朱祜等代岑彭圍黎丘 使岑彭・傅俊南擊田戎.

15　公孫述聚兵數十萬人 積糧漢中 又造十層樓船 多刻天下牧守印章. 遣將軍李育・程烏將數萬衆出屯陳倉 就呂鮪 將徇三輔 馮異迎擊 大破之 育・烏俱奔漢中. 異還 擊破呂鮪 營保降者甚衆.

是時 隗囂遣兵佐異有功 遣使上狀 帝報以手書曰 "慕樂德義 思相結納. 昔文王三分 猶服事殷 但駑馬・鉛刀 不可強扶數蒙伯樂一顧之價. 將軍南拒公孫之兵 北御羌・胡之亂 是以馮異西征 得以數千百人躑躅三輔. 微將軍之助 則咸陽已爲他人禽矣 ! 如令子陽到漢中 三輔願因將軍兵馬 鼓旗相當. 儻肯如言 卽智士計功割地之秋也 ! 管仲曰 '生我者父母 成我者鮑子.' 自今以後 手書相聞 勿用傍人間構之言." 其後公孫述數

遣將間出 囂輒與馮異合勢 共摧挫之. 述遣使以大司空 · 扶安
王印綬授囂 囂斬其使 出兵擊之 以故蜀兵不復北出.

16　泰山豪傑多與張步連兵. 吳漢薦強駑大將軍陳俊爲泰山太
守 擊破步兵 遂定泰山.

❖ 世祖光武皇帝上之下 建武 5年 (己丑, 29年)

1　春 正月 癸巳 車駕還宮.

2　帝使來歙持節送馬援歸隴右. 隗囂與援共臥起 問以東方
事 曰 "前到朝廷 上引見數十 每接燕語 自夕至旦 才明勇略
非人敵也. 且開心見誠 無所隱伏 闊達多大節 略與高帝同 經
學博覽 政事文辯 前世無比." 囂曰 "卿謂何如高帝 ?" 援曰
"不如也. 高帝無可無不可 今上好吏事 動如節度 又不喜飲
酒." 囂意不懌 曰 "如卿言 反復勝邪 !"

3　二月 丙午 大赦.

4　蘇茂將五校兵救周建於垂惠. 馬武爲茂 · 建所敗 奔過王
霸營 大呼求救. 霸曰 "賊兵盛出 必兩敗 弩力而已 !" 乃閉營
堅壁. 軍吏皆爭之 霸曰 "茂兵精銳 其眾又多 吾吏士心恐 而

捕虜與吾相恃 兩軍不一 此敗道也. 今閉營固守 示不相援 賊
必乘勝輕進 捕虜無救 其戰自倍. 如此 茂衆疲勞 吾承其敝 乃
可克也.”茂‧建果悉出攻武 合戰良久 霸軍中壯士數十人斷
髮請戰 霸乃開營後 出精騎襲其背. 茂‧建前後受敵 驚亂敗走
霸‧武各歸營. 茂‧建復聚兵挑戰 霸堅臥不出 方饗士作倡樂
茂雨射營中 中霸前酒樽 霸安坐不動. 軍吏皆曰“茂前日已破
今易擊也.”霸曰“不然. 蘇茂客兵遠來 糧食不足 故數挑戰 以
徼一時之勝. 今閉營休士 所謂‘不戰而屈人兵’者也.”茂‧建
既不得戰 乃引還營. 其夜 周建兄子誦反 閉城拒之. 建於道死
茂奔下邳 與董憲合 劉紆奔佼彊.

5 乙丑 上行幸魏郡.

6 彭寵妻數爲惡夢 又多見怪變 卜筮‧望氣者皆言兵當從中
起. 寵以子后蘭卿質漢歸 不信之 使將兵居外 無親於中. 寵齋
在便室 蒼頭子密等三人因寵臥寐 共縛著牀 告外吏云“大王
齋禁 皆使吏休.”僞稱寵命 收縛奴婢 各置一處. 又以寵命呼
其妻 妻入 驚曰“奴反！”奴乃捽其頭 擊其頰. 寵急呼曰“趣
爲諸將軍辦裝！”於是兩奴將妻入取寶物 留一奴守寵. 寵謂
守奴曰“若小兒 吾素所愛也. 今爲子密所迫劫耳！ 解我縛 當
以女珠妻汝 家中財物皆以與若.”小奴意欲解之 視戶外 見子
密聽其語 遂不敢解. 於是收金玉衣物 至寵所裝之 被馬六匹
使妻縫兩縑囊. 昏夜後 解寵手 令作記告城門將軍云“今遣子

密等至子后蘭卿所 勿稽留之." 書成 斬寵及妻頭置囊中 使持
記馳出城 因以詣闕. 明旦 閤門不開 官屬踰牆而入 見寵尸 驚
怖. 其尙書韓立等共立寵子午爲王 國師韓利斬午首詣祭遵降
夷其宗族. 帝封子密爲不義侯.

　❖ 權德輿議曰

　　伯通之叛命 子密之戕君 同歸于亂 罪不相蔽 宜各致
於法 昭示王度 反乃爵於五等 又以 "不義" 爲名. 且舉
以不義 莫可侯也 此而可侯 漢爵爲不足勸矣. 春秋書齊
豹盜・三叛人名之義 無乃異於乎！

7　帝以扶風郭伋爲漁陽太守. 伋承離亂之後 養民訓兵 開示
威信 盜賊銷散 匈奴遠迹 在職五年 户口增倍.

8　帝使光祿大夫樊宏持節迎耿況於上谷 曰 "邊郡寒苦 不足
久居." 況至京師 賜甲第 奉朝請 封牟平侯.
　吳漢率耿弇・王常擊富平・獲索賊於平原 大破之 追討餘黨
至勃海 降者上萬餘人. 上因詔弇進討張步.

9　平敵將軍龐萌 爲人遜順 帝信愛之 常稱曰 "可以託六尺
之孤 寄百里之命者 龐萌是也." 使與蓋延共擊董憲. 歸詔書獨
下延而不及萌 萌以爲延譖己 自疑 遂反 襲延軍 破之 與董憲

連和 自號東平王 屯桃鄉之北. 帝聞之 大怒 自將討萌 與諸將
書曰"吾嘗以龐萌爲社稷之臣 將軍得無笑其言乎！老賊當族
其各厲兵馬 會睢陽！"

龐萌攻破彭城 將殺楚郡太守孫萌. 郡吏劉平伏太守身上 號
泣請代其死 身被七創 龐萌義而捨之. 太守已絕復蘇 渴求飲
平傾創血以飲之.

10　岑彭攻拔夷陵 田戎亡入蜀 盡獲其妻子·士衆數萬人. 公
孫述以戎爲翼江王.

岑彭謀伐蜀 以夾川穀少 水險難漕 留威虜將軍馮駿軍江州
都尉田鴻軍夷陵 領軍李玄軍夷道 自引兵還屯津鄉 當荊州要
會 喻告諸蠻夷降者 奏封其君長.

11　夏 四月 旱 蝗.

12　隗囂問於班彪曰"往者周亡 戰國並爭 數世然後定. 意者
從橫之事復起於今乎？將承運迭興 在於一人也？"彪曰"周
之廢興 與漢殊異. 昔周爵五等 諸侯從政 本根既微 枝葉強大
故其末流有從橫之事 勢數然也. 漢承秦制 改立郡縣 主有專己
之威 臣無百年之柄. 至於成帝 假借外家 哀·平短祚 國嗣三
絕 故王氏擅朝 因竊號位 危自上起 傷不及下 是以卽眞之後
天下莫不引領而歎. 十餘年間 中外騷擾 遠近俱發 假號雲合
咸稱劉氏 不謀同辭. 方今雄桀帶州域者 皆無六國世業之資 而

百姓謳吟思仰. 漢必復興 已可知矣."

　囂曰"生言周‧漢之勢可也 至於但見愚人習識劉氏姓號之
故 而謂漢復興 疏矣！昔秦失其鹿 劉季逐而掎之 時民復知漢
乎？"彪乃爲之著《王命論》以風切之曰"昔堯之禪舜曰'天之
曆數在爾躬.'舜亦以命禹. 洎於稷‧契 咸佐唐‧虞 至湯‧武
而有天下. 劉氏承堯之祚 堯據火德而漢紹之 有赤帝子之符 故
爲鬼神所福饗 天下所歸往. 由是言之 未見運世無本 功德不紀
而得屈起在此位者也！ 俗見高祖興於布衣 不達其故 至比天
下於逐鹿 幸捷而得之. 不知神器有命 不可以智力求也. 悲夫
此世所以多亂臣賊子者也！夫餓饉流隸 飢寒道路 所願不過一
金 然終轉死溝壑 何則？ 貧窮亦有命也. 況乎天子之貴 四海
之富 神明之祚 可得而妄處哉！ 故雖遭罹阸會 竊其權柄 勇
如信‧布 強如梁‧籍 成如王莽 然卒潤鑊伏質 亨醢分裂 又
況么麼尚不及數子 而欲闇奸天位者虖！昔陳嬰之母以嬰家世
貧賤 卒富貴不祥 止嬰勿王 王陵之母知漢王必得天下 伏劍而
死 以固勉陵. 夫以匹婦之明 猶能推事理之致 探禍福之機 而
全宗祀於無窮 垂策書於春秋 而況大丈夫之事虖！ 是故窮達
有命 吉凶由人 嬰母知廢 陵母知興 審此二者 帝王之分決矣.
加之高祖寬明而仁恕 知人善任使. 當食吐哺 納子房之策 拔足
揮洗 揖酈生之說 舉韓信於行陳 收陳平於亡命 英雄陳力 羣
策畢舉 此高祖之大略所以成帝業也. 若乃靈瑞符應 其事甚
衆 故淮陰‧留侯謂之天授‧非人力也. 英雄誠知覺寤 超然遠
覽 淵然深識 收陵‧嬰之明分 絕信‧布之覬覦 距逐鹿之瞽說

審神器之有授 毋貪不可冀 爲二母之所笑 則福祚流于子孫 天
祿其永終矣!"囂不聽. 彪遂避地河西. 竇融以爲從事 甚禮重
之. 彪遂爲融畫策 使之專意事漢焉.

13   初 竇融等聞帝威德 心欲東向 以河西隔遠 未能自通 乃從
隗囂受建武正朔 囂皆假其將軍印綬. 囂外順人望 內懷異心 使
辯士張玄說融等曰"更始事已成 尋覆亡滅 此一姓不再興之效
也! 今卽有所主 便相係屬 一旦拘制 自令失柄 後有危敗 雖
悔無及. 方今豪桀競逐 雌雄未決 當各據土宇 與隴 · 蜀合從
高可爲六國 下不失尉佗."融等召豪桀議之 其中識者皆曰"今
皇帝姓名見於圖書 自前世博物道術之士谷子雲 · 夏賀良等皆
言漢有再受命之符 故劉子駿改易名字 冀應其占. 及莽末 西門
君惠謀立子駿 事覺被殺 出謂觀者曰'讖文不誤 劉秀眞汝主
也!'此皆近事暴著 衆所共見者也. 況今稱帝者數人 而雒陽
土地最廣 甲兵最強 號令最明 觀符命而察人事 他姓殆未能當
也!"衆議或同或異.

融遂決策東向 遣長史劉鈞等奉書詣雒陽. 先是 帝亦發使遺
融書以招之 遇鈞於道 卽與俱還. 帝見鈞歡甚 禮饗畢 乃遣令
還 賜融璽書曰"今益州有公孫子陽 天水有隗將軍. 方蜀 · 漢
相攻 權在將軍 舉足左右 便有輕重. 以此言之 欲相厚豈有量
哉! 欲遂立桓 · 文 輔微國 當勉卒功業 欲三分鼎足 連衡合
從 亦宜以時定. 天下未幷 吾與爾絶域 非相吞之國. 今之議者
必有任囂敎尉佗制七郡之計. 王者有分土 無分民 自適己事而

已." 因授融爲涼州牧. 璽書至河西 河西皆驚 以爲天子明見萬里之外.

14 朱祜急攻黎丘 六月 秦豐窮困出降 轀車送雒陽. 吳漢劾祜廢詔命 受豐降. 上誅豐 不罪祜.

15 董憲與劉紆‧蘇茂‧佼彊去下邳 還蘭陵 使茂‧彊助龐萌圍桃城. 帝時幸蒙 聞之 乃留輜重 自將輕兵晨夜馳赴. 至亢父 或言百官疲倦 可且止宿 上不聽 復行十里 宿任城 去桃城六十里. 旦日 諸將請進 龐萌等亦勒兵挑戰. 帝令諸將不得出 休士養銳以挫其鋒. 時吳漢等在東郡 馳使召之. 萌等驚曰 "數百里晨夜行 以爲至當戰 而堅坐任城 致人城下 眞不可往也!" 乃悉兵攻桃城. 城中聞車駕至 衆心益固 萌等攻二十餘日 衆疲困 不能下. 吳漢‧王常‧蓋延‧王梁‧馬武‧王霸等皆至 帝乃率衆軍進救桃城 親自搏戰 大破之. 龐萌‧蘇茂‧佼彊夜走從董憲.

秋 七月 丁丑 帝幸沛 進幸湖陵. 董憲與劉紆悉其兵數萬人屯昌慮 憲招誘五校餘賊 與之拒守建陽. 帝至蕃 去憲所百餘里 諸將請進 帝不聽 知五校乏食當退 敕各堅壁以待其敝. 頃之 五校果引去. 帝乃親臨 四面攻憲 三日 大破之. 佼彊將其衆降 蘇茂奔張步 憲及龐萌走保郯. 八月 己酉 帝幸郯 留吳漢攻之 車駕轉徇彭城‧下邳. 吳漢拔郯 董憲‧龐萌走保朐. 劉紆不知所歸 其軍士高扈斬之以降. 吳漢進圍朐.

16 　冬 十月 帝幸魯.

17 　張步聞耿弇將至 使其大將軍費邑軍歷下 又令兵屯祝阿
別於泰山‧鍾城列營數十以待之. 弇渡河 先擊祝阿 自旦攻城
日未中而拔之 故開圍一角 令其衆得奔歸鍾城. 鍾城人聞祝阿
已潰 大恐懼 遂空壁亡去.

　費邑分遣弟敢守巨里. 弇進兵先脅巨里 嚴令軍中趣脩攻具
宣敕諸部 後三日當悉力攻巨里城 陰緩生口 令得亡歸 以弇
期告邑. 邑至日 果自將精兵三萬餘人來救之. 弇喜 謂諸將曰
"吾所以脩攻具者 欲誘致之耳. 野兵不擊 何以城爲!" 卽分
三千人守巨里 自引精兵上岡阪 乘高合戰 大破之 臨陳斬邑.
旣而收首級以示城中 城中凶懼. 費敢悉衆亡歸張步. 弇復收其
積聚 縱兵擊諸未下者 平四十餘營 遂定濟南.

　時張步都劇 使其弟藍將精兵二萬守西安 諸郡太守合萬餘人
守臨菑 相去四十里. 弇進軍畫中 居二城之間. 弇視西安城小
而堅 且藍兵又精 臨菑名雖大而實易攻 乃敕諸校後五日會攻
西安. 藍聞之 晨夜警守. 至期 夜半 弇敕諸將皆蓐食 會明 至
臨菑城. 護軍荀梁等爭之 以爲"攻臨菑 西安必救之 攻西安
臨菑不能救 不如攻西安." 弇曰"不然 西安聞吾欲攻之 日夜
爲備 方自憂 何暇救人! 臨菑出不意而至 必驚擾 吾攻之一
日 必拔. 拔臨菑 卽西安孤 與劇隔絶 必復亡去 所謂'擊一而
得二'者也. 若先攻西安 不能卒下 頓兵堅城 死傷必多. 縱能
拔之 藍引軍還奔臨菑 幷兵合勢 觀人虛實. 吾深入敵地 後無

轉輸 旬月之間 不戰而困矣."遂攻臨菑. 半日 拔之 入據其城.
張藍聞之 懼 遂將其衆亡歸劇.

弇乃令軍中無得虜掠·須張步至乃取之 以激怒步. 步聞 大
笑曰"以尤來·大肜十餘萬衆 吾皆卽其營而破之. 今大耿兵
少於彼 又皆疲勞 何足懼乎!"乃與三弟藍·弘·壽及故大肜
渠帥重異等兵號二十萬 至臨菑大城東 將攻弇. 弇上書曰"臣
據臨菑 深塹高壘 張步從劇縣來攻 疲勞飢渴. 欲進 誘而攻之
欲去 隨而擊之. 臣依營而戰 精銳百倍 以逸待勞 以實擊虛 旬
日之間 步首可獲."於是弇先出菑水上 與重異遇 突騎欲縱 弇
恐挫其鋒 令步不敢進 故示弱以盛其氣 乃引歸小城 陳兵於內
使都尉劉歆·泰山太守陳俊分陳於城下. 步氣盛 直攻弇營 與
劉歆等合戰. 弇升王宮壞臺望之 視歆等鋒交 乃自引精兵以橫
突步陳於東城下 大破之. 飛矢中弇股 以佩刀截之 左右無知
者. 至暮 罷. 弇明旦復勒兵出.

是時帝在魯 聞弇爲步所攻 自往救之. 未至 陳俊謂弇曰"劇
虜兵盛 可且閉營休士 以須上來."弇曰"乘輿且到 臣子當擊
牛·釃酒以待百官 反欲以賊虜遺君父邪?"乃出兵大戰. 自
旦及昏 復大破之 殺傷無數 溝塹皆滿. 弇知步困將退 豫置左
右翼爲伏以待之. 人定時 步果引去 伏兵起縱擊 追至鉅昧水上
八九十里 僵尸相屬 收得輜重二千餘兩. 步還劇 兄弟各分兵散
去.

後數日 車駕至臨菑 自勞軍 羣臣大會. 帝謂弇曰"昔韓信破
歷下以開基 今將軍攻祝阿以發跡 此皆齊之西界 功足相方. 而

韓信襲擊已降 將軍獨拔勍敵 其功又難於信也. 又 田橫亨酈生
及田橫降 高帝詔衛尉不聽爲仇 張步前亦殺伏隆 若步來歸命
吾當詔大司徒釋其怨 又事尤相類也. 將軍前在南陽 建此大策
常以爲落落難合 有志者事竟成也!"帝進幸劇.

耿弇復追張步 步奔平壽 蘇茂將萬餘人來救之. 茂讓步曰
"以南陽兵精 延岑善戰 而耿弇走之 大王奈何就攻其營？既呼
茂 不能待邪？"步曰"負負 無可言者!"帝遣使告步·茂 能
相斬降者 封爲列侯. 步遂斬茂 詣耿弇軍門肉袒降. 弇傳詣行
在所 而勒兵入據其城 樹十二郡旗鼓 令步兵各以郡人詣旗下
衆尙十餘萬 輜重七千餘兩 皆罷遣歸鄉里. 張步三弟各自系所
在獄 詔皆赦之 封步爲安丘侯 與妻子居雒陽.

於是琅邪未平 上徙陳俊爲琅邪太守 始入境 盜賊皆散.

耿弇復引兵至城陽 降五校餘黨 齊地悉平 振旅還京師. 弇爲
將 凡所平郡四十六 屠城三百 未嘗挫折焉.

18　　初起太學. 車駕還宮 幸太學 稽式古典 修明禮樂 煥然文
物可觀矣.

19　　十一月 大司徒伏湛免 以侯霸爲大司徒. 霸聞太原閔仲叔
之名而辟之 既至 霸不及政事 徒勞苦而已. 仲叔恨曰"始蒙嘉
命 且喜且懼. 今見明公 喜懼皆去. 以仲叔爲不足問邪 不當辟
也. 辟而不問 是失人也!"遂辭出 投劾而去.

20 　初 五原人李興·隨昱·朔方人田颯·代郡人石鮪·閔堪 各起兵自稱將軍. 匈奴單于遣使與興等和親 欲令盧芳還漢地 爲帝. 興等引兵至單于庭迎芳. 十二月 與俱入塞 都九原縣 掠 有五原·朔方·雲中·定襄·鴈門五郡 並置守·令 與胡兵侵 苦北邊.

21 　馮異治關中 出入三歲 上林成都. 人有上章言"異威權至 重 百姓歸心 號爲咸陽王." 帝以章示異 異惶懼 上書陳謝. 詔 報曰"將軍之於國家 義爲君臣 恩猶父子 何嫌何疑 而有懼 意！"

22 　隗囂矜己飾智 每自比西伯 與諸將議欲稱王. 鄭興曰"昔 文王三分天下有其二 尙服事殷 武王八百諸侯不謀同會 猶還 兵待時 高帝征伐累年 猶以沛公行師. 今令德雖明 世無宗周 之祚 威略雖振 未有高祖之功 而欲擧未可之事 昭速禍患 無 乃不可乎！"囂乃止. 後又置廣職位以自尊高 鄭興曰"夫中郎 將·太中大夫·使持節官 皆王者之器 非人臣所當制也. 無益 於實 有損於名 非尊上之意也."囂病之而止.
　時關中將帥數上書 言蜀可擊之狀 帝以書示囂 因使擊蜀以 效其信. 囂上書 盛言三輔單弱 劉文伯在邊 未宜謀蜀. 帝知囂 欲持要端 不願天下統一 於是稍黜其禮 正君臣之儀. 帝以囂與 馬援·來歙相善 數使歙·援奉使往來 勸令入朝 許以重爵. 囂 連遣使 深持謙辭 言無功德 須四方平定 退伏閭里. 帝復遣來

歆說囂遣子入侍 囂聞劉永・彭寵皆已破滅 乃遣長子恂隨歆詣
闕 帝以爲胡騎校尉 封鐫羌侯.

鄭興因恂求歸葬父母 囂不聽 而徙興舍 益其秩禮. 興入見
曰“今爲父母未葬 乞骸骨 若以增秩徙舍 中更停留 是以親爲
餌也 無禮甚矣 將軍焉用之！ 願留妻子獨歸葬 將軍又何猜
焉！”囂乃令與妻子俱東. 馬援亦將家屬隨恂歸雒陽 以所將
賓客猥多 求屯田上林苑中 帝許之.

囂將王元以爲天下成敗未可知 不願專心內事 說囂曰“昔更
始西都 四方響應 天下喁喁 謂之太平 一旦壞敗 將軍幾無所
厝. 今南有子陽 北有文伯 江湖海岱 王公十數 而欲牽儒生之
說 棄千乘之基 羈旅危國以求萬全 此循覆車之軌者也. 今天水
完富 士馬最強 元請以一丸泥爲大王東封函谷關 此萬世一時
也. 若計不及此 且畜養士馬 據隘自守 曠日持久 以待四方之
變 圖王不成 其敝猶足以霸. 要之 魚不可脫於淵 神龍失勢 與
蚯蚓同！”囂心然元計 雖遣子入質 猶負其險阨 欲專制方面.

申屠剛諫曰“愚聞人所歸者天所與 人所畔者天所去也. 本朝
誠天之所福 非人力也. 今璽書數到 委國歸信 欲與將軍共同吉
凶. 布衣相與 尚有沒身不負然諾之信 況於萬乘者哉！ 今何畏
何利 而久疑若是？ 卒有非常之變 上負忠孝 下愧當世. 夫未
至豫言 固常爲虛 及其已至 又無所及. 是以忠言至諫 希得爲
用 誠願反覆愚老之言！”囂不納 於是游士長者稍稍去之.

23　王莽末 交趾諸郡閉境自守. 岑彭素與交趾牧鄧讓厚善 與

讓書 陳國家威德 又遣偏將軍屈充移檄江南 班行詔命. 於是讓
與江夏太守侯登‧武陵太守王堂‧長沙相韓福‧桂陽太守張
隆‧零陵太守田翕‧蒼梧太守杜穆‧交趾太守錫光等相率遣
使貢獻 悉封爲列侯. 錫光者 漢中人 在交趾 敎民夷以禮義 帝
復以宛人任延爲九眞太守 延敎民耕種嫁娶 故嶺南華風始於二
守焉.

24　是歲 詔徵處士太原周黨‧會稽嚴光等至京師. 黨入見 伏
而不謁 自陳願守所志. 博士范升奏曰"伏見太原周黨‧東海
王良‧山陽王成等 蒙受厚恩 使者三聘 乃肯就車 及陞見帝
廷 黨不以禮屈 伏而不謁 偃蹇驕悍 同時俱逝. 黨等文不能演
義 武不能死君 釣采華名 庶幾三公之位. 臣願與坐雲臺之下
考試圖國之道. 不如臣言 伏虛妄之罪 而敢私竊虛名 誇上求
高 皆大不敬!"書奏 詔曰"自古明王‧聖主 必有不賓之士.
伯夷‧叔齊不食周粟 太原周黨不受朕祿 亦各有志焉. 其賜帛
四十匹 罷之."

帝少與嚴光同遊學 及卽位 以物色訪之. 得於齊國 累徵乃至
拜諫議大夫 不肯受 去 耕釣於富春山中. 以壽終於家.

王良後歷沛郡太守‧大司徒司直 在位恭儉 布被瓦器 妻子
不入官舍. 後以病歸 一歲復徵 至滎陽 疾篤 不任進道 過其友
人. 友人不肯見 曰"不有忠言奇謀而取大位 何其往來屑屑不
憚煩也!"遂拒之. 良慙 自後連徵不應 卒於家.

25　元帝之世 莎車王延嘗爲侍子京師 慕樂中國. 及王莽之亂 匈奴略有西域 唯延不肯附屬 常敕諸子 "當世奉漢家 不可負也." 延卒 子康立. 康率傍國拒匈奴 擁衛故都護吏士‧妻子千餘口. 檄書河西 問中國動靜. 竇融乃承制立康爲漢莎車建功懷德王‧西域大都尉 五十五國皆屬焉.＊

資治通鑑 卷042

【漢紀三十四】

起上章攝提格(庚寅) 盡旃蒙協洽(乙未) 凡六年.

❖ 世祖光武皇帝中之上 建武 6年 (庚寅, 30年)

1 春 正月 丙辰 以舂陵鄕爲章陵縣 世世復徭役 比豐·沛.

2 吳漢等拔朐 斬董憲·龐萌 江·淮·山東悉平. 諸將還京師 置酒賞賜.

帝積苦兵間 以隗囂遣子內侍 公孫述遠據邊垂 乃謂諸將曰 "且當置此兩子於度外耳." 因休諸將於雒陽 分軍士於河內 數騰書隴·蜀 告示禍福.

公孫述屢移書中國 自陳符命 冀以惑衆. 帝與述書曰 "圖讖言公孫 卽宣帝也. 代漢者姓當塗 其名高 君豈高之身邪! 乃復以掌文爲瑞 王莽何足效乎! 君非吾賊臣亂子 倉卒時人皆欲爲君事耳. 君日月已逝 妻子弱小 當早爲定計. 天下神器 不

可力爭 宜留三思！”署曰“公孫皇帝.”述不答.

其騎都尉平陵荊邯說述曰“漢高祖起於行陳之中 兵破身困者數矣 然軍敗復合 瘡愈復戰. 何則？ 前死而成功 愈於卻就於滅亡也！ 隗囂遭遇運會 割有雍州 兵強士附 威加山東 遇更始政亂 復失天下 衆庶引領 四方瓦解 囂不及此時推危乘勝以爭天命 而退欲爲西伯之事 尊師章句 賓友處士 偃武息戈卑辭事漢 喟然自以文王復出也！今漢帝釋關·隴之憂 專精東伐 四分天下而有其三 發間使 召攜貳 使西州豪桀咸居心於山東 則五分而有其四 若舉兵天水 必至沮潰 天水既定 則九分而有其八. 陛下以梁州之地 內奉萬乘 外給三軍 百姓愁困 不堪上命 將有王氏自潰之變矣！ 臣之愚計 以爲宜及天下之望未絕 豪桀尚可招誘 急以此時發國內精兵 令田戎據江陵 臨江南之會 倚巫山之固 築壘堅守 傳檄吳·楚 長沙以南必隨風而靡. 令延岑出漢中 定三輔 天水·隴西拱手自服. 如此 海內震搖 冀有大利.”述以問羣臣 博士吳柱曰“武王伐殷 八百諸侯不期同辭 然猶還師以待天命. 未聞無左右之助而欲出師千里之外者也.”邯曰“今東帝無尺十之柄 驅烏合之衆 跨馬陷敵所向輒平 不亟乘時與之分功 而坐談武王之說 是復效隗囂欲爲西伯也.”

述然邯言 欲悉發北軍屯士及山東客兵 使延岑·田戎分出兩道 與漢中諸將合兵幷勢. 蜀人及其弟光以爲不宜空國千里之外 決成敗於一舉 固爭之 述乃止. 延岑·田戎亦數請兵立功述終疑不聽 唯公孫氏得任事.

述廢銅錢 置鐵錢 貨幣不行 百姓苦之. 爲政苛細 察於小事
如爲淸水令時而已. 好改易郡縣官名. 少嘗爲郎 習漢家故事
出入法駕 鸞旗旄騎. 又立其兩子爲王 食犍爲‧廣漢各數縣.
或諫曰 "成敗未可知 戎士暴露而先王愛子 示無大志也！" 述
不從 由此大臣皆怨.

3 馮異自長安入朝 帝謂公卿曰 "是我起兵時主簿也 爲吾披
荊棘 定關中." 旣罷 賜珍寶‧錢帛 詔曰 "倉卒蕪蔞亭豆粥 虖
沱河麥飯 厚意久不報." 異稽首謝曰 "臣聞管仲謂桓公曰 '願
君無忘射鉤 臣無忘檻車.' 齊國賴之. 臣今亦願國家無忘河北
之難 小臣不敢忘巾車之恩." 留十餘日 令與妻子還西.

4 申屠剛‧杜林自隗囂所來 帝皆拜侍御史. 以鄭興爲太中
大夫.

5 三月 公孫述使田戎出江關 招其故衆 欲以取荊州 不克.
  帝乃詔隗囂 欲從天水伐蜀. 囂上言 "白水險阻 棧閣敗絶. 述
性嚴酷 上下相患 須其罪惡孰著而攻之 此大呼響應之勢也."
帝知其終不爲用 乃謀討之.

6 夏 四月 丙子 上行幸長安 謁園陵 遣耿弇‧蓋延等七將軍
從隴道伐蜀 先使中郎將來歙奉璽書賜囂諭旨. 囂復多設疑故
事久尤豫不決. 歙遂發憤質素責囂曰 "國家以君知臧否 曉廢

興 故以手書暢意. 足下推忠誠 旣遣伯春委質 而反欲用佞惑之
言 爲族滅之計邪！”因欲前刺囂. 囂起入 部勒兵將殺歙 歙徐
杖節就車而去 囂使牛邯將兵圍守之. 囂將王遵諫曰“君叔雖
單車遠使 而陛下之外兄也 殺之無損於漢 而隨以族滅. 昔宋執
楚使 遂有析骸易子之禍. 小國猶不可辱 況於萬乘之主 重以伯
春之命哉！”歙爲人有信義 言行不違 及往來游說 皆可按覆
西州士大夫皆信重之 多爲其言 故得免而東歸.

　五月 己未 車駕至自長安.

　隗囂遂發兵反 使王元據隴坻 伐木塞道. 諸將因與囂戰 大敗
各引兵下隴 囂追之急 馬武選精騎爲後拒 殺數千人 諸軍乃得
還.

7　　六月辛卯 詔曰“夫張官置吏 所以爲民也. 今百姓遭難 戶
口耗少 而縣官吏職 所置尙繁. 其令司隷・州牧各實所部 省減
吏員 縣國不足置長吏者幷之.”於是幷省四百餘縣 吏職減損
十置其一.

8　　九月 丙寅晦 日有食之. 執金吾朱浮上疏曰“昔堯・舜之
盛 猶如三考 大漢之興 亦累功效 吏皆積久 至長子孫. 當時吏
職 何能悉治 論議之徒 豈不讙譁！ 蓋以爲天地之功不可倉卒
艱難之業當累日也. 而間者守宰數見換易 迎新相代 疲勞道路.
尋其視事日淺 未足昭見其職 旣加嚴切 人不自保 迫於擧劾
懼於刺譏 故爭飾詐僞以希虛譽 斯所以致日月失行之應也. 夫

物暴長者必夭折 功卒成者必匴壞 如摧長久之業而造速成之功
非陛下之福也. 願陛下遊意於經年之外 望治於一世之後 天下
幸甚！"帝采其言 自是牧守易代頗簡.

9　十二月 壬辰 大司空宋弘免.

10　癸巳 詔曰"頃者師旅未解 用度不足 故行十一之稅. 今糧
儲差積 其令郡國收見田租 三十稅一 如舊制."

11　諸將之下隴也 帝詔耿弇軍漆 馮異軍栒邑 祭遵軍汧 吳漢
等還屯長安. 馮異引軍未至栒邑 隗囂乘勝使王元‧行巡將二
萬餘人下隴 分遣巡取栒邑. 異卽馳兵欲先據之 諸將曰"虜兵
盛而乘勝 不可與爭鋒 宜止軍便地 徐思方略."異曰"虜兵臨
境 忸怢小利 遂欲深入 若得栒邑 三輔動搖. 夫攻者不足 守者
有餘. 今先據城 以逸待勞 非所以爭也."潛往 閉城 偃旗鼓.
行巡不知 馳赴之. 異乘其不意 卒擊鼓‧建旗而出. 巡軍驚亂
奔走 追擊 大破之. 祭遵亦破王元於汧. 於是北地諸豪長耿定
等悉畔隗囂降. 詔異進軍義渠 擊破盧芳將賈覽‧匈奴奧鞬日
逐王 北地‧上郡‧安定皆降.

12　竇融復遣其弟友上書曰"臣幸得託先后末屬 累世二千石
臣復假歷將帥 守持一隅 故遣劉鈞口陳肝膽 自以底裏上露 長
無纖介. 而璽書盛稱蜀‧漢二主三分鼎足之權 任囂‧尉佗之

謀 竊自痛傷. 臣融雖無識無知 利害之際 順逆之分 豈可背眞
舊之主 事姦僞之人 廢忠貞之節 爲傾覆之事 棄已成之基 求
無冀之利. 此三者 雖問狂夫 猶知去就 而臣獨何以用心！ 謹
遣弟友詣闕 口陳至誠.”友至高平 會隗囂反 道不通 乃遣司馬
席封間道通書. 帝復遣封 賜融‧友書 所以尉藉之甚厚.

融乃與隗囂書曰“將軍親遇厄會之際 國家不利之時 守節不
回 承事本朝. 融等所以欣服高義 願從役於將軍者 良爲此也！
而忿悁之間 改節易圖 委成功 造難就 百年累之 一朝毀之 豈
不惜乎！ 殆執事者貪功建謀 以至於此. 當今西州地勢局迫 民
兵離散 易以輔人 難以自建. 計若失路不反 聞道猶迷 不南合
子陽 則北入文伯耳. 夫負虛交而易強禦 恃遠救而輕近敵 未見
其利也. 自兵起以來 城郭皆爲丘墟 生民轉於溝壑. 幸賴天運
少還 而將軍復重其難 是使積痾不得遂瘳 幼孤將復流離 言之
可爲酸鼻 庸人且猶不忍 況仁者乎！ 融聞爲忠甚易 得宜實難.
憂人太過 以德取怨 知且以言獲罪也！”囂不納.

融乃與五郡太守共砥厲兵馬 上疏請師期 帝深嘉美之. 融卽
與諸郡守將兵入金城 擊囂黨先零羌封何等 大破之. 因並河 揚
威武 伺候車駕. 時大兵未進 融乃引還.

帝以融信效著明 益嘉之 脩理融父墳墓 祠以太牢 數馳輕使
致遺四方珍羞.

梁統猶恐衆心疑惑 乃使人刺殺張玄 遂與隗囂絶 皆解所假
將軍印綬.

13　先是 馬援聞隗囂欲貳於漢 數以書責譬之 囂得書增怒. 及囂發兵反 援乃上書曰"臣與隗囂本實交友 初遣臣東 謂臣曰'本欲爲漢 願足下往觀之 於汝意可 卽專心矣.' 及臣還反 報以赤心 實欲導之於善 非敢謗以非義. 而囂自挾姦心 盜憎主人怨毒之情 遂歸於臣. 臣欲不言 則無以上聞 願聽詣行在所 極陳滅囂之術."帝乃召之. 援具言謀畫.

帝因使援將突騎五千 往來游說囂將高峻·任禹之屬 下及羌豪 爲陳禍福 以離囂支黨. 援又爲書與囂將楊廣 使曉勸於囂曰"援竊見四海已定 兆民同情 而季孟閉拒背畔 爲天下表的. 常懼海內切齒 思相屠裂 故遺書戀戀 以致惻隱之計. 乃聞季孟歸罪於援 而納王游翁諂邪之說 因自謂函谷以西 舉足可定. 以今而觀 竟何如邪！

援間至河內 過存伯春 見其奴吉從西方還 說伯春小弟仲舒望見吉 欲問伯春無他否 竟不能言 曉夕號泣. 又說其家悲愁之狀 不可言也. 夫怨讎可刺不可毀 援聞之 不自知泣下也. 援素知季孟孝愛 曾·閔不過. 夫孝於其親 豈不慈於其子！ 可有子抱三木而跳梁妄作 自同分羹之事乎！

季孟平生自言所以擁兵衆者 欲以保全父母之國而完墳墓也 又言苟厚士大夫而已 而今所欲全者將破亡之 所欲完者將毀傷之 所欲厚者將反薄之. 季孟嘗折愧子陽而不受其爵 今更共陸陸欲往附之 將難爲顏乎！若復責以重質 當安從得子主給是哉！ 往時子陽獨欲以王相待而春卿拒之 今者歸老 更欲低頭與小兒曹共槽櫪而食 併肩側身於怨家之朝乎！

今國家待春卿意深 宜使牛孺卿與諸耆老大人共說季孟 若計畫不從 眞可引領去矣. 前披輿地圖 見天下郡國百有六所 奈何欲以區區二邦以當諸夏百有四乎！ 春卿事季孟 外有君臣之義 內有朋友之道. 言君臣邪 固當諫爭 語朋友邪 應有切磋. 豈有知其無成 而但萎腰咋舌 义手從族乎！ 及今成計 殊尚善也 過是 欲少味矣！ 且來君叔天下信士 朝廷重之 其意依依 常獨爲西州言. 援商朝廷 尤欲立信於此 必不負約. 援不得久留 願急賜報."廣竟不答.

諸將每有疑議 更請呼援 咸敬重焉.

14　隗囂上疏謝曰"吏民聞大兵卒至 驚恐自救 臣囂不能禁止. 兵有大利 不敢廢臣子之節 親自追還. 昔虞舜事父 大杖則走 小杖則受 臣雖不敏 敢忘斯義！ 今臣之事 在於本朝 賜死則死 加刑則刑 如更得洗心 死骨不朽."有司以囂言慢 請誅其子 帝不忍 復使來歙至汧 賜囂書曰"昔柴將軍云'陛下寬仁 諸侯雖有亡叛而後歸 輒復位號 不誅也.'今若束手 復遣恂弟歸闕庭者 則爵祿獲全 有浩大之福矣！ 吾年垂四十 在兵中十歲 厭浮語虛辭. 卽不欲 勿報."囂知帝審其詐 遂遣使稱臣於公孫述.

15　匈奴與盧芳爲寇不息 帝令歸德侯颯使匈奴以脩舊好. 單于驕倨 雖遣使報命 而寇暴如故.

1   春 三月 罷郡國輕車 · 騎士 · 材官 今還復民伍.

2   公孫述立隗囂爲朔寧王 遣兵往來 爲之援勢.

3   癸亥晦 日有食之. 詔百僚各上封事 其上書者不得言聖 太
中大夫鄭興上疏曰“夫國無善政 則譴見日月 要在因人之心
擇人處位. 今公卿大夫多擧漁陽太守郭伋可大司空者 而不以
時定 道路流言 咸曰‘朝廷欲用功臣’功臣用則人位謬矣. 願陛
下屈己從衆 以濟羣臣讓善之功. 頃年日食每多在晦 先時而合
皆月行疾也. 日君象而月臣象 君亢急而臣下促迫 故月行疾.
今陛下高明而羣臣惶促 宜留思柔克之政 垂意《洪範》之法.”
帝躬勤政事 頗傷嚴急 故興奏及之.

4   夏 四月 壬午 大赦.

5   五月 戊戌 以前將軍李通爲大司空.

6   大司農江馮上言“宜令司隷校尉督察三公.”司空掾陳元
上疏曰“臣聞師臣者帝 賓臣者霸. 故武王以太公爲師 齊桓以
夷吾爲仲父 近則高帝優相國之禮 太宗假宰輔之權. 及亡新王
莽 遭漢中衰 專操國柄以偷天下 況己自喻 不信羣臣 奪公輔

之任 損宰相之威 以刺舉爲明 激訐爲直 至乃陪僕告其君長 子弟變其父兄 罔密法峻 大臣無所措手足 然不能禁董忠之謀 身爲世戮. 方今四方尚擾 天下未一 百姓觀聽咸張耳目. 陛下 宜修文‧武之聖典 襲祖宗之遺德 勞心下士 屈節待賢 誠不宜 使有司察公輔之名." 帝從之.

7　　酒泉太守竺曾以弟報怨殺人 自免去郡 竇融承制拜曾武鋒 將軍 更以辛肜爲酒泉太守.

8　　秋 隗囂將步騎三萬侵安定 至陰槃 馮異率諸將拒之 囂又 令別將下隴攻祭遵於汧. 並無利而還.
　　帝將自徵隗囂 先戒竇融師期 會遇雨 道斷 且囂兵已退 乃止.
　　帝令來歙以書招王遵 遵來降 拜太中大夫 封向義侯.

9　　冬 盧芳以事誅其五原太守李興兄弟 其朔方太守田颯‧雲 中太守喬扈各舉郡降 帝令領職如故.

10　　帝好圖讖 與鄭興議郊祀事 曰"吾欲以讖斷之 何如?"對 曰"臣不爲讖." 帝怒曰"卿不爲讖 非之邪?"興惶恐曰"臣於 書有所未學 而無所非也." 帝意乃解.

11　　南陽太守杜詩政治淸平 興利除害 百姓便之. 又修治陂池 廣拓土田 郡內比室殷足 時人方於召信臣. 南陽爲之語曰"前

有召父 後有杜母."

1　　春 來歙將二千餘人伐山開道 從番須·回中徑襲略陽 斬隗囂守將金梁. 囂大驚曰"何其神也！"帝聞得略陽 甚喜 曰"略陽 囂所依阻. 心腹已壞 則制其支體易矣！"

吳漢等諸將聞歙據略陽 爭馳赴之. 上以爲囂失所恃 亡其要城 勢必悉以精銳來攻 曠日久圍而城不拔 士卒頓敝 乃可乘危而進 皆追漢等還. 隗囂果使王元拒隴坻 行巡守番須口 王孟塞雞頭道 牛邯軍瓦亭. 囂自悉其大衆數萬人圍略陽 公孫述遣將李育·田弇助之 斬山築堤 激水灌城. 來歙與將士固死堅守 矢盡 發屋斷木以爲兵. 囂盡銳攻之 累月不能下.

夏 閏四月 帝自將征隗囂 光祿勳汝南郭憲諫曰"東方初定 車駕未可遠征."乃當車拔佩刀以斷車靷. 帝不從 西至漆. 諸將多以王師之重 不宜遠入險阻 計尤豫未決 帝召馬援問之. 援因說隗囂將帥有土崩之勢 兵進有必破之狀 又於帝前聚米爲山谷 指畫形勢 開示衆軍所從道徑 往來分析 昭然可曉. 帝曰"虜在吾目中矣！"明旦 遂進軍 至高平第一.

竇融率五郡太守及羌虜小月氏等步騎數萬 輜重五千餘兩 與大軍會. 是時軍旅草創 諸將朝會禮容多不肅 融先遣從事問會見儀適. 帝聞而善之 以宣告百僚 乃置酒高會 待融等以殊禮.

遂共進軍 數道上隴. 使王遵以書招牛邯 下之 拜邯太中大夫. 於是囂大將十三人 · 屬縣十六 · 衆十餘萬皆降. 囂將妻子奔西城 從楊廣 而田弇 · 李育保上邽. 略陽圍解. 帝勞賜來歙 班坐絶席 在諸將之右 賜歙妻縑千匹.

進幸上邽 詔告隗囂曰 "若束手自詣 父子相見 保無他也. 若遂欲爲黥布者 亦自任也." 囂終不降 於是誅其子恂. 使吳漢 · 岑彭圍西城 耿弇 · 蓋延圍上邽.

以四縣封竇融爲安豐侯 弟友爲顯親侯 及五郡太守皆封列侯 遣西還所鎮. 融以久專方面 懼不自安 數上書求代 詔報曰 "吾與將軍如左右手耳 數執謙退 何不曉人意! 勉循士民 無擅離部曲!"

潁川盜賊羣起 寇沒屬縣 河東守兵亦叛 京師騷動. 帝聞之曰 "吾悔不用郭子橫之言." 秋 八月 帝自上邽晨夜東馳 賜岑彭等書曰 "兩城若下 便可將兵南擊蜀虜. 人苦不知足 既平隴 復望蜀. 每一發兵 頭須爲白!"

九月 乙卯 車駕還宮. 帝謂執金吾寇恂曰 "潁川迫近京師 當以時定. 惟念獨卿能平之耳 從九卿復出以憂國可也!" 對曰 "潁川聞陛下有事隴 · 蜀 故狂狡乘間相詿誤耳. 如聞乘輿南向 賊必惶怖歸死 臣願執銳前驅." 帝從之. 庚申 車駕南征 潁川盜賊悉降. 寇恂竟不拜郡 百姓遮道曰 "願從陛下復借寇君一年." 乃留恂長社 鎮撫吏民 受納餘降.

東郡 · 濟陰盜賊亦起 帝遣李通 · 王常擊之. 以東光侯耿純嘗爲東郡太守 威信著於衞地 遣使拜太中大夫 使與大兵會東

郡. 東郡聞純入界 盜賊九千餘人皆詣純降 大兵不戰而還 璽書
復以純爲東郡太守. 戊寅 車駕還自潁川.

2　　安丘侯張步將妻子逃奔臨淮 與弟弘·藍欲招其故衆 乘船
入海. 琅邪太守陳俊追討 斬之.

3　　冬 十月 丙午 上行幸懷 十一月 乙丑 還雒陽.

4　　楊廣死 隗囂窮困 其大將王捷別在戎丘 登城呼漢軍曰
"爲隗王城守者 皆必死 無二心. 願諸軍亟罷 請自殺以明之."
遂自刎死.

　　初 帝敕吳漢曰"諸郡甲卒但坐費糧食 若有逃亡 則沮敗衆
心 宜悉罷之."漢等貪幷力攻囂 遂不能遣 糧食日少 吏士疲役
逃亡者多. 岑彭壅谷水灌西城 城未沒丈餘. 會王元·行巡·周
宗將蜀救兵五千餘人乘高卒至 鼓譟大呼曰"百萬之衆方至！"
漢軍大驚 未及成陳 元等決圍殊死戰 遂得入城 迎囂歸冀. 吳
漢軍食盡 乃燒輜重 引兵下隴 蓋延·耿弇亦相隨而退. 囂出兵
尾擊諸營 岑彭爲後拒 諸將乃得全軍東歸 唯祭遵屯汧不退. 吳
漢等復屯長安 岑彭還津鄉. 於是安定·北地·天水·隴西復
反爲囂.

　　校尉太原溫序爲囂將苟宇所獲 宇曉譬數四 欲降之. 序大怒
叱宇等曰"虜何敢迫脅漢將！"因以節撾殺數人. 宇衆爭欲殺
之 宇止之曰"此義士 死節 可賜以劍."序受劍 銜須於口 顧左

右曰"旣爲賊所殺 無令須汙土！"遂伏劍而死. 從事王忠持其喪歸雒陽 詔賜以冢地 拜三子爲郞.

5   十二月 高句麗王遣使朝貢 帝復其王號.

6   是歲 大水.

❖ 世祖光武皇帝中之上 建武 9年（癸巳, 33年）

1   春 正月 潁陽成侯祭遵薨於軍 詔馮異幷將其營. 遵爲人廉約小心 克己奉公 賞賜盡與士卒 約束嚴整 所在吏民不知有軍. 取士皆用儒術 對酒設樂 必雅歌投壺. 臨終 遺戒薄葬 問以家事 終無所言. 帝愍悼之尤甚 遵喪至河南 車駕素服臨之 望哭哀慟 還 幸城門 閱過喪車 涕泣不能已 喪禮成 復親祠以太牢. 詔大長秋·謁者·河南尹護喪事 大司農給費. 至葬 車駕復臨之 旣葬 又臨其墳 存見夫人·室家. 其後朝會 帝每歎曰"安得憂國奉公如祭征虜者乎！"衛尉銚期曰"陛下至仁 哀念祭遵不已 羣臣各懷慚懼."帝乃止.

2   隗囂病且餓 餐糗糒 恚憤而卒. 王元·周宗立囂少子純爲王 總兵據冀. 公孫述遣將趙匡·田弇助純. 帝使馮異擊之.

3 公孫述遣其翼江王田戎·大司徒任滿·南郡太守程汎將數萬人下江關 擊破馮駿等軍 遂拔巫及夷道·夷陵 因據荊門·虎牙 橫江水起浮橋·關樓 立欑柱以絶水道 結營跨山以塞陸路 拒漢兵.

4 夏 六月 丙戌 帝幸緱氏 登轘轅.

5 吳漢率王常等四將軍兵五萬餘人擊盧芳將賈覽·閔堪於高柳 匈奴救之 漢軍不利. 於是匈奴轉盛 鈔暴日增. 詔朱祜屯常山 王常屯涿郡 破姦將軍侯進屯漁陽 以討虜將軍王霸爲上谷太守 以備匈奴.

6 帝使來歙悉監護諸將屯長安 太中大夫馬援爲之副. 歙上書曰"公孫述以隴西·天水爲藩蔽 故得延命假息 今二郡平蕩 則述智計窮矣. 宜益選兵馬 儲積資糧. 今西州新破 兵人疲饉 若招以財穀 則其衆可集. 臣知國家所給非一 用度不足 然有不得已也!"帝然之. 於是詔於汧積穀六萬斛. 秋 八月 來歙率馮異等五將軍討隗純於天水.

7 驃騎將軍杜茂與賈覽戰於繁時 茂軍敗績.

8 諸羌自王莽末入居塞內 金城屬縣多爲所有. 隗囂不能討 因就慰納 發其衆與漢相拒. 司徒掾班彪上言"今涼州部皆有

降羌. 羌胡被髮左袵 而與漢人雜處 習俗旣異 言語不通 數爲
小吏黠人所見侵奪 窮恚無聊 故致反叛. 夫蠻夷寇亂 皆爲此
也. 舊制 益州部置蠻夷騎都尉 幽州部置領烏桓校尉 涼州部置
護羌校尉 皆持節領護 治其怨結 歲時巡行 問所疾苦. 又數遣
使譯 通導動靜 使塞外羌夷爲吏耳目 州郡因此可得警備. 今宜
復如舊 以明威防." 帝從之. 以牛邯爲護羌校尉.

9   盜殺陰貴人母鄧氏及弟訢. 帝其傷之 封貴人弟就爲宣
恩侯. 復召就兄侍中興 欲封之 置印綬於前. 興固讓曰 "臣未
有先登陷陳之功 而一家數人 並蒙爵土 今天下觖望 誠所不
願!" 帝嘉之 不奪其志. 貴人問其故 興曰 "夫外戚家苦不知
謙退 嫁女欲配侯王 取婦眄睞公主 愚心實不安也. 富貴有極
人當知足 夸奢益爲觀聽所譏." 貴人感其言 深自降挹 卒不爲
宗親求位.

10   帝召寇恂還 以漁陽太守郭伋爲潁川太守. 伋招降山賊趙
宏‧召吳等數百人 皆遣歸附農 因自劾專命 帝不以咎之. 後
宏‧吳等黨與聞伋威信 遠自江南 或從幽‧冀 不期俱降 駱驛
不絶.

11   莎車王康卒 弟賢立 攻殺拘彌‧西夜王 而使康兩子王之.

1　春 正月 吳漢復率捕虜將軍王霸等四將軍六萬人出高柳擊
賈覽 匈奴數千騎救之. 連戰於平城下 破走之.

2　夏陽節侯馮異等與趙匡‧田弇戰且一年 皆斬之. 隗純未
下 諸將欲且還休兵 異固持不動 共攻落門 未拔. 夏 異薨於軍.

3　秋 八月 己亥 上幸長安.

4　初 隗囂將安定高峻擁兵據高平第一 建威大將軍耿弇等
圍之 一歲不拔. 帝自將征之 寇恂諫曰 "長安道里居中 應接近
便 安定‧隴西必懷震懼 此從容一處 可以制四方也. 今士馬疲
倦 方履險阻 非萬乘之固也. 前年潁川 可爲至戒." 帝不從 進
幸汧. 峻猶不下 帝遣寇恂往降之. 恂奉璽書至第一 峻遣軍師
皇甫文出謁 辭禮不屈 恂怒 將誅之. 諸將諫曰 "高峻精兵萬人
率多強弩 西遮隴道 連年不下 今欲降之而反戮其使 無乃不可
乎？" 恂不應 遂斬之 遣其副歸告峻曰 "軍師無禮 已戮之矣！
欲降 急降 不欲 固守！" 峻惶恐 卽日開城門降. 諸將皆賀 因
曰 "敢問殺其使而降其城 何也？" 恂曰 "皇甫文 峻之腹心 其
所取計者也. 今來 辭意不屈 必無降心. 全之則文得其計 殺之
則峻亡其膽 是以降耳." 諸將皆曰 "非所及也！"

5 　冬 十月 來歙與諸將攻破落門 周宗・行巡・苟宇・趙恢 等將隗純降 王元奔蜀. 徙諸隗於京師以東. 後隗純與賓客亡入 胡 至武威 捕得 誅之.

6 　先零羌與諸種寇金城・隴西 來歙率蓋延等進擊 大破之 斬首虜數千人. 於是開倉廩以賑饑乏 隴右遂安 而涼州流通焉.

7 　庚寅 車駕還宮.

❖ 世祖光武皇帝中之上 建武 11年 (乙未, 35年)

1 　春 三月 己酉 帝幸南陽 還幸章陵 庚午 車駕還宮.

2 　岑彭屯津鄉 數攻田戎等 不克. 帝遣吳漢率誅虜將軍劉隆 等三將 發荊州兵凡六萬餘人・騎五千匹 與彭會荊門. 彭裝戰 船數十艘 吳漢以諸郡棹卒多費糧穀 欲罷之. 彭以爲蜀兵盛 不 可遣 上書言狀. 帝報彭曰 "大司馬習用步騎 不曉水戰 荊門之 事 一由征南公爲重而已."
　閏月 岑彭令軍中募攻浮橋 先登者上賞. 於是偏將軍魯奇應 募而前 時東風狂急 魯奇船逆流而上 直衝浮橋 而欑柱有反杷 鉤 奇船不得去. 奇等乘勢殊死戰 因飛炬焚之 風怒火盛 橋樓 崩燒. 岑彭悉軍順風並進 所向無前 蜀兵大亂 溺死者數千人

斬任滿 生獲程汎 而田戎走保江州.

彭上劉隆爲南郡太守 自率輔威將軍臧宮‧驍騎將軍劉歆長驅入江關. 令軍中無得虜掠 所過 百姓皆奉牛酒迎勞 彭復讓不受. 百姓大喜 爭開門降. 詔彭守益州牧 所下郡輒行太守事 彭若出界 卽以太守號付後將軍. 選官屬守州中長吏.

彭到江州 以其城固糧多 難卒拔 留馮駿守之 自引兵乘利直指墊江 攻破平曲 收其米數十萬石. 吳漢留夷陵 裝露橈繼進.

3　　夏 先零羌寇臨洮. 來歙薦馬援爲隴西太守 擊先零羌 大破之.

4　　公孫述以王元爲將軍 使與領軍環安拒河池. 六月 來歙與蓋延等進攻元‧安 大破之 遂克下辨 乘勝遂進. 蜀人大懼 使刺客刺歙 未殊 馳召蓋延. 延見歙 因伏悲哀 不能仰視. 歙叱延曰"虎牙何敢然！ 今使者中刺客 無以報國 故呼巨卿 欲相屬以軍事 而反效兒女子涕泣乎！ 刃雖在身 不能勒兵斬公邪？" 延收涙強起 受所誡. 歙自書表曰"臣夜人定後 爲何人所賊傷中臣要害. 臣不敢自惜 誠恨奉職不稱 以爲朝廷羞. 夫理國以得賢爲本 太中大夫段襄 骨鯁可任 願陛下裁察. 又臣兄弟不肖 終恐被罪 陛下哀憐 數賜敎督." 投筆抽刃而絶. 帝聞 大驚 省書攬涕. 以揚武將軍馬成守中郎將代之. 歙喪還洛陽 乘輿縞素臨弔‧送葬.

5   趙王良從帝送歙喪還 入夏城門 與中郎將張邯爭道 叱邯旋車 又詰責門候 使前走數十步. 司隷校尉鮑永劾奏"良無藩臣禮 大不敬." 良尊戚貴重 而永劾之 朝廷肅然. 永辟扶風鮑恢爲都官從事 恢亦抗直 不避強禦. 帝常曰"貴戚且斂手以避二鮑."

永行縣到霸陵 路經更始墓 下拜 哭盡哀而去 西至扶風 椎牛上苟諫冢. 帝聞之 意不平 問公卿曰"奉使如此 何如?"太中大夫張湛對曰"仁者 行之宗 忠者 義之主也 仁不遺舊 忠不忘君 行之高者也."帝意乃釋.

6   帝自將征公孫述 秋 七月 次長安.

7   公孫述使其將延岑·呂鮪·王元·公孫恢悉兵拒廣漢及資中 又遣將侯丹率二萬餘人拒黃石. 岑彭使臧宮將降卒五萬從涪水上平曲 拒延岑 自分兵浮江下還江州 溯都江而上 襲擊侯丹 大破之 因晨夜倍道兼行二千餘里 徑拔武陽. 使精騎馳擊廣都 去成都數十里 勢若風雨 所至皆奔散. 初 述聞漢兵在平曲 故遣大兵逆之. 及彭至武陽 繞出延岑軍後 蜀地震駭. 述大驚 以杖擊地曰"是何神也!"

延岑盛兵於沅水. 臧宮衆多食少 轉輸不至 降者皆欲散畔郡邑 復更保聚 觀望成敗. 宮欲引還 恐爲所反 會帝遣謁者將兵詣岑彭 有馬七百匹 宮矯制取以自益 晨夜進兵 多張旗幟 登山鼓譟 右步左騎 挾船而引 呼聲動山谷. 岑不意漢軍卒至 登

山望之 大震恐 宮因縱擊 大破之 斬首‧溺死者萬餘人 水爲
之濁. 延岑奔成都 其衆悉降 盡獲其兵馬珍寶. 自是乘勝追北
降者以十萬數. 軍至平陽鄉 王元舉衆降.

帝與公孫述書 陳言禍福 示以丹靑之信. 述省書太息 以示所
親. 太常常少‧光祿勳張隆皆勸述降. 述曰"廢興 命也 豈有
降天子哉！"左右莫敢復言. 少‧隆皆以憂死.

8　　帝還自長安.

9　　冬 十月 公孫述使刺客詐爲亡奴 降岑彭 夜 刺殺彭 太中
大夫監軍鄭興領其營 以俟吳漢至而授之. 彭持軍整齊 秋毫無
犯. 邛穀王任貴聞彭威信 數千里遣使迎降 會彭已被害 帝盡以
任貴所獻賜彭妻子. 蜀人爲立廟祠之.

10　　馬成等破河池 遂平武都. 先零諸種羌數萬人 屯聚寇鈔 拒
浩亹隘. 成與馬援深入討擊 大破之 徙降羌置天水‧隴西‧扶
風.

是時 朝臣以金城破羌之西 塗遠多寇 議欲棄之. 馬援上言
"破羌以西 城多堅牢 易可依固 其田土肥壤 灌漑流通. 如令羌
在湟中 則爲害不休 不可棄也."帝從之. 民歸者三千餘口 援
爲置長吏 繕城郭 起塢候 開溝洫 勸以耕牧 郡中樂業. 又招撫
塞外氐‧羌 皆來降附 援奏復其侯王君長 帝悉從之. 乃罷馬成
軍.

11   十二月 吳漢自夷陵將三萬人泝江而上 伐公孫述.

12   郭伋爲并州牧 過京師 帝問以得失 伋曰"選補衆職 當簡
天下賢俊 不宜專用南陽人."是時在位多鄉曲故舊 故伋言及
之.✳